# 项目一　城市轨道交通运营安全管理基础

## 一、填空题

1. 安全生产，就是指在生产经营活动中，为了避免造成人员伤害和财产损失的事故而采取相应的________________，以保证从业人员的人身安全，保证生产经营活动得以顺利进行的相关活动。

2. 重大事故隐患是指可能导致________________。

3. 危险是指________________。

4. 风险是描述系统危险程度的客观量，是指________________。

5. 根据《职业健康安全管理体系实施指南》危险源指________________。

6. 城市轨道交通运营安全管理方针是：________________。

7. 事故隐患是指超出了人们设定的________________的状态或行为。

8. 从相对安全观的角度讲，安全的概念是指________________。

9. 运营安全系统管理的全过程管理是指：________，全员管理是指________、全要素管理是指________等。

10. HSE 管理体系是三位一体管理体系，H 代表____，S 代表____，E 代表____。

11. PDCA 是指________________。

12. ________________是企业岗位责任制和经济责任制的重要组成部分，是企业各项安全生产规章制度的核心，同时也是企业最基本的安全管理制度。

13. 城轨运营单位主要负责人安全生产管理培训时间不得少于____学时，每年再培训时间不得少于____学时。

14. 特种作业人员上岗前必须进行专门的安全技术和操作技能的培训与考核，并经考核合格，取得________________后方可上岗。

15. 对新从业人员应进行________________三级安全生产教育培训。

16. 运营单位应建立健全运营________和________工作制度，保证经费投入，将城市轨道交通运营安全风险分级管控和隐患排查治理工作纳入年度安全工作计划并组织实施，确保运营安全风险分级管控和隐患排查治理工作得到有效落实。

17. 事故法则即事故的统计规律，又称________________法则。即每 330 次事故中，可能会造成死亡或重伤事故 1 次，轻微伤事故 29 次，无伤害事故 300 次。

18. 事故预防的 3E 原则是指________________。

19. 事故预防的 3E 原则中工程技术对策着重解决________的问题；安全教育对策和安全法制对策则主要着眼于________的问题。

## 二、选择题

1. 以下属于城市轨道交通运营安全特性是（　　）。

A. 安全问题的动态性　　B. 失控后的严重性、问题的反复性

C. 对管理的强依赖性　　D. 安全问题的复杂性等

2. 安全生产“五要素”中处于灵魂和统帅地位的是（　　）。

A. 安全文化　　B. 安全责任　　C. 安全法制　　D. 安全科技

3. 安全生产“五要素”中，（　　）是安全生产工作进入规范化和制度化的必要条件，是开展其他各项工作的保障和约束。

A. 安全文化　　B. 安全法制　　C. 安全科技　　D. 安全责任

4. 对城轨运营人员进行重点管理的要求是加强对以下哪些方面的管理：（　　）

A. 关键时间管理　B. 关键岗位管理　　C. 关键车次的管理　　D. 职工收入管理

5. 加强对交接班时间，上下班前后半小时，临时抢修作业时相关人员的管理与“盯控”是对运营安全重点管理的哪个方面进行重点管理？（　　）

A. 人员　　B. 设备　　C. 作业　　D. 环境

6. 根据人员重点管理的要求，城轨运营过程中需加强（　　）方面的管理。

A. 上下班时间　　B. 交接班时间

C. 临时抢修作业人员　　D. 节假日时的作业人员

7. 作业现场重点控制的方面是：（　　）。

A. 正常情形下的作业控制　　B. 非正常情形下的作业控制

C. 结合部位的作业控制　　D. 标准化作业控制

8. 以下属于安全管理柔性调节手段的为（　　）。

A. 经济手段　　B. 行政手段　　C. 思想工作　　D. 法律手段

9. 以下属于安全管理刚性调节手段的为（　　）。

A. 经济手段　　B. 行政手段　　C. 思想工作　　D. 法律手段

10. 现场安全管理除了现场作业人员行为管理、作业过程管理外，还包括以下（　　）内容。

A. 作业环境管理　　B. 交叉作业管理

C. 生产设备及安全设施管理　　D. 危险作业管理

11. 以下属于事故预防技术原则的是：（　　）。

A. 消除潜在危险原则　　B. 闭锁原则

C. 能量屏蔽原则　　D. 责任制原则

**三、判断题**

1. 安全性是衡量系统安全程度的客观量，是与风险度相对应的。（　　）

2. 事故与安全是对立的，但事故并不是不安全的全部内容，而只是在安全与不安全一对矛盾斗争过程中某些瞬间突变结果的外在表现。（　　）

3. 事故是隐患发展的结果，而隐患则是事故发生的必要条件。（　　）

4. 安全责任是安全生产“五要素”的灵魂和统帅。（　　）

5. 安全是相对的，绝对安全是不存在的。（　　）

6. 安全性是描述系统安全程度的客观量，而危险性是描述危险程度的指标，两者构成全集。（　　）

7. 隐患是事故发生的必要条件。（　　）

8. 特种作业人员安全技术考核包括安全技术理论考试与实际操作技能考核两部分，以

安全技术理论考核为主。（　　）

9. 取得《特种作业人员操作证》者，每一年进行一次复审。连续从事本工作10年以上的，经用人单位进行知识更新教育后，每两年复审一次。（　　）

10. 三级安全教育的安全生产教育培训时间不得少于24学时。（　　）

11. 事故法则所确定的比例关系，对轨道交通行为同样适用。（　　）

12. 3E准则给人们提供了一种预防事故的思路。（　　）

**四、简答题**

1. 什么是本质安全，本质安全包括哪些内容？
2. 分析乘客在地铁车站可能发生的事故。
3. 城市轨道交通对人员进行重点安全管理，主要是对哪些方面进行管理？
4. 如何进行安全检查，怎样检查才能发现问题，有什么技巧？
5. 简述三级安全教育的内容。
6. 什么是事故法则，事故法则说明了事故预防的关键是什么？
7. 什么是3E准则，其内涵是什么，三者之间有什么联系？

# 项目二　城市轨道交通运营安全相关法律法规

## 知识点1～3练习题

**一、填空题**

1. 根据法律地位和效力不同，安全生产法律体系分为____________________。

2. 法定安全生产标准主要是指强制性安全生产标准，分为_______________，对生产经营单位具有同样的约束力。

3. 第三次修订后的《中华人民共和国安全生产法》自2021年9月1日起施行。全文共7章_______条。

4. 安全生产管理，坚持________________的方针。

5. 我国的安全生产管理机制为：生产经营单位负责、职工参与、政府监管、行业自律和_______的机制。

6. 安全生产工作实行的“三管三必”是指管_____必须管安全、管_____必须管安全、管_____必须管安全。

7. 我国安全生产管理制度的核心为______________。

8. 《安生生产法》对生产安全事故责任者所承担法律责任分为________________三种类型。

9. 生产经营单位必须构建_____________和___________双重预防机制，健全风险防范化解机制，提高安全生产水平，确保安全生产。

10. 生产经营单位的主要负责人是本单位安全生产_____责任人，对本单位的安全生产工作全面负责。

11. 生产经营单位发生生产安全事故时，单位的主要负责人应当_______，并不得在事故调查处理期间擅离职守。

12. 生产经营单位应当在有较大危险因素的生产经营场所和有关设施、设备上，设置明显的_______标志。

13. 生产经营单位对_________应当登记建档，进行定期检测、评估、监控，并制定应急预案，告知从业人员和相关人员在紧急情况下应当采取的应急措施。

14. 生产经营单位应当建立健全并落实生产安全事故_______________制度，采取技术、管理措施，及时发现并消除事故隐患。

15. 生产经营单位应当建立___________制度，按照安全风险分级采取相应的管控措施。

16. 两个以上生产经营单位在同一作业区域内进行生产经营活动，可能危及对方生产安全的，应当签订_____________，明确各自的安全生产管理职责和应当采取的安全措施，并指定专职安全生产管理人员进行安全检查与协调。

17. 重大事故，是指造成____人以上____人以下死亡，或者 50 人以上 100 人以下重伤，或者 5000 万元以上 1 亿元以下直接经济损失的事故。

18. 一般事故，是指造成____人以下死亡，或者______人以下重伤，或者 1000 万元以下直接经济损失的事故。

19. 自事故发生之日起____日内（道路交通事故、火灾事故自发生之日起____日内），因事故伤亡人数变化导致事故等级发生变化，事故等级相应变化，事故调查权限同时发生变化。

**二、选择题**

1. 我国安全生产的基本法是（　　）。

A.《安全生产法》　　B.《消防法》

C.《职业病防治法》　　D.《劳动法》

2. 作业标准是延伸的（　　）。

A. 管理方法　　B. 技术要求　　C. 作业规范　　D. 规章制度

3.《安全生产法》规定，生产经营单位的主要负责人对本单位安全生产工作（　　）。

A. 全面负责　　B. 负责监督检查

C. 负责日常检查　　D. 负责指挥作业

4. 某公司董事长由上一级单位总经理张某兼任，张某长期在外地，不负责该公司日常工作。该公司总经理安某在国外脱产学习，期间日常工作由常务副总经理徐某负责，分管安全生产工作的副总经理姚某协助其工作。根据《安全生产法》有关规定，此期间对该公司的安全生产工作全面负责的人是（　　）。

A. 安某　　B. 张某　　C. 徐某　　D. 姚某

5. 某道路运输企业共有基层员工 83 人，管理人员 15 人，依据《安全生产法》的规定，下列关于该企业安全生产管理机构设置和安全生产管理人员配备的说法，正确的是（　　）。

A. 该企业可根据需要，自主决定是否设置安全生产管理机构、配备安全生产管理人员，这是其经营自主权范围内的事

B. 该企业规模较小，配备兼职安全生产管理人员就可以了

C. 该企业应当设置安全生产管理机构或者配备专职安全生产管理人员

D. 该企业应当配备专职或者兼职的安全生产管理人员

6. 关于事故隐患排查治理制度，以下表述错误的是（　　）。

A. 生产经营单位应当采取技术、管理措施，及时发现并消除事故隐患

B. 事故隐患应当报告主管的负有安全生产监督管理职责的部门

C. 县级以上地方各级人民政府负有安全生产监督管理职责的部门应当建立健全重大事故隐患治理督办制度

D. 事故隐患排查治理情况应当如实记录，并向从业人员通报

7. 以下事故构成重大事故的是（　　）。

A. 死亡 10 人　　B. 死亡 29 人

C. 重伤 50 人　　D. 直接经济损失 1 亿元

8. 以下事故构成一般事故的是（　　）。

A. 死亡 1 人同时重伤 9 人　　B. 死亡 2 人同时重伤 9 人

C. 死亡 1 人同时重伤 9 人　　D. 直接经济损失 500 万元

9. 某单位发生生产安全事故，共计造成 8 人死亡，9 人重伤，事故发生 20 后，重伤 9 人中有 2 人病情恶化死亡，则其事故等级为（　　）。

A. 较大事故　　B. 重大事故

10. 重大事故由（　　）组织调查。

A. 国务院或国务院授权部门　　B. 省一级人民政府

C. 设区的市一级人民政府　　D. 县级人民政府

11. 较大事故由（　　）组织调查。

A. 国务院或国务院授权部门　　B. 省一级人民政府

C. 设区的市一级人民政府　　D. 县级人民政府

12. 事故调查组应当自事故发生之日起（　　）日内提交事故调查报告。

A. 30　　B. 45　　C. 60　　D. 90

**三、简答题**

1. 简述生产安全事故的等级划分。

2. 事故现场应如何进行保护？

3. 简述事故报告的内容。

4. 简述生产经营单位主要负责人的安全责任。

5. 简述建设项目“三同时”。

## 知识点 4～6 练习题

**一、填空题**

1. 重大责任事故罪是指在生产、作业中违反有关安全管理的规定，或__________，因而发生重大伤亡事故或者造成其他严重后果的行为所受的责罚。

2. 消防工作贯彻__________的方针。

3. 消防工作按照__________的原则，实行消防安全责任制，建立健全社会化的消防工作网络。

4. 全国的消防工作由__________领导。

5. __________对全国的消防工作实施监督管理。

6. 职业病防治工作坚持__________的方针。

7. 职业病是指企业、事业单位和个体经济组织的劳动者在职业活动中，因接触__________等因素而引起的疾病。

8. 工伤保险补偿实行“__________”即无过错补偿的原则，工伤保险不强调造成工伤的原因、过错及其责任，只要确认职工法定情形下发生工伤，就依法享有获得经济补偿的权利。

9. 遇有大雾、大雨（雪）、雷电密集、扬沙及六级以上大风等恶劣天气时，不准进行__________作业；因抢修等特殊情况必须作业时，有关领导必须到场把关。

10. 维修作业时认真执行“三不动”指__________，对性能、状态不清楚的设备不动；未经授权的设备不动。

11. 维修作业时认真执行“三不离”指__________；影响正常使用的设备未修

好，不离开；发现设备、设施异响，不查明原因不离开。

12. 当听到列车鸣笛时，立即远离轨道，并__________________，向司机显示已收到警告。

13. 氧气瓶、乙炔瓶禁止靠近火源或在阳光下暴晒，使用时安全距离不少于____m。

**二、选择题**

1. 安全生产设施或者安全生产条件不符合国家规定，因而发生重大伤亡事故或者造成其他严重后果，情节特别恶劣的，处（　　）以下有期徒刑。

A. 3 年以上 7 年以下　　　　B. 5 年以上

C. 5 年以上 10 年以下　　　D. 7 年以上

2. 举办大型群众性活动违反安全管理规定，因而发生重大伤亡事故或者造成其他严重后果，情节特别恶劣的，对直接负责的主管人员和其他直接责任人员，处（　　）有期徒刑。

A. 3 年以上 7 年以下　　　　B. 5 年以上

C. 5 年以上 10 年以下　　　D. 7 年以上

3. 在安全事故发生后，负有报告职责的人员不报或者谎报事故情况，贻误事故抢救，情节特别严重的，处（　　）有期徒刑。

A. 3 年以上 7 年以下　　　　B. 5 年以上

C. 5 年以上 10 年以下　　　D. 7 年以上

4. 下列哪（　　）情况造成职工负伤，致残或者死亡的，应当认定为工伤。

A. 在工作时间和工作场所内，因工作原因受到事故伤害的

B. 工作时间前后在工作场所内，从事与工作有关的预备性或者收尾性工作受到事故伤害的

C. 城轨员工在工作时间和工作场所内，因维持乘客秩序受到乘客暴力等意外伤害的

D. 患职业病的

5. 下列（　　）情况造成职工负伤，致残或者死亡的，应当认定为工伤。

A. 因工外出期间，由于工作原因受到伤害或者发生事故下落不明的

B. 在上下班途中，受到机动车事故伤害的

C. 因工外出期间，陪客户喝酒造成半身不遂的

D. 上下班时，酒后驾驶发交通事故后造成重伤

6. 职工有下列哪些情形之一的，不得认定为工伤或者视同工伤（　　）。

A. 因犯罪或者违反治安管理伤亡的

B. 醉酒导致伤亡的

C. 自残或者自杀的

D. 在工作时间和工作岗位，突发疾病在 60 小时内经抢救无效死亡的

**三、简答题**

1. 城市轨道交通消防重点单位一般为哪些处所？重点消防单位的消防安全职责是什么。

2. 简述工伤认定条件。

3. 简述检查、清扫道岔作业安全。

4. 维修作业时的“三懂三会”“故障三清”指的是什么？

5. 顺线路行走时有哪些要求？
6. 横越线路时有哪些要求？
7. 简述维修作业人员在作业过程中执行的“三不动”“三不离”安全制度。
8. 对设备故障，维修人员要做到“故障三清”，指的是哪三清？
9. 维修人员所讲的“三懂三会”安全制度是什么？

# 项目三　城市轨道交通运营安全事故报告与调查处理

## 知识点1～3练习题

**一、填空题**

1. 城市轨道交通运营险性事件是指在城市轨道交通运营过程中因________不到位造成风险失控而发生的，对城市轨道交通运营安全和服务造成较大影响的事件。

2. 运营险性事件达到国务院规定的事故等级的构成________。

3. 根据________________，城市轨道交通运营事故分为运营事故与非运营事故两类。

4. 按照事故造成的伤害程度，伤害事故分为轻伤事故、重伤事故和______事故。

5. 轻伤指损失工作日在1日（含）以上但低于____日的失能伤害。

6. 重伤指损失工作日等于和超过__________日的失能伤害。

7. 死亡的损失工作日数按______个工作日计算。

8. 根据事故是否为不可控力造成的，事故可分为______________。

9. 根据《国家突发公共事件总体应急预案》分类标准，地铁突发公共事件主要分为以下四类：自然灾害、______________、公共卫生事件、社会安全事件。

10. 根据城市轨道交通突发公共事件的性质、严重程度、可控性和影响范围等因素，可将城市轨道交通突发事件分为四级：__________________________，依次用红色、橙色、黄色和蓝色表示。

11. 根据事故造成的人员伤亡、直接经济损失、中断行车时间等情形，将运营事故分为______________________________________________________。

12. 若事故发生在车辆段时，由事发地归属部门________立即向行车调度员报告。

13. 若事故发生在区间时，由______________立即向行车调度员或通过车站行车值班员向行车调度员报告。

14. 在运营事故调查组到达现场前，现场事故处理负责人要____________，挽留事故见证人，保存可疑证物，做好记录，配合运营事故调查组做好事故调查的前期准备工作。

15. 事故处理需按"____________"原则，认真调查分析，查明原因，分清责任，吸取教训，制定对策，防止同类事故再次发生。

**二、选择题**

1. 城市轨道交通运营事故发生后，现场人员进行报告的内容有（　　）。

A. 报告人姓名、部门

B. 事件发生时间、地点

C. 突发事件概况、设备损坏情况及运营影响程度

D. 人员伤亡及现场救援情况

2. 关于物证的收集要求，以下正确的是（　　）。

A. 收集的事故现场的各种物证均应贴上注有时间、地点、使用者及管理者等内容的标签

B. 所有物证均应保持原样，不得冲洗擦拭

C. 对有害健康的危险物品采取安全防护措施时，也应在不损坏原始证据的条件下进行，确保各种现场物证的完整性和真实性

D. 各种物证材料应交由运营单位进行存放

3. 关于证人材料的搜集要求，以下正确的是（　　）。

A. 目击证人至少挽留两名

B. 当事人书面陈述由他人代写的，需经当事人同意，书写完毕由双方签字、按手印确认

C. 当事人或现场目击证人填写《事情经过记录表》时要在结尾处注明“以上情况属实”，并由书写人签名确认

D. 地铁工作人员不得擅自将目击证人的身份和资料泄漏给外部人员或媒体

**三、判断题**

1. 事故发生在区间时，正常情况下是由司机上行调报告区间事故情况。（　　）

2. 事故发生在区间，在车站人员到达事故现场前，由司机进行现场救援指挥。车站人员到达后，由车站人员进行救援指挥。（　　）

3. 当发生有人员伤亡的事故时，现场人员要及时拨打120急救电话，不用拨打110。（　　）

4. 事故发生后，城轨现场作业人员除第一时间进行抢险救援外，还应安排人员挽留现场目击证人。（　　）

5. 某市地铁电梯的维护及保养由电梯专业维护单位负责，因此电梯使用过程中发生的事故，地铁公司无需参与调查。（　　）

6. 事故现场证据资料应包含事故现场照片与事故现场示意图。（　　）

7. 一般情况下，选取事故现场目击证人时，不选择与事故有关人员。（　　）

**四、简答题**

1. 城市轨道交通运营安全事故如何分级？

2. 简述地铁运营事故应急处理应遵循原则。

3. 简述城市轨道交通运营事故现场报告的内容。

4. 制作做询问笔录时，应注意哪些方面？

## 知识点4～7练习题

**一、填空题**

1. 事故区域存在两个作业单位，当事故由两方原因造成，但双方推诿扯皮，造成责任难以分清时，可以裁定双方均负有____________。

2. 当事故由三方以上原因造成，则视各方责任而依次承担______________________。

3. 因自然灾害等原因使设备损坏造成运营事故的；因人为故意破坏造成运营事故的；经事故调查组调查后确定，可列为______。

4. 发生地外伤亡事故后，地铁员工应立对现场目击证人进行挽留，挽留的目击证人至少____名。

5. 当乘客在列车上发生客伤事故，列车在车站时时，现场第一负责人为________。

6. 站务人员对事故当事人，工作人员，目击证人的询问笔录不得随意涂改，一经涂改时，必须在涂改处____________证明。

7. 行车事故应坚持“________________________________________”的原则，优先组织人员疏散、伤员抢救，同时兼顾重点设备和环境的防护，将损失降至最低程度。

8. 发生事故进行信息通报时，若现场情况一时难以判断清楚时，应遵循“________________________”的原则进行汇报。如发现已经报告的内容有误时，应立即予以更正。

9. 火警电话为______，急救电话为____，匪警电话为____。

## 二、选择题

1. 以下属于事故发生间接原因的是（　　）。

A. 人的不安全行为　　B. 设备的安全状态

C. 环境的不安全因素　　D. 管理的缺陷

2. 2011 年 9 月 27 日 14 时 37 分，某市地铁 10 号线 1005 和 1016 号列车在豫园站至老西门站下行区间百米标 176 处发生一起追尾事故。在以下事故原因中，属于直接原因的是（　　）。

A. 行车调度员在未定位故障区间内全部列车位置的情况下，违规发布电话闭塞命令

B. 接车站值班员在未严格确认区间线路是否空闲的情况下，违规同意发车站的电话闭塞要求

C. 企业执行规章制度不严，应急管理不到位。如总调度所对电话闭塞法等行车管理相关要求没有及时充实到应急预案中

D. 地铁运营企业对地铁网络化运营过程中出现的新情况、新问题研究不够

3. 若地铁电扶梯由委外企业进行运营维护及保养，若由于电梯不按时维护保养造成事故发生，则应列地铁运营公司（　　）。

A. 主要责任　　B. 次要责任　　C. 同等责任　　D. 管理责任

4. 车站发生地外人员伤亡事故时，工作人员及当事司机应配合好警方做好（　　）工作。

A. 伤者抢救　　B. 尸体搬离　　C. 善后处理　　D. 询问笔录

5. 城市轨道交通行车事故信息通报必须坚持的原则是（　　）。

A. 迅速、准确、真实的原则　　B. 逐级报告的原则

C. 情况变化时随时报告的原则　　D. 事故报告与救灾相结合的原则

6. 发生地外人员伤亡事故时，上报事发时间的格式为（　　）。

A. 月、日、时、分　　B. 月、时、分

C. 月、日、时　　D. 日、时、分

## 三、判断题

1. 运营公司批准的技术革新、科研项目进行试验时，在规定的试验期内，被试验的项目发生事故，同样列为运营责任事故。（　　）

2. 调试过程中，由于作业人员违反规章制度所造成的事故，不列为运营责任事故。（　　）

3. 事故发生在车站时，只能由行车值班员向调度控制中心上报事故情况。（　　）

4. 事故发生在区间的列车上时，事故报告的第一责任人为司机。（　　）

## 四、简答题

1. 简述事故处理的“四不放过”原则。
2. 责任事故中，事故责任如何划分？
3. 简述发生行车事故时，事故通报的内容。
4. 行车事故调查处理原则有哪些？分别是什么？

# 项目四　城市轨道交通运营安全系统分析与评价

**一、填空题**

1. 系统是由相互作用和相互依赖的若干组成部分结合成的具有________的有机整体。

2. 安全系统工程的主要内容包括______________、安全系统评价和安全系统管理。

3. 安全检查表中的检查项目要求发问明确，回答清楚，并以__________来回答。每个检查表均需注明检查时间、检查者、直接负责人等，以便分清责任。

4. 编制安全检查表的主要依据是：有关______、规程、规范及规定以及装置的有关技术资料等。

5. 运用因果图分析时，确定大要因（大枝）时，现场作业一般从“__________”着手，管理类问题一般从“________”层别，应视具体情况决定。

6. 因果图分析法中，大要因，中要因与小要因间有直接的________关系，小要因应分析至可以直接制订对策。

7. 排列图全称为主次因素排列图，可用于确定系统安全的__________，以便明确主攻方向和工作重点所在。

8. 排列图左边纵坐标表示______，右边纵坐标表示______，横坐标表示事故原因或事故分类，一般按影响因素的主次从左向右排列。

9. 事故树中矩形符号表示______________。

10. 事故树中圆形符号表示____________，可以是人的差错，也可以是设备、机械故障、环境因素等。

11. 数个输入事件 $E_1$、$E_2$，…，$E_n$ 和一个输出事件 $E$，当且仅当所有输入事件都发生时，输出事件 $E$ 才发生，这样的逻辑关系用________连接。

12. 数个输入事件 $E_1$，$E_2$，…，$E_n$ 和一个输出事件 $E$，至少一个输入事件发生时，输出事件 $E$ 就发生，这样的逻辑关系用______连接。

13. 作业条件危险性评价法以与系统风险率有关的三种因素指标值之积来评价系统人员伤亡风险的大小，其中作业条件的危险性大小，取决于__________、人体暴露在这种危险环境中的频繁程度 E、一旦发生事故可能会造成的损失后果 C 三个因素。

**二、选择题**

1. 以下安全分析方法中能进行安全定量分析的是（　　）。

A. 安全检查表分析法　　B. 作业条件危险性分析法

C. 事故树分析法　　D. 排列图分析法

2. 以下安全分析方法中既能进行定性分析又能进行定量分析的方法是（　　）。

A. 安全检查表分析法　　B. 作业条件危险性分析法

C. 事故树分析法　　D. 排列图分析法

3. 安全检查表一般采用（　　）。

A. 正面提问方式 B. 侧面了解方式 C. 行为分析方式 D. 思维分析方式

4. 将引发事故的主要因素分层（枝）加以分析的安全系统分析方法是指（　　）。

A. 安全检查表法 B. 因果分析图法 C. 排列图分析法 D. 事故树分析法

5. 根据排列图的累积频率范围，将导致事故的因素分为三类，A 类主要因素的累积频率范围为（　　）。

A. 0～80% B. 80%～90% C. 90%～100% D. 0～70%

6. 在建设项目竣工后正式生产运行前，通过检查建设项目安全设施与主体工程同时设计、同时施工、同时投入生产和使用的情况的安全评价属于（　　）。

A. 安全预评价 B. 安全验收评价 C. 安全现状评价

7. 针对生产经营活动中事故风险、安全管理等情况进行的安全评价属于（　　）。

A. 安全预评价 B. 安全验收评价 C. 安全现状评价

8. 系统有若干危险因素，其中只要有一处处于不安全状态，就有可能导致严重事故的发生，当采用安全检查表评价法时，应选用（　　）。

A. 逐项赋值法 B. 加权平均法

C. 单项定性加权计分法 D. 单项否定计分法

**三、判断题**

1. 车站安全检查使用的安全检查表与公司对车站检查使用的安全检查表应该一致。（　　）

2. 为使提出的问题有依据，可以收集有关此项问题的规章制度、规范标准中所规定的要求，分别简要列出它们的名称和所在章节，附于每项提问后面，以便查对。（　　）

**四、简答题**

1. 简述编制安全检查表应注意的问题

2. 分析采用因果图分析方法分析列车追尾事故的发生原因。

3. 某地铁换乘站 1～10 月发生的地外伤亡事故原因统计如下，请画出车站地外人员伤亡原因的排列图，并分析影响乘客安全的主要因素有哪些，次要因素有哪些，一般因素有哪些?

**某地铁站 1～10 月份客伤事故原因统计表**

| 事故原因 | 地面湿滑 | 电梯上摔倒或夹伤 | 屏蔽门夹人夹物 | 人员恐慌拥挤 | 其他 | 合计 |
|---|---|---|---|---|---|---|
| 件数 | 23 | 10 | 7 | 4 | 5 | 49 |

**五、绘图题**

在下列车逻辑门中填入正确的符号：

1. 挤道岔

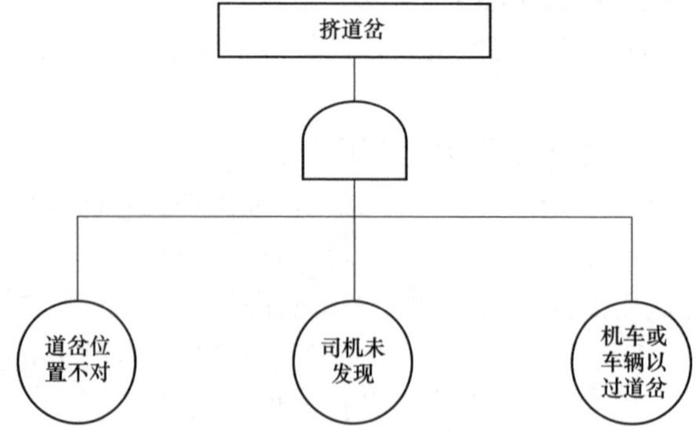

2. 列车冒进信号

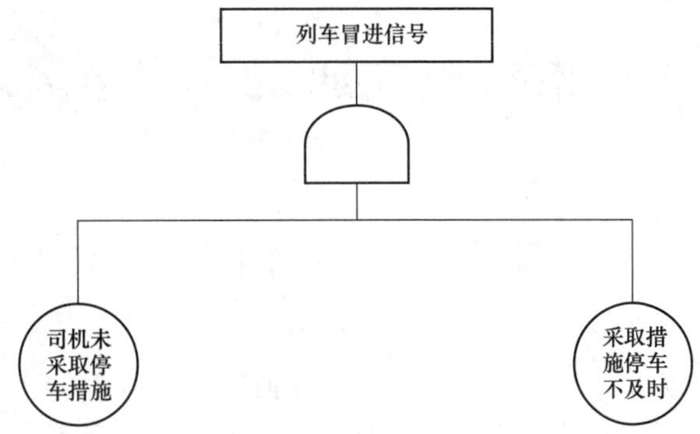


3. 未准备好进路接发列车

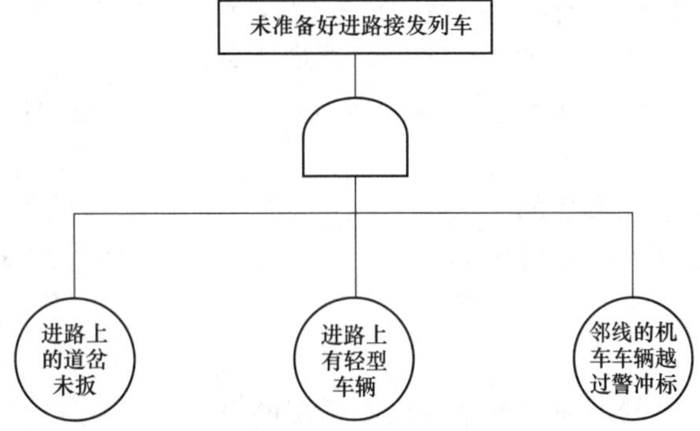


4. 向占用线路接入列车

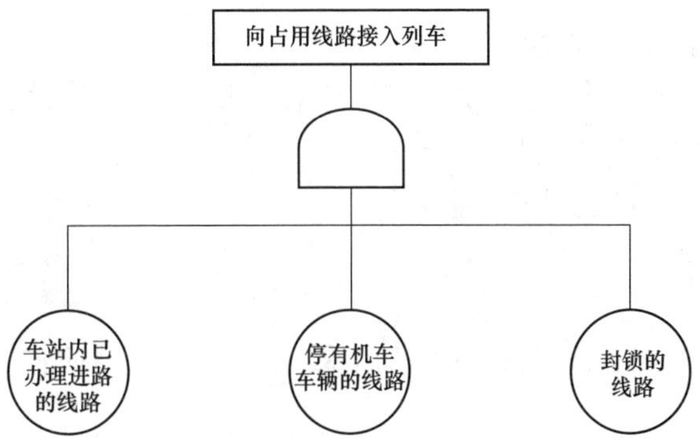

# 项目五　城市轨道交通运营安全风险管理

## 知识点 1～3 练习题

### 一、填空题

1. 风险率通常表示为________与事故损失严重程度（S）的乘积。

2. 风险管理过程主要包括沟通和协商、明确环境信息、风险评估（风险识别、风险分析、风险评价）、________、监测和评审五步。

3. 根据《生产过程危险和有害因素分类与代码》（GB/T 13861—2009）的规定，将生产过程中的危险有害因素分为 4 类：人的因素、物的因素、环境因素、________。

4. 危险源识别时要考虑的三种状态是指：常规状态、________、潜在的紧急情况。

5. 为提高危险源辨识的系统性，需按照系统、________、危险源（危害）三个层级对危险源分别进行编码。

6. 危险源是指可能引起事故的________。

7. 根据危险源在事故发生发展中的作用分类，危险源可划分为两大类，即________________。

### 二、选择题

1. 以下危险源的识别状态属于非常规状态情况的是（　　）。

A. 平常都在室内电焊作业，由于厂房改造，临时在室外露天作业

B. 2008 年南方冰冻条件下的行车作业

C. 电梯维修作业

D. ATS 正常时的调度指挥作业

2. 对接发列车作业进行危险源识别，属于潜在的紧急情况的状态是（　　）。

A. 设备正常时的接发列车作业

B. 信号设备故障时的接发列车作业

C. 列车挤岔

D. 列车冲突

3. 对以下城市轨道交通运营范围内的活动，属于危险源识别时的非常规活动的是（　　）。

A. 设备设施维护保养

B. 消防及行车疏散演习

C. 依据运营时刻表组织列车运营、客运服务过程

D. 联锁设备故障时人工准备进路作业

4. 对以下城市轨道交通运营范围内的活动，危险源识别时划为潜在的紧急情况的是（　　）。

A. 水淹事故　　　　　　B. 列车火灾

C. 人员坠入轨行区　　　　　　　　　　D. 屏蔽门夹人夹物

**三、判断题**

1. 危险源辨识时应即考虑静态条件下的危险源，还要考虑系统的各种变化情况，即动态情形下的危险源。（　　）

2. 对具体的作业进行危险源识别时不必进行分类识别，直接划分识别单元即可。（　　）

3. 工作危害分析法中，对步骤的书面描写应尽可能详细，不必考虑简洁性。（　　）

4. 工作危害分析法中，对作业步骤进行描绘时尽可能使用动作词汇（如提起、搬运等）。（　　）

**四、简答题**

1. 简述危险源识别时要考虑三种状态、三种时态及四类因素。

2. 简述工作危害分析法中将作业划分为工作步骤时应注意哪些方面。

**五、分析题**

对以下作业进行风险辨识，待风险评价与控制措施相关知识学习后补全相关内容。

1. 轨行区拾物作业风险管理分析表

表格编码：　　　　　　工作名称：轨行区拾物作业　　　　　负责人：值班站长

| 工具/设备 | | 拾物钳、手电筒、信号旗、屏蔽门钥匙 | | 个人防护用品 | | 绝缘手套、荧光衣 |
|---|---|---|---|---|---|---|
| 序号 | 工作步骤 | 潜在危害 | 发生频率 | 严重程度 | 风险等级 | 控制措施 |
| 1 | 作业准备 | | | | | |
| 2 | 请点 | | | | | |
| 3 | 设置防护 | | | | | |
| 4 | 拾物作业 | | | | | |
| 5 | 撤除防护 | | | | | |
| 6 | 销点 | | | | | |

2. 入轨清扫道岔作业风险管理分析表

表格编码：　　　　　　工作名称：入轨清扫道岔作业　　　　　负责人：

| 工具/设备 | | 钢刷子、手持电台（400M、800M）、木楔子、砂纸、信号旗（灯）、油壶、锤头 | | 个人防护用品 | | 安全帽、手套、荧光衣、绝缘鞋 |
|---|---|---|---|---|---|---|
| 序号 | 工作步骤 | 潜在危害 | 发生频率 | 严重程度 | 风险等级 | 控制措施 |
| 1 | 入轨作业备品准备 | | | | | |
| 2 | 入轨作业申请 | | | | | |
| 3 | 入轨走行 | | | | | |
| 4 | 清扫道岔 | | | | | |
| 5 | 转换道岔 | | | | | |
| 6 | 清扫另一侧道岔 | | | | | |
| 7 | 试验道岔 | | | | | |
| 8 | 出清线路 | | | | | |

3. 列车清客作业风险管理分析表

表格编码：　　　　　　　　工作名称：列车清客作业　　　　　　负责人：

| 工具/设备 | | | | 个人防护用品 | | |
|---|---|---|---|---|---|---|
| 序号 | 工作步骤 | 潜在危害 | 发生频率 | 严重程度 | 风险等级 | 控制措施 |
| 1 | 进入列车车厢 | | | | | |
| 2 | 清客宣传广播 | | | | | |
| 3 | “三步一回头”确认清客完毕 | | | | | |
| 4 | 确认屏蔽门（安全门）/车门状态 | | | | | |
| 5 | 给司机显示“好了”信号 | | | | | |

## 知识点 4～6 练习题

### 一、填空题

1. LC 评价法将事件发生的可能性指标统一划分为__个级别，后果严重程度统一划分为__个级别。

2. LC 评价法将安全生产风险等级由高到低统一划分为四级：____________________。

3. 风险控制遵循__________原则，风险等级不同，采取的控制措施也不同。

4. ALARP 原则是指确定的控制措施应考虑________________，除非风险控制措施所需的成本与实施此措施所带来的效益极不成比例，否则应采取所需的控制措施。

5. 若危险源风险评价时落入不可接受风险区，则风险等级不能降到此范围以下时就不能________________。

6. 安全管理双重预防机制是指________________________________________。

7. 城市轨道交通运营风险分级管控是对城轨运营过程中存在的_______________进行辨识、评估，确定风险等级，采取相应管控措施，实施风险动态管理的活动。

8. 根据《城市轨道交通运营安全风险分级管控和隐患排查治理管理办法》的规定，城市轨道交通运营安全风险等级从高到低划分为______________四个等级。

9. 根据《城市轨道交通运营安全风险分级管控和隐患排查治理管理办法》的规定，对于重大风险，应由__________牵头组织制定管控措施，并填写清单、汇总造册，按照职责范围报告属地负有安全生产监督管理职责的部门。

10. 根据《城市轨道交通运营安全风险分级管控和隐患排查治理管理办法》的规定，城轨运营企业要依据安全风险类别和等级建立企业安全风险数据库，绘制企业“__________”四色安全风险空间分布图。

11. 根据《城市轨道交通运营安全风险分级管控和隐患排查治理管理办法》的规定，隐患分为______________两个等级。

12. 对于排查出的重大隐患，运营单位应立即上报城市轨道交通运营主管部门，由城市轨道交通运营主管部门挂牌督办，督促有关责任单位制定并实施严格的隐患治理方案，做到

＿＿＿＿＿＿＿＿＿＿“五落实”，实现隐患排查治理的闭环管理。

## 二、选择题

1. 风险可忍受区（合理可接受区）风险被接受的条件为（　　）。

A. 降低风险不可行　　B. 降低风险时成本超过收益

C. 降低风险时成本不超过收益　　D. 降低风险所获效益微乎其微

2. 以下为可接受风险控制措施选取原则的是（　　）。

A. 若符合成本效益，采取降低风险的措施

B. 若降低风险不可行，接受该风险

C. 继续沿用原有的控制措施

D. 必面建立、修订并演练应急处置程序

3. 遇到（　　）情况时需开展风险专项辨识。

A. 运营环境发生较大变化　　B. 运营单位部门分工进行较大调整

C. 发生运营险性事件　　D. 新设备、新技术、新工艺投用

4. 遇到（　　）情况时需开展风险专项辨识。

A. 车辆、信号等关键系统更新

B. 车站、线路等改造后投入使用

C. 高驾站及地面站在发生强台风后恢复运营

D. 节假日大客流

5. 遇到（　　）情况时应开展隐患专项排查。

A. 关键设施设备更新改造

B. 以防汛、防火、防寒等为重点的季节性隐患排查

C. 重要节假日、重大活动等关键运输节点前

D. 重点施工作业进行期间

## 三、简答题

1. 简述风险矩阵评价法的内涵。

2. 风险矩阵评价法优点和局限分别是什么？

## 四、分析题

1. 开站作业风险管理分析表

表格编码：　　　　工作名称：开站作业　　　　负责人：

| 工具/设备 | | 各作业人员作业相关备品 | | 个人防护用品 | | 无 |
|---|---|---|---|---|---|---|
| 序号 | 工作步骤 | 潜在危害 | 发生频率 | 严重程度 | 风险等级 | 控制措施 |
| 1 | 运营前检查 | | | | | |
| 2 | 人员到岗（售票员、站台岗） | | | | | |
| 3 | 打开车站照明 | | | | | |
| 4 | 开启 TVM 和闸机 | | | | | |
| 5 | 开启出入口、扶梯 | | | | | |
| 6 | 播放开站服务广播 | | | | | |

2. 关站作业风险管理分析表

表格编码：　　　　　　　　工作名称：　　　　　　　　负责人：

| 工具/设备 | | 各作业人员作业相关备品 | | 个人防护用品 | | 无 |
|---|---|---|---|---|---|---|
| 序号 | 工作步骤 | 潜在危害 | 发生频率 | 严重程度 | 风险等级 | 控制措施 |
| 1 | 播放各线别尾班车广播 | | | | | |
| 2 | 关闭 TVM，通知售票员停止售票，暂停进站闸机 | | | | | |
| 3 | 确认站台乘客均已上车 | | | | | |
| 4 | 播放关站广播 | | | | | |
| 5 | 车站清客 | | | | | |
| 6 | 关闭出入口、扶梯 | | | | | |
| 7 | 播放关站服务广播 | | | | | |

3. 开（关）自动扶梯作业工作危害分析表

表格编码：　　　　　　工作名称：开（关）自动扶梯作业　　　　负责人：

| 工具/设备 | | 电梯停用 | | 个人防护用品 | | 无 |
|---|---|---|---|---|---|---|
| 序号 | 工作步骤 | 潜在危害 | 发生频率 | 严重程度 | 风险等级 | 控制措施 |
| 1 | 开启前检查 | | | | | |
| 2 | “开启”操作 | | | | | |
| 3 | 检查运行状态 | | | | | |
| 4 | 撤除与放置上下“停用”牌 | | | | | |
| 5 | “关闭”操作 | | | | | |

4. 站厅层电焊作业工作危害分析表

表格编码：　　　　　　　工作名称：站厅层电焊作业　　　　　负责人：

| 工具/设备 | | 电焊机，隔离带 | | 个人防护用 | | 绝绝手套，护目镜、干粉灭火器 |
|---|---|---|---|---|---|---|
| 序号 | 工作步骤 | 潜在危害 | 发生频率 | 严重程度 | 风险等级 | 控制措施 |
| 1 | 请点 | | | | | |
| 2 | 人员检查与核对 | | | | | |
| 3 | 作业准备 | | | | | |
| 4 | 作业过程 | | | | | |
| 5 | 作业收尾 | | | | | |
| 6 | 销点 | | | | | |

# 项目六 城市轨道交通运营应急管理

## 一、填空题

1. 应急管理包括预防、预备、响应和______四个阶段。

2. ________________是应急管理的核心，是控制重大事故损失的有效手段。

3. 我国的应急管理体制为“统一领导、综合协调、_______________、分级负责、属地管理”。

4. 目前城市轨道交通运营企业的应急管理体系，主要有层级型、联动型、______三种类型组成。

5.《国家突发公共事件总体应急预案》按照突发公共事件的性质、严重程度、可控性和影响范围等因素，将突发公共事件分为四级：Ⅰ级（特别重大）、Ⅱ级（重大）、______和Ⅳ级（一般）。

6.《国家突发公共事件总体应急预案》依据突发公共事件可能造成的危害程度、紧急程度和发展势态，将预警级别划分为四级，依次用红色、橙色、黄色和____表示。

7. 应急预案又称______，是针对可能发生的突发事件和重大事故，为保证迅速、有序、有效地开展应急与救援行动，降低突发事件（重大事故）损失而预先制订的计划或方案。

8. 按应急预案的功能与目标，一个完整的应急预案体系应包括________、专项预案和现场预案三类。

9. 按预案性质划分，应急预案体系可分为指导性预案与___________。

10. 一个完整的应急预案的文件体系包括预案、程序、指导书和______，是一个四级文件体系。

11. 应急预案的演练是检验、评价和保持应急能力的一个重要手段。应急预案演练一般可分为__________，功能演练和全面演练。

12. 应急预案评审分为____________和要素评审，评审可采取符合、基本符合、不符合三种方式简单判定。

13. __________的重点是应急预案的规范性和可读性。

14. __________是依据有关规定和标准，从符合性、适用性、针对性、完整性、科学性、规范性和衔接性等方面对应急预案进行评审。

## 二、选择题

1. 应急管理四个阶段中，预备阶段的主要任务是（　　）。

A. 从应急管理的角度出发，防止突发事件或事故的发生

B. 制订应急预案

C. 完善应急保障系统

D. 使交通运营恢复到正常状态或得到进一步改善

2. 应急预案在应急管理中的重要作用和地位主要体现在以下方面（　　）。

A. 明确了应急救援的范围和体系

B. 有利于及时作出应急响应，降低事故危害程度

C. 成为各类突发事故的应急基础

D. 预防作用

3. 应急预案演练的具体作用体现在（　　）。

A. 有利于在事故发生前发现预案存在的问题和缺陷

B. 有利于发现应急资源的不足

C. 有利于改善应急部门、机构和人员之间的协调，增加相关人员应对突发事故救援的信心和应急意识，提高应急人员的熟练程度和应急能力

D. 有利于增强各级预案之间的协调性和整体的应急反应能力

**三、判断题**

1. 应急预案明确了在突发事件、重大事故发生之前、发生过程中以及刚刚结束之后，谁负责做什么，何时做，以及相应的策略和资源准备等。（　　）

2. 国家级和省级预案通常为指导性预案。（　　）

3. 指志性预案内容比较细化，有明确的措施和相应的策略。（　　）

4. 专项应急预案是针对具体的事故类别（如地铁火灾、疫情暴发等事故）、危险源和应急保障而制定的计划或方案。（　　）

5. 现场处置方案是针对具体的装置、场所或设施、岗位所制定的应急处置措施。（　　）

**四、简答题**

1. 简述我国的应急管理体制。

2. 目前城市轨道交通应急管理的体系有哪几类?

# 项目七　安全标志及其布置要求

**一、填空题**

1. 安全色有红色、蓝色、黄色、__________四种。

2. 对比色一般有黑、______两种颜色。

3. 安全色与对比色同时使用时一般按照红色、蓝色、绿色与白色，黄色与____色的原则搭配。

4. 安全标志分为禁止标志，________，提示标志与警告标志。

5. 安全标志由安全色、________、图形符号或文字所构成，用以表达特定的安全信息。

6. ____________是安全标志的文字说明或补充。

7. 横写时禁止标志、指令标志的文字辅助标志字体颜色为_____，衬底色分别为红色、蓝色。

8. 横写时警告标志的文字辅助标志字体颜色为________色，衬底色为白色。

9. 竖写时，文字辅助标志写在标志杆的上部。禁止标志、警告标志、指令标志、提示标志均为白色衬底，________色字。

10. 管道色标的习惯用法是：蒸汽管道为______色，自来水管道为______色，压力管道为______色，消防管道为______色。

11. 变电所设备和车间配电装置用色标相别，主要用法是：A 相为黄色，B 相为绿色，C 相为红色，地线为____色，直流正极为红色，直流负极为____色。

12. 安全标志牌衬底的边宽最小为____________mm，最大为__________mm。

13. 多个标志牌在一起设置时，应按______________类型的顺序，先左后右、先上后下地排列。

14. 悬挂式和柱式的环境信息标志牌的下缘距地面的高度不宜小于__________m。

15. 标志牌的平面与视线夹角应接近____，观察者位于最大观察距离时，最小夹角不低于____________。

16. 城轨运营现场作业的“三标”是指“____________________”；“三控”是指“____________”；“三防”管理是指“__________”；“三点控制”是指__________________。

**二、选择题**

1. 表示禁止、停止、消防含义的安全色是（　　）。

A. 红色　　B. 蓝色　　C. 黄色　　D. 绿色

2. 表示指令含义的安全色是（　　）。

A. 红色　　B. 蓝色　　C. 黄色　　D. 绿色

3. 表示允许含义的安全色是（　　）。

A. 红色　　B. 蓝色　　C. 黄色　　D. 绿色

4. 表示警告、注意含义的安全色是（　　）。

A. 红色　　　B. 蓝色　　　C. 黄色　　　D. 绿色

5. 表示系统处于安全状态含义的安全色是（　　）。

A. 红色　　　B. 蓝色　　　C. 黄色　　　D. 绿色

6. 根据安全色的含义，城市轨道交通列车受电弓的支架部分一般应涂成（　　），表示高压危险，禁止触摸。

A. 红色　　　B. 蓝色　　　C. 黄色　　　D. 绿色

7. 根据安全色的含义，机器、车辆上的紧急停止按钮或手柄，以及禁止人们触动的部位也应涂成（　　）灭火器等用来防火、灭火的器具也涂成红色。

A. 红色　　　B. 蓝色　　　C. 黄色　　　D. 绿色

8. 根据安全色的含义，警告标志；厂内危险机器和坑沟周边的警戒线，行车道中线，安全帽；城市轨道交通站台安全线等应涂成（　　）。

A. 红色　　　B. 蓝色　　　C. 黄色　　　D. 绿色

9. 根据安全色的含义，车间内的安全通道；车辆和行人通过标志；消防设备和其他安全防护设备的位置等应涂成（　　）。

A. 红色　　　B. 蓝色　　　C. 黄色　　　D. 绿色

10. 红白相间条纹的含义为（　　）。

A. 禁止越入　　　B. 警告注意　　　C. 必须遵守　　　D. 使标志牌更醒目

11. 黄黑相间条纹的含义为（　　）。

A. 禁止越入　　　B. 警告注意　　　C. 必须遵守　　　D. 使标志牌更醒目

12. 蓝白相间条纹的含义为（　　）。

A. 禁止越入　　　B. 警告注意　　　C. 必须遵守　　　D. 使标志牌更醒目

13. 绿白相间条纹的含义为（　　）。

A. 禁止越入　　　B. 警告注意　　　C. 必须遵守　　　D. 使标志牌更醒目

14. 禁止标志的几何图形为（　　）。

A. 带斜杠的圆环　B. 正三角形　　　C. 圆形边框　　　D. 矩形

15. 警告标志的几何图形为（　　）。

A. 带斜杠的圆环　B. 正三角形　　　C. 圆形边框　　　D. 矩形

16. 指令标志的几何图形为（　　）。

A. 带斜杠的圆环　B. 正三角形　　　C. 圆形边框　　　D. 矩形

17. 提示标志的几何图形为（　　）。

A. 带斜杠的圆环　B. 正三角形　　　C. 圆形边框　　　D. 矩形

18. 禁止标志的几何图形的颜色为（　　）。

A. 红色　　　B. 黑色　　　C. 绿色　　　D. 蓝色

19. 警告标志的几何图形的颜色为（　　）。

A. 红色　　　B. 黑色　　　C. 绿色　　　D. 蓝色

20. 提示标志的几何图形的颜色为（　　）。

A. 红色　　　B. 黑色　　　C. 绿色　　　D. 蓝色

21. 禁止标志图形符号的颜色为（　　）。

A. 红色　　　B. 黑色　　　C. 绿色　　　D. 蓝色

22. 警告标志图形符号的颜色为（　　）。

A. 红色　　B. 黑色　　C. 绿色　　D. 蓝色

23. 指令标志图形符号的颜色为（　　）

A. 红色　　B. 黑色　　C. 绿色　　D. 白色

24. 提示标志图形符号的颜色为（　　）。

A. 红色　　B. 黑色　　C. 绿色　　D. 白色

25. 禁止标志背景色为（　　）。

A. 红色　　B. 黑色　　C. 绿色　　D. 白色

26. 警告标志背景色为（　　）。

A. 红色　　B. 黑色　　C. 绿色　　D. 黄色

27. 指令标志衬边的颜色是（　　）。

A. 白色　　B. 黑色　　C. 绿色　　D. 黄色

28. 文字辅助标志对四种安全标志的补充说明，基本形式是（　　）。

A. 带斜杠的圆环　B. 正三角形　　C. 圆形边框　　D. 矩形边框

29. 充装乙炔气体的气瓶颜色为（　　）。

A. 白色　　B. 铝白　　C. 淡绿　　D. 黑色

30. 充装氧气体的气瓶颜色为（　　）。

A. 白色　　B. 铝白　　C. 淡（酞）蓝　　D. 黑色

31. 充装氮气体的气瓶颜色为（　　）。

A. 白色　　B. 铝白　　C. 淡（酞）蓝　　D. 黑色

32. 变电所设备（母线和进出线）和车间配电装置中的电缆线，地线（零线）的颜色为（　　）。

A. 黄色　　B. 绿色　　C. 红色　　D. 黑色

**三、简答题**

1. 安全标志的类型有哪些，分别包含多少种？

2. 安全标志有什么作用？

3. 安全标志的高度如何确定？

# 项目八 城市轨道交通运营行车安全事故预防

## 知识点1～3练习题

**一、填空题**

1. 各级领导对列车运行的指示必须通过______下达，坚决禁止令出多口或多头指挥，维护调度命令的严肃性和权威性。

2. 发布调度命令应按“__________________________________________”的程序办理。

3. 行车调度贯彻____________________的原则，组织协调行车有关各部门的工作，指挥和监督行车工作全过程，保证行车工作均衡协调、安全准确地运行。

4. 列车司机的操作应在正常情况下确保“______”，在非正常情况下确保“____”，所有操作均动作紧凑，快速正确。

5. 采用SM、RM、URM驾驶模式时，严格执行“_____________________”的开/关门程序。

6. 动车前，司机应先确认__________关好，同时确认屏蔽门与车门间的空隙无人无物方可进驾驶室。

7. 关屏蔽门、车门前应先确认_________，判断是否处于关门时刻、再确认车载信号或进路防护信号开放或者具有行车凭证。

**二、选择题**

1. 行车调度在安全工作中的作用有（　　）。

A. 指挥行车人员完成各项行车作业，保证列车安全正点运行

B. 组织、协调、监督、检查行车各有关部门的安全生产，纠正各种违章现象，及时处行车中发生的问题

C. 消除事故隐患，防止发生行车事故

D. 在发生事故后，积极组织救援，减少事故损失

2. 列车在区间发生故障，其现场指挥人为（　　）。

A. 当值司机　　B. 行调

C. 前方站行车值班员　　D. 后方站行车值班员

**三、判断题**

1. 如果城轨车站的行车值班员暂时离开，可以由站务员替代他的工作。（　　）

2. 行调在发布命令时，为提高作业效率可以边拟边发。（　　）

3. 各级领导对列车运行的指示必须通过行车调度下达，坚决禁止令出多口或多头指挥。（　　）

4. 在开车之前，司机必须检查列车是否处于安全状态。（　　）

5. 列车因故障断电，驾驶司机可以打开高压箱查找故障原因。（　　）

**四、简答题**

1. 下达调度命令时有哪些要求？

2. 简述列车司机在驾驶列车时必须做到的“三严格”。

3. 简述驾驶员进行站台安全作业准则。

**五、分析题**

分析行车调度员以下作业的作业风险。

1. 行调组织电话闭塞法接发列车作业工作危害分析表

表格编码：　　　　　工作名称：行调电话闭塞法作业组织　　　　负责人：

| 工具/设备 | | 调度命令登记簿、调度电话、800M，占线板 | | 个人防护用品 | | 无 |
|---|---|---|---|---|---|---|
| 序号 | 工作步骤 | 潜在危害 | 发生频率 | 严重程度 | 风险等级 | 控制措施 |
| 1 | 故障确认 | | | | | |
| 2 | 列车定位 | | | | | |
| 3 | 目视行车法运行指挥 | | | | | |
| 4 | 二次定位 | | | | | |
| 5 | 下达调令 | | | | | |
| 6 | 电话闭塞法运行指挥 | | | | | |
| 7 | 下达恢复原闭塞法调令 | | | | | |

2. 行调组织收车作业工作危害分析表

表格编码：　　　　　　工作名称：行调组织收车作业　　　　　负责人：

| 工具/设备 | | 调度命令登记簿、调度电话、800M，停送电申请表 | | 个人防护用品 | | 无 |
|---|---|---|---|---|---|---|
| 序号 | 工作步骤 | 潜在危害 | 发生频率 | 严重程度 | 风险等级 | 控制措施 |
| 1 | 低峰期收车 | | | | | |
| 2 | 通报 DCC 列车回场计划 | | | | | |
| 3 | 组织上下行第一趟回场列车回场 | | | | | |
| 4 | 取消接轨站上、下行自动进路 | | | | | |
| 5 | 排列回场进路 | | | | | |
| 6 | 电客车回场 | | | | | |
| 7 | 回场完毕，组织施工 | | | | | |

3. 行调组织停电作业工作危害分析表

表格编码：　　　　　　　工作名称：行调组织停电作业　　　　　负责人：

| 工具/设备 | | 调度命令登记簿、调度电话、800M，停电通知单 | | 个人防护用品 | | 无 |
|---|---|---|---|---|---|---|
| 序号 | 工作步骤 | 潜在危害 | 发生频率 | 严重程度 | 风险等级 | 控制措施 |
| 1 | 与电调确认停电区域、停电安排 | | | | | |
| 2 | 填写停电通知单 | | | | | |
| 3 | 签认停电通知单 | | | | | |
| 4 | 通知电调停电 | | | | | |
| 5 | 电调停电 | | | | | |
| 6 | 向车站发布已停电通知 | | | | | |

4. 行调组织送电作业工作危害分析表

表格编码：　　　　　　　工作名称：行调组织送电作业　　　　　负责人：

| 工具/设备 | | 调度命令登记簿、调度电话、800M，送电通知单 | | 个人防护用品 | | 无 |
|---|---|---|---|---|---|---|
| 序号 | 工作步骤 | 潜在危害 | 发生频率 | 严重程度 | 风险等级 | 控制措施 |
| 1 | 确认送电条件 | | | | | |
| 2 | 填写送电通知单，通知电调送电 | | | | | |
| 3 | 电调确认送电条件满足后送电 | | | | | |
| 4 | 行调及控制主任确认已送电 | | | | | |
| 5 | 向车站发布送电通知 | | | | | |

5. 行调发布口头调度命令作业工作危害分析表

表格编码：　　　　　　工作名称：行调发布口头调度命令　　　　负责人：

| 工具/设备 | | 无线调度电话 | | 个人防护用品 | | 无 |
|---|---|---|---|---|---|---|
| 序号 | 工作步骤 | 潜在危害 | 发生频率 | 严重程度 | 风险等级 | 控制措施 |
| 1 | 呼叫司机或车站 | | | | | |
| 2 | 向司机、车站发布口头命令 | | | | | |
| 3 | 向司机、车站发布口头命令 | | | | | |
| 4 | 监控调度命令执行情况 | | | | | |

# 知识点4～6练习题

**一、填空题**

1. 接发列车作业应严把“三关”，指的是“____________________”。

2. 车站在办理接车、发车和列车通过作业过程中发生的一切行车事故称为__________。

3. 当客车进站时站台岗人员应于__________________________________________立岗，防止乘客在关门时冲上车被夹伤，维护站台秩序，监督司机按规范动作关门。

4. 调车作业应严把“三关”，指的是“______________________”。

5. 调车作业惯性事故分为____________________四类。

6. 在尽头线上调车时，跟车挡应保持____m的安全间距以防速度控制不当时调车脱轨。

7. 调车作业是指除列车在正线运行、车站（车厂）到发以外的一切机车、车辆或列车______________的移动。

8. 调车作业推进运行时，前方进路的确认由前方____________负责。牵引运行时，调车进路的确认由____________________负责。

9. 为防止车辆溜逸，调车作业推进车辆运行时必须进行__________。

10. 车厂信号员在调车作业计划执行过程中，必须严格按照“___________________”的作业程序正确、及时地排列调车进路、开放调车信号，随时监控机车车辆运行。

11. ________________是信号员、调车组等调车作业相关人员统一的行动计划。

12. 一批作业超过__________钩或变更计划超过______钩，应使用调车作业通知单下达调车作业计划。

13. 变更计划时，调车领导人必须____________，将变更内容重新传达给每一名作业人员，确认无误后方可作业。

**二、选择题**

1. 接发列车作业应严把“三关”，指的是严格控制以下（　　）三个步骤。

A. 闭塞关　　B. 进路关　　C. 凭证关　　D. 信号关

2. 占用区间指（　　）。

A. 区间内已进入列车　　B. 区间已被列车取得占用的许可

C. 封锁的区间　　D. 邻线已进入禁止在区间交会的列车

3. 未准备好进路系指（　　）。

A. 进路上的道岔未扳、错扳、临时扳动或错误转动

B. 进路上有轻型车辆、小车及其他能造成脱轨的障碍物

C. 邻线的机车车辆越过警冲标

D. “道沿”有影响接发列车的工器具

4. 占用线路系指（　　）。

A. 已办理进路的线路　　B. 停有机车车辆的线路

C. 已封锁的线路　　D. 临线停有超限车辆的线路

5. 未准备好进路系指（　　）。

A. 进路上的道岔未扳、错扳、临时扳动或错误转动

B. 进路上有轻型车辆、小车及其他能造成脱轨的障碍物

C. 邻线的机车车辆越过警冲标

D. 邻线上有机车

6. 未办或错办闭塞发出列车系指（　　）。

A. 未与邻站、车场办理闭塞手续即发出列车

B. 办理闭塞的区间与列车运行的区间不一致而发出的列车

C. 未取消原代用闭塞法即改用原闭塞法，造成双重闭塞

D. 请求闭塞时临站接车人员没有复诵

7. 列车冒进信号或越过警冲标系指（　　）。

A. 列车前端任何一部分越过地面固定信号显示的停车信号

B. 停车列车越过到达线末端计算该线有效长度的警冲标

C. 停车列车轧上到达线末端的线路脱轨器（用于接发列车起隔开作用的脱轨器）

D. 双线区间反方向运行，列车冒进站界标

8. 关于城轨电闭塞法中确认区间空闲的说法正确的是（　　）。

A. 首列车时，可由行调与司机通过无线调度电话对列车进行定位，以确定区间是否空闲

B. 首列车时，可由行车值班员记录的行车日志，与临站共同确认区间空闲

C. 非首列车时，列车运行区间是否空闲，行车值班员可通过行车日志确认

D. 通过检查确认有关记录情况，如核对轻型车辆使用书、行车设备检查登记簿、调度命令等有关记录确认区间是否空闲

9. 调车手信号显示不标准是指（　　）。

A. 未按规定的要求显示信号

B. 错过了显示信号的时机

C. 错误的显示信号

D. 仅使用无线调车电台进行指挥，未使用手信号进行指挥

**三、判断题**

1. 股道里面无车时，调动电客车时可以提活钩以加快作业效率。（　　）

2. 凭调度命令向封锁的区间发出列车时，不构成向有车占用区间发出列车事故。（　　）

3. 铁鞋制动时，放置铁鞋时应放在制动车辆车轮的两侧。（　　）

4. 调动电客车时，电客车恢复气制动与停车制动后才能进行摘车作业。（　　）

5. 调动工程车时，应拧紧手闸，并放置好铁鞋，才能进行摘车作业。（　　）

6. 进行连挂电客车时，应先撤除防溜，再连挂。（　　）

7. 未办理好停电作业前，禁止对电客车进行车下部件的检查作业。（　　）

8. 进入车辆段运用、检修库，必须穿规定的绝缘鞋。（　　）

**四、简答题**

1. 简述接发列车作业惯性事故的种类。

2. 简述造成接发列车作业惯性事故原因。

3. 简述手摇道岔准备进路作业程序及安全注意事项。

4. 简述调车作业事故的常见原因。

5. 简述调车作业信号的显示要求。

**五、分析题**

分析调车作业的危险有害因素并提出相应的对策措施。

1. 城轨调车作业危害分析表

表格编码：　　　　　　　　　　工作名称：　　　　　　　　　负责人：

| 工具/设备 | | | | 个人防护用品 | | |
|---|---|---|---|---|---|---|
| 序号 | 工作步骤 | 潜在危害 | 发生频率 | 严重程度 | 风险等级 | 控制措施 |
| 1 | 编制与布置计划 | | | | | |
| 2 | 变更计划 | | | | | |
| 3 | 调车作业前检查与准备 | | | | | |
| 4 | 连挂调车 | | | | | |
| 5 | 推送调车 | | | | | |
| 6 | 列车牵引运行 | | | | | |
| 7 | 信号显示 | | | | | |
| 8 | 调车制动 | | | | | |

2. 人工准备进路作业危害分析表

表格编码：　　　　　　　　　　工作名称：　　　　　　　　　负责人：

| 工具/设备 | | | | 个人防护用品 | | |
|---|---|---|---|---|---|---|
| 序号 | 工作步骤 | 潜在危害 | 发生频率 | 严重程度 | 风险等级 | 控制措施 |
| 1 | 下达入轨作业命令 | | | | | |
| 2 | 作业准备 | | | | | |
| 3 | 入轨申请 | | | | | |
| 4 | 轨区走行 | | | | | |
| 5 | 作业防护 | | | | | |
| 6 | 人工手摇道岔准备进路 | | | | | |
| 7 | 线路出清 | | | | | |

3. 电话闭塞法发车作业危害分析表

表格编码：　　　　　　　　　　工作名称：　　　　　　　　　负责人：

| 工具/设备 | | | | 个人防护用品 | | |
|---|---|---|---|---|---|---|
| 序号 | 工作步骤 | 潜在危害 | 发生频率 | 严重程度 | 风险等级 | 控制措施 |
| 1 | 确认区间空闲 | | | | | |
| 2 | 准备进路 | | | | | |
| 3 | 请求闭塞 | | | | | |
| 4 | 填写路票 | | | | | |
| 5 | 发车 | | | | | |

4. 电话闭塞法接车作业危害分析表

表格编码： 工作名称： 负责人：

| 工具/设备 | | | | 个人防护用品 | | |
|---|---|---|---|---|---|---|
| 序号 | 工作步骤 | 潜在危害 | 发生频率 | 严重程度 | 风险等级 | 控制措施 |
| 1 | 确认区间空闲 | | | | | |
| 2 | 准备进路 | | | | | |
| 3 | 承认闭塞 | | | | | |
| 4 | 接车 | | | | | |

# 项目九　城市轨道交通运营施工安全事故预防

## 一、填空题

1. 凡进行计划施工，________是施工人员到车站请销点的凭证。

2. 接触网停电检修或需接触网停电配合作业时，在该作业地段两端需________。

3. 站内或站间线路施工时，需在施工区域两端轨道上设置______防护。

4. 在折返线、存车线、联络线上施工时，须在作业区域的可能来车方向处放置______防护。

5. 人、工程车在同一区域作业时要求按施工前进方向，____________，原则上不得颠倒或列车运行前后皆有作业人员。

6. 有工程车作业的区域，非随车施工人员与列车应有______m以上的安全间隔，原则上列车不得随便后退，如有需要动车时，须施工负责人和车长协商后才能动车，确保人身安全。

7. 凡在线路施工的施工作业人员必须按要求穿__________，并根据作业性质要求使用其他安全防护用品。

8. 在正线及辅助线施工开始前，施工负责人应先进行施工登记，经________批准且由车站签认后，方可通知施工负责人进入作业区域进行施工。

9. ____________负责组织工程车或救援列车从车厂至封锁区间两端关系站的运行。

10. 进行线路巡检时，进入区间前应确认________已经停电。

11. 进行线路巡检时，应穿______________，携带必备的工具、材料、备品。

12. 进行线路巡检时，巡视时走行的方向应与列车正向运行的方向____________。

13. 调试试验车辆时，必须安排两名司机上岗，________________。

14. 作业人员因作业需要进出屏蔽门端门时，必须_________以免活塞风将端门吹动撞烂。

## 二、选择题

1. 除了负责办理施工请销点手续与作业过程的组织指挥外，以下职责中属于施工负责人/施工责任人职责有（　　）。

A. 负责作业人员/设备的管理

B. 负责及时与车站、车厂联系作业有关事项

C. 负责组织设置/撤销作业安全防护设施

D. 负责作业区域出清情况、设备状态是否正常等的检查与确认

2. 以下关于由多个车站进入施工的作业项目请销点的要求，说法正确的有（　　）。

A. 施工负责人在主站向主站行值请点，主站行值向行调请点

B. 施工责任人在辅站向辅站行值请点，辅站行值班向行调请点

C. 施工责任人在辅站向辅站行值销点，辅站行值班向主站行值销点

D. 主站施工负责人向主站行值销点，主站行值向行调销点

3. 以下关于由多个车站进入施工的作业项目请销点的要求，说法正确的有（　　）。

A. 施工责任人所持施工作业令复印件应说明各辅站作业人员与作业区域，作业起止时间要求

B. 请点前，施工负责人应核实各辅站作业人员情况

C. 作业完毕，各施工负责人只需在辅站销点，无需将情况汇报施工责任人

D. 请销点个数不一致时，主站不能对该施工销点

4. 客车在试车线上的调试、试验作业的运行安全工作由（　　）负责。

A. 行调　　B. 司机　　C. 段调　　D. 调试负责人

**三、判断题**

1. 施工结束后，施工负责人或指定其他作业人员检查确认撤除防护后，办理注销施工登记手续。（　　）

2. 工程列车出车厂时，应在出厂信号机前一度停车，确认信号机开放正确后方可动车。（　　）

3. 工程列车开行时，挂有装载货物高度超过轨面 3000mm 的车辆时，接触网必须停电。（　　）

4. 封锁区域工程车运行由行调负责指挥。（　　）

5. 运营时间内区间设备故障造成行车中断，抢修人员未请点即进入区间进行维修的凭证为调度员的命令或指示。（　　）

6. 接触轨停电后，为争取缩短作业时间，车辆维修人员可以在不挂接地线的情况下进入车顶检修平台。（　　）

**四、简答题**

1. 简述接触轨停电挂拆地线作业安全要求。

2. 简述进入正线、辅助线抢修时的安全措施。

3. 简述线路巡视作业应注意的安全事项。

**五、分析题**

分析以下作业的作业危害性。

请销点作业风险管理分析表表格。

编码：　　　　工作名称：　　　　负责人：

| 工具/设备 | | | | 个人防护用品 | | |
|---|---|---|---|---|---|---|
| 序号 | 工作步骤 | 潜在危害 | 发生频率 | 严重程度 | 风险等级 | 控制措施 |
| 1 | 核对 | | | | | |
| 2 | 登记 | | | | | |
| 3 | 请点 | | | | | |
| 4 | 监控 | | | | | |
| 5 | 销点 | | | | | |

# 项目十　城市轨道交通运营消防安全事故预防

**一、填空题**

1. 应急照明的连续供电时间不应少于____h。

2. 站厅、站台、自动扶梯、自动人行道、楼梯口、人行疏散通道拐弯处、安全出口和交叉口等处沿通道长向每隔不大于____m处应设置醒目的疏散指示标志；疏散指示标志距地面高度应小于____m。

3. 车站在运营期间应至少每____小时进行一次消防巡查，在运营前和结束后，应对车站进行全面检查。

4. 设备与管理区按每个防火分区的最大允许使用面积不应大于____$m^2$。

5. 地下换乘车站当共用一个站厅时，站厅公共区面积不应超过____$m^2$。

6. 两条单线区间隧道应设联络通道，相邻两个联络通道之间的距离不应大于____m。

7. 站台和站厅公共区内任一点，距安全出口疏散距离不得大于____m。

8. 设备与管理区房间单面布置时疏散通道宽度不得小于____m，双面布置时不得小于____m。

9. 地下出入口通道的长度不宜超过____ m，当超过时应采取满足人员消防疏散要求的措施。

10. 车站站台公共区的楼梯、自动扶梯、出入口通道应满足发生火灾时，能在____min内将一列进站列车所载的乘客及站台上的候车人员全部撤离站台到安全区。

11. 燃烧必须同时具三个条件，又称为“燃烧三要素”，指的是______________。

12. 防火基本方法包括：____________________________，主要目的是切断燃烧三角形。

13. 火灾过程一般可分为________________________五个阶段。

14. 扑救的火灾事故的最好时机是在火灾的________阶段。

15. 扑救的火灾事故的最佳时间是在着火后____min以内。

16. 地铁室内消火栓每根水带长度为____m，栓口距地面楼板或道床面高度为____m。

17. 地铁使用的消防软管内径为____mm，软管长度为____m。

18. 气体灭火系统一般具有________________________三种操作方式。

19. 烟烙烬（INERGEN）是一种由____%的氮气、____%的氩气和____%的$CO_2$三种自然存在于大气中的纯天然的惰性气体组成的灭火剂。

**二、选择题**

1. 关于车站安全出口的设置，描述正确的是（　　）。

A. 车站每个站厅公共区应设置不少于2个直通地面的安全出口

B. 地下单层侧式站台车站，每侧站台不应少于2个直通地面的安全出口

C. 地下车站的设备与管理用房区域安全出口的数量不应少于2个

D. 出入口应按不同方向设置，当同方向设置时，两个出入通道口部之间净距不应小于 10m

2. 关于车站安全出口的设置，描述正确的是（　　）。

A. 车站每个站厅公共区应设置不少于 2 个直通地面的安全出口

B. 地下单层侧式站台车站，每侧站台不应少于 1 个直通地面的安全出口

C. 竖井、爬梯、电梯、消防专用通道，以及设在两侧式站台之间的过轨地道不应作为安全出口

D. 地下换乘车站的换乘通道不应作为安全疏散口

3. 干粉灭火器可以用来扑救（　　）。

A. 固体火灾　　B. 液体火灾　　C. 气体火灾　　D. 电气火灾

4. 泡沫灭火器可以用来扑救（　　）。

A. 固体火灾　　B. 液体火灾　　C. 气体火灾　　D. 电气火灾

5. 二氧化碳灭火器可以用来扑救（　　）。

A. 固体火灾　　B. 液体火灾　　C. 气体火灾　　D. 电气火灾

6. 可能用来补救气体火灾的灭火器为（　　）。

A. 干粉灭火器　　B. 二氧化碳灭火器

C. 泡沫灭火器　　D. 卤代烷气体灭火器

7. 扑救 TVM 机房火灾，可以使用的灭火器有（　　）。

A. 干粉灭火器　　B. 泡沫灭火器

C. 二氧化碳　　D. 水

8. 宜设置自动喷水灭火系统的防火分区有（　　）。

A. 站台层　　B. 站厅层　　C. 设备房　　D. 生活用房

9. 烟烙烬气体灭火系统性的优点有（　　）。

A. 对人体的危害小　　B. 无环境危害

C. 无次生损失　　D. 输送距离远

10. 有关火灾自救与逃生的说法正确的是（　　）。

A. 受到火灾威胁时，要当机立断披上浸湿的衣物、被褥等向安全出口方向冲出

B. 穿过浓烟逃生时，要尽量使身体贴近地面，并用湿毛巾捂住口鼻

C. 身上着火时，可就地打滚压灭身上的火苗

D. 当防火门发烫时，应立即打开门冲出大火的包围

11. 当运行的列车在隧道内/高架线上发生火灾时，司机以下做法正确的有（　　）。

A. 第一时间通知乘客应保持镇静

B. 指挥乘客在可能的情况下，使用车载灭火器灭火

C. 尽可能使列车运行至前方站进行人员疏散

D. 在列车无法到达前方车站而又需要紧急疏散的情况下，线路上无论设不设疏散平台，均立即打开所有车门疏散乘客

**三、判断题**

1. 灭火器是扑救初起火灾最常用的工具。（　　）

2. 使用二氧化碳灭火器时注意手不能持喷管的金属部分，以免冻伤。（　　）

3. 甲醇起火可以使用泡沫灭火器灭火。（　　）
4. 灭火器的型号为 MT7 为 7kg 的二氧化碳灭火器。（　　）
5. 在有电的情形下，才能进行气体灭火系统的应急机械操作。（　　）
6. 列车在区间隧道发生火灾，司机应第一时间停车进行区间人员疏散。（　　）
7. 列车在区间隧道发生火灾，乘客应立即手动打开车门逃生。（　　）

**四、简答题**

1. 简述临时动火、焊割作业时应做到的“八不”“四要”“一清”。
2. 哪个阶段是灭火的最佳时机？
3. 简述火灾发生时的初期处置措施。
4. 防火的基本方法有哪几种？
5. 灭火的基本方法有哪些？
6. 简述手提式干粉灭火器的使用方法及使用时的注意事项。
7. 简述干粉灭火器是否有效的检查方法。
8. 简述二氧化碳灭火器的使用方法及使用时的注意事项。
9. 简述二氧化碳灭火器是否有效的检查方法。
10. 简述消火栓的使用方法。
11. 简述气体灭火系统喷气后现场作业安全要求。
12. 列车发生火灾时如何进行人员疏散？

# 项目十一　城市轨道交通运营设备安全事故预防

## 知识点 1～3 练习题

**一、填空题**

1. 触电事故分为____和电伤两种类型。

2. 直接触电防护技术分为________________。

3. 电工技术上将电阻率大于___________Ω·m 的材料称为绝缘材料。

4. 作业人员与接触轨（DC1500V）的最小安全间距为_______mm，在有防护护栅的情形下，作业人员与接触轨（DC1500V）的最小安全间距为_______mm。

5. 作业人员与 35kV 带电体的最小安全间距为_______mm，在有防护护栅的情形下，作业人员与 35kV 高压电的最小安全间距为_______mm。

6. 起重机具与城轨电力接触网（1500V）导线之间水平方向的最小安全距离为_______mm，垂直方向的最小安全距离为_______mm。

7. 机动车道与 35kV 架空线路交叉时的最小垂直距离_______m。

8. TN 系统就是_______系统。TN 系统中的 N 表示电气设备在正常情况下不带电的金属部分与配电网中性点之间紧密连接。

9. TT 系统的第一个 T 表示配电网中性点直接接地，第二个 T 表示电气设备外壳_______。

10. 根据工频有效值的额定值的大小，我国将安全电压分为__________________共五个等级。

11. 在有电击危险的环境中使用手持照明灯和局部照明灯应采用的安全电压等级为________V。

12. 在金属容器内，采用的安全电压等级为_______V。

13. 手持电动工具按电气安全保护措施可分为________________。

14. 接触网断线时，人员需与断线落地点保持_______m 的安全距离，以防跨步电压的伤害。

15. 电压等级在_______V 及以上的电气设备称为高压电气设备。

16. 特种设备是指涉及生命安全、危险性较大的锅炉、压力容器（含气瓶）、压力管道、_________、起重机械、客运索道、大型游乐设施和场（厂）内专用机动车辆。

17. 特种设备必须取得________________，方可投入使用。

18. 特种设备作业人员必须持有效__________________方可上岗操作。

19. 特种作业是指容易发生人员伤亡事故，对操作者本人、他人及周围设施的安全可能造成重大危害的作业。直接从事特种作业的人员称为_______________。

20. 《特种作业操作证》每____年复审一次；连续从事本工种 10 年以上的，经知识更新教育后，复审时间可延长至每四年一次。

**二、选择题**

1. 电气事故的特点为（　　）。

A. 发生事故造成的危险大

B. 电气事故引发的危险难以识别

C. 电气事故涉及领域广

D. 一时发生电气事故，对生产生活的影响不严重

2. 电流对人体的危害程度除了与流经人体的电流大小、作用于人体的电压等因素有关外，还与下列（　　）因素有关。

A. 通电持续时间　　B. 电流的种类

C. 电流通过途径　　D. 触电者的健康状况

3. 不同途径的电流对心脏有不同的损害程度。最危险的电流途径是（　　）。

A. 从左手到前胸　　B. 从左手到脚

C. 右手到左手　　D. 从右手到左脚

4. 以下触电防护技术中，属于间接触电防护技术的是（　　）。

A. 保护接地　　B. 保护接零　　C. 绝缘　　D. 屏护

5. 以下配电系统中，安全性能最高的是（　　）。

A. TN－S　　B. TN－C　　C. TN－C－S

6. 从危害角度分类，雷电可分为（　　）。

A. 直击雷　　B. 感应雷

C. 雷电侵入波　　D. 球雷

7. 以下哪类手持电动工具适用于在干燥场所中使用（　　）。

A. Ⅰ类　　B. Ⅱ类　　C. Ⅲ类

8. 采用双重绝缘，在工具铭牌上有“回”字标记的手持电动工具是（　　）。

A. Ⅰ类　　B. Ⅱ类　　C. Ⅲ类

9. 在特别潮湿的作业场所采用的电气设备类型应为（　　）。

A. Ⅰ类　　B. Ⅱ类　　C. Ⅲ类

10. 采用安全电压作业电气设备的外接电源的手持电动工具的类型是（　　）。

A. Ⅰ类　　B. Ⅱ类　　C. Ⅲ类

11. 采用下列哪类电气设备时，需对电气设备采用保护接地或保护接零的要求。（　　）

A. Ⅰ类　　B. Ⅱ类　　C. Ⅲ类

12. 使用哪一类电气设备时，必须配用绝缘手套、绝缘鞋、绝缘垫等（　　）。

A. Ⅰ类　　B. Ⅱ类　　C. Ⅲ类

13. 在接触网上或与接触网距离小于其安全距离的作业前，通常采用的安全防护措施为（　　）。

A. 停电　　B. 验电

C. 挂接地线　　D. 悬挂标志牌

14. 机械设备存在的机械的危险及有害因素有（　　）。

A. 静止的危险　　B. 直线运动的危险

C. 旋转运动的危险　　　　　　　　　D. 飞出物击伤的危险

15. 以下消除机械伤害的措施中，属于实现机械本质安全的措施为（　　）。

A. 消除产生危险的原因　　　　　　　B. 使人们难以接近机器的危险部位

C. 通过培训，提高人们避免伤害的能力　D. 能过培训，提高人们辨别危险的能力

16. 以下作业项目属于特种作业的有（　　）。

A. 电工作业　　　　　　　　　　　　B. 高处作业

C. 电梯维修作业　　　　　　　　　　D. 站务员客运作业

**三、判断题**

1. 绝大多数触电事故都是由电伤造成的。（　　）

2. 在相同条件下，工频电流与直流、交流和高频电流相比较，通常工频电流对人体的危害最为严重。（　　）

3. 双重绝缘是指除工作绝缘外，还有一层保护绝缘。（　　）

4. 工作绝缘是不可触及的导体与可触及的导体之间的绝缘。（　　）

5. 保护绝缘是带电体与不可触及的导体之间的绝缘。（　　）

6. 采用安全隔离变压器作为安全电压的电源，不得采用电阻降压或自耦变压器。（　　）

7. 具有 3 个回路以上的配电箱应设总开关及分路开关。（　　）

8. 配电箱每一分路开关不应接 2 台或 2 台以上电气设备。（　　）

9. 电气倒闸作业时，只需一个人就行了。（　　）

10. 倒闸操作、验电、挂拆地线、处理接触网异物时，操作人员必须戴高压绝缘手套。（　　）

11. 当电气设备着火时，要立即将该设备电源切断，然后按规定采取有效措施灭火。（　　）

12. 电工单独巡视时，可以打开高压设备室（柜）的防护栅进行巡视。（　　）

**四、简答题**

安全电压分哪些等级，如何选用？

## 知识点 4～7 练习题

**一、填空题**

1. 电梯应每年检验____次。

2. 进行电梯维修时，要设置标志明显的____。

3. 任何工作人员使用端门后，必须确认____________，严禁打开后无人守护，严禁使用异物阻挡端门关闭。

4. 严禁距离屏蔽门门体边沿______m 范围内绝缘套受潮。

5. 为防止在站台边缘装卸重物时使门槛变形，勿使屏蔽门门槛承受超过______kg 的设计载荷。

6. 屏蔽门隔离后恢复正常时，需要依次作如下操作：恢复 DCU 与电机的连接、__________、恢复自动工作模式。

7. 所有进入接触轨区域的人员（包含客车及工程车司机）必须穿____。

8. 国家标准 GB/T 3608—2008《高处作业分级》规定：“凡在坠落高度基准面________有可能坠落的高处进行作业，都称为高处作业”。

9. 特高级作业是指高处作业高度超过__________m 以上的作业。

10. 高处作业前，应系好__________，穿好________，扎紧袖口，衣着灵便。

11. 站在移动梯子上操作时，应离梯子顶端不少于____m，禁止站在梯子最高一层上作业。

12. 安全带应挂在作业人员上方的牢靠处，流动作业时____。

13. 作业区域的风力达到________以上时，应停止高处和起重作业。

**二、选择题**

1. 乘坐电梯时禁止的行为有（　　）。

A. 在电梯上逆行、玩耍、攀爬、倚靠

B. 站立时需面向电扶梯运行方向

C. 乘坐扶梯时看手机

D. 携带过大的行李箱，轮椅，婴儿车，手推车或其他大件物品

2. 乘坐电梯时禁止的行为有（　　）。

A. 赤脚人员　　　　B. 穿拖鞋人员

C. 扶梯停止运行时　　　　D. 手牵宠物者

3. 需停电并挂设地线的入轨作业有（　　）。

A. 人工手摇道岔　　　　B. 开行工程车

C. 区间进人　　　　D. 区间线路维修施工作业

4. 需停电但不需挂设地线的入轨作业有（　　）。

A. 登乘电客车通过疏散平台进入泵房　　　　B. 使用绝缘杆或绝缘夹处理异物

C. 通过疏散平台巡视　　　　D. 人工手摇道岔

5. 当高处作业高度为 15～30m 时，其可能坠落半径为（　　）。

A. 2m　　B. 3m　　C. 4m　　D. 5m

6. 以下作业高度处的作业，属于二级高处作业的是（　　）。

A. 5m　　B. 15m　　C. 10m　　D. 20m

7. 安放移动式的梯子，梯子与地面宜成（　　），梯子底部应设防滑装置。

A. 50°～60°　　B. 60°～70°　　C. 70°～80°　　D. 60°～80°

**三、判断题**

1. 区间疏散乘客时，通过疏散平台疏散乘客，接触轨可以不停电。（　　）

2. 若采用来车接驳方式疏散乘客，接触轨不停电。（　　）

3. 遇雷电、大雨等恶劣天气时，高架段原则上不组织乘客步行疏散。（　　）

4. 任何正常行车状态下，严禁打开应急门。（　　）

5. 列车未到达前，乘客可以倚靠在滑动门体上休息。（　　）

6. 列车进出站时虽然产生活塞风时，但可以打开端门或应急门。（　　）

**四、简答题**

1. 乘坐电扶梯时，需注意哪些事项？

2. 自动扶梯开梯前安全检查哪些内容？

3. 屏蔽门使用应注意哪些问题？

4. 简述接触轨区域作业防护用品要求。

5. 高处作业如何分级？

6. 高处作业有哪些安全要求？

# 项目十二　乘客携带物品安全事故预防

**一、填空题**

1.《化学品分类和危险性公示 通则》将化学品的危害性分为 3 类：__________、健康危险、环境危险。

2. 根据《化学品分类和危险性公示通则》，理化危险品共分为____小项。

3. 自燃液体是指即使数量小也能在与空气接触后____min 之内引燃的液体。

4. 车站站台公共区的楼梯、自动扶梯、出入口通道应满足当发生事故或灾难时在____min 内将一列进站列车的预测最大载客量以及站台上的候车乘客全部撤离到安全区的要求。

5. ____是指容易燃烧或通过摩擦可能引燃或助燃的固体。

6. 易燃气体是指在______℃和 101.3kPa 标准压力下，与空气有易燃范围的气体。

7. 车站工作人员应经常巡视检查，及时劝阻、制止可能导致危险发生的行为，对劝阻、制止无效的，报告______处置。

**二、选择题**

1. 易燃液体是指闪点不高于（　　）℃的液体。

A. 93　　B. 45　　C. 60　　D. 120

2. 易燃气体是指在（　　）℃和 101.3kPa 标准压力下，与空气有易燃范围的气体。

A. 20　　B. 45　　C. 60　　D. 100

3. 以下（　　）物品可以带上车。

A. 花生油　　B. 酒精（乙醇）

C. 香蕉水　　D. 蓄电池

4. 以下（　　）物品可以带上车。

A. 烟花爆竹　　B. 雷管　　C. 警笛　　D. 电动剃须刀

5. 乘客携带品带入车内需符合（　　）条件。

A. 不违反法令、不影响正常的乘车秩序及运行安全

B. 不会对运输设备造成损坏风险

C. 不影响站车公共卫生

D. 不易引起旅客恐慌情绪

**三、简答题**

1. 管制刀具是指哪些类型的刀具？

2. 随身带入车内物品的先决条件是什么？

3. 车站工作人员应履行哪些安全管理职责？

# 项目十三　全自动运行(FAO)线路安全事故预防

## 一、填空题

1. ________原则是指详细地比较人与机的特性，然后再确定各个功能的分配。

2. ________原则是指功能分配要适合人生理和心理的多种需要，有意识地发挥人的技能。

3. 相较有人驾驶线路，FAO线路关键行车设施设备功能有较大变化的是信号、通信和________。

## 二、选择题

1. 以下作业易分配给人员办理的是（　　）。

A. 规律性作业　　B. 操作复杂作业

C. 精细作业　　D. 应对突发事件

2. 以下作业易分配给人员办理的是（　　）。

A. 正常情况下接发列车进路的办理　　B. 机器系统的监控

C. 单调的作业　　D. 快速的作业

## 三、判断题

1. 人的反应时间比机器快。（　　）

2. 机器可同时完成多种操作而人一般只能同时完成1～2项操作，并且难以持久。（　　）

3. 人对图像的识别能力不如机器。（　　）

## 四、简答题

1. 简述人优于设备（机器）的特点。

2. 简述设备（机器）优于人的特点。

3. 哪些工作适宜机器完成，哪些工作适宜人员完成?

4. 传统的有人驾驶线路与FAO线路，行车设备上有哪些不同点?

5. 简述FAO模式下列车出厂作业风险有哪些，如何预防。

6. 简述FAO模式下列车回厂作业风险有哪些，如何预防。

7. 简述FAO模式下列车站台作业风险有哪些，如何预防。

8. 简述FAO模式下运营期间登乘正线电客车的相关规定。

9. 简述FAO模式下电客车故障处理规定。

10. 简述FAO模式下车门故障处理规定。

11. 简述FAO模式下站台门故障处理规定。

# 项目十四　城市轨道交通运营突发事件现场应急处置、项目十五　职业健康安全管理体系

## 一、填空题

1. 一般情况下，地铁列车上应配备的应急设备有：____________、紧急开门装置、灭火器、逃生装置。

2. 如果该城市的轨道交通系统采取疏散平台方式进行疏散，列车的逃生装置则为________。

3. 车站的应急设备分为：______________、自动扶梯紧停装置、紧急停车按钮、屏蔽门紧急开关、屏蔽门应急门五类。

4. 使用梯子时，不准垫高或驳接使用，梯子与地面之间的夹角以____为宜。

5. 在梯子工作时，距梯顶不应小于____m，以保持人体的稳定。

6. 口对口（鼻）进行人工呼吸时，救援人员深吸气后，将自己的嘴紧贴伤员的嘴吹入气体。如此有节律地反复进行，每分钟进行________次。

7. 医疗急救电话为______，火灾报警电话为______，匪警电话为______。

8. 职业健康安全管理体系认证是由获得认可资格的认证机构，确认受审核方的职业健康安全管理体系的________，并颁发认证证书与标志的过程。

9. 职业健康安全管理体系认证的对象是组织的______________。

10. 职业健康安全管理体系认证的依据是___________________。

11. 职业健康安全管理体系以戴明管理思想，即“戴明模式”或称为PDCA模型为基础。一个组织的活动可分计划（Plan）、行动（Do）、__________、改进（Act）四个相互联系的环节来实现，通过此类方式可有效改善组织的职业健康安全管理绩效。

12.《职业健康安全管理体系 要求》提出了由职业健康安全方针、策划、______、检查、管理评审所组成的五大基本运行过程。

## 二、选择题

1. 在上一级应急处理负责人到达现场前，列车在区间发生故障时，现场临时应急处理负责人为（　　）。

A. 本列车驾驶员　　　B. 相邻站值班站长

C. 行调　　　D. 维调

2. 在上一级应急处理负责人到达现场前，列车在车站发生故障时，现场临时应急处理负责人为（　　）。

A. 本列车驾驶员　　　B. 所在站值班站长

C. 行调　　　D. 维调

3. 城轨运营事故与突发事件应急处置应坚持的原则为（　　）。

A. 高度集中，统一指挥，逐级负责

B. 先救人，后救物；先全面，后局部

C. 坚持就近处理

D. 员工在突发公共事件应急处理过程中应兼顾现场保护工作

4. 戴明管理思想中（　　）环节是对管理体系的总体规划。

A. 计划　　B. 行动　　C. 检查　　D. 改进

5.（　　）是组织建立与运行职业健康安全管理体系的启动阶段。

A. 检查与纠正措施　　B. 策划

C. 实施与运行　　D. 管理评审

6.（　　）的目的是为职业健康安全管理体系的建立和实施提供基础，为职业安全健康管理体系的持续改进建立绩效基准。

A. 初始评审　　B. 体系策划

C. 体系试运行　　D. 评审完善

**三、简答题**

1. 简述消防防烟面具的作用及使用方法。

2. 如何使用直梯与人字梯？

3. 如何使用绝缘杆？

4. 简述自动体外除颤仪（AED）操作注意事项。

# 自 测 考 试 题

**一、选择题（每题 1 分，共 15 分）**

1. 城市轨道交通行车工作必须严格执行__________的原则。

2. 凡是指挥列车运行的命令与口头指示，只能由__________发布，有关行车人员必须坚决执行，不得违反。

3. 接发列车作业应严把“三关”，指的是“____________________”。

4. 占用线路系指________________________________________________________。

5. 调车作业惯性事故分为____________________________________四类。

6. 在尽头线上调车时，距车挡应保持____m 的安全间距以防速度控制不当时调车脱轨。

7. 触电事故分为________和________两种类型。

8. 直接触电防护技术分为__________。

9. 我国的安全电压标准为工频有效值的额定值为______________________________________。

10. 在金属容器内，采用的安全电压等级为__________V。

11. 直击雷的防护措施主要有____________________________。

12. 1500VDC 接触网在无防护栅时的安全距离为______________mm。

13. 城市轨道交通范围内使用的灭火器主要有__________、________和_____________。

14. GB 2893—2008《安全色》规定安全色有______________________________四种。

15. 安全标志分为____________________________与警告标志。

**二、判断题（每题 1 分，共 15 分）**

1. 如果城轨车站的行车值班员暂时离开，可以由站务员替代他的工作。（　　）

2. 当出现非正常情况时，司机若不能判断出故障原因时，应检查两端司机室后面电器柜里的空气断路器是否在正常状态。（　　）

3. 当列车在区间出现非正常情况时，司机应立即停车。（　　）

4. 股道里面无车时，调动电客车时可以提活钩以加快作业效率。（　　）

5. 未经调度命令批准，向封锁的线路发出列车时，即构成向占用线路发出列车。（　　）

6. 铁鞋制动时，为增加制动力，铁鞋应放在制动车辆车轮的两侧。（　　）

7. 调动电客车时，电客车恢复气制动与停车制动后才能进行摘车作业。（　　）

8. 进行连挂电客车时，应先撤除防溜，再连挂。（　　）

9. 通过人体的电流越大，对人体的伤害就越大。（　　）

10. 双重绝缘是指除工作绝缘外，还有一层保护绝缘。（　　）

11. 具有双重绝缘的电气设备，加强绝缘的绝缘电阻不得低于 7MΩ。（　　）

12. 可以采用自耦变压器作为安全电压的电源。（　　）

13. 电气倒闸作业时，只需一个人就行了。（　　）

14. 倒闸操作、验电、挂拆地线、处理接触网异物时，操作人员必须戴高压绝缘手套。（　　）

15. 带电更换低压熔断器时，操作人员要戴防护眼镜，站在绝缘垫上，并要使用绝缘柄钳或戴绝缘手套。（　　）

**三、选择题（每题 1 分，计 20 分）**

1. 城轨车站最主要的行车工作是（　　）。

A. 列车运行监控　　B. 设备施工组织

C. 接发列车作业　　D. 调车作业

2. 未准备好进路接发列车（　　）。

A. 进路上的道岔未扳、错扳、临时扳动或错误转动

B. 进路上有轻型车辆、小车及其他能造成脱轨的障碍物

C. 邻线的机车车辆越过警冲标

D. “道沿”有影响接发列车的工器具

3. 在以下电力系统中，使用电气设备时电气设备的外露可导电部分需做保护接地防护的有（　　）。

A. IT 系统　　B. TT 系统　　C. TN 系统

4. 在以下电力系统中，使用电气设备时须装设漏电保护装置或过电流保护装置的有（　　）。

A. IT 系统　　B. TT 系统　　C. TN 系统

5. 在以下环境中应采用 12V 安全电压是（　　）。

A. 金属容器内　　B. 隧道内

C. 水井内　　D. 水下作业

6. 雷电可能引起的危害有（　　）。

A. 火灾和爆炸　　B. 触电

C. 设备和设施毁坏　　D. 大面积停电

7. 除防止火灾外，以下（　　）为电焊作业应采取的安全措施。

A. 防止触电　　B. 防止弧光辐射

C. 防止有毒气体和烟尘中毒　　D. 控制焊接环境

8. 车站配电线路中零线为（　　）。

A. 黄色　　B. 绿色　　C. 红色　　D. 黑色

9. 采用双重绝缘的电气设备是（　　）。

A. Ⅰ类　　B. Ⅱ类　　C. Ⅲ类

10. 必须采用Ⅲ类电气设备的场所有（　　）。

A. 车站站台　　B. 金属容器内　　C. 管道内

11. 使用（　　）电气设备时，必须配用绝缘手套、绝缘鞋、绝缘垫等。

A. Ⅰ类　　B. Ⅱ类　　C. Ⅲ类

12. 干粉灭火器可以用来扑救（　　）。

A. 固体火灾　　B. 液体火灾　　C. 气体火灾　　D. 电气火灾

13. 泡沫灭火器可以用来扑救（　　）。

A. 固体火灾　　B. 液体火灾　　C. 气体火灾　　D. 电气火灾

14. 二氧化碳灭火器可以用来扑救（　　）。

A. 固体火灾　　B. 液体火灾　　C. 气体火灾　　D. 电气火灾

15. TVM 机房发生火灾，可以采用的灭火剂为（　　）。

A. 干粉灭火器　　B. 泡沫灭火器　　C. 二氧化碳　　D. 水

16. 宜设置自动喷水灭火系统的防火分区有（　　）。

A. 站台层　　B. 站厅层　　C. 站控室　　D. 生活用房

17. 表示指令含义的安全色是（　　）。

A. 红色　　B. 蓝色　　C. 黄色　　D. 绿色

18. 表示警告含义的安全色是（　　）。

A. 红色　　B. 蓝色　　C. 黄色　　D. 绿色

19. 安全标示由（　　）构成，用以表达特定的安全信息。

A. 安全色　　B. 几何图形　　C. 图形符号　　D. 文字

20. 禁止标志的几何图形为（　　）。

A. 带斜杠的圆环　B. 正三角形　　C. 圆形边框　　D. 矩形

**四、案例分析题（案例一：10 分；案例二：15 分，案例三，15 分，案例四，10 分，共 50 分）**

［案例一］　2016 年 6 月 12 日 11：35，某市地铁 A 站有一名男乘客向站台岗反映，在上行方向 1 号屏蔽门掉了一部手机，并强烈要求立即拾回。车站向行调汇报情况，行调让车站先做好解释工作，等候通知。

11：43，行调要求车站安排人员到上行方向尾端墙待令，做好拾物准备。

11：51，行车值班员报告行调：车站人员已在站台待令。

11：55，行调通知车站：2208 次列车出清后，车站做好防护后可以下线路拾物。

问题：(1) 进入站线拾物人员应如何保证拾物作业的安全？(5 分)

(2) 行车值班员应如何进行防护？(5 分)

［案例二］　2016 年 8 月 12 日 12：35，某地铁运营公司设备房由于电缆短路，产生火花及爆炸声，FAS 主机产生火灾报警，现场查看后发现电气设备已经着火，站务人员甲，立即手持泡沫灭火器拟对设备进行灭火，站务人员乙手持二氧化碳灭火器，手握喇叭管拟对火源进行灭火，站务人员丙独自一人将消防管道接了进来，正在进行喷嘴的连接作业，准备用消防水进行灭火，此时，设备房间烟雾已经很大，车站值班员一方面打电话报警，一方面要求人员撤出设备房，打开气体灭火系统，并关闭房门。

问题：(1) 上述四人的做法正确吗，不正确应如何改正？(10 分)

(2) 燃烧的三要素是什么？灭火的基本方法有哪些？(5 分)

［案例三］　当一个或多个联锁区联锁设备发生故障时，往往需要人工手摇道岔准备接发列车的进路，安全分析人员对手摇道岔准备进路作业过程中的危险因素进行了辨识，认为人

工手摇道岔作业的主要危险因素为触电伤害；车辆伤害；进路准备错误；活塞风产生的机械伤害等四个因素。

请针对辨识结果提出具体的对策措施。

**[案例四]** 2011年7月23日甬温线发生列车追尾事故，死亡40人，172人受伤，中断行车32小时35分，直接经济损失19371.65万元，国务院组织事故调查组对事故进行了调查。

问题：

(1) 事故调查组应如何构成？(5分)

(2) 事故调查报告由哪些内容组成？(5分)

"十三五"职业教育国家规划教材

"十二五"职业教育国家规划教材

本教材第二版曾获首届全国教材建设奖**全国优秀教材二等奖**

# 城市轨道交通运营安全管理

## （第三版）

主　编　马成正　张明春

副主编　吕　品　徐　虎

参　编　孟德有　黄略昭

郭华军　姜秋耘

中国电力出版社
CHINA ELECTRIC POWER PRESS

## 内 容 提 要

本书第二版曾获首届全国教材建设奖全国优秀教材二等奖，并连续入选“十二五”职业教育国家规划教材、“十三五”职业教育国家规划教材、“十四五”职业教育国家规划教材。全书分为十五个项目，主要包括城市轨道交通运营安全管理基础、城市轨道交通运营安全相关法律法规、城市轨道交通运营安全事故报告与调查处理、城市轨道交通运营安全系统分析与评价、城市轨道交通运营安全风险管理、城市轨道交通运营应急管理、安全标志及其布置要求、城市轨道交通运营行车安全事故预防、城市轨道交通运营施工安全事故预防、城市轨道交通运营消防安全事故预防、城市轨道交通运营设备安全事故预防、乘客携带物品安全事故预防、全自动运行（FAO）线路安全事故预防、城市轨道交通运营突发事件现场应急处置、职业健康安全管理体系等。全书内容根据城市轨道交通运营各岗位作业标准，结合现行城市轨道交通运营安全相关法律法规及标准、城市轨道交通运营企业安全管理规章制度与城市轨道交通安全管理的最新成果编写而成。本书配套活页式练习册及丰富的数字资源。

本书可作为城市轨道交通运营管理、城市轨道交通车辆、城市轨道交通机电、城市轨道交通信号等专业的教材，也可作为城市轨道交通企业全员的安全培训教材。

**图书在版编目（CIP）数据**

城市轨道交通运营安全管理/马成正，张明春主编．—3版．—北京：中国电力出版社，2024.1(2024.11重印)

ISBN 978-7-5198-8212-9

Ⅰ.①城…　Ⅱ.①马…　②张…　Ⅲ.①城市铁路－交通运输安全－交通运输管理　Ⅳ.①U239.5

中国国家版本馆CIP数据核字（2023）第200955号

---

出版发行：中国电力出版社
地　　址：北京市东城区北京站西街19号（邮政编码100005）
网　　址：http：//www.cepp.sgcc.com.cn
责任编辑：霍文婵（010-63412545）
责任校对：黄　蓓　朱丽芳
装帧设计：郝晓燕
责任印制：吴　迪

---

印　　刷：廊坊市文峰档案印务有限公司
版　　次：2015年8月第一版　2024年1月第三版
印　　次：2024年11月北京第三次印刷
开　　本：787毫米×1092毫米　16开本
印　　张：21.25
字　　数：528千字
定　　价：65.00元

---

**版 权 专 有　侵 权 必 究**
本书如有印装质量问题，我社营销中心负责退换

# 前 言

城市轨道交通运营“大客流、小间隔、高密度”的运营特点，决定了城市轨道交通一旦发生安全事故或突发事件，会带来严重后果。同时在“交通强国”与“智慧城轨”建设的大背景下，大量自动化、智能化设备不断投入应用，在提升运营服务质量的同时也产生了新的安全风险。因此对运营人员提出了很高的安全要求，为提升城市轨道交通运营人员的作业安全水平，在综合考虑运营各岗位安全技能要求的基础上，组织校企专家编写了本书，本书特点如下：

“双旋递进”开展课程思政教育。本书在培养学生“懂安全法规、会事故分析、懂事故预防、会应急处置”知识与技能的同时，以“辩证思维、法治思维、系统思维、创新思维、精准思维、战略思维”为思政主线，融入了职业道德、工匠精神等思政元素，培育学生的法治意识、大局意识、风险意识、责任意识、人本精神等，从而使学生养成敬畏规则、心中有民、细致认真的工作作风。“六个思维”与“职业道德”互渗互融，双旋递进育人。

“最新成果”融入教材内容。安全风险管理、全自动线路运行安全、应急预案编制、“1＋X”站务员证书安全培训等相关内容引入教材。同时“安全风险管理”作为一条主线贯穿于事故预防的各个项点，旨在培养人员的风险识别能力、应急处置能力与综合安全素质。

“三级递进”搭建教材结构。本书十五个项目可归并于“安全法律法规、安全分析方法、专项作业安全预防技术、应急处理”等四个模块。内容组织按照“基础-专项-综合”知识与技能逐级递进设计教材结构。体系设计由浅入深，条理清晰，符合学生学习规律。

“理实一体”设计学习内容。教材每个项目都包含【学习目标】【理论模块】【实作模块】【应知应会】，通过【理论模块】学习相关碎片化知识点，通过【实作模块】学习相关安全技能，做到任务驱动，理实一体。

为学习贯彻落实党的二十大精神，本书根据《党的二十大报告学习辅导百问》《二十大党章修正案学习问答》，在数字资源中设置了“二十大报告及党章修正案学习辅导”栏目，以方便师生学习。此外，本书配套丰富的数字资源，供读者在线学习。

本书由全国模范教师、全国交通运输职业教育教学名师、南京铁道职业技术学院马成正教授和北京城市学院张明春副教授担任主编，南京铁道职业技术学院吕品、西安铁路职业技术学院徐虎担任副主编。教材编写情况如下，项目一由南京地铁运营有限公司姜秋耘工程师编写，项目二、四由北京城市学院张明春编写，项目三、六、九、十二、十三由南京铁道职业技术学院马成正编写，项目五由广西科技大学吕品编写，项目七、十、十四由西安铁路职业技术学院徐虎编写，项目八由柳州铁道职业技术学院黄略昭编写，项目十一由大连现代轨道交通有限公司孟德有高级工程师编写，项目十五由中铁（天津）轨道交通投资建设有限公司郭华军高级工程师编写，教材配套习题及答案由马成正编写，另外，教材视频制作得到了柳州铁道职业技术学院教师的大力支持。

本书编写过程中参阅了大量的国内外著作和文献，在此谨向本书直接或间接引用的研究成果的作者表示深切的感谢!

限于作者水平，书中难免有不足之处，恳请读者谅解与指正。

**编　者**

2023 年 11 月

扫一扫

# 目　录

# 项目一

# 城市轨道交通运营安全管理基础

城市轨道交通运营安全是运输生产系统运行秩序正常、旅客生命财产平安无险、运输设备完好无损的综合表现，也是在运营生产全过程中为达到上述目的而进行的全部生产活动协调运作的结果。作为公众出行依赖的主要交通工具，一旦发生故障或安全事故，其影响范围大，后果严重，因此城市轨道交通运营安全是城市轨道交道企业各类人员关注与控制的重点。

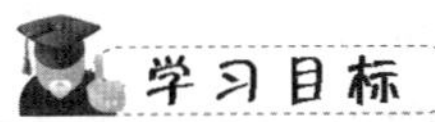


| 知识目标 | 技能目标 | 思政目标 |
|---|---|---|
| 1. 了解城市轨道交通运营安全的特性；<br>2. 熟悉安全生产五要素及其相互关系；<br>3. 熟悉运营企业安全管理运作方法；<br>4. 掌握城市轨道交通企业典型事故类型；<br>5. 掌握安全生产管理的有关基本概念 | 1. 会运用安全检查技巧进行安全检查；<br>2. 会分析现场重点安全管理内容；<br>3. 会运用事故预防的技术原则选用安全预防策略；<br>4. 会运用事故预防的 3E 准则提出安全预防措施 | 1. 培养学生处理问题时的系统思维、辩证思维方法；<br>2. 培养学生遵法、守法、护法的法律意识；<br>3. 培养学生规则意识、责任意识、安全意识 |

**理论模块**

## 知识点 1 城市轨道交通运营安全概述

### 一、城市轨道交通建设现状及运营特征

#### （一）我国城市轨道交通发展现状

城市轨道交通系统是指主要服务于城市客运交通，通常以电力作为动力，以轮轨运行方式为特征的车辆与轨道等各种相关设施的总和，它具有运能大、速度快、节约能源，以及能缓和地面交通拥挤和有利于环境保护等优点。经过 100 多年时间研究、开发、建设和运营，

城市轨道交通已经逐渐发展成为快速且多种类共存的交通系统。其中地下铁路（地铁）系统为城市轨道交通系统的主要形式。

（1）我国城市轨道交通规模大，制式多，建设速度快。

截至2021年底，中国大陆地区共有50个城市开通城市轨道交通，运营线路283条，运营线路总长度9206.8公里，有24个城市的线网规模达到100公里及以上。其中，上海936.2公里，北京856.2公里，两市运营规模在全国遥遥领先，已逐步形成超大线网规模；成都、广州运营线路长度超过500公里；武汉、南京、深圳超过400公里；重庆、杭州均超过300公里；青岛、天津、苏州、西安、郑州、大连、沈阳7市均超过200公里。宁波、长沙、合肥、昆明、南昌、南宁、长春、无锡8市超过100公里。截至当前我国已建城轨共包含9种制式：地铁、轻轨、跨座式单轨、市域快轨、有轨电车、磁浮、自导向轨道系统、电子导向胶轮系统、导轨式胶轮系统、无悬挂式单轨。其中，地铁运营线路占比78.31%，其他制式城轨交通运营线路占比21.7%。拥有两种以上制式投运的城市达20个。“十三五”期间，年新增建设里程保护高位发展，2021年新增运营线路长度1237.1公里，在建线路总长6096.4公里。

（2）新技术的应用促进城市轨道交通运营高质量发展。

“云大物智”等信息技术在城轨交通中的应用、“互联网＋轨道”的融合，使我国城市轨道交通行业发展从拼速度、比规模的发展方式转向高质量发展的目标上来。“安全、便捷、绿色、智慧”成为城轨未来发展的目标。2020年3月中国城市轨道交通协会发布了《中国城市轨道交通智慧城轨发展纲要》，提出智慧城轨建设目标、重点建设内容、路径、措施，助推交通强国建设。截至2021年底，中国内地共计有14市开通了全自动运行系统（FAO）线路，线路共计23条，已形成了554公里的全自动运行线路规模。城轨交通全自动运行线路规模正在快速增长。新技术的应用对运营安全提出新要求。

（3）运营安全总体平稳。

根据中国城市轨道交通协会对42市轨道交通安全数据统计，2021年共发生5分钟及以上延误事件1540次，平均5分钟及以上延误率0.27次/百万车公里，同比增长8.9%，主要是有轨电车延误率较高。列车退出正线故障共计6777次，平均退出正线运营故障率0.012次/万车公里，同比下降25%。

（二）城市轨道交通运营特征

城市轨道交通具有容量大、运行准时、快速、安全、利于环境保护、节省土地资源、运营范围小、运行速度低、服务对象单一、线路与轨道简单、车站道岔少、车辆段功能全等特点，且多为电力动车，均为电气化铁路，通信信号要求较高，运营管理相对简单等特点。

除具有上述特点外，与一般企业相比较，城市轨道交通运营还具有以下特点：

（1）城市轨道交通运营系统联动的特性。城市轨道交通运营需要工务、电力、车辆、信号、通信、安全、轨道运输、计算机等30余个不同的专业工种相互配合，保证30余项不同的专业设备、设施每天正常、协调地运行。任何一项设备系统的一个环节出现故障，都会不同程度地使列车的正常运行受到影响，严重的甚至造成列车停运。

（2）城市轨道交通时空安排的特性。高速度、高密度的列车安全运行，形成了城市轨道交通运营企业和一般的企业明显不同的时间和空间的概念。例如，城市轨道交通运营过程中，检修、维修作业都安排在停运后。其存在相互之间时间、空间上的协调，如列车调试与线路巡视、维护就必须从时间、空间上进行协调安排。

(3) 城市轨道交通运营高度集中、统一指挥的特性。调度中心（控制中心）是为行车工作的高度集中、统一指挥而设置的，它是城市轨道交通系统的中枢系统。运营决策机构和控制中心需要有机结合，才能形成城市轨道交通运营单位的高度集中、统一指挥的中枢系统。

## 二、城市轨道交通运营安全管理的意义

### （一）城市轨道交通运营安全特性

城市轨道交通运营安全除了具有一般企业安全管理问题的普遍性外，还具有其自身的特性，主要表现在以下几个方面：

(1) 城市轨道交通运营安全影响大。由于城市轨道交通客运量占城市公共交通客运量平均分担比率达40%以上，城市轨道运营系统一旦发生事故，必然导致整条线路乃至整个线网运营秩序混乱，严重者导致一条、多条甚至整个路网运营中断，对整个城市交通造成巨大压力，直接影响到人们的生产、生活和社会安定。

(2) 城市轨道交通运营安全涉及面广。城市轨道交通运营系统由车辆、供电、通信、信号、线路、机电设备、员工、乘客、周边环境等众多因素组成，犹如一架庞大复杂的联动机，其中任何一个环节出现问题，运营整体安全状况均会受到影响。

(3) 城市轨道交通运营安全受外界环境影响较大。城市轨道交通系统站点多、分布广，社会治安状况，公众对轨道交通安全知识的了解程度等社会环境直接影响运营安全；自然环境方面，雨雪、风暴、地震等特殊天气也对城市轨道交通运营安全有直接影响。

(4) 城市轨道交通运营安全风险大。城市轨道交通系统设备先进、结构复杂，加上行车密度较大，客流量较大，行车安全的风险也随之增大。

此外，城市轨道交通运营安全还具有动态性、失控后的严重性、问题的反复性、对管理的强依赖性、安全问题的复杂性等特点。

### （二）安全在城市轨道交通运营中的地位

城市轨道交通运营安全的特点决定了运营企业必须把安全放在各项工作的首位。

(1) 安全是城市轨道交通运营适应经济和社会发展的先决条件。城市轨道交通作为城市公共交通的重要组成部分，它更好地解决了城市传统交通方式——道路交通所存在的土地受限、道路拥堵、尾气污染、噪声污染等一系列问题，为城市居民的出行带来了极大的便利，也为城市发展带来了更大的潜力。在很多城市，往往是地铁建到哪里，城市的旺区就扩展到哪里，经济社会的各种要素就汇聚到哪里，从某种意义上讲，地铁堪称一座城市加速发展的动力机，而确保运营安全则是吸引客流、促进城轨交通建设的前提。

(2) 安全是城市轨道交通运营服务最重要的质量保证。城市轨道交通运营生产的产品是有计划、有目的、有成效地实现乘客空间位置的移动，其产品质量特性包括安全、准点、高效、便捷和文明服务，其中安全最为重要，即如果城市轨道交通运营不能有效保证人员安全，其服务质量必将受到严重影响。

(3) 安全是城市轨道交通运营各项工作质量的综合反映。城市轨道交通车站较多、分布密集，运营生产系统复杂，犹如规模庞大的联动机昼夜不停地运转着，作业环境复杂、情况多变。安全工作贯穿于运营生产全过程，涉及每个作业环节和人员。只要有任何一个环节出现问题，都会造成运营安全事故或人员伤亡。

(4) 安全是城市轨道交通事业又好又快发展的重要保证。促进城市轨道交通运营事业又

好又快地发展，必须要有一个稳定的运营安全局面。如果安全形势不稳、不断发生事故，势必打乱运营秩序，扰乱总体部署，分散工作经历，社会舆论也会反映强烈，城市轨道交通事业就会处于被动状态，发展就失去了重要前提和基础，难以顺利进行。

### 三、城市轨道交通运营安全管理内容

加强安全管理的目的是在安全生产过程中，通过对人员、设备、材料、作业过程、环境等因素的有效管理，提高现场自控互控能力，实现安全管理目标。城市轨道交通运营安全管理主要包括以下内容：

（1）人员安全管理。对轨道交通运营各岗位人员进行作业安全管理，职业适应性管理，对劳动条件改善、职工安全培训和安全措施进行管理，保证职工在生产过程中的健康和安全。重点加强特种作业人员、特种设备操作人员、企业负责人、安全管理人员、列车驾驶员、行车调度员、车站值班员等岗位的安全管理。

（2）客运安全管理。对乘客进站、候车、乘车行为开展管理，大客流与突发客流管理、突发情形下的乘客疏导管理，乘客携带品管理。

（3）行车安全管理。对行车调度与指挥，列车出入段、站场接发列车、调车工作进行安全管理。

（4）设备设施安全管理。对设备进行使用，维护管理，确保设备安全可靠运行。

（5）消防安全管理。对消防设备及其操作、消防人员、消防安全检查等进行管理。

（6）施工作业管理。对施工计划，施工请销点，施工过程监控进行管理，确保施工作业安全。

（7）安全双重预防管理。各种设备及工况下的风险管理，隐患排查治理及风险的监测与预警管理。

（8）保护区管理。做好保护区巡查与监控管理。

（9）公共安全管理。做好公共区域、重点设备区域等的重点部位及重点人员的防范恐怖袭击的技防与物防管理。

（10）应急管理。对各种意外事件进行管理，辨识危险源，分析应急能力，制订应急预案并定期演练。

（11）事故事件管理。做好事故事件的分类管理；根据“四不放过”的原则，做好事故与事件的调查分析。

### 四、城市轨道交通典型事故

扫一扫

思政小故事

1. 火灾事故

根据近年来对城市轨道交通运营事故的统计与分析，常见的城轨交通运营事故主要有：火灾事故、列车脱轨事故、列车冲突事故、设备故障事故、自然灾害引发的事故、停电事故、乘客坠落站台事故、踩踏事故、爆炸事故、毒气事故、人为纵火事故、安全门夹人夹物事故等，如表 1-1 所示。

**表 1-1　火灾事故表**

| 序号 | 时　间 | 国家城市 | 事故影响及伤亡情况 |
|---|---|---|---|
| 1 | 1976 年 5 月 | 葡萄牙里斯本 | 列车牵引失败，引发火灾，死亡 2 人，4 辆车被烧毁 |
| 2 | 1978 年 10 月 | 德国科隆 | 丢弃的未熄灭烟头引发火灾，伤 8 人 |

续表

| 序号 | 时 间 | 国家城市 | 事故影响及伤亡情况 |
|---|---|---|---|
| 3 | 1979年1月 | 美国旧金山 | 电路短路引发大火，死亡1人，伤56人 |
| 4 | 1979年3月 | 法国巴黎 | 车厢电路短路引发大火，伤26人，1辆车被烧毁 |
| 5 | 1979年9月 | 美国纽约 | 丢弃的未熄灭烟头引燃油箱，2辆车燃烧，伤4人 |
| 6 | 1980年4月 | 德国汉堡 | 车厢座位着火，伤4人，2辆车被烧毁 |
| 7 | 1981年6月 | 俄罗斯莫斯科 | 电路故障引发火灾，死亡7人 |
| 8 | 1982年3月 | 美国纽约 | 传动装置故障引发火灾，伤86人，1辆车被烧毁 |
| 9 | 1982年8月 | 英国伦敦 | 电路短路引起火灾，伤15人，1辆车被烧毁 |
| 10 | 1983年8月 | 日本名古屋 | 地下街地铁站变电所整流器短路引起大火，持续3个多小时，3名消防员牺牲，3名救援队员受伤 |
| 11 | 1983年9月 | 德国慕尼黑 | 电路着火，伤7人，2辆车被烧毁 |
| 12 | 1987年11月 | 英国伦敦 | 国王十字车站未熄灭火柴梗引燃木质扶梯，引发站厅大火，死亡31人，伤100多人 |
| 13 | 1991年4月 | 瑞士苏黎世 | 地铁机车电路短路，2节车厢起火，紧急刹车时与另一列车相撞，伤58人 |
| 14 | 2000年4月 | 美国华盛顿 | 区间隧道内电缆故障引发火灾，伤10多人，影响地铁运行4小时 |
| 15 | 2005年1月 | 中国北京 | 地铁1号线一列列车由于排风扇电路老化短路，在朝阳门站引发火灾，事故没有造成人员伤亡，停运近50分钟 |
| 16 | 2006年7月 | 美国芝加哥 | 地铁最后一节车厢脱轨酿成火灾，造成152人受伤 |
| 17 | 2010年6月 | 美国芝加哥 | 北部环线“红线”因天气炎热导致保护地铁枕木的化学药剂引燃，造成19名乘客烟气中毒送医，其中5人伤势严重 |
| 18 | 2014年7月 | 中国北京 | 13号线西直门至大钟寺间高架桥下一仓库发生火灾，引燃地铁线路声屏障。事故导致13号线西直门站至知春路站暂时停运 |

2. 列车冲突或追尾事故

列车冲突或追尾事故一般在非正常接发列车的情形下发生，列车冲突或追尾典型事故如表1-2所示。

**表1-2 列车冲突或追尾典型事故表**

| 序号 | 时 间 | 国家城市 | 事故影响及伤亡情况 |
|---|---|---|---|
| 1 | 1996年1月6日 | 美国华盛顿 | 凉荫丛站，死亡1人 |
| 2 | 1996年6月5日 | 美国纽约 | J、M线威廉斯堡大桥，死亡1人，伤60人 |
| 3 | 1999年8月23日 | 德国科隆 | 伤67人，其中7人重伤 |
| 4 | 2004年10月31日 | 西班牙巴塞罗那 | 地铁3号线，瓦尔德博隆车站，伤50多人 |
| 5 | 2004年11月3日 | 美国华盛顿 | 伍德利公园-动物园/亚当斯摩根站，伤20人 |
| 6 | 2005年1月17日 | 泰国曼谷 | 国家文化中心站，伤200多人 |
| 7 | 2005年9月10日 | 西班牙巴伦西亚 | 地铁1号线，皮坎亚车站，伤42人 |

续表

| 序号 | 时　间 | 国家城市 | 事故影响及伤亡情况 |
|---|---|---|---|
| 8 | 2006年10月17日 | 意大利罗马 | A站，维托里奥广场地铁站，死亡1人，伤236人 |
| 9 | 2007年7月30日 | 委内瑞拉加拉加斯 | 西部一线地铁，苏克雷广场站，死亡1人，伤12人 |
| 10 | 2007年11月9日 | 西班牙马德里 | 太阳门地铁站，伤22人 |
| 11 | 2008年10月30日 | 中国香港 | 轻轨751、507号，屯门安定站、市中心站之间，伤27人 |
| 12 | 2009年5月8日 | 美国波士顿 | 帕克站，伤49人 |
| 13 | 2009年6月22日 | 美国华盛顿 | 112、214次列车，托腾堡站，死亡9人，伤52人 |
| 14 | 2009年7月18日 | 美国旧金山 | 轻轨L线和K线，伤48人，其中4人伤势较重 |
| 15 | 2009年9月9日 | 日本东京 | 地铁东西线，东阳站，无人员伤亡 |
| 16 | 2009年12月22日 | 中国上海 | 地铁1号线，富锦路站至上海火车站小交路折返段，多人受伤 |
| 17 | 2011年9月27日 | 中国上海 | 地铁10号线，1005号和1016号列车在豫园站下行区间追尾，造成295人到医院就诊检查，无人员死亡。直接经济损失约300万元 |
| 18 | 2019年3月18日 | 中国香港 | 荃湾线，两列空载列车在收车后进行新信号系统测试。测试主及副系统同时故障时，切换至后备系统的程序。承办商在修改软件时，编写错误，导致撞车。造成3节车厢严重损毁，2名车长轻伤 |

3. 设备故障事故

无论多么先进的设备，都不可能完全杜绝设备故障的发生，一旦发生设备故障，若运营人员不能正确地进行应急处置，就有可能引发人员伤亡事故的发生。设备故障引发的典型事故如表1-3所示。

**表1-3　　设备故障引发的典型事故表**

| 序号 | 时　间 | 国家城市 | 事故影响及伤亡情况 |
|---|---|---|---|
| 1 | 2009年3月 | 中国广州 | 地铁3号线中央信号控制系统故障，造成线路中断运营超过12h |
| 2 | 2010年7月 | 中国上海 | 地铁2号线车门故障，死亡1人 |
| 3 | 2011年1月28日 | 中国广州 | 地铁1号线西望总站道岔信号故障，多趟列车延误 |
| 4 | 2011年5月31日 | 中国深圳 | 地铁4号线信联闭设备故障，龙华线一期部分列车延误 |
| 5 | 2011年7月5日 | 中国北京 | 地铁4号线动物园站A口上行电扶梯故障，事故造成1人死亡，2人重伤，26人轻伤 |
| 6 | 2011年7月18日 | 中国广州 | 地铁5号线，信号故障，全线多列列车延误 |
| 7 | 2011年7月28日 | 中国上海 | 地铁10号线，CBTC信号升级造成列车开错方向，幸无人员伤亡 |

4. 自然灾害引发的事故

城市轨道交通线路受外界环境的影响较大，特别是地面部分的线路，易受台风，暴雨等的影响，地下部分容易受到水害事故的影响。自然灾害引发的典型事故如表1-4所示。

**表1-4　　自然灾害引发的典型事故表**

| 序号 | 时　　间 | 国家城市 | 事故影响及伤亡情况 |
|---|---|---|---|
| 1 | 1995年1月 | 日本阪神 | 地震导致列车中断运营 |
| 2 | 2003年11月 | 中国北京 | 大雪导致地铁13号线中断运营约2h |
| 3 | 2005年8月 | 中国上海 | 台风导致地铁1号线中断运营约3h |
| 4 | 2007年7月 | 中国重庆 | 雷击导致地铁2号线中断运营约3h |
| 5 | 2021年7月 | 中国郑州 | 地铁5号线遭涝水灌入，14人死亡 |

5. 停电事故

为提高运营服务质量，目前城市轨道交通主要选用电能作为列车牵引的动力，鉴于城市轨道交通运营的大客流量，一旦发生停电，往往造成重大损失。停电引发的典型事故如表1-5所示。

**表1-5　　停电引发的典型事故表**

| 序号 | 时　　间 | 国家城市 | 事故影响及伤亡情况 |
|---|---|---|---|
| 1 | 1996年1月19日 | 中国北京 | 高压输电线被意外挂断致使停电，造成4组地铁列车在隧道中停运，2000多名乘客被困 |
| 2 | 2003年8月28日 | 英国伦敦 | 错误规格熔断器的安装致使自动保护设备被误启，造成伦敦近2/3的地铁停运，约25万名乘客被困 |
| 3 | 2005年5月25日 | 俄罗斯莫斯科 | 恰吉诺变电站发生火灾和爆炸引起大面积停电，造成43列地铁停运，2万多名乘客被困 |
| 4 | 2007年10月23日 | 日本东京 | 供应电车电力的变电站出现问题致使停电，造成大江户线地铁72班电车停驶，9.3万人行程受到影响 |
| 5 | 2010年6月13日 | 中国上海 | 地铁3号线上海南站至漕溪路上行区间接触网失电，造成正线运营中断57min |
| 6 | 2010年10月18日 | 英国伦敦 | 五列地铁列车陷入停顿，2000多名乘客被困在隧道中近2h，4000余人的出行受到影响 |

6. 脱轨事故

列车脱轨引发的典型事故如表1-6所示。

**表1-6　　列车脱轨引发的典型事故表**

| 序号 | 时　　间 | 国家城市 | 事故影响及伤亡情况 |
|---|---|---|---|
| 1 | 1982年1月13日 | 美国华盛顿 | 橘线，联邦三角站，死亡3人，伤25人 |
| 2 | 1991年8月28日 | 美国纽约 | 联合广场站，死亡5人，伤175人 |
| 3 | 2000年3月8日 | 日本东京 | 日比谷线，中目黑站，死亡5人，伤60多人 |
| 4 | 2000年6月21日 | 美国纽约 | 南行的B线列车，布鲁克林车站开往曼哈顿地区，伤89人 |
| 5 | 2003年1月25日 | 英国伦敦 | 中央线地铁，伤32人 |
| 6 | 2006年7月3日 | 西班牙巴伦西亚 | 地铁1号线，死亡41人，伤47人 |

续表

| 序号 | 时　　间 | 国家城市 | 事故影响及伤亡情况 |
|---|---|---|---|
| 7 | 2006年7月11日 | 美国芝加哥 | 发生在克拉克湖站和大密尔活基站之间的区段，伤152人 |
| 8 | 2007年1月7日 | 美国华盛顿 | 在维农山庄广场一会展中心站附近脱轨，伤23人 |
| 9 | 2007年7月5日 | 英国伦敦 | 伯斯纳尔格林地铁站，伤37人 |
| 10 | 2008年6月25日 | 俄罗斯莫斯科 | 地铁9号线，弗拉德金诺站，伤9人 |
| 11 | 2009年5月12日 | 西班牙马德里 | 蒙克洛亚站，无人员伤亡 |
| 12 | 2009年12月20日 | 法国巴黎 | C线快速地铁，伤17人 |
| 13 | 2010年2月12日 | 美国华盛顿 | 北法拉格特车站，无人员伤亡 |

7. 乘客坠落站台事故

乘客坠落站台事故如表1-7所示。

**表1-7　　乘客坠落站台事故表**

| 序号 | 时　　间 | 国家城市 | 事故影响及伤亡情况 |
|---|---|---|---|
| 1 | 2001年12月4日 | 中国上海 | 地铁1号线人民广场站，死亡1人 |
| 2 | 2002年1月20日 | 中国北京 | 地铁2号线车公庄站，死亡1人 |
| 3 | 2003年6月1日 | 中国上海 | 地铁1号线人民广场站，死亡1人 |
| 4 | 2006年1月25日 | 中国北京 | 地铁1号线公主坟站，伤1人 |
| 5 | 2006年3月6日 | 中国北京 | 地铁1号线国贸站，伤1人 |
| 6 | 2006年10月18日 | 中国北京 | 地铁2号线崇文门站，死亡1人 |
| 7 | 2006年10月23日 | 中国北京 | 地铁1号线苹果园站，死亡1人 |
| 8 | 2008年1月11日 | 中国北京 | 地铁2号线车公庄站，伤1人 |
| 9 | 2008年3月15日 | 中国北京 | 地铁2号线东直门站，伤1人 |
| 10 | 2008年8月1日 | 中国北京 | 地铁2号线长椿街站，伤1人 |
| 11 | 2008年10月11日 | 中国北京 | 地铁1号线玉泉路站，伤1人 |
| 12 | 2009年7月17日 | 中国北京 | 地铁1号线南礼士路站，死亡1人 |
| 13 | 2010年7月5日 | 中国上海 | 地铁2号线中山公园站，死亡1人 |

8. 踩踏事故

无论是车站还是列车上，都是人员密集场所，突发事故一旦发生，车站或列车引流不善，在乘客又没有得到较好的疏散培训的情形下，很容易发生踩踏事故。城市轨道交通企业发生的典型踩踏事故如表1-8所示。

**表1-8　　典型踩踏事故表**

| 序号 | 时　　间 | 国家城市 | 事故影响及伤亡情况 |
|---|---|---|---|
| 1 | 1999年5月30日 | 白俄罗斯明斯克 | 地铁尼阿米亚站，死亡53人，伤250人 |
| 2 | 2008年3月4日 | 中国北京 | 地铁东单站，伤11人 |
| 3 | 2010年5月25日 | 中国深圳 | 华强路站，伤15人 |

9. 爆炸事故

城市轨道交通发生的典型爆炸事故如表 1-9 所示。

**表 1-9　　典型爆炸事故表**

| 序号 | 时　　间 | 国家城市 | 事故影响及伤亡情况 |
|---|---|---|---|
| 1 | 1977 年 1 月 8 日 | 俄罗斯莫斯科 | 恐怖袭击，死亡 7 人，伤 40 多人 |
| 2 | 1977 年 11 月 6 日 | 俄罗斯莫斯科 | 恐怖袭击，死亡 6 人 |
| 3 | 1994 年 7 月 3 日 | 阿塞拜疆巴库 | 恐怖袭击，死亡 13 人，伤 42 人 |
| 4 | 1995 年 7 月 25 日 | 法国巴黎 | 恐怖袭击，死亡 4 人，伤 62 人 |
| 5 | 1996 年 6 月 11 日 | 俄罗斯莫斯科 | 恐怖袭击，死亡 4 人，伤 15 人 |
| 6 | 1997 年 12 月 24 日 | 俄罗斯莫斯科 | 恐怖袭击，无人员伤亡 |
| 7 | 1998 年 1 月 1 日 | 俄罗斯莫斯科 | 恐怖袭击，伤 3 人 |
| 8 | 2000 年 8 月 8 日 | 俄罗斯莫斯科 | 恐怖袭击，死亡 13 人，伤 90 多人 |
| 9 | 2001 年 2 月 6 日 | 俄罗斯莫斯科 | 恐怖袭击，伤 15 人 |
| 10 | 2004 年 2 月 6 日 | 俄罗斯莫斯科 | 恐怖袭击，死亡 50 人，伤 130 多人 |
| 11 | 2004 年 3 月 11 日 | 西班牙马德里 | 恐怖袭击，死亡 201 人，伤 1500 多人 |
| 12 | 2004 年 8 月 31 日 | 俄罗斯莫斯科 | 恐怖袭击，死亡 10 人，伤 51 人 |
| 13 | 2005 年 7 月 7 日 | 英国伦敦 | 恐怖袭击，死亡 52 人，伤 700 多人 |
| 14 | 2010 年 3 月 29 日 | 俄罗斯莫斯科 | 恐怖袭击，死亡至少 41 人，伤 60 多人 |
| 15 | 2011 年 4 月 11 日 | 白俄罗斯明斯克 | 恐怖袭击，死亡 12 人，伤 200 多人 |

10. 毒气事故

城市轨道交通发生的典型毒气事故如表 1-10 所示。

**表 1-10　　典型毒气事故表**

| 时　　间 | 国家城市 | 事故影响及伤亡情况 |
|---|---|---|
| 1995 年 3 月 20 日 | 日本东京 | 恐怖袭击，死亡 12 人，14 人残疾，5500 余人中毒，1036 人住院治疗 |

11. 纵火事故

城市轨道交通发生的典型纵火事故如表 1-11 所示。

**表 1-11　　典型纵火事故表**

| 序号 | 时　　间 | 国家城市 | 事故影响及伤亡情况 |
|---|---|---|---|
| 1 | 2003 年 2 月 18 日 | 韩国大邱 | 地铁 1 号线中央路车站纵火，死亡 198 人，伤 146 人 |
| 2 | 2004 年 1 月 5 日 | 中国香港 | 尖沙咀站和金钟站的过海隧道内纵火，14 人受轻伤 |

12. 屏蔽门（安全门）夹人夹物事故

城市轨道交通发生的屏蔽门（安全门）夹人夹物事故如表 1-12 所示。

表 1-12　　屏蔽门（安全门）夹人夹物事故表

| 序号 | 时间 | 国家城市 | 事故影响及伤亡情况 |
| --- | --- | --- | --- |
| 1 | 2007 年 7 月 15 日 | 中国上海 | 轨道交通 1 号线下行往莘庄方向的列车，在上体馆站一名男性乘客因强行上车，不慎被夹在列车车门与屏蔽门之间，列车正常启动后，该乘客不幸被挤压坠落隧道身亡 |
| 2 | 2011 年 4 月 29 日 | 中国广州 | 广州地铁 1 号线杨箕站发生夹人事件，因站务员紧急处理，无人员伤亡 |
| 3 | 2011 年 5 月 1 日 | 中国广州 | 广州地铁 1 号线杨箕站发生夹人事件，因乘客快速脱出，幸无人员伤亡 |
| 4 | 2014 年 11 月 6 日 | 中国北京 | 北京地铁 5 号线惠新西街南口站一名女性乘客在乘车过程中卡在屏蔽门与车门之间，列车启动后坠入站台，经医院抢救后不幸身亡 |
| 5 | 2022 年 1 月 22 日 | 中国上海 | 一名老年女乘客在上海地铁 15 号线祁安路地铁站下车时被站台门夹住，经抢救无效死亡 |

## 知识点 2　安全生产管理基础

### 一、安全生产管理基本概念及相互关系

（一）基本概念

1. 安全生产

所谓安全生产，就是指在生产经营活动中，为了避免造成人员伤害和财产损失的事故而采取相应的事故预防和控制措施，以保证从业人员的人身安全，保证生产经营活动得以顺利进行的相关活动。

2. 安全生产管理

所谓安全生产管理，就是针对人们在安全生产过程中的安全问题，运用有效的资源，发挥人们的智慧，通过人们的努力，进行有关决策、计划、组织和控制等活动，实现生产过程中人与机器设备、物料、环境的和谐，达到安全生产的目的。

3. 事故

根据《职业健康安全管理体系　要求及使用指南》（GB/T 45001—2020）可将事故定义为造成死亡、疾病、伤害、财产损失或其他损失的意外事件。事故的特征主要包括：事故的因果性；事故的偶然性、必然性和规律性；事故的潜在性、再现性和可预测性。

4. 事件

事件是指导致或可能导致事故的情况。未发生人员伤亡、财产损失、运营服务受阻或环境破坏及其组合状态的事件，通常称为未遂事故。紧急情况是一种特殊类型的事件，如不良的天气情况。显然事件包含事故。

5. 事故隐患

事故隐患是指超出了人们设定的安全界限的状态或行为，主要包括作业场所、设备及设施的不安全状态、人的不安全行为和管理上的缺陷。隐患能直接或间接导致事故的发生，是一种不正常状态，是不可接受的。隐患能否导致事故，主要取决于它所处的环境和状态。

重大事故隐患是指可能导致重大人身伤亡或者重大经济损失的事故隐患。加强对重大事故隐患的控制管理，对于预防特大安全事故有重要的意义。

隐患的特征：隐蔽性、潜伏性、普遍性、危害性。

6. 危险

危险与安全是相对的，从风险的角度，危险是指在生产活动过程中，人或物遭受损失的可能性超出了可接受范围的一种状态。危险只是意味着一种现在的或潜在的不希望事件状态，危险出现时会引起不幸事故，其发生可能造成人员伤害、职业病、财产损失、作业环境破坏的状态。

7. 风险（危险性）

就安全而言，风险是描述系统危险程度的客观量，是指危险、危害事件发生的可能性与后果的严重程度的综合度量。

8. 安全性

从系统的安全性能讲，安全性为衡量系统安全程度的客观量。与安全性对立的概念是描述系统危险程度的指标——风险（又称危险性）。假定系统的安全性为 $S$，危险性为 $R$，则有$S=1-R$。显然，$R$ 越小，$S$ 越大；反之亦然。若在一定程度上消减了危险因素，就等于创造了安全条件。

9. 危险源

根据《职业健康安全管理体系实施指南》可将危险源定义为可能导致人员伤害、健康损害、财产损失、工作环境破坏或运营服务受阻或这些情况组合的根源或状态或行为或其组合。

10. 危险源辨识

危险源辨识就是识别危险源并确定其特性的过程。危险源辨识不但包括对危险源的识别，而且必须对其性质加以判断。

11. 安全

安全是指免除了不可接受的风险的状态。

12. 本质安全

本质安全是指设备、设施或技术工艺含有内在的能够从根本上防止发生事故的功能。具体包括两方面的内容：

（1）失误—安全功能：指操作者即使操作失误，也不会发生事故或伤害，或者说设备、设施和技术工艺本身具有自动防止人的不安全行为的功能。

（2）故障—安全功能：指设备、设施或技术工艺发生故障或损坏时，还能暂时维持正常工作或自动转变为安全状态。

本质安全是安全生产管理预防为主的根本体现，也是安全生产管理的最高境界。实际上，由于技术、资金和人们对事故认知的原因，目前还很难做到本质安全，只能作为我们的奋斗目标。

（二）相互关系

（1）安全与危险是一对此消彼长、动态发展变化的矛盾双方，它们都是与生产过程共存的连续型过程。

（2）描述安全与危险的指标分别是安全性与危险性（风险），二者存在以下关系：

$$安全性=1-危险性$$

（3）事故与安全是对立的，但事故并不是不安全的全部内容，而只是在安全与不安全一对矛盾斗争过程中某些瞬间突变结果的外在表现。

（4）系统处于安全状态并不一定不发生事故，系统处于不安全状态，也未必完全是由事故引起。

（5）危险不仅包含了作为潜在事故条件的各种隐患，同时还包含了安全与不安全的矛盾激化后表现出来的事故结果。

（6）事故发生，系统不一定处于危险状态，事故不发生，也不能否认系统不处于危险状态，事故不能作为判别系统危险与安全状态的唯一标准。

（7）事故总是发生在操作的现场，总是伴随隐患的发展而发生在生产过程之中，事故是隐患发展的结果，而隐患则是事故发生的必要条件。

### 二、安全生产“五要素”及其关系

1. 安全生产“五要素”

安全生产“五要素”是指安全文化、安全法制、安全责任、安全科技和安全投入。

其中安全文化即安全意识，是存在于人们头脑中，支配人们行为是否安全的思想。安全法制是指安全生产法律法规和安全生产执法。安全责任主要是指搞好安全生产的责任心。安全科技是指安全生产科学与技术。安全投入是指保证安全生产必需的经费。

2. 安全生产“五要素”之间的关系

安全生产“五要素”既相对独立，又是一个有机统一的整体，相辅相成、互为条件。其中安全文化是灵魂和统帅，是安全生产工作的基础和精神指向。安全法制是安全生产工作进入规范化和制度化的必要条件，是开展其他各项工作的保障和约束。安全责任是进一步落实安全法制的手段，是安全法律规范的具体化。安全科技是保证安全生产工作现代化的工具。安全投入为其他各个因素能够开展提供物质保障。

## 知识点 3 城市轨道交通运营企业安全管理模式

### 一、安全管理模式的发展

管理模式是在大量总结管理理论和实践的基础上，针对企业管理的具体实际需要，提出的一整套管理思想、管理程序、管理制度和管理方法理论体系。安全管理模式就是优化的安全管理系统，建设安全管理模式的过程是优化安全管理系统的过程。

（一）安全管理模式发展历程

我国的安全管理在不同的历史时期出现了不同的安全管理模式，按照其发展历程大致可以分为传统安全管理模式、对象型安全管理模式，以及系统安全管理模式。

1. 传统安全管理

传统安全管理模式是从已经出现的安全问题本身出发，依靠总结经验教训得出安全管理的方式方法。传统安全管理模式主要有事故管理模式和经验管理模式两种。其中事故管理模式主要是依靠吸收事故教训为主，从事故中总结经验教训，从而避免同类事故的再次发生。而经验管理模式则是依靠个人的经验进行管理，定性的概念比较多，靠直觉凭感觉处理安全问题。传统管理模式是一种被动的静态管理模式，没有抓住信息流这一企业管理的核心，反馈渠道不畅通。这种安全管理模式主要遵循的技术步骤见图 1-1。

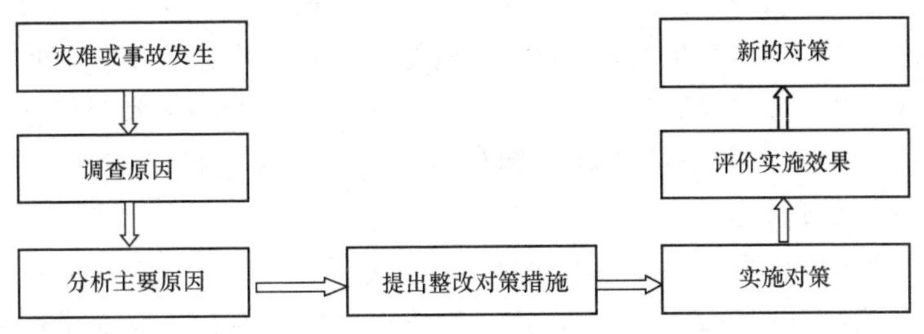


图 1-1 传统安全管理模式技术步骤

2. 对象型安全管理

随着人们对事故分析的深入，安全管理者们对事故原因进行了更加深入的研究，将事故的原因归结为人的不安全行为、物的不安全状态和环境不良等，于是就产生了从事故原因入手、带有侧重点的对象型安全管理模式。这样，以人为中心、以设备为中心和以环境为中心的安全管理模式就成为这一安全管理模式的主要代表。

以人为中心的安全管理模式即以纠正人的不安全行为作为安全管理工作的重点。其基本内涵是把管理的核心对象集中于工作人员，即安全管理应该建立在研究人的心理、生理素质基础上；以纠正人的不安全行为、控制人的误操作作为安全管理目标。例如城市轨道交通运营过程中的三控（自控、互控、他控）就是以人为中心的管理模式的体现。

以设备为中心的安全管理模式是以控制设备的不安全状态作为安全管理工作的重点。将设备管理的全过程职责、管理权限分解到各级组织中，通过大量的管理标准和作业标准体系指导使所有设备逐步实现可控和在控。

以环境为中心的安全管理模式是以改善影响运营安全的内部环境和淡化外部环境对运营安全的负面影响为中心，其中内部环境包括内部作业环境与内部社会环境，外部环境包括外部自然环境与外部社会环境。

3. 系统安全管理

系统化的企业安全管理是以系统安全思想为基础，从企业的整体出发，把管理重点放在事故预防的整体效应上，实行全员、全过程、全方位的安全管理，使企业达到最佳安全状态。加之戴明管理理论使安全管理者们摒弃了传统的事后管理与处理的做法，采取了积极的预防措施。安全管理模式就这样迈上了一个新的台阶，进入了系统安全管理阶段。系统安全管理模式的代表有 HSE 管理模式及 OHSMS 管理模式。

HSE 管理体系是指实施安全、环境与健康管理的组织机构、职责、做法、程序、过程和资源等有机结合而构成的整体。HSE 管理体系是三位一体管理体系。H（健康）是指人身体上没有疾病，在心理上保持一种完好的状态；S（安全）是指在劳动生产过程中，努力改善劳动条件、克服不安全因素，使劳动生产在保证劳动者健康、企业财产不受损失、人民生命安全的前提下顺利进行；E（环境）是指与人类密切相关、影响人类生活和生产活动的各种自然力量或作用的总和，它不仅包括各种自然因素的组合，还包括人类与自然因素间相互形成的生态关系的组合。由于安全、环境与健康的管理在实际工作过程中有着密不可分的联系，因此把健康（health）、安全（safety）和环境（environment）形成一个整体的管理体系。它将健康、安全和环境分解为很多要素，再将这些要素通过先进、科学的运行模式有机地融合在一起，相互关联、相互作用，形成一套结构化动态管理系统。从其功能上讲，它是一种事前进行风险分析，确定其自身活动可能发生的危害和后果，从而采取有效的防范手段和控制措施防止其发生，以便减少可能引起的人员伤害、财产损失和环境污染的有效管理模式。它突出强调了事前预防和持续改进，具有高度自我约束、自我完善、自我激励的机制，因此是一种现代化的管理模式。

《职业健康安全管理体系　要求及使用指南》（GB/T 45001—2020/ISO 45001：2018），建立在现代系统化管理的科学理论之上，以系统安全思想为基础，从企业的整体出发，把管理重点放在预防的整体效应上，实行全员、全过程、全方位的安全管理，使企业达到最佳安全状态。所谓系统安全，是在系统寿命期间内，应用系统安全工程和管理方法辨识系统中的危险源，并采取控制措施使其危险性最小，从而使系统在规定的性能、时间和成本核算范围内达到最佳的安全程度。

通过对安全管理模式发展历程的分析可以发现，伴随着安全理论的更新换代，安全管理模式经历了一个不断发展、不断完善的过程。这个发展的历程证明，全面系统的观点、预防为主的观念、持续改进的管理方式及规范化的管理思想是建立一套科学、全面、高效的安全管理模式不可或缺的重要因素。

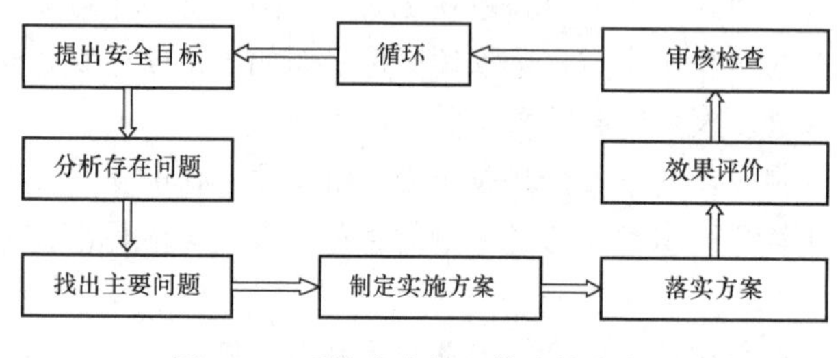


图 1 - 2　系统安全管理模式技术步骤

系统安全管理模式的技术步骤如图 1 - 2 所示。

（二）现代安全管理模式的基础理论

1. 安全系统工程

安全系统工程学是系统工程学科的一个分支，它的学科基础除了有系统论、控制论、信息论、运筹学、优化理论等外，还有其特有的学科基础，如预测技术、可靠性工程、人机工程、行为科学、工程心理学、职业卫生学、安全法律法规，以及相关的各工程学等多门学科和技术。

安全系统工程就是采用系统工程的原理和方法，识别、分析和评价系统中的危险性，并根据分析结果调整设备、操作、管理、运营周期和投资费用等因素，使系统所存在的危险因素得到消除或控制，使事故的发生减少到最低的程度，从而达到最佳的安全状态。

2. 安全风险管理

安全风险管理是应用安全风险学的理论和风险控制技术，实现安全管理的一种科学方法。安全风险管理的实质是以经济合理的方法来消除风险导致的各种意外灾害的后果。它运用安全系统论的观点和方法辨识、评价风险，针对所存在的风险做出客观而科学的决策，以最小的成本处理风险并获得最佳的绩效。

3. 持续改进理论

持续改进是一种管理思想，是指不断改善产品特征及特性，不断适应顾客要求。实现持续改进有很多方法，其中一个工具就是 PDCA 循环，它体现了持续改进过程的顺序性和连续性特征。

PDCA 循环又叫戴明环，如图 1 - 3 所示，是由美国质量管理专家休哈特博士首先提出的，由戴明采纳、宣传，并获得普及，从而也被称为“戴明环”。它是全面质量管理所应遵循的科学程序。

PDCA是英语单词plan（计划）、do（执行）、check（检查）和act（处理）的第一个字母，PDCA循环就是按照这样的顺序进行质量管理，并且循环不止地进行下去的科学程序。P（plan）计划，包括方针和目标的确定及活动计划的制定；D（do）执行，具体运作，实现计划中的内容；C（check）检查，总结执行计划的结果，分清哪些对了，哪些错了，明确效果，找出问题；A（action）处理，对检查的结果进行处理，对成功的经验加以肯定，并予以标准化，对于失败的教训也要总结，引起重视。对于没有解决的问题，应提交给下一个PDCA循环去解决。

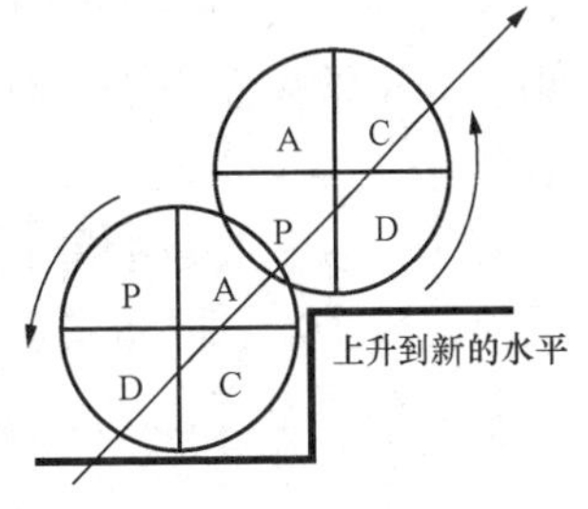


图1-3　PDCA循环

**二、城市轨道交通运营企业系统安全管理模式**

运营安全管理模式有多种，此处仅介绍系统安全管理模式。运营系统安全管理是把构成运营系统的要素，即人、设备、材料、信息、资金、环境等有效地组织起来，实行整体、动态、定量地全方位管理，以求运营系统达到安全最佳状态。所以，系统安全管理也就是安全最优化管理。系统安全管理的基本内容可包括总体管理、重点管理和事后管理三个方面。城市轨道交通运营系统安全管理，包括安全总体管理、安全重点管理和安全事后管理。

（一）运营安全总体管理

运营安全总体管理包括安全组织管理、安全法规管理、安全技术管理、安全教育管理、安全信息管理及安全资金管理等。

1. 安全组织管理

安全组织管理是安全管理的实施主体，负责安全的组织领导、协调平衡、监督检查工作，其主要内容包括安全计划管理与安全行政管理。

2. 安全法规管理

安全法规管理的任务是严格遵循国家有关安全的法律、法规等条文规定，对各种规章制度和作业标准进行研究、制定、修改、完善、贯彻和落实，使安全管理工作做到有法可依、有章可循、违法必究、违章必查。

3. 安全技术管理

安全技术管理包括对运营安全硬技术设备的维护与管理和对运营安全软技术的开发与应用。

4. 安全教育管理

安全教育管理的内容主要有：

（1）安全思想教育，这是安全教育的重点所在，内容包括安全生产方针、政策、劳动纪律、作业纪律，各项规章制度和典型事故案例教育等。

（2）安全知识教育，包括安全生产技术知识和安全管理知识教育。

（3）安全技能教育，这是通过对作业人员进行长期、反复训练及本人实践，把所学到的安全知识转化为动手能力的过程，主要是解决应会的问题，内容包括岗位熟练操作、防止误操作和处理异常情况的技术、知识和能力。

（4）事故应急处理教育，一般应包括事故应急处理知识教育、自我保护和自救互救教育、事故现场保护方法教育和事故应急处理演习等。通过上述教育能有效地防止事故损失扩大，为清理事故和迅速恢复正常运输秩序创造有利条件。此外，对旅客进行的城市轨道运营知识、安全常识及安全法制宣传、教育也是安全教育管理的重要内容。

5. 安全信息管理

安全信息一般是指在生产过程中，对一切有利于安全生产的指令和系统安全状态的描述或反映。安全信息既是安全管理的对象，又是安全管理的重要支持。安全信息包括安全指令信息、安全动态信息、安全反馈信息、其他安全信息等。

6. 安全资金管理

安全资金管理包括对保证运营安全所需资金的筹集、调拨、使用、结算、分配等，并进行安全投资的经济评价与经济分析，实行财务监督等。

（二）运营安全重点管理

安全管理应根据各因素的影响大小而有所不同。凡对运营安全起决定性作用的影响因素及系统薄弱环节均应重点加强安全管理和控制，如人员、设备管理，标准化作业控制、结合部作业控制和非正常情况下作业控制等，使有限的安全管理资源发挥更大的效用。

1. 对人员的重点安全管理

（1）关键时间管理，主要是指交接班时间、上下班前后半小时、临时抢修作业时对相关人员的管理与盯控。

（2）关键岗位管理，主要是指行车调度员、车站行车值班员、电客车司机、车辆段调度员、信号员、调车人员等岗位，应做好人员的选拔与思想动态的管理。

（3）关键车次的管理，主要是指首末班车，电话闭塞法或电话联系法的首班车、工程列车、救援列车的开行等。

（4）节假日管理，在节假日职工的思想会产生动态变化，应加强对职工思想动态变化的盯控。

（5）性格缺陷职工的管理，对于性格有缺陷的职工，应适时地调整工作岗位。

2. 设备安全重点管理

设备安全管理的重点工作主要包括加强对设备的养护维修管理，如线路基础设备的维修管理、信号设备的维修管理、电客车的维修管理与车站设备的维修管理。

3. 现场作业重点管理

运营安全管理的出发点和落脚点是现场作业控制，对现场作业重点控制的内容主要包括标准化作业控制、非正常情况下作业控制和系统“结合部”作业控制等。

（1）标准化作业控制。标准化是指在实践活动中，对重复性作业和活动通过制定、发布和实施标准，达到统一，以获得最佳秩序和社会效益。运营标准化作业是对既有作业标准，从学习标准、对照标准到达到标准（即学标、对标、达标）所进行的全部活动，如电话闭塞法接发列车标准化作业是为保证车站接发列车安全，结合设备特点，制定并实施作业对象、作业方法、作业过程、作业程序和时间、作业用语等标准的生产活动。标准化作业是个人行为、群体行为和管理行为的综合表现，只有在组织、制度、措施和监控等方面严格管理，才能使标准化作业得以实现并持之以恒。

标准化作业控制的重点是严格落实调度指挥中心（OCC）、车站、班组的三级联控管理，其中OCC、车站对标准化作业控制主要通过检查、监督、考核来实现，即“他控”，班组对标准化作业控制主要通过自控和互控来实现。自控是指作业人员严格遵守劳动纪律、作业纪律和标准化作业（即“两纪一化”）；互控是指同工种人员之间相互配合、互相监督，共同遵守作业标准。

（2）非正常情况下作业控制。非正常情况下，由于部分作业标准无法得到实施，不得不执行特殊规定，稍有不慎极易造成运输事故。加强对作业人员在非正常情况下作业的业务培训，制定相应预案，组织职工定期开展特殊情况下作业演练，开展模拟故障应变处理，提高接发列车人员在非正常情况下的作业技能和应急处理能力。

（3）系统“结合部”作业联控。结合部是指由几个单位或部门共同参与工作或管理而形成的相互联系、相互制约的环节、区域或部位。就行车工作而言，结合部是在运输过程中，为了安全生产这一共同目的，不同部门和不同工种人员协调动作、联合作业，在生产与管理上发生交叉、重叠的区域和环节。这些部位往往是管理松散、矛盾集中、事故多发的系统薄弱环节，是安全管理的重点和难点。结合部作业控制，需找出结合部作业的薄弱环节，提出预防对策；制定相关部门联合控制的作业标准、程序和措施；建立信息网络，制定联控制度，加强联控考核。如城市轨道交通运营过程中对施工抢修作业的管理。

（三）运营安全事后管理

运营安全事故发生后，主管部门和有关单位需要做大量的调查和处理工作，如减少事故损失和防止事故扩大的抢险、救援及事故定性定责，总结经验教训，采取防范措施等，以防止同类事故重复发生。事故的调查及处理将在本书项目二与项目三中讲解。

总之，运营系统安全管理即通过安全总体管理、重点管理和事后管理的综合实施和全面加强，促进运营安全的全过程（计划、实施、监控）、全员（领导、干部、职工）、全要素（人员、设备、环境等）的全方位管理。

## 知识点 4 城市轨道交通运营安全管理运作

### 一、企业总体安全管理运作

1. 建立安全生产责任制

安全生产责任制是按照“安全第一，预防为主，综合治理”的安全生产方针和“管生产必须管安全”的原则，将各级负责人员、各职能部门及其工作人员和各岗位生产人员在安全生产方面应做的事情和应负的责任加以明确规定的一种制度。安全生产责任制是企业岗位责任制和经济责任制的重要组成部分，是企业各项安全生产规章制度的核心，同时也是企业最基本的安全管理制度。

建立安全生产责任制的目的，一方面是增强企业各级负责人员、各职能部门及其工作人员和各岗位生产人员对安全生产的责任感；另一方面是明确企业各级负责人员、各职能部门及其工作人员和各岗位生产人员在安全生产中应履行的职责，以充分调动各部门和各级人员在安全生产方面的积极性和主观能动性，确保安全生产。

安全生产责任制的内容主要包括两个方面：一是纵向方面，即从上到下所有人员的安全生产职责；二是横向方面，即各职能部门（包括党、政、工、团）的安全生产职责。

企业在建立全员安全生产责任制时，应当明确各岗位的责任人员、责任范围和考核标准等内容，保证全员安全生产责任制的落实。在纵向方面至少应包括下列几类人员：

（1）企业主要负责人。企业的主要负责人是本单位安全生产的第一责任人，对安全生产工作全面负责。《安全生产法》第二十一条对其职责做出了具体规定，详见《安全生产法》。

（2）生产经营单位其他负责人。企业其他负责人的职责是协助主要负责人搞好安全生产工作。不同的负责人分管的工作不同，应根据其具体分管工作，对其在安全生产方面应承担的具体职责做出规定。

（3）生产经营单位各职能部门负责人及其工作人员。各职能部门的安全生产职责需根据各部门职责分工做出具体规定。各职能部门负责人的职责是按照本部门的安全生产职责，组织有关人员做好本部门安全生产责任制的落实，并对本部门职责范围内的安全生产工作负责。各职能部门的工作人员则是在本人职责范围内做好有关安全生产工作，并对自己职责范围内的安全生产工作负责。

（4）班组长。班组是搞好生产经营单位安全生产的关键环节。班组长全面负责本班组的安全生产工作，是安全生产法律、法规和规章制度的直接执行者。班组长的主要职责是贯彻执行本单位对安全生产的规定和要求，督促本班组的工人遵守有关安全生产制度和安全操作规程，切实做到不违章指挥，不违章作业，遵守作业纪律。

（5）岗位工人。岗位工人对本岗位的安全生产负直接责任。岗位工人的主要职责是接受安全生产教育和培训，遵守有关安全生产制度和安全操作规程，遵守劳动纪律，不违章作业。特种作业人员必须接受专门的培训，经考核合格取得操作资格证书后方可上岗作业。

2. 制定并实行安全生产目标管理

安全生产目标管理是目标管理在安全生产管理方面的应用，它是指企业内部各个部门以及每个职工，从上到下围绕企业安全生产的总目标，层层展开各自的目标，确定行动方针，安排安全工作进度，制定实施有效的组织措施，并对安全成果严格考核的一种管理制度。安全生产目标管理是根据企业安全工作目标来控制企业安全生产的一种民主、科学有效的管理方法。安全生产目标管理的实施过程可分为四个阶段，即安全生产管理目标的制定、建立安全生产目标体系、安全生产管理目标的实施、目标的评价与考核。

如某城运公司安全生产目标为“0123”，具体如下：

（1）0个死亡（员工和乘客在地铁责任范围内死亡数为零）。

（2）1个标准（建设安全标准化企业）。

（3）2个百分比（制度执行百分百、作业记录百分之百）。

（4）3个杜绝（杜绝重大行车事故、杜绝非不可抗拒火灾事故、杜绝重大责任事故）。

3. 建立企业安全生产管理组织

企业的安全生产管理必须有组织上的保障，否则安全生产管理工作就无从谈起。安全生产管理的组织保障主要包括两个方面：一是安全生产管理机构的保障；二是安全生产管理人员的保障。

安全生产管理机构是指企业中专门负责安全生产监督管理的内设机构。安全生产管理人员是指在企业从事安全生产管理工作的专职或兼职人员。在企业专门从事安全生产管理工作的人员是专职安全生产管理人员；在企业既承担其他工作职责，同时又承担安全生产管理职责的人员则为兼职安全生产管理人员。

4. 制定生产投入与安全技术措施计划

企业必须安排适当的资金，用于改善安全设施，进行安全教育培训，更新安全技术装备、器材及其他安全生产设备设施，以保证生产经营单位达到法律、法规、标准规定的安全生产条件，并对由于安全生产必需的资金投入不足而导致的事故后果承担责任。

5. 安全生产教育培训管理

(1) 企业主要负责人的安全教育培训。企业主要负责人必须按照国家有关规定进行安全生产培训，经培训单位考核合格并取得安全培训合格证后方可任职。所有企业主要负责人还应进行安全生产再培训。城市轨道交通运营单位主要负责人的安全生产管理培训时间不得少于 32 学时，每年再培训时间不得少于 12 学时。

(2) 安全生产管理人员的安全教育培训。城市轨道交通运营单位安全生产管理人员必须按照国家有关规定进行安全生产培训，经培训单位考核合格并取得安全培训合格证后方可任职。安全生产管理人员每年还应进行安全生产再培训。安全生产管理人员的安全生产管理培训时间不得少于 32 学时，每年再培训时间不得少于 12 学时。

(3) 特种作业人员的教育培训。特种作业人员上岗前必须进行专门的安全技术和操作技能的培训与考核，并经考核合格，取得“特种作业人员操作证”后方可上岗。特种作业人员的培训实行全国统一培训大纲、统一考核标准、统一证件制度，“特种作业人员操作证”由国家统一印制，地、市级以上行政主管部门负责签发，全国通用。特种作业人员安全技术考核包括安全技术理论考试与实际操作技能考核两部分，以实际操作技能考核为主。

离开特种作业岗位达 6 个月以上的特种作业人员，应当重新进行实际操作技能考核，经确认合格后方可上岗作业。取得“特种作业人员操作证”者，每两年进行一次复审。连续从事本工作 10 年以上的，经用人单位进行知识更新教育后，每 4 年复审一次。复审的内容包括健康检查、违章记录检查、安全新知识和事故案例教育、本工种安全知识考试。未按期复审或复审不合格者，其操作证自行失效。

(4) 对企业其他从业人员的安全教育培训，每年接受再培训的时间不得少于 20 学时。其他从业人员是指除主要负责人和安全生产管理人员以外，该单位从事生产经营活动的所有人员，包括其他负责人、管理人员、技术人员和各岗位的工人，以及临时聘用的人员。

(5) 对新从业人员应进行厂级、车间级、班组级三级安全生产教育培训，安全生产教育培训时间不得少于 24 学时。

厂级安全生产教育培训的内容主要是：本单位安全生产情况及安全生产基本知识；本单位安全生产规章制度和劳动纪律；从业人员的安全生产权利和义务；有关事故案例。

车间级安全生产教育培训的内容主要是：本车间安全生产状况和规章制度；工作环境及危险因素；所从事工种可能遭受的职业伤害和伤亡事故，所从事工种的安全职责、操作技能及强制性标准；自救、互救、急救方法，疏散和现场紧急情况以及应注意的安全事项；有关事故案例；其他需要培训的相关内容。

班组级安全生产教育培训的内容主要是：岗位安全操作规程；岗位之间工作衔接配合的安全与职业卫生事项；有关事故案例；其他需要培训的内容。

(6) 对调整工作岗位或离岗一年以上重新上岗的从业人员的教育培训。从业人员调整岗位或离岗一年以上重新上岗时，须重新接受班组级安全教育培训。

企业实施新工艺、新技术或使用新设备、新材料时，应对从业人员进行有针对性的安全生产教育培训。

(7) 经常性的安全培训。企业要确立终身教育的观念，对在岗的从业人员应进行经常性的安全生产教育培训。其主要内容是：安全生产新知识、新技术；安全生产法律、法规；作业场所和工作岗位存在的危险因素、防范措施；有关事故案例等。

6. 安全检查运作

（1）安全检查的目的。安全检查的目的是查隐患、抓整改、堵漏洞、保安全。为了能及时地发现事故隐患，及时采取相应的措施消除事故隐患，安全检查是安全生产管理的重要手段。

（2）安全检查内容。针对检查的目的，安全检查的内容可分为以下几个方面：

1）检查物的状况是否安全。检查生产设备、工具、安全设施、个人防护用品、生产作业场所以及生产物料的存储是否符合安全要求。重点检查危险化学品生产与储存的设备、设施和危险化学品专用运输工具是否符合要求。检查车间、库房等作业场所的安全设施是否符合安全运行的要求，通信和报警装置是否处于正常使用状态，生产装置与储存设施的周边防护距离是否符合国家规定，事故救援器材、设备是否齐备、完好。

2）检查人的行为是否安全。检查是否有违章指挥、违章操作、违反安全生产规章制度的行为。重点检查危险性大的生产岗位是否严格按操作规程作业，危险作业有否执行审批程序等。城市轨道交通运营过程中还必须检查动火证、临时用电证、施工许可证等。

3）检查安全管理是否完善。检查安全生产责任制是否落实、安全生产目标和工作计划是否落实到各部门、各岗位，安全教育是否经常开展。安全生产检查是否制度化、规范化，检查发现的事故隐患是否及时整改，实施安全技术与措施计划的经费是否落实，是否按“四不放过”原则做好事故管理工作。

（3）安全检查的形式。安全检查的形式要根据检查的对象、内容和生产管理模式来确定，可以有多种多样的形式，城市轨道交通运营企业的安全检查形式主要有：

1）运营一线岗位的日常检查。运营一线岗位员工每天操作前，对自己岗位进行自检，确认安全才操作，以检查物的状况是否安全为主，主要有：设备状态是否完好、安全，安全防护装置是否有效；工具是否符合安全规定，个人防护用品是否齐备、可靠；作业场所和物品放置是否符合安全规定；安全措施是否完备，操作要求是否明确；检查中发现的问题应解决后才作业，如自己无法处理或无把握的，应立即向班组长报告，待问题解决后才可作业。

2）安全人员日常巡查。专业安全工程师、安全员等专、兼职安全管理人员每日、每班深入现场巡视，检查安全生产情况，主要内容有：作业场所是否符合安全要求；操作人员是否遵守安全操作规程，是否存在违章违纪行为；协助生产岗位的员工解决安全生产方面的问题。

3）定期综合性安全检查。从检查范围来讲，包括企业组织对全公司各车间、部门进行检查和车间组织对本车间各班组进行检查，检查周期根据实际情况确定，一般全公司性的检查每年不少于两次，车间的检查每季度一次。

检查应按事前制定好的安全检查表的内容逐项检查，对检查情况做出记录，检查以查管理为主，对检查发生的隐患要发出整改通知，规定整改内容、期限和责任人，并对整改情况进行复查。

4）专业安全检查。有些检查其内容专业技术性很强，需由懂得这方面知识的专业技术人员进行，比如起重机械、电扶梯等特种设备的安全检查，电气设备安全检查，消防安全检查等。这类检查往往还要依靠一些专业仪器来进行，检查的项目、内容一般已由相应的安全技术法规、安全标准做了规定的，这些法规、标准是专业安全检查的依据和安全评判的依据。专业安全检查可以单独组织，也可以结合定期综合性检查进行。

5）季节性安全检查。季节性安全检查是检查防止不利气候因素导致事故的预防措施是否落实，如雷雨季节将到前，检查防雷设施是否符合安全标准；夏季安全、防暑降温措施是否落实等。

（4）安全检查技巧。要达到安全检查的应有效果，就必须在“懂、活、新、细、严、狠、恒”上下功夫。

1）懂，即要懂业务。检查组成员必须是安全管理、安全生产技术方面的内行。

2）活，即方法要活。安全检查要能及时发现问题，并找出存在问题的关键，很重要的一点就是检查的方式方法要灵活多变，做到常规检查与突击检查、专项检查与全面检查、平时检查与节日检查、纵向检查与横向检查交替进行，不固守一种模式，增强检查的实效性。

3）新，即人员要新。检查组成员要进行不断调整，采用各检查组之间相互交流和经常补充替换的办法，保证每一次检查都有新人出现，从而能在检查中打破常规的思维定式，体现新思想、新办法、新要求。

4）细，即检查要细。要坚持做到不检查则已，要检查就要认认真真、仔仔细细，重点与一般兼顾，条件好的地方与条件差的地方兼顾，横向到边，纵向到底，不留死角，全面覆盖。

5）严，即要严谨分析。对查出的问题要进行严谨、科学的分析，找出存在问题的根源，分析问题可能带来的后果，提出防范再次出现类似问题的办法，让大家从中掌握知识，学到经验，吸取教训。

6）狠，即要狠抓整改。对查出的事故隐患要落实整改措施、整改时间、整改标准和整改责任人，建立整改反馈和复查考核制度，狠抓整改不放松，绝不让安全隐患有藏身之处，用制度和机制来提高安全检查的执行力。

7）恒，即要持之以恒。安全工作的长期性、复杂性、艰巨性和反复性决定了安全检查必须做到持之以恒，切不可忽冷忽热，想起来就搞一次，工作闲下来就抓一回，上级督促安排了就动一下，如果这样就难以达到警钟长鸣的目的，稳定的安全生产环境就难以形成。

7.“三同时”管理运作

建设项目“三同时”是指在生产性基本建设项目中的劳动安全卫生设施必须与主体工程同时设计、同时施工、同时投入生产和使用，以确保建设项目竣工投产后，符合国家规定的劳动生产安全卫生标准，保障劳动者在生产过程中的安全与健康。

我国境内的新建、改建、扩建的基本建设项目、技术改造项目和引进的建设项目，包括在我国境内建设的中外合资、中外合作和外商独资的建设项目，都必须执行建设项目“三同时”的要求。

8.班组安全管理运作

班组是企业中的基本作业单位，是企业内部最基层的劳动和管理组织，班组在现代企业中也多按照“最小行政单元”来进行划分。在一般企业里，班组长不算“干部”，但实际上，班组长基本具备了“干部”的管理职能。因此，班组长也被称为“兵头将尾”。现代企业的管理结构一般都是三角形样式，基本上可以分为三层，即决策层（高层）、执行层（中层）、操作层（基层）。高层“动脑”，中层“动口”，基层“动手”，也正是如此，基层因管理需要而形成的班组最为普遍。

班组是企业的细胞，班组管理是企业管理的基础，班组安全工作是企业一切工作的落脚点。班组是加强企业管理、搞好安全生产、减少伤亡和各类灾害事故的基础和关键。对安全生产抓而不紧等于不抓，抓而不实等于白抓。安全工作重点在班组、在现场，我们要从组织与技术两方面着手，从防止未遂、异常做起，从一点一滴抓好班组的安全管理工作。

班组必须要建立、健全安全生产的各项制度。班组安全生产各项制度的建立是有效控制和减少事故发生的重要手段。班组安全管理制度包括安全生产责任制、安全生产检查制度、班前班后会制度、安全交接班制度、事故管理制度、重大危险源和事故隐患管理制度、危险作业管理制度、特种设备安全管理制度、劳动防护用品管理制度、安全档案管理制度、检修安全管理制度等。

9. 安全管理手段

一个运行稳定、安全可靠的运输生产系统，其主要构成因素之间的关系必定是相对协调平衡的。运营安全管理手段实质上是对职工安全生产积极性和创造性的保护、调动手段，同时也是对不安全的人和事进行制约和限制的手段，总之是人与人、人与事之间关系的调节手段。安全管理手段主要有经济手段、行政手段、思想工作和法律手段。

（1）经济手段。经济手段是通过经济杠杆的作用，即利益分配和实行奖惩来调节。对在运营安全生产中成绩显著或防止事故发生有功的人员，以及违章违纪或因违章违纪导致事故发生和事故苗头产生的人员，按照城市轨道交通运营公司制定的《安全奖惩办法》的规定，或给予精神和物质奖励，或给予经济上的处罚。实践证明，这些政策和办法对减少职工“两违”和干部安全管理失职行为，强化现场作业控制起到了积极作用。

经济上的奖励和处罚不是目的，主要是让人们从中明辨是非、对照比较、调整自我，使优良的作风得到鼓励和发扬，不良的风气受到批评和抵制，促使消极的因素转化为积极因素，从而使人们之间的关系和运营生产系统运作不断在新的起点上趋于相对平衡，使安全和生产处于良性循环状态。

（2）行政手段。行政手段是通过一定的行政隶属关系，从上而下地对运营生产活动中的个人、群体和管理行为表示肯定（应该做什么，怎么做）和否定（不该做什么，做了怎么办），以协调人们之间的关系，保持相对平衡的一种重要调节手段。它主要依靠行政领导机关的职能和权力，采取行政命令、指示、规定、决定（表彰或处分等），规范人的行为，指导和干预安全生产。因此，在时间和空间上必须有严格的规定和统一的标准，有关行政组织的命令、指示，安全管理条例，规章制度及政策性指令等。因事关运营安全，广大运输职工必须无条件服从。行政手段具有明显的强制性和权威性。

（3）思想工作手段。思想工作是运营安全管理最经常运用的工作方法和手段。要针对新情况、新问题，加强调查研究，改进思想工作的方式方法，有针对性地做好职工群众的思想工作，理顺思想情绪，化解思想矛盾，消除潜在的不安全因素，把加强思想教育与解决实际问题结合起来，增强思想工作的实效。总之，通过强有力的思想政治工作，教育广大干部和职工把本职工作与运营安全紧密结合起来，为群体保安全做出更大的贡献。

（4）法律手段。法律规定了人们必须遵循的行为准则，具有明显的规范性、相对的稳定性和严格的强制性。法律手段是法制社会中普遍用来调整社会关系的一种刚性手段。法律手段是在其他调节手段已不起作用或无法取代的情况下，用来解决比较复杂的关系和矛盾的。它是通过贯彻执行有关法律条文，规范人们安全生产和保护运营安全的行为，以达到维护法律尊严、保证生产安全的目的。城市轨道交通运营安全管理运用法律手段的范围主要有以下两个方面：

1）用法律保护城市轨道交通运营企业的合法权益。对在运营生产中，人为破坏城市轨道交通运营设施和正常运输条件、危及行车安全的恶性案件必须依法整治。用法律的形式明确了每个公民有保护城市轨道交通运营安全方面的义务和责任。

2）对严重危害运营安全的违法行为，由执法部门依据法律规定执行相应的惩处。如少数职工玩忽职守，对本职工作极不负责，违反有关法律规定或规章制度，不履行或不正确履行自己的工作职责，致使重大事故发生，《中华人民共和国刑法》规定："从事交通运输的人员违反规章制度，因而发生重大事故，致人重伤、死亡或者使公私财产遭受重大损失的，按情节轻重追究刑事责任。"

（5）各种手段的综合运用。综上所述，运营安全管理手段可分为两类：一是柔性调节手段，如思想工作（包括情感手段、心理手段、奖励、表彰、晋级、提升等）；二是刚性调节手段，如经济处罚、行政处分、追究刑事责任等。经济、行政、思想工作和法律等手段有各自的功能和作用，但也有使用上的局限性。以经济手段为例，它是通过让职工在经济上得到实惠或受到损失，激励他们关心并做到安全生产。但这只对那些有较高物质利益要求的人起作用，对一些期望值超过奖励数额较多及对物质利益不太关心的人来说，就起不到应有的鞭策和激励作用。操作不当还会使一些人只顾眼前利益而忽视长远利益，这就需要其他调节手段相配合。从调节的作用来看，各种管理手段都不是孤立的，更不是互相排斥的，而是紧密联系、相辅相成的。因此在运营安全管理工作中，应实事求是、综合运用好各种管理手段，理顺各种复杂关系，化消极因素为积极因素，让广大员工的安全生产积极性和创造性得到更充分的发挥。

## 二、现场安全管理运作

现场安全管理是指生产经营单位按照国家有关安全生产法规和本单位的安全生产规章制度，以直接消除生产过程中出现的人的不安全行为和物的不安全状态为目的的一种最基层、具有终结性的安全管理活动。现场安全管理是最低层次的安全管理活动，是组成生产经营单位安全管理活动的"细胞"，是其他高层次管理活动得以实施的保证。生产经营单位的现场安全管理水平是其安全管理水平的重要标志。

### 1. 行为管理

人的不安全行为是造成安全事故的直接原因之一。人的不安全行为就是不符合安全生产客观规律，有可能导致伤亡事故和财产损失的行为。人的不安全行为可以分为有意的不安全行为和无意的不安全行为两类。有意的不安全行为是指有目的、有意图、明知故犯的不安全行为，是故意的违章行为。无意的不安全行为是指无意识的或非故意的不安全行为，是不存在需要和目的的不安全行为。

为控制人的不安全行为，可采取以下对策：

（1）对员工进行职业适应性检查。

（2）合理选拔和调配人员。

（3）制定安全操作规程，明确哪些是不安全行为，禁止员工以不安全行为操作。

（4）制定安全操作标准，推行标准化作业。

（5）做好安全生产的教育工作，使员工增强安全意识，提高遵章守纪的自觉性，提高安全操作技能水平。

（6）实行确认制。

（7）切实加强现场安全操作检查，及时发现、制止和纠正违章作业。

（8）竞赛评比，奖优罚劣。

现场安全管理的行为管理，就是要求生产作业的现场管理人员和专（兼）职安全管理人员认真履行安全生产的职责，依据相关安全标准对生产岗位操作人员的操作行为进行检查，及时发现、制止、纠正违章行为，并给予批评教育或依章处罚。

2. 生产设备及安全设施管理

加强生产设备及安全设施的管理，对消除或控制物的不安全状态十分重要。要使生产设备安全可靠地运行，使安全设施有效地运行，就必须认真做好生产设备及安全设施的管理、使用、保养、维修等技术管理工作，使其处于完好的技术状态。设备管理工作主要由生产经营单位的设备管理部门负责。设备及安全设施现场安全管理，就是要严格按照安全检查制度的规定，使用安全检查表进行日常安全检查，及时发现生产设备、安全设施出现的故障和使用过程中遭受的破坏，及时予以修复，确保在用的生产设备、安全设施保持完好的技术状态。

3. 作业过程管理

作业过程是指以一定方式组织起来的人群，在一定的作业环境内使用设备和各种工具，采用一定的方法把原材料和半成品加工、制造、组合成为产品，并安全运输和妥善保存的过程。大部分的职工伤亡事故都是在作业过程中发生的。因此，分析和认识作业过程中的不安全因素，并采取对策加以消除和控制，对于实现安全生产至关重要。作业过程是以人为主体进行的，实现作业过程安全应主要着眼于消除人的不安全行为，采取的对策和措施主要有以下几个方面：

（1）合理安排劳动和休息时间。

（2）调节单调作业。单调的工作使人感到枯燥乏味，容易产生心理疲劳，使生理疲劳提前到来。单调重复的工作熟练以后，可以大大减少对意识控制的要求，容易导致工人在工作时精神涣散、漫不经心。改善单调作业的措施有：

1）充实操作内容。简单地重复一两个动作是枯燥的，而轮流进行不少于5～6个动作就能大大提高工作的兴趣。按此原则，在进行操作设计时，应力求把一些简单的操作适当合并，使每个工人都能从事多种多样的工作。

2）建立中间目标。没有目标、没完没了的单调工作格外使人感到疲劳和沮丧，而把工作分解成许多阶段，每个阶段都设置一个工作目标，就能改善这种状况。

3）定期轮换工作，创造新鲜感。

4）实行色彩和音乐的调节。

（3）确定适当的工作节奏。工作节奏过快会增加劳动的强度，并使工人感到紧张，导致疲劳加剧并诱发操作失误，造成事故；工作节奏过慢会使工人因等待而烦躁不安，注意力分散，反应速度降低，对安全也是不利的。确定适当的工作节奏应该兼顾提高工作效率和减轻工人劳动强度两方面的要求。

（4）实行标准化作业。标准化作业的作业标准是安全生产规章制度的具体化。作业标准不但规定了不允许干什么，更明确规定了具体的操作程序和方法，这些方法都是安全行为。实行标准化作业可以让工人的操作形成习惯，避免不安全行为和违章行为。

（5）实行确认制。凡是可能发生误操作，而误操作又可能造成严重后果的，都应制定并实施可靠的确认制。如开动、关停机器和固定设备，驾驶车辆，危险作业，多人作业中的指挥联络，送、变电作业，检修后的开机，重要防护用品的使用及曾经发生过误操作事故的作业等。

4. 危险作业的现场管理

危险作业即容易造成严重伤害和财产损失的作业，主要是指临时性作业和劳动条件恶劣的作业，如清扫作业场所，立体交叉作业，易燃易爆场所动火，重大设备的拆迁、吊运、安装、带电作业等。针对危险作业应加强以下各方面的控制：

(1) 提出申请。需要进行危险作业的部门应向上级提出申请，说明要求作业的理由及作业时间、地点和内容。由厂级控制的危险作业由厂主管领导审批，由车间级控制的危险作业由车间领导审批。

(2) 危险辨识和危险评价。接受申请的领导应组织有关部门的有关人员和安全管理人员，对作业的全过程进行危险辨识和危险评价。

(3) 制定控制危险的措施。针对危险辨识找出的不安全因素，制定相应的消除、控制措施。

(4) 审批。如落实上述措施后可确保消除、控制这些不安全因素，则可批准作业。

(5) 下达作业任务。下达、布置危险作业任务时，应同时布置须采取的消除、控制不安全因素的措施，并明确批准作业时间、作业地点、参加的人员、作业的分工及作业的负责人。

(6) 作业前的准备。由作业负责人和作业单位安全管理人员负责对参加作业的全部人员进行培训，使他们熟悉作业安全措施及要求，掌握作业的操作技能，经考试合格后才能进行作业。作业前必须经过检查，确认已落实了应采取的消除、控制不安全因素的各项措施后方可进行作业。

(7) 监督检查。审批单位应派出安全管理人员到作业现场进行监督检查。监督检查应使用安全检查表进行。一旦发现有违反安全措施的情况，应立即制止、纠正，甚至停止作业。

危险作业现场安全管理的重点是确保上述第（6）项和第（7）项的落实。

5. 交叉作业的现场安全管理及安全检查和监察

交叉作业是指两个以上的生产经营单位（或部门）在同一区域内进行生产经营活动，可能危及对方安全生产的作业行为。

(1) 交叉作业的现场安全管理。

1）交叉作业的作业单位应在作业前派出本单位的安全管理人员共同研究，进行危险辨识，找出交叉作业全过程存在的各方可能危及他方安全的因素，制定消除这些因素的措施，签订安全生产管理协议，以明确各方的安全生产管理职责和应采取的安全措施，并指定专人进行安全检查与协调。

2）交叉作业的单位必须制定交叉作业的安全管理方法，对于危险性大、影响人身安全的交叉作业，必须制定专项安全方案；开展交叉作业的安全技术交底，确保作业人员清楚作业场所和岗位存在的危险因素、了解作业规程和作业标准、掌握异常情况的应急措施。必须严格按照技术方案、安全技术规程进行作业，加强安全检查，落实各项安全防护措施，切实保护人员安全和设备安全。

在城市轨道交通运营正线、辅助线路、车厂、车站、主变电站、控制中心进行交叉作业，必须严格按照城市轨道交通企业有关行车设备维修施工管理等的规定，落实施工安全防护措施。在运营正线、辅助线路、车厂等进行列车、工程车调试、试验的交叉作业，必须严格按照城市轨道交通企业制定的有关行车设备维修施工管理等的规定，落实工程车运行、施工的安全防护措施。

（2）交叉作业的安全检查和监察。

1）交叉作业的安全检查必须坚持作业前安全检查、作业中安全监护、作业后安全清理，主要内容包括作业前的安全培训（作业规程与标准、作业安全要点、异常情况的对策）、设备工具的检查、监护人员的配备、安全标志的使用，作业中的指挥联络方式，作业场所的清理整顿等。对检查发现的问题和隐患必须立即进行整改，落实防护措施之后方能作业。

2）交叉作业的安全检查必须坚持作业人员自我检查、负责人检查、安全管理人员检查，对检查发现的问题和隐患必须立即进行整改，落实防护措施之后方能作业。

3）交叉作业的主体单位（部门）负有检查其他作业单位（部门）安全情况的责任，其他作业单位（部门）必须积极支持、配合主体单位（部门）的安全检查，落实每次交叉作业的安全检查。

6. 作业环境管理

作业环境即生产现场的空间和生产设施所构成的人、机环境。在城市轨道交通运营作业环境中，有各种机器、设备、乘客与作业人员等，还有机械设备产生的噪声和振动等。在这样的人、机环境里，环境管理有缺陷或不符合安全规范、标准要求都有可能给乘客或作业人员带来危害。

作业环境管理包括作业空间的合理设计；作业场所的清理、整顿；合适的照明、通风、温度、湿度；安全信号装置、安全标志的完善等。作业环境的现场安全管理就是按安全检查制度的规定，对作业环境条件进行严格的检查、检测，以及时发现不符合国家安全生产法规和本单位安全管理规章制度要求的隐患并及时整改，使作业环境持续保持符合安全生产要求的状态。

7. 双重预防机制运作

运营单位应建立健全运营安全风险分级管控和隐患排查治理工作制度，保证经费投入，将城市轨道交通运营安全风险分级管控和隐患排查治理工作纳入年度安全工作计划并组织实施，确保运营安全风险分级管控和隐患排查治理工作得到有效落实。

风险分级管控是对城市轨道交通运营过程中存在的安全生产风险点进行辨识、评估，确定风险等级，采取相应管控措施，实施风险动态管理的活动。运营单位应结合运营管理水平和运营险性事件等情况，逐项确定安全风险等级并制定风险管控措施，形成本单位运营安全风险数据库。隐患排查治理是对城市轨道交通运营过程中人的不安全行为、物的不安全状态、环境的不安全因素、管理上的缺陷导致的风险管控措施弱化、失效、缺失等，进行排查、评估、整改、消除的闭环管理活动。双重预防机制运作详见后续章节。

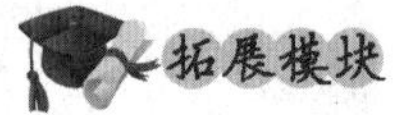


## 拓展知识1 事故致因理论

### 一、海因里希事故因果连锁论

海因里希（H. W. Heinrich）首先提出了事故因果连锁论，用以阐明导致事故的各种原因因素之间及与事故、伤害之间的关系。该理论认为，伤害事故的发生不是一个孤立的事件，尽管伤害可能发生在某个瞬间，却是一系列互为因果的原因事件相继发生的结果。海因里希最初提出的事故因果连锁过程包括以下五个因素：遗传及社会环境；人的缺点；人的不安全行为或物的不安全状态；事故；伤害。

人们用多米诺骨牌来形象地描述这种事故因果连锁关系，得到如图 1-4 所示的多米诺骨牌系列。在多米诺骨牌系列中，一颗骨牌被碰倒了，则将发生连锁反应，其余的几颗骨牌相继被碰倒。如果移去连锁中的一颗骨牌，则连锁被破坏，事故过程被中止。海因里希认为，企业事故预防工作的中心就是防止人的不安全行为，消除机械的或物质的不安全状态，中断事故连锁的进程而避免事故的发生。

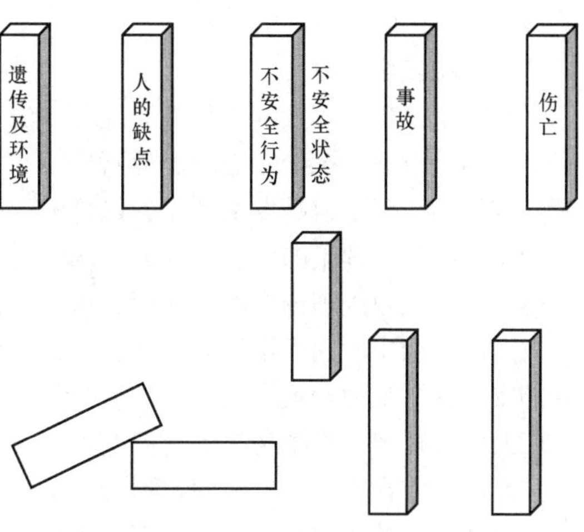


图 1-4 海因里希事故因果连锁

## 二、轨迹交叉论

该理论认为，在事故发展进程中，人的因素的运动轨迹与物的因素的运动轨迹的交点就是事故发生的时间和空间，即人的不安全行为和物的不安全状态发生于同一时间、同一空间，或者说人的不安全行为与物的不安全状态相遇，则将在此时间、空间发生事故，如图 1-5 所示。

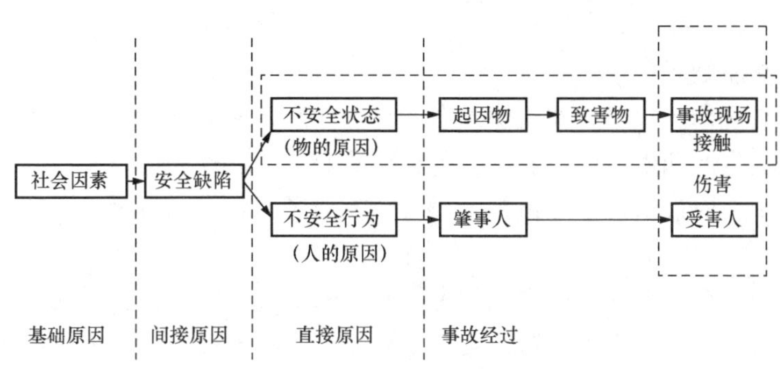


图 1-5 轨迹交叉论事故模型

为了有效地防止事故发生，必须同时采取措施消除人的不安全行为和物的不安全状态。

## 三、能量意外释放论

能量是对人体造成伤害的根源，没有能量就没有事故，没有能量就没有伤害。1961 年吉布森（Gibson）、1966 年哈登（Haddon）等人提出了解释事故发生物理本质的能量意外释放论。其基本观点是：不希望或异常的能量转移是伤亡事故的致因。也就是说人受伤害的原因只能是某种能量向人体的转移，而事故则是一种能量的不正常或不期望的释放。

能量按其形式可分为动能、势能、热能、电能、化学能、原子能、辐射能（包括离子辐射和非离子辐射）、声能和生物能等。人受到伤害都可归结为上述一种或若干种能量的不正常或不期望的转移。

在能量意外释放论中，把能量引起的伤害分为两大类：第一类伤害是由于施加了超过局部或全身性的损伤阈值的能量而产生的；第二类伤害则是由于影响局部或全身性能量交换引起的。能量转移论的另一个重要概念是：在一定条件下，某种形式的能量能否造成伤害及事故，主要取决于人所接触的能量大小、接触的时间长短和频率、力的集中程度、受伤害的部位及屏障设置的早晚等。

**四、系统安全理论**

系统安全是指采用系统工程的原理和方法，识别、分析和评价系统中的危险性，并根据分析结果调整设备、操作、管理、运营周期和投资费用等因素，使系统所存在的危险因素得到消除或控制，使事故的发生减少到最低的程度，从而达到最佳的安全状态。该理论包括许多区别于传统安全理论的创新：

（1）在事故致因理论方面，改变了人们只注重操作人员的不安全行为，而忽略硬件故障在事故致因理论中所起作用的传统观念，开始考虑如何通过改善物的系统可靠性来提高复杂系统的安全性，从而避免事故。

（2）没有任何一种事物是绝对安全的，任何事物中都潜伏着危险因素。

（3）不可能根除一切危险源，但可以减少现有危险源的危险性。

（4）由于人的认识能力有限，有时不能完全认识危险源及其风险。即使认识了现有的危险源，随着生产技术的发展，新技术、新工艺、新材料和新能源的出现，又会产生新的危险源。

## 拓展知识2 事故预防理论

**一、事故预防原则**

事故有其固有规律，除了人类无法左右的自然因素造成的事故（如地震、洪水、泥石流等）以外，在人类生产和生活中所发生的各种事故都是可以预防的。

事故的预防工作应该从技术和组织管理两个方面考虑，应当遵循以下基本原则。

1. 技术原则

在生产过程中，客观上存在的隐患是事故发生的前提。因此，要预防事故的发生，就需要针对隐患采取有效的技术措施进行治理。在采取有效技术措施进行治理的过程中，应当遵循的基本原则是：

（1）消除潜在危险原则，即从本质上消除事故隐患，其基本做法是，以新的系统、新的技术和工艺代替旧的不安全的系统和工艺，从根本上消除发生事故的可能性。例如，用不可燃材料代替可燃材料，改进机器设备、消除人体操作对象和作业环境的危险因素，消除噪声、尘毒对工人的影响等，从而最大可能地保证生产过程的安全。

（2）降低潜在危险严重度的原则，即在无法彻底消除危险的情况下，最大限度地限制和减少危险程度。例如，利用变压器降低回路电压，在高压容器中安装安全阀等。

（3）闭锁原则，即在系统中通过一些原器件的机器联锁或机电、电气互锁，作为保证安全的条件。例如，车门、安全门（屏蔽门）与列车运行速度码的联锁。

（4）能量屏蔽原则，即在人、物与危险源之间设置屏障，防止意外能量作用到人体和物体上，以保证人和设备的安全。例如，防止人员坠入轨行区被车撞伤而设置的安全门，防止人员触电而设置的围栏。

（5）距离保护原则，即当危险和有害因素的伤害作用随着距离的增加而减弱时，应尽量使人与危害源的距离远一些。例如，轨行区走行时，与接触轨至少保持 700mm 的安全间距。

（6）个体保护原则，即根据不同作业性质和条件，配备相应的保护用品及用具，以保护作业人员的安全与健康。例如，采用安全带、护目镜、绝缘手套等保护用品及用具。

（7）警告、禁止信息原则，即用光、声、色等其他标志作为传递组织和技术信息的目标，以保证安全。例如，警灯、警报器、安全标志、宣传画等。

此外，还有时间保护原则、薄弱环节原则、坚固性原则、代替作业人员原则等，可以根据需要，确定采取相应的预防事故的技术原则。

2. 组织管理原则

预防事故的发生，不仅要遵循上述的技术原则，而且还要在组织管理上采取相应的措施，才能最大限度地减少事故发生的可能性。

（1）系统整体性原则。安全工作是一项系统性、整体性的工作，涉及企业生产过程中的各个方面。安全工作的整体性要体现出：有明确的工作目标，综合地考虑问题的原因，动态地认识安全状况；落实措施要有主次，要有效地抓住各个环节，并且能够适应变化的要求。

（2）计划性原则。安全工作要有计划和规划，近期的目标和长远的目标要协调进行。工作方案、人财物的使用要按照规划进行，并且有最终的评价，形成闭环的管理模式。

（3）效果性原则。安全工作的好坏要通过最终成果的指标来衡量。但是，由于安全问题的特殊性，安全工作的成果既要考虑经济效益，又要考虑社会效益。正确认识和理解安全的效果性，是落实安全生产措施的重要前提。

（4）党政工团齐抓共管原则。党要做好安全生产方针和政策的宣传，教育干部和群众遵章守法，了解和解决工人的思想负担，把不安全行为变为安全行为。行政部门应不断改善劳动条件，提高企业生产的安全性。工会代表工人的利益，应监督企业把安全工作做好，保护工人权益。青年是劳动力中的有生力量，青年工人中往往事故发生率高，因此动员共青团开展事故预防活动是安全生产的重要保证。

（5）责任制原则。各级政府及相关的职能部门和企事业单位应当实行安全生产责任制，对违反劳动安全法规和不负责任的人员而造成的伤亡事故应当给予行政处罚，造成重大伤亡事故的应当追究刑事责任。只有将安全责任落到实处，安全生产才能得以保证，安全管理才能有效。

综上所述，事故的预防要从技术、组织管理和教育多方面采取措施，从总体上提高预防事故的能力，才能有效地控制事故，保证生产和生活的安全。

**二、事故法则**

事故法则即事故的统计规律，又称 1∶29∶300 法则，即在每 330 次事故中，可能会造成死亡或重伤事故 1 次，轻伤或微伤事故 29 次，无伤害事故 300 次。这一法则是美国安全工程师海因里希统计分析了 55 万起工业伤害事故提出的。人们经常根据事故法则的比例关系绘制成三角形图，称为事故三角形，如图 1-6 所示。

事故法则告诉人们，要消除 1 次死亡或重伤事故以及 29 次轻伤或微伤事故，必须首先消除 300 次无伤害事故。也就是说，防止灾害的关键，不在于防止伤害，而是要从根本上防

图 1-6　事故三角形

止事故。所以，安全工作必须从基础抓起，如果基础安全工作做得不好，小事故不断，就很难避免大事故的发生。

**三、事故预防的 3E 准则**

事故预防的 3E 准则是指工程技术、安全教育与安全法制：

（1）工程技术（engineering），即利用工程技术手段消除不安全因素，实现生产工艺、机械设备等生产条件的安全。

（2）安全教育（education），即利用各种形式的教育和训练，使职工树立“安全第一”的思想，掌握安全生产所必需的知识和技能。

（3）安全法制（enforcement），即借助于规章制度、法规等必要的行政乃至法律手段约束人们的行为。

工程技术对策着重解决物的不安全状态的问题；安全教育对策和安全法制对策则主要着眼于人的不安全行为的问题，安全教育对策主要使人知道应该怎么做，安全法制对策则要求人必须怎么做。

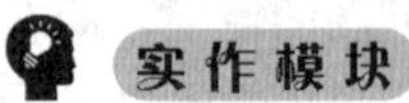


## 任务 1　分析城市轨道交通运营人员必备安全技能

1. 任务描述

全班分多个小组，每个小组选取一个岗位：车站行车值班员、站务员、值班站长、行车调度员、环控调度员、供电调度员、车场调车员、车场调度员、站长、车间主任、公司经理、施工人员、维修人员等，收集城市轨道交通运营公司近年来发生的各类事故，分析各类人员作业时所必须具备的安全知识与能力。

2. 相关资料及资源

（1）教材学习。

（2）教学课件。

（3）网络。

3. 任务实施说明

（1）学生分组，每 5～8 人为一小组。

（2）小组进行任务分析。

（3）制定任务执行计划。

（4）任务执行。

（5）小组合作，展示成果，进行讲解演练，小组成员补充优化。

（6）修订成果资料。

4. 任务实施注意事项

遇到问题时小组进行讨论，通过团队合作获取问题的解决方法。

5. 效果评价

采用学生自评 50％＋组内互评 20％＋组间评价 30％的形式。

## 任务2　人工准备进路作业安全影响因素分析及事故预防

1. 任务描述

人工准备进路是城市轨道交通非正常情形下行车时，城市轨道交通运营人员必须掌握的一项基本技能，准备进路时，接触轨并不停电，因此作业人员作业时面临着较多的危险。

2. 相关资料及资源

（1）教材：现场管理运作。

（2）教学课件。

（3）网络资源。

3. 任务实施说明

（1）学生分组，每5～8人为一小组。

（2）小组进行任务分析。

（3）编制任务执行计划。

（4）作业过程调查。

（5）根据能量意外释放理论，分析作业的危险因素。

（6）根据事故预防的3E准则，分析作业时的预防措施。

（7）小组合作，展示成果，进行讲解演练，小组成员补充优化。

（8）修订成果资料。

4. 任务实施注意事项

遇到问题时小组进行讨论，通过团队合作获取问题的解决方法。

5. 效果评价

采用学生自评50%＋组内互评20%＋组间评价30%的形式。

## 任务3　调查城市轨道交通标准化作业范围

1. 任务描述

标准化作业可以有效地提高作业的安全性与作业效率，因此在城市轨道交通运营活动中，要求对重复性的作业，制订和发布标准化作业程序以防止人员的作业失误。请对城市轨道交通运营须设计标准化作业程序的范围展开调查并写出调查报告。

2. 相关资料及资源

（1）教材。

（2）教学课件。

（3）网络资源。

3. 任务实施说明

（1）学生分组，每5～8人为一小组。

（2）小组进行任务分析，编制任务执行计划。

（3）组内成员分工（可分行车岗位、客运岗位、工务岗位、电务岗位、车辆岗位、电客车驾驶员岗位等）。

（4）通过网络或电话调查。

（5）小组成员共同编制调查报告。

（6）展示成果，进行讲解演练。

4. 任务实施注意事项

遇到问题时小组进行讨论，通过团队合作获取问题的解决方法。

5. 效果评价

采用学生自评 50％＋组内互评 20％＋组间评价 30％的形式。

## 应知应会

1. 城市轨道交通运营过程中发生的典型事故类型有哪些？
2. 简述城市轨道交通运营安全的特性。
3. 简述事故与事故后果之间的关系。
4. 简述安全、安全性、危险、危险性、风险、危险源的概念。
5. 简述安全、危险、事故之间的关系。
6. 城市轨道交通运营安全管理的方针是什么？其相互区别与联系是什么？
7. 简述城市轨道交通运营企业安全监督管理体制。
8. 根据行为管理说明电话闭塞法接发列车采用了哪些方法控制不安全行为的发生。
9. 电焊作业是车站的危险作业，车站应如何加强对电焊作业的安全管理？
10. 安全管理手段如何恰当运用？
11. 运营各岗位的安全生产职责是什么？
12. 如何进行安全检查？怎样检查才能发现问题？有什么技巧？

# 项目二

# 城市轨道交通运营安全相关法律法规

法律法规是我们行动的指南，本项目主要对运营人员需掌握的法律、法规、规章及运营公司制定的安全管理办法等，工伤保险与侵权责任法的有关内容进行讲解与阐述。

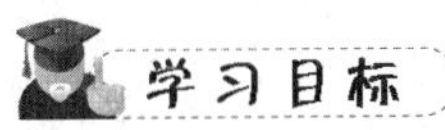


| 知识目标 | 技能目标 | 思政目标 |
|---|---|---|
| 1. 了解我国的安全生产法律体系；<br>2. 了解城市轨道交通安全相关法律文件体系；<br>3. 熟悉安全生产法的内容、掌握生产安全事故的分类与分级；<br>4. 熟悉城市轨道交通运营劳动安全守则 | 1. 会正确进行生产安全事故报告；<br>2. 会对轨行区作业安全防护 | 1. 培养学生处理问题时的法治思维；<br>2. 培养学生遵法、守法、护法的法律意识；<br>3. 培养学生规则意识、责任意识、安全意识 |

## 理论模块

扫一扫
思政小故事

## 知识点 1 城市轨道交通运营安全法规概述

### 一、安全生产法规概述

1. 安全生产法规的概念

安全生产法规是指国家机关为加强安全生产监督管理，落实安全生产技术措施，保护人民群众生命和财产的安全，防止和减少生产安全事故，促进经济发展，按照一定的法律程序制定并颁布实施的法律规范。

安全生产法规的主要任务是调整在生产经营活动中相关组织之间及其与从业人员之间在安全生产方面权利和义务的关系，保护有关人员的人身和财产的安全。例如，生产经营单位和从业人员之间的关系；生产经营单位从业人员和有关国家机关、社会团体之间的关系等。

安全生产法规具有国家强制性。一切生产经营单位、行政机关、社会团体和从业人员以及相关方面都必须严格遵守，认真执行。对违反安全生产法规的行为，造成重大后果的，要追究法律责任，并根据情节轻重分别给予行政处分、经济处罚，直至追究刑事责任。

2. 安全生产法规的发展

我国党和政府十分重视安全生产工作，早在解放初期，国务院就颁布实施了“三大规程”和“五项规定”。“三大规程”就是《工厂安全生产卫生规程》《建筑安装工程安全技术规程》和《工人职员伤亡事故报告规程》。“五项规定”就是国务院1963年下发的《关于加强企业生产中安全工作的若干规定》中明确的落实安全生产责任制、落实安全技术措施计划、加强安全生产教育、加强安全的定期检查、严肃伤亡事故的调查和处理等规定。

改革开放后，我国加快了安全生产的立法工作，如1992年4月颁布实施了的《中华人民共和国工会法》《中华人民共和国妇女权益保障法》。1994年7月5日，颁布实施了《中华人民共和国劳动法》，标志着我国劳动保护法制建设进入了一个新的发展时期。国家还陆续制定了《中华人民共和国矿山安全法》《中华人民共和国消防法》《中华人民共和国职业病防治法》《危险化学品安全管理条例》《中华人民共和国安全生产法》《特种设备安全监察条例》《中华人民共和国特种设备安全法》《工伤保险条例》和《国务院关于进一步加强安全生产工作的决定》等法律、法规。

3. 安全生产法律体系

安全生产法律体系是指我国全部现行的、与安全相关的不同法律规范形成的有机联系的统一整体。根据法律地位和效力不同，安全生产法律体系分为法律、法规、规章和法定安全生产标准。

安全相关法律是安全生产法律体系中的上位法，居于整个体系的最高层级，其法律地位和效力高于行政法规、地方法规、部门规章、地方政府规章等下位法。我国现行的有关安全生产的法律主要有《安全生产法》《中华人民共和国消防法》《中华人民共和国道路交通运营安全法》《中华人民共和国海上交通运营安全法》《中华人民共和国矿山安全法》；与安全生产相关的法律主要有《中华人民共和国劳动法》《中华人民共和国职业病防治法》《中华人民共和国工会法》《中华人民共和国矿产资源法》《中华人民共和国铁路法》《中华人民共和国公路法》《中华人民共和国民用航空法》《中华人民共和国港口法》《中华人民共和国建筑法》《中华人民共和国煤炭法》《中华人民共和国电力法》等。

法规分为行政法规和地方性法规。安全生产行政法规的法律地位和效力低于有关安全生产法律，高于地方性安全生产法规、部门规章等。地方性安全生产法规的法律地位和法律效力低于有关安全生产的法律、行政法规，高于地方政府安全生产规章。经济特区和民族自治地方安全生产法规的法律地位和效力与地方性安全生产法规相同。

规章分为部门规章和地方政府规章。部门规章是国务院有关部门依照安全生产法律、行政法规的授权制定发布的，部门安全生产规章的法律地位和效力低于法律、行政法规，高于地方政府规章。地方政府规章是最低层级的安全生产立法，其法律地位和效力低于其他上位法，不得与上位法相抵触。

虽然我国没有技术法规的正式用语，也未将其纳入法律体系的范畴，但许多安全生产立法却将安全生产的标准作为生产经营单位必须执行的技术规范而载入法律，安全生产标准法律化是我国安全生产立法的重要趋势。法定安全生产标准主要是指强制性安全生产标准，分为国家标准和行业标准，对生产经营单位具有同样的约束力。

## 二、城市轨道交通运营安全法律体系

城市轨道交通运营安全法律体系是指我国全部现行的与城市轨道交通运营安全有关的、不同的法律规范形成的有机联系的统一整体。其涉及的内容极为广泛，不仅包括国家有关机关制定的有关规范文件，还包括企业制定的相关规章制度。

国家有关机关制定的与城市轨道交通运营安全有关的法律文件体系如表 2-1 所示。

**表 2-1　　部分安全相关的法律与技术规范一览表**

| 发布单位 | 名　称 |
| --- | --- |
| 全国人民代表大会 | 《中华人民共和国刑法》 |
| 全国人民代表大会 | 《中华人民共和国民法典》 |
| 全国人大常委会 | 《中华人民共和国安全生产法》 |
| 全国人大常委会 | 《中华人民共和国劳动法》 |
| 全国人大常委会 | 《中华人民共和国职业病防治法》 |
| 全国人大常委会 | 《中华人民共和国消防法》 |
| 全国人大常委会 | 《中华人民共和国突发事件应对法》 |
| 全国人大常委会 | 《中华人民共和国治安管理处罚法》 |
| 全国人大常委会 | 《中华人民共和国特种设备安全法》 |
| 全国人大常委会 | 《中华人民共和国反恐怖主义法》 |
| 国务院 | 《生产安全事故报告和调查处理条例》 |
| 国务院 | 《危险化学品安全管理条例》 |
| 国务院 | 《特种设备安全管理条例》 |
| 国务院 | 《工伤保险条例》 |
| 国务院 | 《国家突发公共事件总体应急预案》 |
| 国务院 | 《国家处置城市地铁事故灾难应急预案》 |
| 交通运输部 | 《城市轨道交通运营期间安全评估规范》 |
| 交通运输部 | 《城市轨道交通初期运营前安全评估技术规范》 |
| 交通运输部 | 《城市轨道交通运营安全风险分级管控和隐患排查治理管理办法》 |
| 交通运输部 | 《城市轨道交通运营险性事件信息报告与分析管理办法》 |
| 交通运输部 | 《城市轨道交通运营突发事件应急演练管理办法》 |
| 交通运输部 | 《城市轨道交通运营突发事件应急预案编制规范》 |
| 原国家安监总局 | 《生产经营单位安全生产事故应急预案编制导则》 |
| 国务院办公室 | 《国家城市轨道交通运营突发事件应急预案》 |
| 建设部 | 《城市轨道交通工程安全技术控制规范》 |
| 原国家安监总局办公厅 | 《用人单位劳动防护用品管理规范》 |
| 原国家安监总局办公厅 | 《生产经营单位安全培训规定》 |

续表

| 发布单位 | 名　　称 |
|---|---|
| 北京市政府 | 《北京市消防安全责任监督管理办法》 |
| 北京市政府 | 《北京市突发公共事件总体应急预案》 |
| 北京市政府 | 《北京市城市轨道交通安全运营管理办法》 |
| 北京市政府 | 《北京市安全生产条例》 |
| 北京市交通委 | 《北京市轨道交通运营突发事件应急预案》 |
| 北京市交通委 | 《轨道交通路网突发事件应急处置办法》 |
| 北京市质量技术监督局 | 《城市轨道交通安全防范技术要求》 |

除了国家机构与行业管理部门制定的安全法律、法规、规程与标准外，城市轨道交通运营公司同样会根据上述文件的要求，制定运营公司内部的安全规章制度体系，如表 2-2 所示。

**表 2-2　　城市轨道交通运营公司制定的安全规章制度一览表**

| 手　　册 | | 《安全管理手册》 |
|---|---|---|
| 程序 | 安全责任 | 《安全责任声明和安全责任卡管理办法》 |
| | 安全检查/隐患排查 | 《安全检查管理办法》<br>《危险源辨识、风险评估和控制程序》<br>《环境因素识别、评价及控制程序》<br>《轨道交通控制保护区管理办法》等 |
| | 教育培训 | 《安质环培训管理办法》<br>《地铁安全规则训练及考试管理办法》等 |
| | 事故处理 | 《事故通报、调查及处理办法》<br>《运营事件调查及报告提交管理办法》等 |
| | 安全考核 | 《安全考核与奖惩管理办法》 |
| | 应急管理 | 《运营突发事件应急管理办法》<br>《运营期突发事件应急公关管理办法》<br>《防汛应急管理办法》<br>《防雪应急管理办法》<br>《突发公共卫生事件应急管理办法》<br>《运营部应急预案演练管理程序》<br>《车务应急处理办法》<br>《应急救援物资管理办法》等 |
| | 特种设备 | 《特种设备管理办法》 |
| | 危化品 | 《危险品安全管理办法》 |
| | 消防 | 《消防设备使用、管理、维护办法》<br>《消防安全管理规定》<br>《动火作业管理办法》<br>《逐级消防安全责任制》<br>《消防安全管理规定》等 |

续表

| 手　　册 | | 《安全管理手册》 |
| --- | --- | --- |
| 程序 | 其他 | 《劳动防护用品管理程序》<br>《有限空间作业安全管理办法》<br>《工作人员资格管理系统（CQAS）使用管理办法》<br>《高处作业控制程序》等 |

## 知识点 2　《安全生产法》

扫一扫

安全生产法

《中华人民共和国安全生产法》（以下简称《安全生产法》）于2002年6月29日第九届全国人民代表大会常务委员会第二十八次会议通过，自2002年11月1日起施行。为适应经济社会发展对安全生产工作的新要求，《安全生产法》于2009年8月27日进行了第一次修正，2014年8月31日进行了第二次修正，2021年6月10日进行了第三次修正，修订后全文共7章119条。新安法自2021年9月1日起施行。

### 一、《安全生产法》的法律地位和立法宗旨

《安全生产法》是我国第一部安全生产基本法律，在我国安全生产法律体系中居有最高的法律地位和法律效力，是各类生产经营单位及其从业人员实现安全生产所必须遵守的行为规范，是各级人民政府和有关部门进行监督管理和行政执法的法律依据，是制裁各种安全生产违法犯罪行为的法律武器。

《安全生产法》第一条明确规定了其立法宗旨，即“为了加强安全生产工作，防止和减少生产安全事故，保障人民群众生命和财产安全，促进经济社会持续健康发展，制定本法”。

### 二、《安全生产法》的适用范围

《安全生产法》是对所有生产经营单位的安全生产普遍适用的基本法律。《安全生产法》的第二条对适用范围作了规定，明确“在中华人民共和国领域内从事生产经营活动的单位（以下统称生产经营单位）的安全生产，适用本法；有关法律、行政法规对消防安全和道路交通安全、铁路交通安全、水上交通安全、民用航空安全以及核与辐射安全、特种设备安全另有规定的，适用其规定”。本法的调整事项，是生产经营活动中的安全问题。不属于生产经营活动中的安全问题，如台风和地震引发的自然灾害、公共场所集会活动中的安全问题等，不属于本法的调整范围。特殊领域的安全事项，由有关的法律、行政法规进行调整，执行有关法律、行政法规中已做出的规定。对于一些安全生产方面的问题，上述法律、行政法规中未作规定的，仍然适用本法的规定。

### 三、《安全生产法》的基本内容

（一）总则

1. 安全生产工作的指导思想

安全生产工作坚持中国共产党的领导。从实践看，坚持中国共产党的领导，有利于统筹推进安全生产系统治理，大力提升我国安全生产整体水平，是我国安全生产形势持续向好的决定性因素。

2. 安全生产工作的基本理念

安全生产工作以人为本，坚持人民至上，生命至上，把保护人民生命安全摆在首位。当人的生命健康与生产经营单位经济效益、财产保护面临冲突时，首先应当考虑人的生命健康，而不是考虑经济效益和财产利益。树牢安全发展的理念。坚持以人民为中心的发展思想，就是既要让人民富起来，又要让人民的安全和健康得到切实保障。

3. 安全生产工作方针

第三条规定：安全生产工作应当坚持安全第一、预防为主、综合治理的方针，从源头上防范化解重大安全风险。

（1）安全第一。在生产经营活动中，在处理保证安全与实现生产经营活动的其他各项目标的关系上，要始终把安全放在首要位置，实行“安全优先”的原则。在确保安全的前提下，努力实现生产经营的其他目标。安全第一，体现了以人为本的发展思想，是预防为主，综合治理的统帅，没有“安全第一”的思想，预防为主就失去了思想支撑，综合治理就失去了整治依据。

（2）预防为主。预防为主，是安全生产工作的重要任务和价值所在，是实现安全生产的根本途径。所谓预防为主，就是要把预防生产安全事故的发生放在安全生产工作的首位。安全生产管理，要谋事在先、尊重科学、探索规律，采取有效的事前控制措施，预防事故发生，做到防患于未然，将事故消灭在萌芽状态。

（3）综合治理。所谓综合治理，就是要综合运用法律、经济、行政等手段，多管齐下，并充分发挥社会、职工、舆论的监督作用，形成标本兼治、齐抓共管的格局。综合治理，是一种新的安全管理模式，它是保证“安全第一，预防为主”的安全管理目标实现的重要手段和方法，只有不断健全和完善综合治理工作机制，才能有效贯彻安全生产方针。

4. 安全生产工作的基本原则

第三条规定：安全生产工作实行管行业必须管安全、管业务必须管安全、管生产经营必须管安全，强化和落实生产经营单位主体责任与政府监管责任，建立生产经营单位负责、职工参与、政府监管、行业自律和社会监督的机制。

“三管三必”明确了生产经营单位主体责任与政府监管责任。“管行业必须管安全”明确了负有安全监管职责的各个部门，要在各自的职责范围内，对所负责行业、领域的安全生产工作实施监督管理。“管业务必须管安全、管生产经营必须管安全”明确了生产经营单位的决策层和管理层的安全管理职责。即生产经营单位中，主要负责人是安全生产的第一责任人，其他负责人都要根据分管的业务，对安全生产工作承担一定职责，承担一定的责任。

5. 生产经营单位主体责任与政府监管责任

生产经营单位是生产经营活动的主体，也是安全生产工作责任的直接承担主体。生产经营单位安全生产主体责任，是指生产经营单位依照法律、法规规定，应当履行的安全生产法定职责和义务。如应按要求设置安全生产管理机构或者配备安全生产管理人员，保障安全生产条件所必需的资金投入，对从业人员进行安全生产教育和培训等。政府监管责任是指按照“三个必须”和谁主管谁负责的原则，政府有关部门对安全生产负有监督管理的职责。

6. 安全生产工作机制

安全生产工作要建立生产经营单位负责、职工参与、政府监管、行业自律和社会监督的机制。建立这一工作机制的主要目的，是形成安全生产齐抓共管的工作格局。

生产经营单位负责，就要求落实生产经营单位的安全生产主体责任；职工参与，就是通过安全生产教育，提高广大职工的自我保护意识和安全生产意识，职工有权参与本单位安全生产管理工作；政府监管，就是要切实履行监管部门安全生产管理和监督职责。健全完善安全生产综合监管与行业监管相结合的工作机制，强化应急管理部门对安全生产的综合监管，全面落实行业主管部门的专业监管、行业管理和指导职责；行业自律，主要是指行业协会等行业组织要自我约束。社会监督，就是要充分发挥社会监督的作用，任何单位和个人有权对违反安全生产的行为进行检举和控告。

7. 生产经营单位安全生产基本义务

第四条规定：生产经营单位必须遵守本法和其他有关安全生产的法律、法规，加强安全生产管理，建立健全全员安全生产责任制和安全生产规章制度，加大对安全生产资金、物资、技术、人员的投入保障力度，改善安全生产条件，加强安全生产标准化、信息化建设，构建安全风险分级管控和隐患排查治理双重预防机制，健全风险防范化解机制，提高安全生产水平，确保安全生产。

全员安全生产责任制是根据我国的安全生产方针和安全生产法规建立的生产经营单位各级领导、职能部门、工程技术人员、岗位操作人员在劳动生产过程中对安全生产层层负责的制度，是生产经营单位岗位责任制的细化，是生产经营单位中最基本的一项安全制度，也是生产经营单位安全生产、劳动保护管理制度的核心。全员安全生产责任制综合各种安全生产管理、安全操作制度，对生产经营单位及其各级领导、各职能部门、有关工程技术人员和生产工人在生产中应负的安全责任予以明确，主要包括各岗位的责任人员、责任范围和考核标准等内容。

安全生产规章制度，是以全员安全生产责任制为核心制定的，指引和约束人们在安全生产方面行为的制度，是安全生产的行为准则。其作用是明确各岗位安全职责，规范安全生产行为，建立和维护安全生产秩序。安全生产规章制度包括全员安全生产责任制、安全操作规程和基本的安全生产管理制度，是生产经营单位制定的组织生产过程和进行生产管理的规则和制度的总和，也称为内部劳动规则，是生产经营单位内部的“法律”。

安全生产标准化包含安全目标、组织机构和人员、安全责任体系、安全生产投入、法律法规与安全管理制度、队伍建设、生产设备设施、科技创新与信息化，作业管理、隐患排查和治理、危险源辨识与风险控制、安全文化、应急救援、事故的报告和调查处理、绩效评定和持续改进等方面，目的是提高安全生产水平，确保安全生产。

构建安全风险双重预防机制。一是坚持关口前移，超前辨识预判岗位、企业、区域安全风险，对辨识出的安全风险进行分类梳理，采取相应的风险评估方法确定安全风险等级，通过实施制度、技术、工程、管理等措施，有效管控各类安全风险：二是强化隐患排查治理，加强过程管控，完善技术支撑、智能化管控、第三方专业化服务的保障措施，通过构建隐患排查治理体系和闭环管理制度，强化监管执法，及时发现和消除各类事故隐患，防患未然：三是强化事后处置，及时、科学、有效应对各类重特大事故，最大限度减少事故伤亡人数、降低损害程度。

8. 生产经营单位主要负责人和其他负责人责任规定

第五条规定：生产经营单位的主要负责人是本单位安全生产第一责任人，对本单位的安全生产工作全面负责。其他负责人对职责范围内的安全生产工作负责。

生产经营单位的主要负责人是本单位工作的主要决策者和决定者，只有主要负责人真正做到全面负责，才能搞好安全生产工作。其他负责人作为分管领域的直接领导人员，应当对其职责范围内的安全生产工作负责。主要负责人必须是生产经营单位开展生产经营活动的主要决策人，享有本单位生产经营活动包括安全生产事项的最终决定权，全面领导生产经营活动。

9. 安全生产监督管理体制

国务院应急管理部门依照本法，对全国安全生产工作实施综合监督管理；县级以上地方各级人民政府应急管理部门依照本法，对本行政区域内安全生产工作实施综合监督管理。

国务院交通运输、住房和城乡建设、水利、民航等有关部门依照本法和其他有关法律、行政法规的规定，在各自的职责范围内对有关行业、领域的安全生产工作实施监督管理；县级以上地方各级人民政府有关部门依照本法和其他有关法律、法规的规定，在各自的职责范围内对有关行业、领域的安全生产工作实施监督管理。对新兴行业、领域的安全生产监督管理职责不明确的，由县级以上地方各级人民政府按照业务相近的原则确定监督管理部门。

应急管理部门和对有关行业、领域的安全生产工作实施监督管理的部门，统称负有安全生产监督管理职责的部门。负有安全生产监督管理职责的部门应当相互配合、齐抓共管、信息共享、资源共用，依法加强安全生产监督管理工作。

10. 工会在安全生产工作中的地位和权利

工会是代表从业人员对生产经营单位的安全生产进行监督、维护从业人员合法权益的群众性组织，是协助生产经营单位加强安全管理的助手，是政府监督管理的重要补充。第七条规定：工会依法对安全生产工作进行监督。生产经营单位的工会依法组织职工参加本单位安全生产工作的民主管理和民主监督，维护职工在安全生产方面的合法权益。生产经营单位制定或者修改有关安全生产的规章制度，应当听取工会的意见。

在第六十条明确了工会参加安全管理和监督的权利。

11. 生产安全事故责任追究

第十六条规定：国家实行生产安全事故责任追究制度，依照本法和有关法律、法规的规定，追究生产安全事故责任单位和责任人员的法律责任。《安全生产法》规定要实行责任追究的，是指发生人为责任事故，对负有责任的单位或者人员进行责任追究。生产安全事故责任者所承担法律责任的主要形式包括行政责任、民事责任与刑事责任。

12. 安全生产标准

安全生产标准是法律规范的重要补充，《安全生产法》第十二条规定：国务院有关部门按照职责分工负责安全生产强制性国家标准的项目提出、组织起草、征求意见、技术审查。国务院应急管理部门统筹提出安全生产强制性国家标准的立项计划。国务院标准化行政主管部门负责安全生产强制性国家标准的立项、编号、对外通报和授权批准发布工作。国务院标准化行政主管部门、有关部门依据法定职责对安全生产强制性国家标准的实施进行监督检查。依照法律的规定，执行法定的保障安全生产的国家标准和行业标准，是生产经营单位的法定义务，生产经营单位必须执行安全生产方面的国家标准或行业标准，特别是强制性的标准。

13. 安全生产宣传教育

第十三条规定：各级人民政府及其有关部门应当采取多种形式，加强对有关安全生产的法律、法规和安全生产知识的宣传，增强全社会的安全生产意识。第七十七条规定：新闻、出版、广播、电影、电视等单位有进行安全生产公益宣传教育的义务，有对违反安全生产法律、法规的行为进行舆论监督的权利。

（二）生产经营单位的安全生产保障

生产经营单位的安全生产保障主要明确了生产经营单位应具备的安全生产条件、生产经营单位主要负责人安全生产工作职责、全员安全生产责任制内容及监督考核、安全资金投入、安全生产管理机构及人员配备要求、安全生产管理机构，以及安全生产管理人员职责、安全生产教育和培训要求、建设项目“三同时”、特种设备管理、劳动防护用品等内容。

1. 企业进行生产的准入条件

第二十条规定：生产经营单位应当具备本法和有关法律、行政法规和国家标准或者行业标准规定的安全生产条件；不具备安全生产条件的，不得从事生产经营活动。

2. 生产经营单位的主要负责人对本单位安全生产工作所负职责

第二十一条对生产经营单位主要负责人安全职责作出明确规定：

（1）建立健全并落实本单位全员安全生产责任制，加强安全生产标准化建设。

（2）组织制定并实施本单位安全生产规章制度和操作规程。

（3）组织制定并实施本单位安全生产教育和培训计划。

（4）保证本单位安全生产投入的有效实施。

（5）组织建立并落实安全风险分级管控和隐患排查治理双重预防工作机制，督促、检查本单位的安全生产工作，及时消除生产安全事故隐患。

（6）组织制定并实施本单位的生产安全事故应急救援预案。

（7）及时、如实报告生产安全事故。

3. 安全生产管理机构与安全生产管理人员设置与配置要求

第二十四条规定：矿山、金属冶炼、建筑施工、运输单位和危险物品的生产、经营、储存、装卸单位，应当设置安全生产管理机构或者配备专职安全生产管理人员。前款规定以外的其他生产经营单位，从业人员超过一百人的，应当设置安全生产管理机构或者配备专职安全生产管理人员；从业人员在一百人以下的，应当配备专职或者兼职的安全生产管理人员。

4. 生产经营单位的安全生产管理机构以及安全生产管理人员应履行职责

安全生产法第二十五条对安全生产管理机构以及安全生产管理人员职责作出明确规定：

（1）组织或者参与拟订本单位安全生产规章制度、操作规程和生产安全事故应急救援预案。

（2）组织或者参与本单位安全生产教育和培训，如实记录安全生产教育和培训情况。

（3）组织开展危险源辨识和评估，督促落实本单位重大危险源的安全管理措施。

（4）组织或者参与本单位应急救援演练。

（5）检查本单位的安全生产状况，及时排查生产安全事故隐患，提出改进安全生产管理的建议。

（6）制止和纠正违章指挥、强令冒险作业、违反操作规程的行为。

（7）督促落实本单位安全生产整改措施。

生产经营单位可以设置专职安全生产分管负责人，协助本单位主要负责人履行安全生产管理职责。

5. 生产经营单位主要负责人和安全生产管理人员资格要求

第二十七条对单位主要负责人和安全生产管理人员资格作出明确规定：

(1) 生产经营单位的主要负责人和安全生产管理人员必须具备与本单位所从事的生产经营活动相应的安全生产知识和管理能力。

(2) 危险物品的生产、经营、储存、装卸单位以及矿山、金属冶炼、建筑施工、运输单位的主要负责人和安全生产管理人员，应当由主管的负有安全生产监督管理职责的部门对其安全生产知识和管理能力考核合格。考核不得收费。

(3) 危险物品的生产、储存、装卸单位以及矿山、金属冶炼单位应当有注册安全工程师从事安全生产管理工作。鼓励其他生产经营单位聘用注册安全工程师从事安全生产管理工作。注册安全工程师按专业分类管理，具体办法由国务院人力资源和社会保障部门、国务院应急管理部门会同国务院有关部门制定。

6. 安全生产教育和培训规定

第二十八条规定：生产经营单位应当对从业人员进行安全生产教育和培训，保证从业人员具备必要的安全生产知识，熟悉有关的安全生产规章制度和安全操作规程，掌握本岗位的安全操作技能，了解事故应急处理措施，知悉自身在安全生产方面的权利和义务。未经安全生产教育和培训合格的从业人员，不得上岗作业。

生产经营单位使用被派遣劳动者的，应当将被派遣劳动者纳入本单位从业人员统一管理，对被派遣劳动者进行岗位安全操作规程和安全操作技能的教育和培训。劳务派遣单位应当对被派遣劳动者进行必要的安全生产教育和培训。

生产经营单位接收中等职业学校、高等学校学生实习的，应当对实习学生进行相应的安全生产教育和培训，提供必要的劳动防护用品。学校应当协助生产经营单位对实习学生进行安全生产教育和培训。

生产经营单位应当建立安全生产教育和培训档案，如实记录安全生产教育和培训的时间、内容、参加人员以及考核结果等情况。

第二十九条规定：生产经营单位采用新工艺、新技术、新材料或者使用新设备，必须了解、掌握其安全技术特性，采取有效的安全防护措施，并对从业人员进行专门的安全生产教育和培训。

第三十条规定：生产经营单位的特种作业人员必须按照国家有关规定经专门的安全作业培训，取得相应资格，方可上岗作业。

7. 建设项目安全设施与“三同时”原则的规定

第三十一条规定：生产经营单位新建、改建、扩建工程项目（以下统称建设项目）的安全设施，必须与主体工程同时设计、同时施工、同时投入生产和使用。安全设施投资应当纳入建设项目概算。

8. 安全警示标志设置规定

第三十五条规定：生产经营单位应当在有较大危险因素的生产经营场所和有关设施、设备上，设置明显的安全警示标志。

9. 安全设备安全要求

第三十六条规定：安全设备的设计、制造、安装、使用、检测、维修、改造和报废，应当符合国家标准或者行业标准。生产经营单位必须对安全设备进行经常性维护、保养，并定期检测，保证正常运转。维护、保养、检测应当作好记录，并由有关人员签字。生产经营单位不得关闭、破坏直接关系生产安全的监控、报警、防护、救生设备、设施，或者篡改、隐瞒、销毁其相关数据、信息。餐饮等行业的生产经营单位使用燃气的，应当安装可燃气体报警装置，并保障其正常使用。

10. 重大危险源管理

第四十条规定：生产经营单位对重大危险源应当登记建档，进行定期检测、评估、监控，并制定应急预案，告知从业人员和相关人员在紧急情况下应当采取的应急措施。生产经营单位应当按照国家有关规定将本单位重大危险源及有关安全措施、应急措施报有关地方人民政府应急管理部门和有关部门备案。有关地方人民政府应急管理部门和有关部门应当通过相关信息系统实现信息共享。

11. 双重预防机制要求

第四十一条规定：生产经营单位应当建立安全风险分级管控制度，按照安全风险分级采取相应的管控措施。生产经营单位应当建立健全并落实生产安全事故隐患排查治理制度，采取技术、管理措施，及时发现并消除事故隐患。事故隐患排查治理情况应当如实记录，并通过职工大会或者职工代表大会、信息公示栏等方式向从业人员通报。其中，重大事故隐患排查治理情况应当及时向负有安全生产监督管理职责的部门和职工大会或者职工代表大会报告。

县级以上地方各级人民政府负有安全生产监督管理职责的部门应当将重大事故隐患纳入相关信息系统，建立健全重大事故隐患治理督办制度，督促生产经营单位消除重大事故隐患。

12. 生产经营场所和员工宿舍安全相关规定

第四十二条规定：生产、经营、储存、使用危险物品的车间、商店、仓库不得与员工宿舍在同一座建筑物内，并应当与员工宿舍保持安全距离。生产经营场所和员工宿舍应当设有符合紧急疏散要求、标志明显、保持畅通的出口、疏散通道。禁止占用、锁闭、封堵生产经营场所或者员工宿舍的出口、疏散通道。

13. 危险作业现场安全管理要求

第四十三条规定：生产经营单位进行爆破、吊装、动火、临时用电以及国务院应急管理部门会同国务院有关部门规定的其他危险作业，应当安排专门人员进行现场安全管理，确保操作规程的遵守和安全措施的落实。

14. 生产经营单位对从业人员应尽的安全义务

第四十四条规定：生产经营单位应当教育和督促从业人员严格执行本单位的安全生产规章制度和安全操作规程；并向从业人员如实告知作业场所和工作岗位存在的危险因素、防范措施以及事故应急措施。生产经营单位应当关注从业人员的身体、心理状况和行为习惯，加强对从业人员的心理疏导、精神慰藉，严格落实岗位安全生产责任，防范从业人员行为异常导致事故发生。

第四十五条规定：生产经营单位必须为从业人员提供符合国家标准或者行业标准的劳动防护用品，并监督、教育从业人员按照使用规则佩戴、使用。

15. 安全生产管理人员安全检查要求

第四十六条规定：生产经营单位的安全生产管理人员应当根据本单位的生产经营特点，对安全生产状况进行经常性检查；对检查中发现的安全问题，应当立即处理；不能处理的，应当及时报告本单位有关负责人，有关负责人应当及时处理。检查及处理情况应当如实记录在案。

生产经营单位的安全生产管理人员在检查中发现重大事故隐患，依照前款规定向本单位有关负责人报告，有关负责人不及时处理的，安全生产管理人员可以向主管的负有安全生产监督管理职责的部门报告，接到报告的部门应当依法及时处理。

16. 交叉作业安全管理规定

第四十八条规定：两个以上生产经营单位在同一作业区域内进行生产经营活动，可能危及对方生产安全的，应当签订安全生产管理协议，明确各自的安全生产管理职责和应当采取的安全措施，并指定专职安全生产管理人员进行安全检查与协调。

17. 生产经营项目、场所、设备发包或者出租安全要求

第四十九条规定：生产经营单位不得将生产经营项目、场所、设备发包或者出租给不具备安全生产条件或者相应资质的单位或者个人。生产经营项目、场所发包或者出租给其他单位的，生产经营单位应当与承包单位、承租单位签订专门的安全生产管理协议，或者在承包合同、租赁合同中约定各自的安全生产管理职责；生产经营单位对承包单位、承租单位的安全生产工作统一协调、管理，定期进行安全检查，发现安全问题的，应当及时督促整改。

（三）从业人员的安全生产权利义务

生产经营单位的从业人员是各项安全生产经营活动最直接的劳动者，是各项法定安全生产的权利享有者和义务承担者。安全生产法第六条规定：生产经营单位的从业人员有依法获得安全生产保障的权利，并应当依法履行安全生产方面的义务。《安全生产法》第三章对从业人员的安全生产权利义务做了全面、明确的规定，并且设定了严格的法律责任，为保障从业人员的合法权益提供了法律依据。

1. 从业员的权利

安全生产规定了各类从业人员必须享有、有关安全生产和人身安全的最重要、最基本的权利。这些基本安全生产权利，可以概括为以下五项：

（1）获得安全保障、工伤保险和民事赔偿的权利。安全生产法第五十二条规定：生产经营单位与从业人员订立的劳动合同，应当载明有关保障从业人员劳动安全、防止职业危害的事项，以及依法为从业人员办理工伤保险的事项。生产经营单位不得以任何形式与从业人员订立协议，免除或者减轻其对从业人员因生产安全事故伤亡依法应承担的责任。第五十六条规定：因生产安全事故受到损害的从业人员，除依法享有工伤保险外，依照有关民事法律尚有获得赔偿的权利的，有权提出赔偿要求。第五十一条规定：生产经营单位必须依法参加工伤保险，为从业人员缴纳保险费。

（2）得知危险因素、防范措施和事故应急措施的权利。第五十二条规定：生产经营单位与从业人员订立的劳动合同，应当载明有关保障从业人员劳动安全、防止职业危害的事项，以及依法为从业人员办理工伤保险的事项。在第五十三条规定：生产经营单位的从业人员有权了解其作业场所和工作岗位存在的危险因素、防范措施及事故应急措施，有权对本单位的安全生产工作提出建议。

（3）对本单位安全生产的批评、检举和控告的权利。第五十四条规定：从业人员有权对本单位安全生产工作中存在的问题提出批评、检举、控告；有权拒绝违章指挥和强令冒险作业。生产经营单位不得因从业人员对本单位安全生产工作提出批评、检举、控告或者拒绝违章指挥、强令冒险作业而降低其工资、福利等待遇或者解除与其订立的劳动合同。

（4）拒绝违章指挥和强令冒险作业的权利。《安全生产法》赋予了从业人员拒绝违章指挥和强令冒险作业的权利，不仅是为保护从业人员的人身安全，也是为了警示生产经营单位负责人和管理人员必须照章指挥，保证安全，并不得因从业人员拒绝违章指挥和强令冒险作业而对其进行打击报复。

（5）紧急情况下的停止作业和紧急撤离的权利。由于生产场所存在不可避免的自然和人为的危险因素，这些因素将会或者可能会对从业人员造成人身伤害，安全生产法赋予了从业人员停止作业和紧急撤离的权利。第五十五条规定：从业人员发现直接危及人身安全的紧急情况时，有权停止作业或者在采取可能的应急措施后撤离作业场所。生产经营单位不得因从业人员在前款紧急情况下停止作业或者采取紧急撤离措施而降低其工资、福利等待遇或者解除与其订立的劳动合同。

从业人员在行使这项权利时，必须明确：一是危及从业人员人身安全的紧急情况必须有确实可靠的直接根据，个人猜测或错误判断而实际并不属于危及人身安全的除外，不得滥用该项权利。二是紧急情况必须直接危及人身安全，间接危及人身安全的不应撤离，而应采取有效的措施。三是出现危及人身安全的紧急情况时，首先是停止作业，然后要采取可能的应急措施；采取措施失效的，再撤离作业场所。四是该项权利不适用于某些从事特殊职业的从业人员，如飞行员，船舶驾驶人员等，根据法律、国际公约和职业惯例，在发生危及人身安全的紧急情况下，他们不能或不能先行撤离作业场所或岗位。

2. 从业人员的安全生产义务

从业人员依法享有权利，同时也必须承担相应的义务。从业人员的安全生产义务主要有以下四项：

（1）遵章守则、服从管理。《安全生产法》第五十七条规定：从业人员在作业过程中，应当严格落实岗位安全责任，遵守本单位的安全生产规章制度和操作规程，服从管理，正确佩戴和使用劳动防护用品。根据《安全生产法》等法律法规规定，生产经营单位必须制定本单位安全生产的规章制度和操作规程，从业人员必须严格依照这些规章制度和操作规程进行作业。安全生产规章制度和操作规程是从业人员从事生产经营、确保安全的具体规范和依据，遵守规章制度和操作规程，实际上就是依法进行安全生产。

（2）正确佩戴和使用劳动防护用品。生产经营单位提供必要的、安全的劳动防护用品，从业人员应正确佩戴和使用劳动防护用品，这是避免或者减轻作业和事故中的人身伤害的条件，是从业人员人身安全的保障。因此，正确佩戴和使用安全防护用品是从业人员必须履行的法定义务，这也是保障从业人员人身安全和生产经营单位安全生产的需要。

（3）接受安全培训，掌握安全生产技能。从业人员的安全生产意识和安全技能的高低，直接关系到生产经营活动的安全可靠性。为了明确从业人员接受培训、提高安全素质的法定义务，第五十八条规定：从业人员应当接受安全生产教育和培训，掌握本职工作所需的安全生产知识，提高安全生产技能，增强事故预防和应急处理能力。

（4）发现事故隐患或者其他不安全因素及时报告。第五十九条规定：从业人员发现事故隐患或者其他不安全因素，应当立即向现场安全生产管理人员或者本单位负责人报告；接到报告的人员应当及时予以处理。

（四）安全生产的监督管理

本章节主要规定了负有安全生产监督管理职责部门与安全生产监督检查人员监督检查依据、职权及要求等，用以规范上述部门及人员的行为。

（五）生产安全事故的应急救援与调查处理

快速及时的应急救援是减少事故损失的最后一道防线，事故调查处理是事故闭环控制的重要环节。生产安全事故的应急救援体系、人员、应急设备等安全生产法进行了明确规定。

1. 应急能力建设要求

第七十九条规定：国家加强生产安全事故应急能力建设，在重点行业、领域建立应急救援基地和应急救援队伍，并由国家安全生产应急救援机构统一协调指挥；鼓励生产经营单位和其他社会力量建立应急救援队伍，配备相应的应急救援装备和物资，提高应急救援的专业化水平。

国务院应急管理部门牵头建立全国统一的生产安全事故应急救援信息系统，国务院交通运输、住房和城乡建设、水利、民航等有关部门和县级以上地方人民政府建立健全相关行业、领域、地区的生产安全事故应急救援信息系统，实现互联互通、信息共享，通过推行网上安全信息采集、安全监管和监测预警，提升监管的精准化、智能化水平。

2. 应急救援预案建设要求

第八十条规定：县级以上地方各级人民政府应当组织有关部门制定本行政区域内生产安全事故应急救援预案，建立应急救援体系。乡镇人民政府和街道办事处，以及开发区、工业园区、港区、风景区等应当制定相应的生产安全事故应急救援预案，协助人民政府有关部门或者按照授权依法履行生产安全事故应急救援工作职责。

第八十一条规定：生产经营单位应当制定本单位生产安全事故应急救援预案，与所在地县级以上地方人民政府组织制定的生产安全事故应急救援预案相衔接，并定期组织演练。

3. 应急救援组织建立要求

第八十二条规定：危险物品的生产、经营、储存单位以及矿山、金属冶炼、城市轨道交通运营、建筑施工单位应当建立应急救援组织；生产经营规模较小的，可以不建立应急救援组织，但应当指定兼职的应急救援人员。危险物品的生产、经营、储存、运输单位以及矿山、金属冶炼、城市轨道交通运营、建筑施工单位应当配备必要的应急救援器材、设备和物资，并进行经常性维护、保养，保证正常运转。

4. 生产安全事故报告要求

第八十三条规定：生产经营单位发生生产安全事故后，事故现场有关人员应当立即报告本单位负责人。单位负责人接到事故报告后，应当迅速采取有效措施，组织抢救，防止事故扩大，减少人员伤亡和财产损失，并按照国家有关规定立即如实报告当地负有安全生产监督管理职责的部门，不得隐瞒不报、谎报或者迟报，不得故意破坏事故现场、毁灭有关证据。

第八十四条规定：负有安全生产监督管理职责的部门接到事故报告后，应当立即按照国家有关规定上报事故情况。负有安全生产监督管理职责的部门和有关地方人民政府对事故情况不得隐瞒不报、谎报或者迟报。

第八十五条规定：有关地方人民政府和负有安全生产监督管理职责的部门的负责人接到生产安全事故报告后，应当按照生产安全事故应急救援预案的要求立即赶到事故现场，组织事故抢救。

5. 事故抢救要求

第八十五条规定：参与事故抢救的部门和单位应当服从统一指挥，加强协同联动，采取有效的应急救援措施，并根据事故救援的需要采取警戒、疏散等措施，防止事故扩大和次生灾害的发生，减少人员伤亡和财产损失。事故抢救过程中应当采取必要措施，避免或者减少对环境造成的危害。任何单位和个人都应当支持、配合事故抢救，并提供一切便利条件。

6. 事故调查要求

第八十六条规定：事故调查处理应当按照科学严谨、依法依规、实事求是、注重实效的原则，及时、准确地查清事故原因，查明事故性质和责任，评估应急处置工作，总结事故教训，提出整改措施，并对事故责任单位和人员提出处理建议。事故调查报告应当依法及时向社会公布。事故调查和处理的具体办法由国务院制定。事故发生单位应当及时全面落实整改措施，负有安全生产监督管理职责的部门应当加强监督检查。

负责事故调查处理的国务院有关部门和地方人民政府应当在批复事故调查报告后一年内，组织有关部门对事故整改和防范措施落实情况进行评估，并及时向社会公开评估结果；对不履行职责导致事故整改和防范措施没有落实的有关单位和人员，应当按照有关规定追究责任。

## 知识点 3 《生产安全事故报告和调查处理条例》

### 一、概述

《生产安全事故报告和调查处理条例》出台的目的是规范生产安全事故的报告和调查处理、落实生产安全事故责任追究制度、防止和减少生产安全事故，其依据为《安全生产法》《中华人民共和国消防法》《中华人民共和国道路交通运营安全法》等有关事故报告和调查处理的规定，自 2007 年 6 月 1 日起施行。该条例适用于生产经营活动中发生的造成人身伤亡或者直接经济损失的生产安全事故的报告和调查处理，不属于生产安全事故的社会事件、自然灾害事故、医疗事故等的报告和调查处理不适用于该条例的规定。另外，事故必须造成人身伤亡或一定的直接经济损失，如果没有造成人身伤亡或直接经济损失，也不适用于本条例。对环境污染事故、核设施事故、国防科研生产事故的报告和调查处理另有相关法规规定，这三类事故的报告和调查也不适用于该条例。

### 二、条例的主要内容

1. 生产安全事故等级划分

根据生产安全事故（以下简称事故）造成的人员伤亡或者直接经济损失，事故一般分为以下等级：

(1) 特别重大事故，是指造成 30 人以上死亡，或者 100 人以上重伤（包括急性工业中毒，下同），或者 1 亿元以上直接经济损失的事故。

（2）重大事故，是指造成10人以上30人以下死亡，或者50人以上100人以下重伤，或者5000万元以上1亿元以下直接经济损失的事故。

（3）较大事故，是指造成3人以上10人以下死亡，或者10人以上50人以下重伤，或者1000万元以上5000万元以下直接经济损失的事故。

（4）一般事故，是指造成3人以下死亡，或者10人以下重伤，或者1000万元以下直接经济损失的事故。

上述各项中所称的“以上”包括本数，所称的“以下”不包括本数。

2. 生产安全事故的报告

事故报告应当及时、准确、完整，任何单位和个人对事故不得迟报、漏报、谎报或者瞒报。

（1）事故现场有关人员和单位负责人报告事故的规定。事故发生后，事故现场有关人员应当立即向本单位负责人报告；单位负责人接到报告后，应当于1h内向事故发生地县级以上人民政府安全生产监督管理部门和负有安全生产监督管理职责的有关部门报告。情况紧急时，事故现场有关人员可以直接向事故发生地县级以上人民政府安全生产监督管理部门和负有安全生产监督管理职责的有关部门报告。

（2）安全生产监督管理部门和负有安全生产监督管理职责的有关部门报告事故的规定。安全生产监督管理部门和负有安全生产监督管理职责的有关部门接到事故报告后，应当依照下列规定上报事故情况，并通知公安机关、劳动保障行政部门、工会和人民检察院：

1）特别重大事故、重大事故逐级上报至国务院安全生产监督管理部门和负有安全生产监督管理职责的有关部门；

2）较大事故逐级上报至省、自治区、直辖市人民政府安全生产监督管理部门和负有安全生产监督管理职责的有关部门；

3）一般事故上报至设区的市级人民政府安全生产监督管理部门和负有安全生产监督管理职责的有关部门。

安全生产监督管理部门和负有安全生产监督管理职责的有关部门依照前款规定上报事故情况，应当同时报告本级人民政府。国务院安全生产监督管理部门和负有安全生产监督管理职责的有关部门以及省级人民政府接到发生特别重大事故、重大事故的报告后，应当立即报告国务院。必要时，安全生产监督管理部门和负有安全生产监督管理职责的有关部门可以越级上报事故情况。安全生产监督管理部门和负有安全生产监督管理职责的有关部门逐级上报事故情况，每级上报的时间不得超过2h。

（3）事故报告应当包括以下内容：

1）事故发生单位概况；

2）事故发生的时间、地点以及事故现场情况；

3）事故的简要经过；

4）事故已经造成或者可能造成的伤亡人数（包括下落不明的人数）和初步估计的直接经济损失；

5）已经采取的措施；

6）其他应当报告的情况；

7）事故报告后出现新情况的，应当及时补报。

自事故发生之日起 30 日内，事故造成的伤亡人数发生变化的，应当及时补报。道路交通事故、火灾事故自发生之日起 7 日内，事故造成的伤亡人数发生变化的，应当及时补报。

3. 事故的应急救援及现场保护

（1）事故发生单位负责人接到事故报告后，应当立即启动事故相应应急预案，或者采取有效措施，组织抢救，防止事故扩大，减少人员伤亡和财产损失。

事故发生地有关地方人民政府、安全生产监督管理部门和负有安全生产监督管理职责的有关部门接到事故报告后，其负责人应当立即赶赴事故现场，组织事故救援。

（2）事故现场保护。事故发生后，有关单位和人员应当妥善保护事故现场以及相关证据，任何单位和个人不得破坏事故现场、毁灭相关证据。因抢救人员、防止事故扩大以及疏通交通等原因，需要移动事故现场物件的，应当做出标志，绘制现场简图并做出书面记录，妥善保存现场重要痕迹、物证。

4. 事故调查

（1）事故调查权。

1）特别重大事故由国务院或者国务院授权有关部门组织事故调查组进行调查。

2）重大事故、较大事故、一般事故分别由事故发生地省级人民政府、设区的市级人民政府、县级人民政府负责调查。省级人民政府、设区的市级人民政府、县级人民政府可以直接组织事故调查组进行调查，也可以授权或者委托有关部门组织事故调查组进行调查。

3）未造成人员伤亡的一般事故，县级人民政府也可以委托事故发生单位组织事故调查组进行调查。上级人民政府认为必要时，可以调查由下级人民政府负责调查的事故。

4）自事故发生之日起 30 日内（道路交通事故、火灾事故自发生之日起 7 日内），因事故伤亡人数变化导致事故等级发生变化，依照本条例规定应当由上级人民政府负责调查的，上级人民政府可以另行组织事故调查组进行调查。

（2）事故调查组组成原则。事故调查组的组成应当遵循精简、效能的原则。根据事故的具体情况，事故调查组由有关人民政府、安全生产监督管理部门、负有安全生产监督管理职责的有关部门、监察机关、公安机关以及工会派人组成，并应当邀请人民检察院派人参加。事故调查组可以聘请有关专家参与调查。

（3）事故调查组成员的基本条件。事故调查组成员应当具有事故调查所需要的知识和专长，并与所调查的事故没有直接利害关系。事故调查组组长由负责事故调查的人民政府指定。事故调查组组长主持事故调查组的工作。

（4）事故调查组的职责。事故调查组履行下列职责：

1）查明事故发生的经过、原因、人员伤亡情况及直接经济损失；

2）认定事故的性质和事故责任；

3）提出对事故责任者的处理建议；

4）总结事故教训，提出防范和整改措施；

5）提交事故调查报告。

事故调查组有权向有关单位和个人了解与事故有关的情况，并要求其提供相关文件、资料，有关单位和个人不得拒绝。事故发生单位的负责人和有关人员在事故调查期间不得擅离职守，并应当随时接受事故调查组的询问，如实提供有关情况。事故调查中发现涉嫌犯罪的，事故调查组应当及时将有关材料或者其复印件移交司法机关处理。事故调查中需要进行技术鉴定的，事故调查组应当委托具有国家规定资质的单位进行技术鉴定。必要时，事故调查组可以直接组织专家进行技术鉴定。技术鉴定所需时间不计入事故调查期限。事故调查组成员在事故调查工作中应当诚信公正、恪尽职守，遵守事故调查组的纪律，保守事故调查的秘密。未经事故调查组组长允许，事故调查组成员不得擅自发布有关事故的信息。

5. 事故调查报告

事故调查组应当自事故发生之日起 60 日内提交事故调查报告；特殊情况下，经负责事故调查的人民政府批准，提交事故调查报告的期限可以适当延长，但延长的期限最长不超过 60 日。

事故调查报告应当包括下列内容：

（1）事故发生单位概况；

（2）事故发生经过和事故救援情况；

（3）事故造成的人员伤亡和直接经济损失；

（4）事故发生的原因和事故性质；

（5）事故责任的认定以及对事故责任者的处理建议；

（6）事故防范和整改措施。

事故调查报告应当附具有关证据材料。事故调查组成员应当在事故调查报告上签名。事故调查报告报送负责事故调查的人民政府后，事故调查工作即告结束。事故调查的有关资料应当归档保存。

6. 事故处理

对于重大事故、较大事故、一般事故，负责事故调查的人民政府应当自收到事故调查报告之日起 15 日内做出批复；对于特别重大事故，应当自收到事故调查报告之日起 30 日内做出批复，特殊情况下，批复时间可以适当延长，但延长的时间最长不超过 30 日。有关机关应当按照人民政府的批复，依照法律、行政法规规定的权限和程序，对事故发生单位和有关人员进行行政处罚，对负有事故责任的国家工作人员进行处分。事故发生单位应当按照负责事故调查的人民政府的批复，对本单位负有事故责任的人员进行处理。负有事故责任的人员涉嫌犯罪的，应依法追究刑事责任。

事故发生单位应当认真吸取事故教训，落实防范和整改措施，防止事故再次发生。防范和整改措施的落实情况应当接受工会和职工的监督。安全生产监督管理部门和负有安全生产监督管理职责的有关部门应当对事故发生单位落实防范和整改措施的情况进行监督检查。

事故处理的情况由负责事故调查的人民政府或者其授权的有关部门、机构向社会公布，依法应当保密的除外。

## 知识点 4 《中华人民共和国刑法》中有关安全的条款

《中华人民共和国刑法》（简称《刑法》）对严重的安全生产违法行为规定了相应的刑事

责任。

1. 重大责任事故罪

《刑法》第一百三十四条规定，重大责任事故是指在生产、作业中违反有关安全管理的规定，或者说强令他人违章冒险作业，因而发生重大伤亡事故或者造成其他严重后果的行为。

本罪的构成要件：客体是生产、作业的安全。客观方面表现为违反有关安全管理的规定，因而发生重大伤亡事故或者造成其他严重后果的行为。主体为一般主体，即从事生产、作业的一切人员，包括直接从事生产、作业的人员，生产、作业的指挥人员和生产、作业的技术人员，以及其他人员，也包括对安全事故负有责任的个体和无证从事生产、作业的人员。主观方面表现为过失，即行为人本应当预见自己的行为将导致发生危害后果，但是由于本人疏忽大意未能预见，或侥幸认为能够避免，以致发生严重后果。

犯本罪的，处 3 年以下有期徒刑或者拘役；情节特别恶劣的，处 3 年以上 7 年以下有期徒刑。强令他人违章冒险作业，因而发生重大伤亡事故或者造成其他严重后果的，处 5 年以下有期徒刑或者拘役；情节特别恶劣的，处 5 年以上有期徒刑。

2. 重大劳动安全事故罪

《刑法》第一百三十五条规定，重大劳动安全事故罪是指安全生产设施或者安全生产条件不符合国家规定，因而发生重大伤亡事故或者造成其他严重后果的行为。

本罪的构成要件：客体是劳动安全，即劳动者的生命、健康和重大公私财产的安全。客观方面表现为安全生产设施或者安全生产条件不符合国家规定，因而发生重大伤亡事故或者造成其他严重后果的行为。主体为所有从事生产、经营的自然人、法人及非法实体直接负责的主管人员和其他直接责任人员，直接负责的主管人员包括生产经营单位的负责人、生产经营的指挥人员、实际控制人、投资人，其他直接责任人包括对安全生产设施、安全生产条件负有提供、维护、管理职责的人。主观方面表现为过失，即明知劳动安全设施不符合国家规定，但主观上并不希望事故发生。

犯本罪的，对直接负责的主管人员和其他直接人员，处 3 年以下有期徒刑或者拘役；情节特别恶劣的，处 3 年以上 7 年以下有期徒刑。

举办大型群众性活动违反安全管理规定，因而发生重大伤亡事故或者造成其他严重后果的，对直接负责的主管人员和其他直接责任人，处 3 年以下有期徒刑或者拘役；情节特别恶劣的，处 3 年以上 7 年以下有期徒刑。

3. 危险品肇事罪

《刑法》第一百三十六条规定，危险品肇事罪是指违反爆炸性、易燃性、放射性、毒害性、腐蚀性物品的管理规定，在生产、储存、运输、使用中发生重大事故，造成严重后果的行为。

本罪的构成要件：客体是公共安全，即不特定多数人的生命、健康和重大公私财产的安全。客观方面表现为在生产、储存、运输、使用危险物品过程中，违反危险物品管理规定，发生重大事故，造成严重后果的行为。主体主要是从事生产、保管、运输、使用危险物品的职工，但在一定情况下，也可以是任何公民。主观方面表现为过失，过失是针对所造成的重大事故后果的心理状态而言，即明知违反规章制度，但侥幸认为不会导致事故发生。

犯本罪的，处 3 年以下有期徒刑或者拘役；后果特别严重的，处 3 年以上 7 年以下有期徒刑。

4. 工程重大安全事故罪

《刑法》第一百三十七条规定，工程重大安全事故是指建设单位、设计单位、施工单位、工程监理单位违反国家规定，降低工程质量标准，造成重大安全事故的行为。

本罪的构成要件：客体是人民财产和生命安全以及国家的建筑管理制度。客观方面表现为违反国家规定，降低工程质量标准，造成重大安全事故的行为。主体为特殊主体，即单位犯罪。主体只能是建设单位、设计单位或者是施工单位及工程监理单位。本罪在主观方面表现为过失，可以是出于疏忽大意的过失，也可以是过于自信的过失。

犯本罪的，对直接责任人员，处 5 年以下有期徒刑或者拘役，并处罚金；后果特别严重的，处 5 年以上有期徒刑，并处罚金。

5. 消防责任事故罪

《刑法》第一百三十九条规定，消防责任事故罪是指违反消防管理法规，经消防监督机构通知采取改正措施而拒绝执行，造成严重后果的行为。

本罪的构成要件：客体是国家的消防监督制度和公共安全。客观方面表现为违反消防管理法规且经消防监督机构通知采取改正措施而拒绝执行的行为。主体为有关单位的直接责任人员，包括有关单位的负责人、管理人员、从业人员和其他有关人员。主观方面表现为过失。

犯本罪的，处 3 年以下有期徒刑或者拘役；后果特别严重的，处 3 年以上 7 年以下有期徒刑。

另外，《刑法》第一百三十九条规定，在安全事故发生后，负有报告职责的人员不报或者谎报事故情况，贻误事故抢救，情节严重的，处 3 年以下有期徒刑或者拘役；情节特别严重的，处 3 年以上 7 年以下有期徒刑。这里的安全事故并不仅是消防事故，而是指所有安全事故。

6. 铁路运营安全事故罪

《刑法》第 132 条规定，铁路运营安全事故罪是指铁路职工违反规章制度，致使发生铁路运营安全事故，造成严重后果的行为。

本罪的构成要件：客体是铁路运营的正常秩序和铁路运营的安全。客观方面表现为在铁路运输活动中违反规章制度，因而发生运营安全事故、情节严重的行为。主体为铁路职工，或者从事铁路运营业务与保证列车运营安全有直接关系的人员。主观方面表现为过失，包括疏忽大意的过失和过于自信的过失，至于违反规章制度则可以视为是有意的。

犯本罪的，处 3 年以下有期徒刑或者拘役；造成特别严重后果的，处 3 年以上 7 年以下有期徒刑。

7. 交通肇事罪

《刑法》第一百三十三条规定，交通肇事罪是指违反交通运输管理法规，因而发生重大事故，致人重伤、死亡或者使公共财产遭受重大损失的行为。

本罪的构成要件：客体是公共交通运输安全，包括人的生命和健康与公私财产。客观方面表现为违反交通管理法规，以至发生重大交通事故，致人重伤、伤亡或者使公私财产遭受重大损失的行为。主体是一般主体，既包括从事交通运输的人员，也包括非交通运输人员。主观方面表现为过失。

犯本罪的，处 3 年以下有期徒刑或者拘役；交通运输肇事后逃逸或者有其他特别恶劣情节的，处 3 年以上 7 年以下有期徒刑：因逃逸致人死亡的，处 7 年以上有期徒刑。

## 知识点 5 安全生产相关法律法规

### 一、《中华人民共和国消防法》

（一）概述

《中华人民共和国消防法》（简称《消防法》）于 1998 年 4 月 29 日第九届全国人民代表大会常务委员会第二次会议通过，2008 年 10 月 28 日、2019 年 4 月 23 日、2021 年 4 月 29 日分别进行了修订，自 2009 年 5 月 1 日起施行，共 7 章 74 条。

（二）主要内容

1. 总则

《消防法》立法目的是预防火灾和减少火灾危害，加强应急救援工作，保护人身、财产安全，维护公共安全。

消防工作贯彻预防为主、防消结合的方针，按照政府统一领导、部门依法监管、单位全面负责、公民积极参与的原则，实行消防安全责任制，建立健全社会化的消防工作网络。

国务院领导全国的消防工作。地方各级人民政府负责本行政区域内的消防工作。国务院应急管理部门对全国的消防工作实施监督管理。县级以上地方人民政府应急管理部门对本行政区域内的消防工作实施监督管理，并由本级人民政府消防救援机构负责实施。县级以上人民政府其他有关部门在各自的职责范围内，依照本法和其他相关法律、法规的规定做好消防工作。

任何单位和个人都有维护消防安全、保护消防设施、预防火灾、报告火警的义务。任何单位和成年人都有参加有组织的灭火工作的义务。各级人民政府应当组织开展经常性的消防宣传教育，提高公民的消防安全意识。机关、团体、企业、事业等单位，应当加强对本单位人员的消防宣传教育。应急管理部门及消防救援机构应当加强消防法律、法规的宣传，并督促、指导、协助有关单位做好消防宣传教育工作。教育、人力资源行政主管部门和学校、有关职业培训机构应当将消防知识纳入教育、教学、培训的内容。新闻、广播、电视等有关单位，应当有针对性地面向社会进行消防宣传教育。工会、共产主义青年团、妇女联合会等团体应当结合各自工作对象的特点，组织开展消防宣传教育。

2. 火灾预防

（1）机关、团体、企业、事业等单位应当履行下列消防安全职责：

1）落实消防安全责任制，制定本单位的消防安全制度、消防安全操作规程，制定灭火和应急疏散预案；

2）按照国家标准、行业标准配置消防设施、器材，设置消防安全标志，并定期组织检验、维修，确保完好有效；

3）对建筑消防设施每年至少进行一次全面检测，确保完好有效，检测记录应当完整、准确，存档备查；

4）保障疏散通道、安全出口、消防车通道畅通，保证防火防烟分区、防火间距符合消防技术标准；

5）组织防火检查，及时消除火灾隐患；

6）组织进行有针对性的消防演练；

7）法律、法规规定的其他消防安全职责；

8）单位的主要负责人是本单位的消防安全责任人。

（2）重点消防单位消防安全职责。县级以上地方人民政府消防救援机构应当将发生火灾可能性较大，以及发生火灾可能造成重大人身伤亡或者财产损失的单位，确定为本行政区域内的消防安全重点单位，并由应急管理部门报本级人民政府备案。消防安全重点单位除应当履行上述基本职责要求外，还应当履行下列消防安全职责：

1）确定消防安全管理人，组织实施本单位的消防安全管理工作；

2）建立消防档案，确定消防安全重点部位，设置防火标志，实行严格管理；

3）实行每日防火巡查，并建立巡查记录；

4）对职工进行岗前消防安全培训，定期组织消防安全培训和消防演练。

（3）举办大型群众性活动，承办人应当依法向公安机关申请安全许可，制定灭火和应急疏散预案并组织演练，明确消防安全责任分工，确定消防安全管理人员，保持消防设施和消防器材配置齐全、完好有效，保证疏散通道、安全出口、疏散指示标志、应急照明和消防车通道符合消防技术标准和管理规定。

（4）禁止在具有火灾、爆炸危险的场所吸烟、使用明火。因施工等特殊情况需要使用明火作业的，应当按照规定事先办理审批手续，采取相应的消防安全措施；作业人员应当遵守消防安全规定。进行电焊、气焊等具有火灾危险作业的人员和自动消防系统的操作人员，必须持证上岗，并遵守消防安全操作规程。

（5）消防产品必须符合国家标准；没有国家标准的，必须符合行业标准。禁止生产、销售或者使用不合格的消防产品以及国家明令淘汰的消防产品。依法实行强制性产品认证的消防产品，由具有法定资质的认证机构按照国家标准、行业标准的强制性要求认证合格后，方可生产、销售、使用。新研制的尚未制定国家标准、行业标准的消防产品，应当按照国务院产品质量监督部门会同国务院公安部门规定的办法，经技术鉴定符合消防安全要求的，方可生产、销售、使用。

（6）建筑构件、建筑材料和室内装修、装饰材料的防火性能必须符合国家标准；没有国家标准的，必须符合行业标准。人员密集场所室内装修、装饰应当按照消防技术标准的要求，使用不燃、难燃材料。

（7）电器产品、燃气用具的产品标准应当符合消防安全的要求。电器产品、燃气用具的安装、使用及其线路、管路的设计、敷设、维护保养、检测，必须符合消防技术标准和管理规定。

（8）任何单位、个人不得损坏、挪用或者擅自拆除、停用消防设施、器材，不得埋压、圈占、遮挡消火栓或者占用防火间距，不得占用、堵塞、封闭疏散通道、安全出口、消防车通道。人员密集场所的门窗不得设置影响逃生和灭火救援的障碍物。

（9）负责公共消防设施维护管理的单位，应当保持消防供水、消防通信、消防车通道等公共消防设施的完好有效。在修建道路以及停电、停水、截断通信线路时有可能影响消防队灭火救援的，有关单位必须事先通知当地公安机关消防机构。

3. 消防组织

（1）县级以上地方人民政府应当按照国家规定建立国家综合性消防救援队、专职消防队，并按照国家标准配备消防装备，承担火灾扑救工作。国家综合性消防救援队、专职消防队按照国家规定承担重大灾害事故和其他以抢救人员生命为主的应急救援工作。国家综合性消防救援队、专职消防队应当充分发挥火灾扑救和应急救援专业力量的骨干作用；按照国家规定，组织实施专业技能训练，配备并维护保养装备器材，提高火灾扑救和应急救援的能力。

（2）下列单位应当建立单位专职消防队，承担本单位的火灾扑救工作：

1）大型核设施单位、大型发电厂、民用机场、主要港口；

2）生产、储存易燃易爆危险品的大型企业；

3）储备可燃的重要物资的大型仓库、基地；

4）第 1）～3）项规定以外的火灾危险性较大、距离公安消防队较远的其他大型企业；

5）距离公安消防队较远、被列为全国重点文物保护单位的古建筑群的管理单位。

（3）机关、团体、企业、事业等单位以及村民委员会、居民委员会根据需要，建立志愿消防队等多种形式的消防组织，开展群众性自防自救工作。

消防救援机构应当对专职消防队、志愿消防队等消防组织进行业务指导；根据扑救火灾的需要，可以调动指挥专职消防队参加火灾扑救工作。

4. 灭火救援

县级以上地方人民政府应当组织有关部门针对本行政区域内的火灾特点制订应急预案，建立应急反应和处置机制，为火灾扑救和应急救援工作提供人员、装备等保障。

任何人发现火灾都应当立即报警；任何单位、个人都应当无偿为报警提供便利，不得阻拦报警；严禁谎报火警。人员密集场所发生火灾时，现场工作人员应当立即组织、引导在场人员疏散。任何单位发生火灾，必须立即组织力量扑救，邻近单位应当给予支援。消防队接到火警，必须立即赶赴火灾现场，救助遇险人员，排除险情，扑灭火灾。消防救援机构统一组织和指挥火灾现场扑救，应当优先保障遇险人员的生命安全。消防车、消防艇以及消防器材、装备和设施，不得用于与消防和应急救援工作无关的事项。单位专职消防队、志愿消防队参加扑救外单位火灾所损耗的燃料、灭火剂和器材、装备等，由火灾发生地的人民政府给予补偿。

消防救援机构有权根据需要封闭火灾现场，负责调查火灾原因，统计火灾损失。火灾扑灭后，发生火灾的单位和相关人员应当按照公安机关消防机构的要求保护现场，接受事故调查，如实提供与火灾有关的情况。公安机关消防机构根据火灾现场勘验、调查情况和有关的检验、鉴定意见，及时制作火灾事故认定书，作为处理火灾事故的证据。

5. 监督检查

地方各级人民政府应当落实消防工作责任制，对本级人民政府有关部门履行消防安全职责的情况进行监督检查。县级以上地方人民政府有关部门应当根据本系统的特点，有针对性地开展消防安全检查，及时督促整改火灾隐患。

消防救援机构应当对机关、团体、企业、事业等单位遵守消防法律、法规的情况依法进行监督检查。公安派出所可以负责日常消防监督检查、开展消防宣传教育，具体办法由国务院公安部门规定。

6. 法律责任

（1）单位违反本法规定，有下列行为之一的，责令改正，处5000元以上50 000元以下罚款：

1）消防设施、器材或者消防安全标志的配置、设置不符合国家标准、行业标准，或者未保持完好有效的；

2）损坏、挪用或者擅自拆除、停用消防设施、器材的；

3）占用、堵塞、封闭疏散通道、安全出口或者有其他妨碍安全疏散行为的；

4）埋压、圈占、遮挡消火栓或者占用防火间距的；

5）占用、堵塞、封闭消防车通道，妨碍消防车通行的；

6）人员密集场所在门窗上设置影响逃生和灭火救援的障碍物的；

7）对火灾隐患经公安机关消防机构通知后不及时采取措施消除的。

个人有前款第2）～5）项行为之一的，处警告或者500元以下罚款。

（2）有下列行为之一的，依照《中华人民共和国治安管理处罚法》的规定处罚：

违反有关消防技术标准和管理规定生产、储存、运输、销售、使用、销毁易燃易爆危险品的；非法携带易燃易爆危险品进入公共场所或者乘坐公共交通工具的；谎报火警的；阻碍消防车、消防艇执行任务的；阻碍消防救援机构的工作人员依法执行职务的。

（3）违反本法规定，有下列行为之一的，处警告或者500元以下罚款；情节严重的，处5日以下拘留。

1）违反消防安全规定进入生产、储存易燃易爆危险品场所的；

2）违反规定使用明火作业或者在具有火灾、爆炸危险的场所吸烟、使用明火的。

（4）违反本法规定，有下列行为之一，尚不构成犯罪的，处10日以上15日以下拘留，可以并处500元以下罚款；情节较轻的，处警告或者500元以下罚款：

1）指使或者强令他人违反消防安全规定，冒险作业的；

2）过失引起火灾的；

3）在火灾发生后阻拦报警，或者负有报告职责的人员不及时报警的；

4）扰乱火灾现场秩序，或者拒不执行火灾现场指挥员指挥，影响灭火救援的；

5）故意破坏或者伪造火灾现场的；

6）擅自拆封或者使用被公安机关消防机构查封的场所、部位的。

（5）人员密集场所发生火灾，该场所的现场工作人员不履行组织、引导在场人员疏散义务，情节严重，尚不构成犯罪的，处5日以上10日以下拘留。

## 二、《中华人民共和国职业病防治法》

### （一）概述

2001年10月27日第九届全国人民代表大会常务委员会第二十四次会议通过，分别于2011年12月31日、2016年7月2日、2017年11月4日、2018年12月29日进行了四次修正。共七章八十八条，自2002年5月1日起施行。

本法的立法目的是“为了预防、控制和消除职业病危害，防治职业病，保护劳动者健康及其相关权益，促进经济社会发展”。职业病防治工作坚持预防为主、防治结合的方针，建立用人单位负责、行政机关监管、行业自律、职工参与和社会监督的机制，实行分类管理、综合治理。

（二）主要内容

1. 职业病的范围

本法所称职业病是指企业、事业单位和个体经济组织等用人单位的劳动者在职业活动中，因接触粉尘、放射性物质和其他有毒、有害物质等因素而引起的疾病。职业病的分类和目录由国务院卫生行政部门会同国务院劳动保障行政部门规定、调整并公布。

2. 劳动者职业卫生保护权利

劳动者享有下列职业卫生保护权利：

（1）获得职业卫生教育、培训。

（2）获得职业健康检查、职业病诊疗、康复等职业病防治服务。

（3）了解工作场所产生或者可能产生的职业病危害因素、危害后果和应当采取的职业病防护措施。

（4）要求用人单位提供符合防治职业病要求的职业病防护设施和个人使用的职业病防护用品，改善工作条件。

（5）对违反职业病防治法律、法规以及危及生命健康的行为提出批评、检举和控告。

（6）拒绝违章指挥和强令进行没有职业病防护措施的作业。

（7）参与用人单位职业卫生工作的民主管理，对职业病防治工作提出意见和建议。

3. 用人单位的职业病防治职责

（1）用人单位应当为劳动者创造符合国家职业卫生标准和卫生要求的工作环境和条件，并采取措施保障劳动者获得职业卫生保护。

（2）用人单位应当建立、健全职业病防治责任制，加强对职业病防治的管理，提高职业病防治水平，对本单位产生的职业病危害承担责任。

（3）用人单位必须依法参加工伤保险。

4. 职业病诊断和职业病病人保障

（1）职业病诊断。职业病诊断应当由取得《医疗机构执业许可证》的医疗卫生机构承担。劳动者可以在用人单位所在地、本人户籍所在地或者经常居住地依法承担职业病诊断的医疗卫生机构进行职业病诊断。承担职业病诊断的医疗卫生机构不得拒绝劳动者进行职业病诊断的要求。

（2）职业病病人保障。医疗卫生机构发现疑似职业病病人时，应当告知劳动者本人，并及时通知用人单位。用人单位应当及时安排对疑似职业病病人进行诊断；在疑似职业病病人诊断或者医学观察期间，不得解除或者终止与其订立的劳动合同。疑似职业病病人在诊断、医学观察期间的费用，由用人单位承担。

职业病病人依法享受国家规定的职业病待遇。用人单位应当按照国家有关规定，安排职业病病人进行治疗、康复和定期检查。用人单位对不适宜继续从事原工作的职业病病人，应当调离原岗位，并妥善安置。用人单位对从事接触职业病危害的作业的劳动者，应当给予适当的岗位津贴。职业病病人的诊疗、康复费用，伤残以及丧失劳动能力的职业病病人的社会保障，按照国家有关工伤社会保险的规定执行。

职业病病人除依法享有工伤保险外，依照有关民事法律，尚有获得赔偿的权利的，有权向用人单位提出赔偿要求。劳动者被诊断患有职业病，但用人单位没有依法参加工伤保险的，其医疗和生活保障由该用人单位承担；职业病病人变动工作单位，其依法享有的待遇不变。

## 三、《工伤保险条例》

（一）总则

《工伤保险条例》自2004年1月1日起施行，针对实施过程中出现的一些新情况、新问题，人力资源和社会保障部于2009年7月起草了《工伤保险条例修正案（送审稿）》报请国务院审核修订，国务院于2010年12月20日审议通过并实施。《工伤保险条例》的立法目的是为了保障因工作遭受事故伤害或者患职业病的职工获得医疗救治和经济补偿，促进工伤预防和职业康复，分散用人单位的工伤风险。

（二）工伤保险的基本概念及《工伤保险条例》的适用范围

（1）工伤保险的意义及其权利义务关系。

1）具有补偿性。工伤保险是法定的强制性社会保险，是通过对受害人实施医疗救治和给予必要的经济补偿以保障其经济权利的补救措施。从根本上说，它是由政府监管、社保机构经办的社会保障制度，不具有惩罚性。

2）权利主体。工伤保险补偿权利的权利主体是特定的。享有工伤保险权利的主体只限于本企业的职工或者雇工，其他人不能享有这项权利。

3）义务和责任主体。依照《安全生产法》和《工伤保险条例》的规定，生产经营单位和企业有为从业人员缴纳工伤保险费的义务。生产经营单位和企业是工伤保险的义务和责任主体。

4）保险补偿的原则。工伤保险补偿实行“无责任补偿”，即无过错补偿的原则，工伤保险不强调造成工伤的原因、过错及其责任，只要确认职工是在法定情形下发生工伤，就依法享有获得经济补偿的权利。

5）补偿风险的承担。按照无责任补偿原则。补偿第一承担者本应是企业或业主，但工伤保险是以社会共济方式确定补偿风险承担者的，因此不需要企业和业主直接负责补偿，而是将补偿风险转由社保机构承担，由社保机构负责支付工伤保险补偿金。

（2）《工伤保险条例》的适用范围。中华人民共和国境内各类企业、有雇工的个体工商户（以下称用人单位）应当依照本条例规定参加工伤保险，为本单位全部职工或者雇工（以下称职工）缴纳工伤保险费。中华人民共和国境内各类企业的职工和个体工商户的雇工，均有依照本条例的规定享受工伤保险待遇的权利。有雇工的个体工商户参加工伤保险的具体步骤和实施办法由省、自治区、直辖市人民政府规定。

（三）《工伤保险条例》的主要内容

1. 工伤的范围

（1）职工由于下列情况之一负伤，致残或者死亡的，应当认定为工伤：

1）在工作时间和工作场所内，因工作原因受到事故伤害的；

2）工作时间前后在工作场所内，从事与工作有关的预备性或者收尾性工作受到事故伤害的；

3）在工作时间和工作场所内，因履行工作职责受到暴力等意外伤害的；

4）患职业病的；

5）因工外出期间，由于工作原因受到伤害或者发生事故下落不明的；

6）在上下班途中，受到机动车事故伤害的；

7）法律、行政法规规定应当认定为工伤的其他情形。

（2）职工有下列情形之一的，视同工伤：

1）在工作时间和工作岗位，突发疾病死亡或者在48h内经抢救无效死亡的；

2）在抢险救灾等维护国家利益、公共利益活动中受到伤害的；

3）职工原在军队服役，因战、因公负伤残废，已取得革命伤残军人证，到用人单位后复发的。

（3）职工有下列情形之一的，不得认定为工伤或者视同工伤：

1）故意犯罪的；

2）醉酒或者吸毒的。

2. 工伤认定的申报

（1）工伤认定申报的程序。

1）职工发生事故伤害或者按照职业病防治法规定被诊断、鉴定为职业病，所在单位应当自事故伤害发生之日或者被诊断、鉴定为职业病之日起30日内，向统筹地区社会保险行政部门提出工伤认定申请。遇有特殊情况，经报社会保险行政部门同意，申请时限可以适当延长。用人单位未在规定的时限内提交工伤认定申请，在此期间发生符合本条例规定的工伤待遇等有关费用由该用人单位负担。应当由省级社会保险行政部门进行工伤认定的事项，根据属地原则由用人单位所在地的设区的市级社会保险行政部门办理。

2）用人单位未按前款规定提出工伤认定申请的，工伤职工或者其近亲属、工会组织在事故伤害发生之日或者被诊断、鉴定为职业病之日起1年内，可以直接向用人单位所在地统筹地区社会保险行政部门提出工伤认定申请。

（2）工伤认定申请应提交的材料：

1）工伤认定申请表；

2）与用人单位存在劳动关系（包括事实劳动关系）的证明材料；

3）医疗诊断证明或者职业病诊断证明书（或者职业病诊断鉴定书）。

（3）工伤认定。

1）社会保险行政部门应当自受理工伤认定申请之日起60日内作出工伤认定的决定，并书面通知申请工伤认定的职工或者其近亲属和该职工所在单位。

2）社会保险行政部门对受理的事实清楚、权利义务明确的工伤认定申请，应当在15日内作出工伤认定的决定。

3）作出工伤认定决定需要以司法机关或者有关行政主管部门的结论为依据的，在司法机关或者有关行政主管部门尚未作出结论期间，作出工伤认定决定的时限中止。

4）社会保险行政部门工作人员与工伤认定申请人有利害关系的，应当回避。

3. 劳动能力鉴定

（1）劳动能力鉴定的条件。职工发生工伤，经治疗伤情相对稳定后存在残废、影响劳动能力的，应当进行劳动能力鉴定。

（2）劳动能力鉴定是指劳动功能障碍程度和生活自理障碍程度的等级鉴定。劳动功能障碍分为十个伤残等级，最重的为一级，最轻的为十级。生活自理障碍分为三个等级：生活完全不能自理、生活大部分不能自理和生活部分不能自理。

（3）申请劳动能力鉴定的流程。

1）劳动能力鉴定由用人单位、工伤职工或者其近亲属向设区的市级劳动能力鉴定委员会提出申请，并提供工伤认定决定和职工工伤医疗的有关资料。

2）设区的市级劳动能力鉴定委员会应当自收到劳动能力鉴定申请之日起60日内作出劳动能力鉴定结论，必要时，作出劳动能力鉴定结论的期限可以延长30日。劳动能力鉴定结论应当及时送达申请鉴定的单位和个人。

3）申请鉴定的单位或者个人对设区的市级劳动能力鉴定委员会作出的鉴定结论不服的，可以在收到该鉴定结论之日起15日内向省、自治区、直辖市劳动能力鉴定委员会提出再次鉴定申请。省、自治区、直辖市劳动能力鉴定委员会作出的劳动能力鉴定结论为最终结论。

4）自劳动能力鉴定结论作出之日起1年后，工伤职工或者其近亲属、所在单位或者经办机构认为伤残情况发生变化的，可以申请劳动能力复查鉴定。再次鉴定和复查鉴定的期限，依照上述规定执行。

5）申请劳动能力鉴定应提交的材料：按要求填报的《劳动能力鉴定申请表》；职工工伤认定书复印件；有关伤情的医学诊疗情况证明材料；其他有关材料。

4. 工伤保险待遇

工伤保险待遇是指职工因工作遭受事故伤害或者患职业病进行治疗，享受工伤医疗待遇。职工治疗工伤应当在签订服务协议的医疗机构就医，情况紧急时可以先到就近的医疗机构急救。根据《工伤保险条例》的规定，工伤保险赔偿项目包括工伤职工的医疗费、住院伙食补助费、交通费、食宿费、康复治疗费、辅助器具费、停工留薪费用、护理费等。

**四、《城市轨道交通运营管理办法》**

（一）概述

原建设部于2005年7月26日向社会公布的《城市轨道交通运营管理办法》，于2005年8月1日起正式实施。出台《城市轨道交通运营管理办法》的目的是为了加强城市轨道交通运营管理，保证城市轨道交通正常、安全运营，维护城市轨道交通运营秩序，保障乘客和城市轨道交通运营者的合法权益。城市轨道交通运营管理办法适用于城市轨道交通的运营及相关的管理活动。本办法所称城市轨道交通，是指城市公共交通系统中大运量的城市地铁、轻轨等城市轨道公共客运系统。

本办法所称城市轨道交通设施，是指为保障城市轨道交通系统正常安全运营而设置的轨道、隧道、高架道路（含桥梁）、车站（含出入口、通道）、通风亭、车辆、车站设施、车辆段、机电设备、供电系统、通信信号系统等设施。

（二）主要内容

1. 对工作人员的要求

城市轨道交通运营单位工作人员应当佩戴标志、态度文明、服务规范。驾驶员、调度员、行车值班员等岗位的工作人员应当经培训合格后，持证上岗。城市轨道交通运营单位应当在车站配备急救箱，车站工作人员应当掌握必要的急救知识和技能。

2. 工作人员的工作职责

工作人员有权制止下列危害城市轨道交通正常运营的行为：在车厢内吸烟、随地吐痰、便溺、吐口香糖，乱扔果皮、纸屑等废弃物；在车站、站台、站厅、出入口、通道停放车辆、堆放杂物或者擅自摆摊设点堵塞通道；擅自进入轨道、隧道等禁止进入的区域；攀爬、跨越围墙、护栏、护网、门闸；强行上下列车；在车厢或者城市轨道交通设施上乱写、乱画、乱张贴；携带宠物乘车；危害城市轨道交通运营和乘客安全的其他行为。

工作人员可以禁止下列危害城市轨道交通设施的行为：携带易燃、易爆、有毒和放射性、腐蚀性的危险品乘车；非紧急状态下动用应急装置；损坏车辆、隧道、轨道、路基、车站等设施设备；损坏和干扰机电设备、电缆、通信信号系统；污损安全、消防、疏散导向、站牌等标志，防护监视等设备；危害城市轨道交通设施的其他行为。

3. 突发事件的处理

当发生地震、火灾或者其他突发事件时，城市轨道交通运营单位和工作人员应当立即报警和疏散人员，并采取相应的紧急救援措施，并按照应急预案操作规程进行安全处置。当遇有城市轨道交通客流量激增，危及安全运营的紧急情况时，采取限制客流量的临时措施，确保运营安全。城市轨道交通运营中发生人员伤亡事故，应当按照先抢救受伤者，及时排除故障，恢复正常运行，后处理事故的原则处理，并按照国家有关规定及时向有关部门报告。

4. 其他相关法律责任

城市轨道交通运营单位若违反相关规定，由城市轨道交通运营主管部门依法进行处罚。

**五、《中华人民共和国民法典》有关侵权责任条款**

《中华人民共和国民法典》由第十三届全国人民代表大会第三次会议于2020年5月28日通过，自2021年1月1日起施行。民法是民事领域的基础性、综合性法律，规范各类民事主体的人身关系和财产关系。《民法典》共7编、1260条，侵权责任为第七编，共95条，原《中华人民共和国侵权责任法》同时废止。侵权责任编的目的是调整因侵害民事权益产生的民事关系，是城轨交通运营处理客伤事故的主要依据。

（一）一般规定

（1）过错责任原则与过错推定责任。行为人因过错侵害他人民事权益造成损害的，应当承担侵权责任。依照法律规定推定行为人有过错，其不能证明自己没有过错的，应当承担侵权责任。

（2）无过错责任。行为人造成他人民事权益损害，不论行为人有无过错，法律规定应当承担侵权责任的，依照其规定。

（3）共同侵权。二人以上共同实施侵权行为，造成他人损害的，应当承担连带责任。

（4）与有过错。被侵权人对同一损害的发生或者扩大有过错的，可以减轻侵权人的责任。

（5）受害人故意。损害是因受害人故意造成的，行为人不承担责任。

（6）第三人过错。损害是因第三人造成的，第三人应当承担侵权责任。

（二）损害赔偿

（1）人身损害赔偿范围。侵害他人造成人身损害的，应当赔偿医疗费、护理费、交通费、营养费、住院伙食补助费等为治疗和康复支出的合理费用，以及因误工减少的收入。造成残疾的，还应当赔偿辅助器具费和残疾赔偿金；造成死亡的，还应当赔偿丧葬费和死亡赔偿金。

（2）侵害他人人身权益造成财产损失的赔偿计算办法。侵害他人人身权益造成财产损失的，按照被侵权人因此受到的损失或者侵权人因此获得的利益赔偿；被侵权人因此受到的损失，以及侵权人因此获得的利益难以确定，被侵权人和侵权人就赔偿数额协商不一致，向人民法院提起诉讼的，由人民法院根据实际情况确定赔偿数额。

（3）精神损害赔偿。侵害自然人人身权益造成严重精神损害的，被侵权人有权请求精神损害赔偿。因故意或者重大过失侵害自然人具有人身意义的特定物造成严重精神损害的，被侵权人有权请求精神损害赔偿。

（三）责任主体的特殊规定

（1）监护人责任。无民事行为能力人、限制民事行为能力人造成他人损害的，由监护人承担侵权责任。监护人尽到监护职责的，可以减轻其侵权责任。

（2）暂时丧失意识后的侵权责任。完全民事行为能力人对自己的行为暂时没有意识或者失去控制造成他人损害有过错的，应当承担侵权责任；没有过错的，根据行为人的经济状况对受害人适当补偿。完全民事行为能力人因醉酒、滥用麻醉药品或者精神药品对自己的行为暂时没有意识或者失去控制造成他人损害的，应当承担侵权责任。

（3）用人单位责任和劳务派遣单位、劳务用工单位责任。用人单位的工作人员因执行工作任务造成他人损害的，由用人单位承担侵权责任。用人单位承担侵权责任后，可以向有故意或者重大过失的工作人员追偿。劳务派遣期间，被派遣的工作人员因执行工作任务造成他人损害的，由接受劳务派遣的用工单位承担侵权责任；劳务派遣单位有过错的，承担相应的责任。

（4）违反安全保障义务的侵权责任。《民法典》第一千一百九十八条规定，宾馆、商场、银行、车站、机场、体育场馆、娱乐场所等经营场所、公共场所的经营者、管理者或者群众性活动的组织者，未尽到安全保障义务，造成他人损害的，应当承担侵权责任。因第三人的行为造成他人损害的，由第三人承担侵权责任；经营者、管理者或者组织者未尽到安全保障义务的，承担相应的补充责任。经营者、管理者或者组织者承担补充责任后，可以向第三人追偿。

（四）高度危险责任

（1）高度危险责任一般规定。从事高度危险作业造成他人损害的，应当承担侵权责任。

（2）高度危险活动致害责任。从事高空、高压、地下挖掘活动或者使用高速轨道运输工具造成他人损害的，经营者应当承担侵权责任；但是，能够证明损害是因受害人故意或者不可抗力造成的，不承担责任。被侵权人对损害的发生有重大过失的，可以减轻经营者的责任。

（3）未经许可进入高度危险活动区域的致害责任。未经许可进入高度危险活动区域或者高度危险物存放区域受到损害，管理人能够证明已经采取足够安全措施并尽到充分警示义务的，可以减轻或者不承担责任。

城市轨道交通属于公共场所，用工形式多样，涉及各类人员，极易发生不同原因的乘客伤害事故，需根据客伤原因由侵权人依法承担人身赔偿责任。人身伤害赔偿标准由最高人民法院在《最高人民法院关于审理人身损害赔偿案件适用法律若干问题的解释》（2003 年 12 月 4 日最高人民法院审判委员会第 1233 次会议通过，2020 年 12 月 23 日，2022 年 2 月 15 日进行了两次修订）进行了说明。该解释与法律条文具有同等效力。

## 六、《中华人民共和国治安管理处罚法》

### （一）概述

《中华人民共和国治安管理处罚法》的立法目的为“加强治安管理，维护社会秩序和公共安全，保护公民的合法权益，保障社会主义现代化建设的顺利进行”。扰乱公共秩序，妨害公共安全，侵犯人身权利、财产权利，妨害社会管理，具有社会危害性，依照《中华人民共和国刑法》的规定构成犯罪的，依法追究刑事责任；尚不够刑事处罚的，由公安机关依照本法给予治安管理处罚。

### （二）主要内容

1. 扰乱公共秩序的行为和处罚

（1）有下列行为之一的，处警告或者二百元以下罚款；情节较重的，处五日以上十日以下拘留，可以并处五百元以下罚款：

1）扰乱车站、港口、码头、机场、商场、公园、展览馆或者其他公共场所秩序的；

2）扰乱公共汽车、电车、火车、船舶、航空器或者其他公共交通工具上的秩序的；

3）非法拦截或者强登、扒乘机动车、船舶、航空器以及其他交通工具，影响交通工具正常行驶的。

（2）有下列行为之一的，处五日以上十日以下拘留，可以并处五百元以下罚款；情节较轻的，处五日以下拘留或者五百元以下罚款：

1）散布谣言，谎报险情、疫情、警情或者以其他方法故意扰乱公共秩序的；

2）投放虚假的爆炸性、毒害性、放射性、腐蚀性物质或者传染病病原体等危险物质扰乱公共秩序的；

3）扬言实施放火、爆炸、投放危险物质扰乱公共秩序的。

（3）有下列行为之一的，处十日以上十五日以下拘留，可以并处一千元以下罚款；情节较轻的，处五日以上十日以下拘留，可以并处五百元以下罚款：

1）组织、教唆、胁迫、诱骗、煽动他人从事邪教、会道门活动或者利用邪教、会道门、迷信活动，扰乱社会秩序、损害他人身体健康的；

2）冒用宗教、气功名义进行扰乱社会秩序、损害他人身体健康活动的。

2. 妨害公共安全的行为和处罚

（1）违反国家规定，制造、买卖、储存、运输、邮寄、携带、使用、提供、处置爆炸性、毒害性、放射性、腐蚀性物质或者传染病病原体等危险物质的，处十日以上十五日以下拘留；情节较轻的，处五日以上十日以下拘留。

（2）爆炸性、毒害性、放射性、腐蚀性物质或者传染病病原体等危险物质被盗、被抢或者丢失，未按规定报告的，处五日以下拘留；故意隐瞒不报的，处五日以上十日以下拘留。

（3）非法携带枪支、弹药或者弩、匕首等国家规定的管制器具的，处五日以下拘留，可以并处五百元以下罚款；情节较轻的，处警告或者二百元以下罚款。

非法携带枪支、弹药或者弩、匕首等国家规定的管制器具进入公共场所或者公共交通工具的，处五日以上十日以下拘留，可以并处五百元以下罚款。

（4）有下列行为之一的，处五日以上十日以下拘留，可以并处五百元以下罚款；情节较轻的，处五日以下拘留或者五百元以下罚款：

1）盗窃、损毁或者擅自移动铁路设施、设备、机车车辆配件或者安全标志的；

2）在铁路线路上放置障碍物，或者故意向列车投掷物品的；

3）在铁路线路、桥梁、涵洞处挖掘坑穴、采石取沙的；

4）在铁路线路上私设道口或者平交过道的。

（5）擅自进入铁路防护网或者火车来临时在铁路线路上行走坐卧、抢越铁路，影响行车安全的，处警告或者二百元以下罚款。

## 知识点 6 《城市轨道交通运营劳动安全守则》（节选）

### 一、全体作业人员共同遵守的劳动安全守则

（1）班前充分休息，班中严禁饮酒；工作前认真检查设备、机具，确认良好后方可操作。

（2）正确使用劳动防护用品。

（3）做到工作场所整洁；产生有毒有害物的作业场所或使用火炉取暖的场所，必须具备良好的通风设施或保持室内外通风条件。

（4）做到工作中精力集中；不允许擅离岗位和嬉戏打闹。

（5）做到停机处理机械、设备故障。

（6）遇有大雾、大雨（雪）、雷电密集、扬沙及六级以上大风等恶劣天气时，不允许进行露天登高作业和上道维修施工作业；因抢修等特殊情况必须作业时，有关领导必须到场把关。

（7）进入高电压区域时，必须与带电部位保持规定的安全距离。

（8）电气设备维修人员必须持证上岗，按规定穿戴绝缘防护用品；不允许擅自拆接电线；电气设备的接插件、电线等必须保持完好和绝缘性能良好；严禁使用未安装触电保护器的各种手持式电动工具和电气移动设备。

（9）危险场所、地段和重要设施、设备处所，必须设置醒目的安全警示标志或设置安全防护隔离区。

（10）特种设备（包括厂内机动车辆）必须定期检测，严禁带病运行；其操作人员必须持证上岗，按操作规程操作。

（11）特殊工种禁止无证操作。

（12）作业时认真执行“三不动”“三不离”“故障三清”“三懂三会”等安全制度。

1）三不动：未联系登记好不动；对性能、状态不清楚的设备不动；未经授权的设备不动。

2）三不离：检修完后不复查试验完，不离开；影响正常使用的设备未修好，不离开；发现设备、设施异响，不查明原因不离开。

3）故障三清：故障时间清；故障地点清；故障原因清。

4）三懂三会：懂设备结构、会使用；懂设备性能、会维修；懂设备原理、会排除故障。

### 二、轨行区作业人员劳动安全守则

（1）顺线路行走时，应做到：

1）按线路安全行走线路图规定的线路行走，所携带的物件（包括长杆、扶梯等）与接

触轨带电部位需保持700mm以上的距离。

2）不允许脚踏钢轨面、道岔连接杆、尖轨等，严禁在道心、轨枕头上行走。

3）不允许在钢轨上、车底下、枕木头、道心里休息或滞留，严禁扒乘机车、车辆，以车代步。

（2）横越线路时，应做到：

1）必须执行“一停、二看、三通过”制度，并注意机车、车辆的动态及脚下有无障碍物；站内设有天桥、地道、平过道的，严禁横越线路。

2）横越停有机车车辆的线路时，必须确认机车、车辆暂不移动，在距机车、车辆5m以外处通过。

3）不得在两车之间以及车辆与车挡之间横过或工作，除非确定该车辆已使用止轮器或其他制动措施固定且暂时不会被移动。

（3）上道作业人员必须穿着有黄色标志的防护服（帽），夜间要有反光标志。

（4）当听到列车鸣笛时，立即远离轨道，并高举一臂过头，向司机显示已收到警告。

（5）在接触轨设备附近工作时：

1）必须穿着荧光背心。

2）切勿在接触轨设备2m范围内进行任何工作及使用任何工具或物料。

3）未经许可，不得在接触轨设备7m范围内使用起重机。

（6）不得将工具或物料遗留在轨道及站台上，或其临近的地方。

**三、易燃易爆物品安全管理有关规定**

（1）易燃易爆物品贮存场所和危险品存放仓库，必须按规定配备有效的消防器材；在明显处所设置警示标志，并严格执行公安、消防管理部门的有关规定；贮存场所内的电气设备必须安装防爆装置。

（2）禁止在易燃易爆场所使用明火或携带火种。

（3）氧气瓶、乙炔瓶禁止靠近火源或在阳光下曝晒，使用时安全距离不少于10m。

（4）炸药和雷管不允许与易燃品放置在一起，不允许同车携带；携带雷管时必须将引线短路；电雷管和电池不得由一人携带；雷雨天不得携带电雷管。

（5）搬运时做到轻搬轻放。

**四、检查、清扫道岔作业人员劳动安全守则**

（1）严格执行登记销记制度，未经车站行车值班员同意不得清扫；做到逐副申请、逐副清扫、逐副报告。

（2）严格执行“一人作业，一人防护”道岔清扫（加油）作业制度。

（3）必须携带无线电台、安全木等，按规定穿着防护服，按规定线路行走，在规定的时段按道岔顺号清扫。

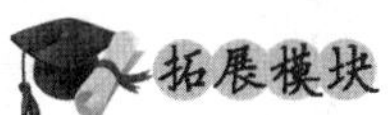


**拓展知识　某城轨运营企业运营作业安全准则**

以下是某城轨公司编制的城轨作业安全准则：

一牢记——安全在我心中，时刻牢记。

两不动——对正在使用中的设备未经授权的不动；对设备性能、状态不清楚的不动。

三懂三会——懂设备结构、会使用；懂设备性能、会维修；懂设备原理、会排除故障。

四不放过——事故原因未查清不放过；责任人员未受到处理不放过；事故责任人和周围群众没有受到教育不放过；事故制定的切实可行的整改措施未落实不放过。

五注意——注意警示标志，谨防意外；注意扶梯运行，谨防夹伤；注意地面积水积油，谨防滑倒；注意高空坠物，谨防砸伤；注意设备异常，及时发现排除故障，谨防酿成事故。

六必须——必须坚守工作岗位，遵章守纪；必须正确使用劳保防护用品；跨越线路必须一听二看三通过；施工前后必须做好防护，清理现场，出清线路；堆放物品必须整齐牢固；发现违章操作必须坚决加以制止。

七不准——不准在线路附近舞动绿色、黄色、红色物品；不准在站台边缘与安全线之间坐卧，行走，堆放物品；不准发出违章指令；不准在行车场所违章打闹；不准使用有安全隐患的工具、设备；不准臆测行事；不准当班饮酒，看杂志、聊天、打盹。

八严禁——严禁擅自跳下站台和进入隧道；严禁携带易燃易爆剧毒等危险物品进站，乘车；严禁上下行驶中的车辆；严禁擅自进入行车部位和重要设备场所；严禁擅自出动机械，设备，设施；严禁攀登到机车，车辆和车载货物顶部；严禁擅自移动，改换防护装置，警示标志；严禁顺着线路行走，走道心，枕木头，脚踏轨面和道岔尖轨。

## 任务　工伤事故处理

1. 任务描述

某日 8：13，乘客在登乘列车时，不小心将手机掉到了轨行区，刚参加工作的站务员小王在没有得到行车值班员与行调的同意下，私自进入轨行区捡拾物品，行车值班员发现后，要求他立即退出，他回应捡拾到物品后马上就出来，结果在返回站台的回程中，不小心接触到了第三轨，导致身体大面积被烧伤。请帮助小王进行工伤认定申请并编制事故调查报告。

2. 相关资料及资源

（1）教材。

（2）教学课件。

3. 任务实施说明

（1）学生分组，每 5～8 人为一小组。

（2）小组进行任务分析，编制任务执行计划。

（3）小组成员共同编制调查处理报告。

（4）展示成果，进行讲解演练。

4. 任务实施注意事项

遇到问题时小组进行讨论，通过团队合作获取问题的解决方法。

5. 效果评价

采用学生自评 50%＋组内互评 20%＋组间评价 30%的形式。

## 应知应会

1. 简述生产经营单位主要负责人的安全责任。
2. 简述从业人员的安全生产权利与义务。
3. 简述生产安全事故的等级划分。
4. 事故报告在时间上有哪些要求?
5. 事故报告时应说明哪些事项?
6. 事故现场应如何进行保护?
7. 简述事故调查组的职责。
8. 简述事故报告的内容。
9. 说明消防工作的方针。
10. 重点消防单位的消防安全职责有哪些?
11. 简述职业病的定义与职业病防治工作的方针。
12. 简述工伤认定条件。
13. 简述检查、清扫道岔作业人员劳动安全守则。
14. 维修作业时的“三懂三会”“故障三清”指的是什么?

# 项目三

# 城市轨道交通运营安全事故报告与调查处理

发生城市轨道交通运营安全事故发生后，正确及时地进行通报与调查处理，分清事故责任，一方面可以加强事故救援工作，另一方面可以使我们汲取事故经验与教训，对事故预防有着重要的作用。

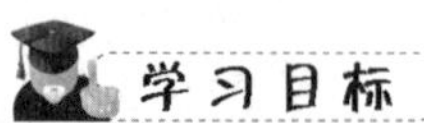


| 知识目标 | 技能目标 | 思政目标 |
|---|---|---|
| 1. 了解城轨交通事故责任划分；<br>2. 熟悉城轨道事故与突发事件的分类与分级；<br>3. 掌握运营事故报告原则、流程与内容；<br>4. 掌握行车事故、地外伤亡事故处理流程；<br>5. 掌握事故报告的编写格式 | 1. 会进行城轨道事故与突发事件的分类与分级的能力；<br>2. 会正确进行城轨运营安全事故报告及现场保护；<br>3. 会正确进行事故证据搜集；<br>4. 会编制事故报告 | 1. 培养学生处理问题时的系统思维、法治思维；<br>2. 培养学生遵法、守法、护法的法律意识；<br>3. 培养学生规则意识、责任意识、安全意识 |

## 理论模块

### 知识点 1 城市轨道交通运营安全事故（险性事件）的分类和分级

一旦发生各类运营安全事故及突发事件，必须坚持“事故原因没有查清楚不放过、没有整改措施不放过、责任者没有受到处理不放过、群众没有受到教育不放过”的“四不放过原则”正确及时进行处理，以维护城市轨道交通正常运营秩序，全面提高运营管理水平。

#### 一、基本概念

安全事故狭义上是指在运营生产过程中，因违反规章制度、违反劳动纪律、技术设备不良及其他原因，造成人员伤亡，设备损坏、经济损失、影响正常运营生产或危及运营生产安全的事件。城市轨道交通运营险性事件是指在城市轨道交通运营过程中因隐患排查治理不到位造成风险失控而发生的，对城市轨道交通运营安全和服务造成较大影响的事件。城市轨道交通运营险性事件达到国务院规定的事故等级的构成安全事故，达不到安全事故等级标准的，由于没有国家统一的划分标准，各地铁公司的划分有所不同。

## 二、事故分类

事故分类的依据不同，分类的方法也不同。大致来说，城市轨道交通运营安全事故有以下几种分类方法：

（1）根据事故发生地点与起因，事故分为运营安全事故与非运营安全事故两类。

1）运营安全事故：在运营线路、车辆段与停车场范围内，由于地铁自身原因造成员工、乘客、访客和承包商伤亡，车辆和设备损坏、中断行车或危及运营安全的各类情况。

2）非运营安全事故：除运营安全事故以外的其他事故，包含但不限于运营公司员工，持有公司配发的短期通行证件的人员、承包商与访客在公司办公区发生的事故、道路交通事故。

（2）按照事故造成的伤害程度，伤害事故分为轻伤事故、重伤事故和死亡事故。轻伤是指损失工作日在1日（含）以上但低于105日的失能伤害；重伤是指损失工作日等于和超过105日的失能伤害；死亡按6000个工作日计算。

（3）根据事故是否为不可控力造成的，分为责任事故与非责任事故。

（4）根据《国家突发公共事件总体应急预案》分类标准，地铁突发公共事件主要分为以下四类：

1）自然灾害，主要包括水灾、气象灾害、地震灾害、地质灾害等。

2）事故灾难，主要包括地铁运营过程中发生的各类安全事故和设备故障等。

3）公共卫生事件，主要包括传染病疫情、群体性不明原因疾病、动物疫情，以及其他严重影响公众健康和生命安全的事件。

4）社会安全事件，主要包括恐怖袭击事件等。

各类突发公共事件按照其性质、严重程度、可控性和影响范围等因素，一般分为Ⅰ级（特别重大）、Ⅱ级（重大）、Ⅲ级（较大）和Ⅳ级（一般），依次用红色、橙色、黄色和蓝色表示。

（5）根据事故伤害对象的不同，城市轨道交通运营安全事故可划分为因工伤亡事故、设备设施事故、地外人员伤亡事故。

1）因工伤亡事故。根据《企业职工伤亡事故分类》（GB 6441—1986）的规定，因公伤亡事故是指企业员工在劳动过程中发生的人身伤害和急性中毒。

2）设备设施事故。设备设施事故是指因设备设施的不安全状态或者相关人员的不安全行为，在设备设施制造、安装、改造、维修、使用、检验检测活动中造成的人员伤亡、财产损失、设备设施严重损坏或者中断运行、人员滞留、人员转移等突发事件。

3）地外人员伤亡事故。地外人员伤亡事故是指地铁运营系统以外的人员由于自身的原因或地铁方面的原因而导致的人身伤亡事故，主要指乘客的伤亡事故。

（6）根据事故的特点，城市轨道交通运营安全事故也可分为设备设施类事故、行车类事故、客运类事故、自然灾害类事故等。

### 三、事件、事故分级

1. 事件分级

根据《国家城市轨道交通运营突发事件应急预案》的规定，将运营突发事件分为特别重大突发事件、重大突发事件、较大突发事件和一般突发事件。

（1）特别重大运营突发事件：造成 30 人以上死亡，或者 100 人以上重伤，或者直接经济损失 1 亿元以上的。

（2）重大运营突发事件：造成 10 人以上 30 人以下死亡，或者 50 人以上 100 人以下重伤，或者直接经济损失 5000 万元以上 1 亿元以下，或者连续中断行车 24h 以上的。

（3）较大运营突发事件：造成 3 人以上 10 人以下死亡，或者 10 人以上 50 人以下重伤，或者直接经济损失 1000 万元以上 5000 万元以下，或者连续中断行车 6h 以上 24h 以下的。

（4）一般运营突发事件：造成 3 人以下死亡，或者 10 人以下重伤，或者直接经济损失 50 万元以上 1000 万元以下，或者连续中断行车 2h 以上 6h 以下的。

上述分级标准有关数量的表述中，“以上”含本数，“以下”不含本数。

2. 事故分级

城市轨道交通突发（险性）事件达到《生产安全事故报告和调查处理条件》规定的事故等级的，按条例的分类标准划分为特别重大事故、重大事故、较大事故与一般事故。对于未达到一般以上事故级别，在城市轨道交通运营过程中因隐患排查治理不到位造成风险失控而发生的，对城市轨道交通运营安全和服务造成较大影响的险性事件，不同地区制定的地方标准有不同的划分方法，如广西壮族自治区地方标准《城市轨道交通运营安全管理规范》规定，将上述险性事件分为 A 类、B 类、C 类运营一般事件。

（1）对出现下列情况之一的，定为一般事件 A 类：

中断正线（上、下行正线之一）行车 3h 以上。

（2）对出现下列情况之一的，定为一般事件 B 类：

1）中断正线（上、下行正线之一）行车 1h 以上。

2）客运列车实际单程运行时间比正常单程运行时间增加 60min 以上。

（3）对出现下列情况之一的，定为一般事件 C 类：

1）中断正线（上、下行正线之一）行车 30min 以上。

2）客运列车实际单程运行时间比正常单程运行时间增加 30min 以上。

扫一扫

拓展知识

## 知识点 2 城市轨道交通运营事故（险性事件）报告

### 一、城轨运营事故（险性事件）报告的原则、要求及内容

1. 报告的原则

（1）迅速、准确、真实的原则。任何部门和个人对事故不得迟报、漏报、谎报或者瞒报，实行“首报、续报、终报”制度。

（2）逐级报告的原则。

（3）内部、上级领导及协作单位并举的原则。

（4）行车控制中心是城市轨道交通运营单位的信息收发中心和通信联络中心，负责信息的收集、整理、分析和处理。

2. 报告要求

(1) 运营事故（险性事件）报告流程如图3-1所示。

(2) 报告的有关要求。

1) 发生各类运营事故（险性事件）时，有关人员按要求及时汇报调度中心，调度中心按要求通知相关部门并按《生产安全事故报告和调查处理条例》的要求向有关部门报告。

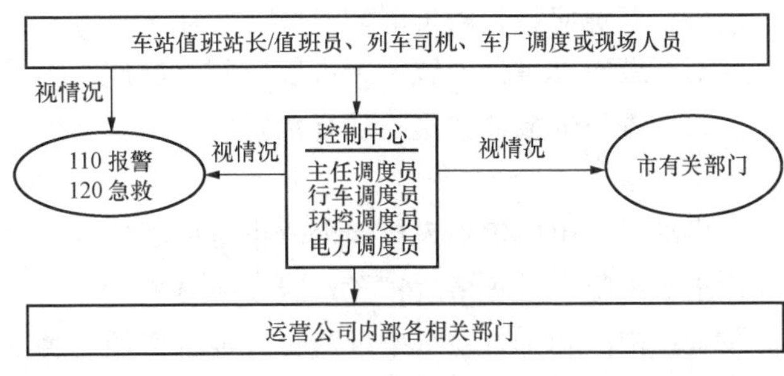


图3-1 城轨安全事故报告流程

①如发生在车站时，由车站行车值班员或现场人员立即向行车调度员报告。

②如发生在车辆段时，由事发地归属部门生产调度（车务部为车厂调度、物资部为值班人员）或现场人员立即向行车调度员报告。

③如发生在区间时，由司机或现场人员立即向行车调度员或通过车站行车值班员向行车调度员报告。

④供电系统发生影响运营的故障，由现场值班人员立即向电力调度员报告，电力调度员接到报告后立即报告主任调度员，并向行车调度员通报。

2) 按就近处理的原则，发生立即需要外部支援的运营事故（如火灾、爆炸、人员伤亡等）时：

①现场人员有条件时应立即拨打110、120。

②控制中心当值人员接到报告后应立即拨打110、120。

③控制中心接到报告后视情况通知市有关部门。

3) 控制中心所通知的市有关部门是指市应急管理部门或城市轨道交通运营主管部门，由主任调度员决定通知范围或执行运营公司领导指示。

4) 各生产部门调度负责向部门相关人员进行通报，具体办法由各部门分别另行制订。事故发生后，事故发生单位在报告的同时，应按相应应急处理程序要求，开展应急救援工作，控制事故扩大。

5) 运营事故或险性事件发生后，运营公司应在1h内向相关部门报告，重大情况可越级上报，事故具体情况暂时不清楚的，事故发生部门可以先报事故概况，随后补报事故全面情况，一般事故、较大事故每日至少续报1次；重大事故、特别重大事故每日至少续报2次；自事故发生之日起30日内（道路交通、火灾事故自发生之日起7日内），事故造成的伤亡人数发生变化的，应于当日续报。

3. 城轨运营事故（险性事件）报告的内容

(1) 发生单位。

(2) 发生的时间、地点、现场情况及简要经过。

(3) 已经造成或者可能造成的伤亡人数（包括下落不明的人数）和初步估计的直接经济损失。

(4) 已经采取的措施。

（5）对运营造成的影响。

（6）初步原因分析。

（7）下一步措施和需要协调事项。

（8）其他应报告的情况。

对运营险性事件处置的新进展、新情况应及时续报。

## 二、事故的应急救援与现场保护

1. 事故应急救援

事故发生单位负责人接到事故报告后，应当立即启动事故相应应急预案，并采取有效措施，组织抢救，防止事故扩大，减少人员伤亡和财产损失。事故发生地有关地方人民政府、应急管理部门和负有安全生产监督管理职责的有关部门接到事故报告后，其负责人应当立即赶赴事故现场，组织事故救援。

2. 现场保护

事故发生后，有关单位和人员应当妥善保护事故现场以及相关证据，任何单位和个人不得破坏事故现场、毁灭相关证据。因抢救人员、防止事故扩大以及疏通交通等原因，需要移动事故现场物件的，应当做出标志，绘制现场简图并做出书面记录，妥善保存现场重要痕迹、物证。

在运营安全事故调查组到达现场前，现场事故处理负责人要保护现场，挽留事故见证人，保存可疑证物，做好记录，配合运营安全事故调查组做好事故调查的前期准备工作。在运营安全事故调查组到达现场后，立刻按职责配合调查取证工作。

根据事故调查需求，各部门需调用电话录音、录像资料时，需向自动监控部调度说明情况后，到所在具体保存地点登记听取，在听取过程中需有保存地点人员全程陪同。如需拷贝，需向陪同人员说明情况，由陪同人员拷贝后做好登记。但较大事故以上事故的录音、录像资料未经运营安全事故调查处理组允许不得听取、查看和拷贝。

死亡事故现场须经过当地劳动、安全、公安等部门的同意后才能清理。

# 知识点 3 事故调查组织

## 一、事故调查

处理事故要以事实为依据，以规章为准绳，按“四不放过”原则处理事故，认真调查分析，查明原因，分清责任，吸取教训，制定对策，防止同类事故再次发生。

1. 运营安全事故调查程序

（1）根据事故等级、性质、损失、影响等因素由政府部门主持调查分析工作时，运营公司应主动积极配合开展事故调查工作。

（2）事故发生后，运营安全事故调查处理组常设组员单位应立刻赶赴现场组织开展现场事故调查前期工作。

（3）发生影响列车运行的相关事故时，在启动后备措施仍不能保证行车恢复的情况下，在尽量获得现场图像、标记后，按“先通后复”原则执行。但发生重大事故及以上事故时除外。

2. 事故调查组的组成原则

（1）特别重大、重大、较大事故及有人员伤亡的一般事故的事故调查组组成。根据《生产安全事故报告和调查处理条例》的要求组织有关人员成立事故调查组。

（2）运营企业运营安全事故调查组。

组长：运营公司经理、分管安全副经理或由经理指定。

副组长：安全监察部部长、副部长、运营公司安全主任。

常设组员单位：安全监察部、技术部、计划经营部、人力资源部、综合部、运营公司工会。

组员：由组长指定。

凡与事故发生有直接关系的人员不得参与事故的调查分析。运营安全事故若初步判明属地铁外部单位责任时，事故调查组应立即通知责任单位，双方共同调查。

3. 事故调查组的职责

（1）政府部门主持调查时，事故调查组职责。根据《生产安全事故报告和调查处理条例》的要求确定。

（2）运营企业主持调查时，事故调查组职责。

1）负责无人员伤亡的一般事故的调查分析；

2）提出对事故定性定责及处理建议；

3）检查控制事故的应急措施是否得当、落实；

4）提出对有关规章制度的修改意见、对设备设施的整改意见和防止类似事故再次发生的措施；

5）编制运营险性事件分析报告。

4. 事故调查的内容

（1）认真勘查现场，详细检查车辆、线路及有关设备，进行拍摄，并做成文字记录、绘制事故现场示意图，必要时设置警戒线。当技术设备破损时，应保存其实物。

（2）听取事故现场人员的情况陈述，收集现场负责人提供的有关资料及物证。

（3）根据事故的性质、情节对事故当事人进行单独调查，责成当事人写出书面材料。

（4）若事故发生地点的线路遭到破坏，无法检查测量线路质量时，应对事故地点前后适当距离（100m 以内）进行测量，以作为事故地点线路质量的参考依据。

（5）对事故关系人、现场见证人调查询问，并详细记录。

（6）检查有关技术文件、报表的编制填写情况，必要时将原件或其复印件附在调查记录内。

（7）调取有关录音、录像资料。

（8）注意是否有人为破坏的迹象。

（9）必要时召开现场分析会。

## 二、搜集证据

证据包括物证、事故事实材料及证人材料等。

1. 物证搜集

（1）收集到事故现场所留下的各种物证均应贴上注有时间、地点、使用者及管理者等内容的标签。

（2）所有物证均应保持原样，不得冲洗、擦拭。

（3）需要对有害健康的危险物品采取安全防护措施时，也应在不损坏原始证据的条件下进行，确保各种现场物证的完整性和真实性。

2. 事故事实材料的搜集

对事故发生前的有关事实及有利于鉴别和分析事故的各种材料进行搜集。

（1）事故发生前的有关事实包括：事故发生前各种设备及设施的性能、质量及运行状况，使用的材料（必要时进行理化性能分析和实验），设计和工艺方面的技术文件，各种规章制度、操作规程等的建立和执行情况，工作环境状况（必要时可取样分析），个人防护措施状况及出事前受害者或肇事者的健康状况等。

（2）有利于事故鉴别和分析的材料包括：发生事故的时间、地点、单位，受害人和肇事者的姓名、性别、年龄、文化程度、技术水平、工龄及从事本工种的时间等，受害者及肇事者接受安全教育（如三级教育）的情况，受害者及肇事者过去的事故记录，事故当天受害者及肇事者的开始工作时间、工作内容、工作量、作业程序和动作以及作业时的情绪和精神状态等。

3. 证人材料的搜集

（1）目击证人至少挽留两名，证人尽量不为当事人亲友或有利害关系的人；如果现场无合适证人，只有当事人亲友或有利害关系的人，也需留下证词，并且应安排专人接洽现场挽留的证人。

（2）当事人、目击证人填写《事件经过记录表》时应注明详细、真实的联系方式、家庭地址、身份证号码等。

（3）车站工作人员及目击证人在记录事情经过时要完整，注意细节。例如：事件发生时周围的环境、设备状况；当事人所带行李及随行人员；是否由自身健康原因（如生病等）、第三者或其他外部因素引起造成受伤；当事人是主观故意还是过失；初步判断当事人受伤的部位、伤势情况；发生事件后采取的处理方式等。

（4）当事人书面陈述时因身体状况及其他客观因素必须由他人代写的，需经当事人同意，书写完毕由双方签字、按手印确认。

（5）书面的证据尽量不涂改，一经涂改需在涂改处盖章或签名证明。填写《事情经过记录表》时要在结尾处注明“以上情况属实”，并由书写人签名确认。

（6）地铁工作人员不得擅自将目击证人的身份和资料泄漏给外部人员或媒体，不得擅自将事情经过、内容及相关情况告知无关人员。

4. 其他

（1）事故现场摄影：对于一些不能较长时间保留、有可能被消除或被践踏的证据，如各种残骸、受害者原始存息地、各种痕迹、事故现场全貌等，应利用拍照或录像等手段记录下来，为随后的事故调查和分析提供原始和真实的信息。

（2）事故图绘制：为了直观地反映事故的情况，还应将事故的有关情况绘制出来，如事故现场示意图、流程图、受害者位置图等。

## 知识点 4 事故原因分析

在分析事故原因时，应从直接原因入手，确定导致事故的直接原因后，逐步深入到间接原因方面进行分析，找出事故的主要原因，从而掌握事故的全部原因，分清主次，进行事故责任分析。

1. 直接原因

（1）机械、物质或环境的不安全状态；

（2）人的不安全行为。

2. 间接原因

（1）技术上和设计上有缺陷，如机械设备、工艺过程、操作方法等的设计、施工和材料使用存在的问题；

（2）教育培训不够或未经培训，缺乏或不懂安全操作知识；

（3）劳动组织不合理；

（4）对现场工作缺乏检查或指导错误；

（5）没有安全操作规程或不健全；

（6）没有或不认真实施防范措施，对事故隐患整改不力；

（7）其他。

## 知识点 5 城市轨道交通事故处理

### 一、事故责任判定

1. 由政府主持调查的事故的处理

根据《生产安全事故报告和调查处理条例》的要求确定。

2. 由企业组织调查事故的处理

（1）运营安全事故责任划分为：

1）全部责任：负有事故损失及不良影响100%责任；

2）主要责任：负有事故损失及不良影响60%～90%责任；

3）同等责任：各方均负有事故损失及其不良影响的相同比例的责任；

4）次要责任：负有事故损失及不良影响30%～40%责任；

5）一定责任：负有事故损失及不良影响10%～20%责任；

6）管理责任：根据事故性质承担。

（2）运营安全事故责任判定的依据：有效的各项规章、制度、办法及规定等。

（3）运营安全事故责任定责判定及处理。

1）在正线上因车辆调试作业发生的事故，属于车辆本身技术问题的，由负责组织调试作业的单位或部门承担主要责任（60%）；在非正线上因车辆调试作业发生的事故，属于车辆本身技术问题的，由负责组织调试作业的单位或部门承担主要责任（70%）。但由于其他原因造成的仍按正常事故处理。

2）因承包商在地铁范围内进行设备维修、施工而造成的运营安全事故，列为承包商责任事故，管理部门承担管理责任。

3）因货物装载不良或押运人员监督不力造成的事故，由装载部门或押运部门承担责任。

4）车辆、设备、设施、器材、装置发生异常状况，由于处理人员操作不当直接导致发生事故时，由该处理人员及所属部门承担全部责任。

5）运营公司批准的技术革新、科研项目进行试验时，在规定的试验期内，被试验的项目发生事故，不列为运营责任事故。但由于违反操作规程以及其他人为因素造成的仍列为责任事故。

6）正式投入使用的各种运营设备发生事故时，一律列为运营安全事故。

7）事故全部由一方原因造成，则承担全部责任；当事故由两方原因造成，但双方推诿扯皮，造成责任难以分清时，可以裁定双方均负有同等责任。

8）事故由两方或多方原因造成，当各方责任等同时，则各方承担同等责任。

9）当事故由三方以上原因造成时，则视各方责任而依次承担主要责任、次要责任、一定责任；在具有非造成事故直接原因但与事故发生有着一定关系时，则负有一定责任。

10）当一起事故具有多种定性条件时，按事故性质等级高的定性。

11）下列事故可列为非责任事故：因自然灾害等原因使设备损坏造成运营安全事故的；因人为故意破坏造成运营安全事故的；经运营公司审查确定，可列为非责任事故的。

12）凡隐瞒事故、弄虚作假、破坏证据等，一经查清，列为该部门或人员全部责任。

**二、事故（件）调查分析报告**

政府部门主持调查时，事故调查期限及事故调查报告内容根据《生产安全事故报告和调查处理条例》要求确定。由企业组织事故调查时，在事故发生之日起 30 日内，调查组应就所调查的内容写出书面的《××险性事件分析报告》并报送安全技术委员会审批。

分析报告应包括以下内容：

（1）发生单位概况。

（2）发生经过和处置情况。

（3）造成的人员受伤和直接经济损失。

（4）事件发生的原因分析。

（5）事件整改与防范措施。

（6）有关图文、视频、音频、数据等资料。

运营险性事件分析报告形成后 5 个工作日内，报送至城市轨道交通运营主管部门。城市轨道交通运营主管部门应在收到报告后逐级报送至交通运输部，每级报送时限不超过 10 个工作日。

**三、事故处理**

由政府有关部门调查处理的事故及地外人员伤亡事故按照《生产安全事故报告和调查处理条例》的规定进行处理。

由企业组织事故调查时，安全技术委员会收到《事故调查报告》后，应组织专题会议讨论，安全技术委员会有权对《事故调查报告》中的内容做出修正，并在接到《事故调查报告》后 5 日内做出事故处理决定。

## 知识点 6 城市轨道交通行车事故处理

凡因操作人员违反规章制度、违反劳动纪律和作业纪律，或者因设备不良及其他原因，在行车中造成人员伤亡、设备损坏、经济损失、影响正常行车或危及行车安全的，均构成行车事故。

## 一、行车事故处理原则

事故的分析、调查、处理是事故发生后的重要环节，目的是为了及时恢复正常运行、找出事故发生的原因和形成机制，并制定相应的措施、方法与手段，减少或杜绝事故的再次发生。

（1）各相关部门处理行车事故必须执行高度集中、统一指挥的原则。

（2）分级处理的原则。一旦发生行车事故，各相关部门应采取积极措施，迅速组织救援，尽快恢复运营。根据发生事故的隶属关系和事故的等级分类，按照分级管理原则予以处理。

凡发生特大、重大、较大安全生产事故的，由城市轨道交通运营安全管理部门配合上级有关部门调查处理。发生无人员伤亡的一般行车事故，由城市轨道交通运营安全管理部门具体负责调查处理。

（3）坚持“先救人，后救物；先全面，后局部；先正线，后其他”的原则，优先组织人员疏散、伤员抢救，同时兼顾重点设备和环境的防护，将损失降至最低程度。

（4）应坚持就近处理的原则。

（5）员工在行车事故处理过程中应兼顾现场的保护工作，以利于公安、消防和事件调查部门的现场取证。

（6）先通后复的原则。

## 二、行车事故通报

（1）信息通报原则。车站及运营线路上发生突发事件后的请示报告工作，是降低各类损失、减少事故影响、缩短救援时间的重要环节。

1）车站发生各类突发事件时，行车值班员应认真确认现场情况，迅速、准确、客观地向行车调度员报告。同时根据处置预案视不同情况向值班站长、站区领导、客运营销科及地铁公安分局管界派出所报告。

2）逐级报告的原则。事故发生在区间时，列车司机应立即报告行车调度。事故发生在车站内或车厂内时，车站值班站长或车厂调度员应立即报告行车调度。

发生人员伤亡、火灾、爆炸、毒气袭击、聚众闹事、劫持人质及其他恐怖活动等事故，需要报告119火警、120急救中心或110匪警时，由现场负责人或目击者在第一时间直接报告；如果无法直接报告，则应以尽快报告的原则，向就近的车站或控制中心（车厂控制中心）或上级报告，再报告119火警、120急救中心或110匪警。

3）现场情况一时难以判断清楚时，应遵循“先报整体情况，然后继续确认，随时报告”的原则。如发现已经报告的内容有误时，应立即予以更正。

4）在迅速报告的基础上，对现场情况及处置过程应随时报告。

5）履行报告程序时应避免对其他作业的影响。遇有处置预案未尽事宜时，应边请示报告边本着尽力保证安全、尽量减少损失、尽快恢复运营的原则开展处理工作。

6）在突发事件处理过程中，有关人员必须坚守岗位，加强监护，及时掌握并报告各类相关信息，严禁擅自离开指定岗位。

（2）行车事故通报流程。

1）发生立即需要外部支援的行车事故（如火灾、爆炸、人员伤亡等）时，按就近处理原则进行通报。

如发生在车站或车厂，现场人员有条件时应立即致电 110、120，车厂调度或车站值班站长/行车值班员接到报告后应立即致电 110、120。

如发生在区间，行车调度员接现场人员报告或设备监控系统报警后，由行车调度员或主任调度员报 119、110、120。

如发生在区间的列车上，司机（接现场人员报告后）立即报告行车调度员，由行车调度员或主任调度员报 119、110、120。

2）控制中心所通知的外部支援是指城市轨道交通公安分局、公交公司、交通委、市应急处理机构等，由主任调度员决定通知范围。

3）接受通报的各单位，根据事故级别、性质等，分别向本部门相关人员进行通报。

（3）事故通报内容。发生行车事故时，实行逐级通报，其内容如下：

1）发生时间（月、日、时、分）。

2）发生地点（区间、百米标和上、下行正线）。

3）列车车次、车组号、关系人员姓名及职务。

4）事故概况及原因的初步判断。

5）人员伤亡情况及机车车辆、线路等设备损坏情况。

6）是否需要救援。

7）是否影响邻线运行。

8）其他必须说明的内容及要求。

**三、事故现场处理**

（1）行车事故发生时，在上一级行车事故处理负责人到达现场前，现场负责人按就近处理原则担任现场临时行车事故处理负责人；在上一级行车事故处理负责人到达现场后，则由临时行车事故处理负责人交出现场指挥权，并配合上一级事故处理负责人开展救援工作。

（2）行车事故调查处理小组（一般运营单位行车事故调查处理小组为非常设机构）负责人为事故处理现场的城市轨道交通运营单位的最高负责人，由其负责行车事故的现场统一指挥。

（3）发生行车事故时，控制中心在行车事故调查处理小组统一指挥下负责行车事故工作中的行车、电力和环控调度工作，承担事故信息集散功能，并按行车事故现场负责人的指令提供支持。

（4）行车事故救援队为事故现场处理的具体实施机构，接到行车事故发生的通报后，迅速赶赴现场，在行车事故调查处理小组的指挥下，负责实施事故现场处理并提供相关技术支持。

**四、事故责任判定**

（1）行车事故责任按责任程度分为全部责任、主要责任、次要责任。若负全部责任、主要责任，则会影响本部门的安全成绩。

（2）因承办商在城市轨道交通内进行设备维修、施工而造成的行车事故，列为承办商责任事故。

（3）各设备主管部门因设备质量等原因发生的事故一律统计在该部门的事故中。

（4）运营单位批准的技术革新、科研科目进行试验时，在规定的试验期内，如试验的项目发生事故，不列为行车责任事故。但由于违反操作规程以及其他人为因素造成事故的，仍列为责任事故。

(5) 下列事故可列为非责任事故：

1) 因自然灾害等原因使设备损坏造成行车事故的；

2) 因人为破坏（经公安部门确认）造成行车事故的；

3) 因列车火灾、爆炸以及线路上障碍物造成行车事故而被判明非城市轨道交通部门责任的。

## 知识点 7 地外人员伤亡事故的调查处理

(1) 发生地外伤亡事故后，相关人员应及时报车站、驻站民警、安全部门、控制中心，必要时报 120 急救中心。地外伤亡事故处理流程如图 3-2 所示。

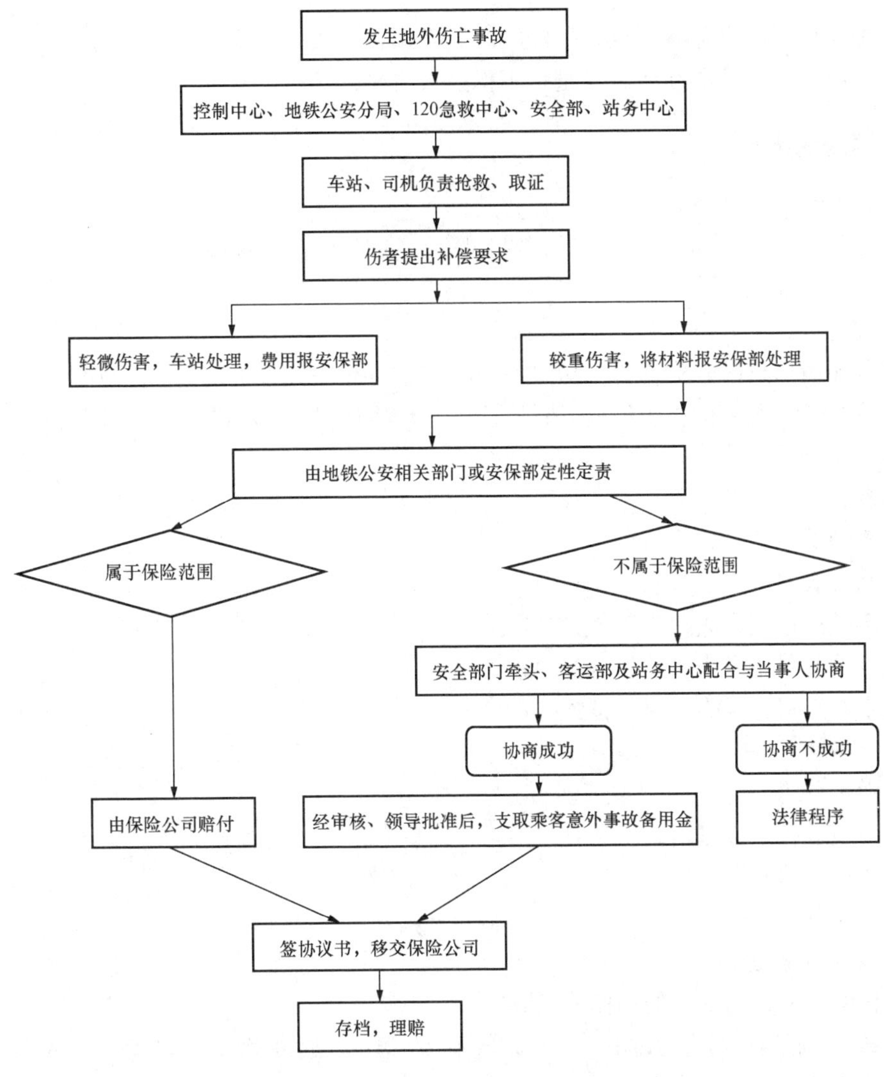


图 3-2　地外伤亡事故处理流程图

（2）发生地外伤亡事故后，地铁员工应立即采取有效措施，抢救伤员、尽量减少损失和影响、寻求证据、挽留证人（两名）。

（3）地外伤亡事故发生后，车站站务人员、电客车司机等是现场第一负责人，负责现场第一时间的处置。

（4）车站站务人员应对伤者实施必要的初期医疗救助。

（5）车站工作人员应按规定格式填写《事件经过记录表（工作人员）》《客伤事故报告表》，复印件由站务中心保存，原件报安技部。

（6）站务人员应要求当事人及目击证人按《事件经过记录表（当事人）》《事件经过记录表（目击证人）》表格内容填写联系方式、家庭地址、身份证号码等，内容要求客观、真实。

（7）当事人因身体状况及其他客观因素不能书面陈述时，可由伤者家属或工作人员代写，但必须经当事人同意。书写完毕后由当事人签字并按手印确认，特殊情况时可由其家属代签。

（8）书面证据不得随意涂改，一经涂改，必须在涂改处盖章或签名证明。

（9）地铁工作人员必须注意保密，不得擅自将事故经过及有关资料泄漏。

**实作模块**

## 任务1　制作屏蔽门夹人夹物事故询问笔录

1. 任务描述

2013年10月25日早8：30，某市地铁运营公司在帝王大厦车站上行方向第0104屏蔽门处发生乘客被夹伤事故，若你为该站值班站长，作为现场负责人，请制作本次事故的询问笔录。

2. 相关资料

（1）教材。

（2）教学课件。

（3）相关表格：

1）《事件经过记录表（当事人）》；

2）《事件经过记录表（工作人员）》；

3）《事件经过记录表（目击证人）》。

3. 任务实施说明

（1）学生分组，每5～8人为一小组。

（2）小组进行任务分析。

（3）资料学习。

（4）制作笔录。

4. 任务实施注意事项

（1）仔细分析询问笔录的制作要求。

（2）遇到问题时小组进行讨论，可以让老师参与讨论，通过团队合作获取问题的解决方法。

5. 效果评价

采用学生自评50%＋组内互评20%＋组间评价30%的形式。

## 任务2 地外人员伤亡事故处理

1. 任务描述

2013年11月20日早7：30，某市地铁运营公司体育馆站发生了一起某校大学生坠入轨行区被电客车撞伤的事故，事后该乘客家属认为地铁没有安装安全门，站台黄色警戒线不清，现场无工作人员监护，人员坠入轨行区后站台人员按压紧停按钮不及时，要求地铁方面承担全部医疗费用、护理费与务工费用，请分别代表地铁方与乘客方协商赔偿费用。

2. 相关资料

（1）教材。

（2）教学课件。

3. 任务实施说明

（1）学生分组，每5～8人为一小组。

（2）小组进行任务分析。

（3）资料学习。

（4）小组成员分工进行原因分析。

4. 任务实施注意事项

（1）仔细分析地铁公司的安全责任。

（2）计算赔偿金额。

（3）遇到问题时通过团队合作获取问题的解决。

5. 效果评价

采用学生自评50%＋组内互评20%＋组间评价30%的形式。

## 任务3 行车事故现场信息通报演练

1. 任务描述

针对列车挤岔（SX23km＋200m）、列车脱轨（区间隧道，里程SX21km＋200m）、列车在区间发生火灾、列车在车站发生火灾、列车追尾、列车区间撞人等事故，分组演练行车事故现场信息通报程序。

2. 相关资料

（1）教材。

（2）教学课件。

3. 任务实施说明

（1）学生分组，每5～8人为一小组。

（2）小组进行任务分析。

（3）资料学习。

（4）小组成员分工进行演练。

（5）分组展示。

4. 任务实施注意事项

（1）小组成员分别模拟不同的岗位。

（2）注意信息通报的用语。

5. 效果评价

采用学生自评 50%＋组内互评 20%＋组间评价 30%的形式。

## 任务 4　编制错按 IBP 盘紧急停车按钮事故报告

1. 任务描述

某地铁运营公司没有安装安全门，某日 22：24，正在上行站台候车的乘客王小二由于过度劳累，晕倒后坠入轨行区，行车值班员在 CCTV 上发现后，立即按压了 IBP 盘下行方向上的紧急停车按钮，站务员则在站台上按压了上行方向的紧急停车按钮，造成车站值班员错按紧急停车按钮的事故。请对上述事故进行分析，并编制事故报告或事故通报。

2. 相关资料及资源

（1）教材。

（2）教学课件。

3. 任务实施说明

（1）学生分组，每 5～8 人为一小组。

（2）小组进行任务分析，编制任务执行计划。

（3）小组成员共同编制调查处理报告。

（4）展示成果，进行讲解演练。

4. 任务实施注意事项

遇到问题时小组进行讨论，通过团队合作获取问题的解决方法。

5. 效果评价

采用学生自评 50%＋组内互评 20%＋组间评价 30%的形式。

## 应知应会

1. 城市轨道交通运营安全事故如何分级？
2. 简述地铁运营安全事故应急处理应遵循的原则。
3. 简述城市轨道交通运营事故报告要求。
4. 简述城市轨道交通运营事故调查的内容。
5. 制作询问笔录时，应注意哪些方面？
6. 如何保护城市轨道交通事故现场？

# 项目四

# 城市轨道交通运营安全系统分析与评价

安全系统分析与评价是安全系统工程的重要组成部分，而安全系统工程是系统工程在安全领域的具体应用，是一种科学的现代安全管理方法。

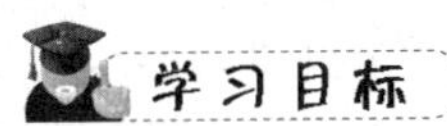


| 知识目标 | 技能目标 | 思政目标 |
| --- | --- | --- |
| 1. 了解运营安全系统工程概念；<br>2. 掌握安全检查表格式；<br>3. 掌握因果图组成要素；<br>4. 掌握排列图分析法要点；<br>5. 掌握事故树相关符号和意义 | 1. 会编制安全检查表；<br>2. 会用因果图分析事故；<br>3. 会绘制排列图并进行分析 | 1. 培养学生处理问题时的系统思维、辩证思维、创新思维；<br>2. 培养学生责任意识、团队精神 |

理论模块

## 知识点 1 运营安全系统工程

### 一、有关概念

1. 系统

系统是由相互作用和相互依赖的若干组成部分结合成的具有特定功能的有机整体，而且系统本身又是它所从属的一个更大系统的组成部分。如城市轨道交通运营安全系统主要由行车安全、施工安全、电气安全、机械安全、消防安全及安全信息等子系统组成。同时，它又是城市轨道交通运营生产系统中的一个子系统。

2. 系统工程

系统工程是运筹学、系统论、控制论、信息论、计算技术和现代管理科学等相互渗透发展起来的一门以大规模复杂系统为研究对象的应用学科，是组织管理复杂系统的规划、研究、设计制造、试验和使用的科学方法，以实现系统整体优化为目的。其特点可归纳为以下几点：

（1）研究方法的整体性，即把研究对象看作一个整体，同时把研究过程也看作一个整体，按系统工程的三维结构，即时间维（工作阶段）、逻辑维（思维步骤）和知识维整体配合研究解决问题。

（2）应用学科的综合性，即综合运用多学科理论和管理工程技术，揭示并协调系统各要素之间以及系统与外部环境之间的关系，为实现系统整体功能最优化提供决策、计划、方案和方法。

（3）组织管理科学化，即运用数学方法和计算机技术定量（或定量与定性相结合）分析、评价系统构成和状态，以达到最优设计、最优控制和最优管理的目标。

3. 安全系统工程

安全系统工程就是以系统工程的理论和方法为指导，运用运筹学、控制论、信息论、概率论与数理统计及电子计算技术，科学分析、评价系统安全状况，预测并控制系统中的隐患和事故，为调整设计、工艺、设备、操作、管理、生产周期和费用投资提供决策依据，从而实现系统安全优化管理，达到预防或减少事故发生的目的。安全系统工程是一门综合性组织管理工程技术，是安全科学的一个重要分支。

安全系统工程的主要内容包括安全系统分析、安全系统评价和安全系统管理。

**二、城市轨道交通运营安全系统工程**

运营安全系统工程是对城市轨道交通运营安全从计划、实施、监控的全过程进行组织管理和过程控制的综合性技术。

1. 运营安全系统分析

对城市轨道交通运营的安全系统分析，主要是从事故的预防和预测角度出发，通过对城市轨道交通运营安全事故的发生原因、概率及各种隐患表现的定性或定量分析，识别系统的安全性和危险性。其目的在于找出引发事故的因素及其不同的组合形式，掌握城市轨道交通运营系统的安全薄弱环节，寻求预防事故发生的最佳途径，并为城市轨道交通运营安全系统评价和安全系统管理提供依据。

2. 运营安全系统评价

运营安全系统评价是在安全系统分析的基础上，从城市轨道交通运营安全事故指标和隐患指标或事故风险等方面，对城市轨道交通运营安全保障系统的整体安全性、安全工作的薄弱环节及系统的主要矛盾和矛盾的主要方面进行比较和评价。根据评价结果可选择确定保证系统安全的技术路线和投资方向，拟定安全工作对策，以便各级领导和监察部门可有的放矢地督促下属单位强化安全管理，落实安全措施。

3. 运营安全系统管理

运营安全系统管理是经过安全系统分析和评价，在了解掌握安全薄弱环节的基础上，对城市轨道交通运营安全所实施的全员、全要素、全过程的系统管理，包括安全总体管理、安全重点管理和安全事后管理。与主要凭经验的传统安全管理相比，安全系统管理在全面、动态和定量安全管理方面向前迈出了一大步，更具有预见性和科学性，其防范措施的效果更为显著。

### 三、城市轨道交通运营安全系统分析方法

随着安全系统工程的广泛应用和不断发展，在实际工作中出现了许多安全系统分析与评价方法。它们都有各自的特点，有一定的适应范围，相互之间可以相互补充，而不是比较高低，关键在于根据不同的需要，采用切实可行的安全系统分析方法，达到预期的目的。

目前，系统分析的方法主要有安全检查表法、因果分析图法、排列图法、事故树分析法等。其中安全检查表、排列图和因果分析图等分析方法仅用于安全的定性分析，虽能发现系统中的不安全因素，但难以揭示各因素之间的组合关系。

1. 安全检查表法

安全检查表法是对系统中的检查对象加以剖析，界定检查范围，拟定检查项目表格，通过一定的方式获得系统安全状况的检查结果。

2. 因果分析图法

运营安全事故发生，往往是由于多种复杂因素影响所致，可通过因果分析图将引发事故的重要因素分层（枝）加以分析。分层（枝）的多少，取决于安全系统分析的深度和广度要求。因果分析的结果可供编制安全检查表和事故树使用。

3. 排列图法

排列图全称主次因素排列图，可用于确定系统安全的关键因素，以便明确主攻方向和工作重点。

4. 事故树分析法

事故树分析既可用于定性分析，也可用于定量分析，是通过逻辑门连接不同层次的原因事件，并通过对事故树的分析，找出导致事故发生的基本事件的最小组合与事故发展模式，分析预防事故发生的最佳方案。

## 知识点2　安全检查表分析

### 一、安全检查表概述

安全检查表是系统安全分析中一种常用的分析方法。其基本任务是发现和查明系统的各种危险和隐患，监督各项安全法规、制度、标准的实施，制止违章行为，预防事故，消除危险，保障安全。

在安全管理中，为了使安全检查工作能够正确、及时地发现问题和解决问题，避免安全检查流于形式，出现疏忽和漏检，需要一种按系统工程思想进行检查的方法。安全检查表就是为此目的而编制的。实践表明，安全检查表是进行系统安全检查、预防事故、改善劳动条件的一种重要手段。

（一）安全检查表

安全检查表是为系统地发现作业、设备、环境、管理以及各种操作规程和技术措施中的不安全因素而事先拟好的问题清单。根据系统工程分解和综合的原理，事先把检查对象加以剖析，把大系统分割成若干个小的子系统，然后确定检查项目，查出不安全因素所在，以正面提问的方式，将检查项目按系统或子系统的顺序编制成表，以便进行检查和避免漏检查，这种表就叫安全检查表。其基本格式见表4-1。

表 4-1　　安全检查表

| 检查时间 | 检查单位 | 检查人 | 检查部位 | 整改负责人 |
|---|---|---|---|---|
| | | | | |
| 序号 | 检查项目 | 检查结果 | | 整改措施 |
| | | 是 | 否 | |
| | | | | |

安全检查表不是检查项目的一本流水账，也不是所有问题的罗列，而是通过分析、筛选、简化，以便发现问题、查找问题的一种工具。它针对性强，富有实效，对分析系统的安全状况有较好的指导作用。

（二）安全检查表的内容及要求

安全检查表可以根据运营安全管理的层级结构编写，也可按照专题编写，如防暑降温、防寒过冬等编制季节性安全检查表。

（1）安全检查表的项目及要求。安全检查表的检查项目，应列出所有可能导致事故发生的因素或状态，即要求所列检查项目系统、全面、完善。检查的项目越全面，检查的地方越彻底，漏掉的安全隐患就越少，安全的可靠性就越大。

（2）安全检查表采用的方式。安全检查表一般采用正面提问的方式，要求发问明确，回答清楚，并以“是”或“否”来回答。“是”表示符合要求；“否”表示还存在问题，有待进一步改进。所以，在每个提问后面也可以设整改措施栏，将整改措施简要填写在此栏内。每个检查表均需注明检查时间、检查者、直接负责人等，以便分清责任。

（3）检查依据。为了使提出的问题有依据，可以收集有关此项问题的规章制度、规范标准中所规定的要求，分别简要列出它们的名称和所在章节，附于每项提问后面，以便查对。

（三）安全检查表的类型

安全检查表的类型繁多，分类的方式不一，绝大多数是按用途分类的。根据城市轨道交通运营的特点，按其用途安全检查表可分为下列几种类型：

（1）运营设备、机械装置、设施定期安全检查表。由于城市轨道交通运营系统部门复杂、设备繁多，因此应该根据各自的设备情况，制定相应的安全检查表，供日常巡回检查或定期检查时使用。

（2）运营用安全检查表。为保证城市轨道交通运营安全，需要采取各种手段和措施，对不同生产过程制定相应的安全检查表，不定期地进行检查，如调车作业检查表、车站开站前检查表等。

（3）消防用安全检查表。城市轨道交通运营一般在封闭的空间内运行，如果防火工作做得不好，措施不力，一旦发生火灾，将会造成惨重的损失。因此，在上述要害地点必须建立严格的防火制度，设立必要的消防器材，制定切实可行的具体措施，并经常或定期进行检查，发现问题，及时解决。

（4）专业性安全检查表。由专业机构或职能部门编制和使用，主要用于进行定期的安全检查或季节性检查，如对电气设备、自动扶梯、特殊装置与设施等专业性检查。

（5）设计审查用安全检查表。在设计之前，为设计人员提供相应的安全检查表，表中列出应该遵循的有关规程、标准。这样既可以扩大设计者的知识面，而且能使他们乐于采纳这些标准中所列的数据要求，避免与安全人员意见不同时发生争议。设计人员事先参照安全检查表进行设计，比设计完成后再照检查表修改要省事得多。

（四）安全检查表的优、缺点

（1）安全检查表具有以下优点：

1）有充足的时间编制和讨论检查表。可以做到系统化、完整化、不漏掉任何可能导致危险的关键因素，可以克服目的性不明确、走过场的安全检查方法，起到提高检查质量的效果。

2）方式科学。采用提问方式，给人的印象深刻，有问有答，能使人知道如何做才是正确的，因而可起到安全教育的作用。

3）便于和生产责任制相结合。由于不同检查对象有不同的检查表，和生产责任制相结合易于分清责任，同时检查表还可以注明对改进措施的要求，隔一段时间可以重新检查改进。

4）简明易懂，容易掌握。

5）评价较准确。可以根据已有的规章制度、规程、标准化要求检查执行、遵守的情况，容易得出准确的评价。发现违章违纪的，应立即纠正或采取必要措施。

（2）安全检查表具有以下缺点：

1）只能做定性的评价，不能定量。

2）只能对已经存在的对象评价。

3）编制安全检查表的难度和工作量大。

4）要有事先编制的各类检查表，有赋分、评级标准。

## 二、编制安全检查表

### （一）安全检查表的编制方法

1. 经验法

由熟悉被检查对象的人员和具有实践经验的人员，以三结合的方式（工人、工程技术人员、管理人员）组成一个小组。依据人、物、环境的具体情况，根据以往积累的实践经验以及有关统计数据，按照规程、规章制度等文件的要求，编制安全检查表。

2. 分析法

根据已编制的事故树、事件树的分析、评价结果来编制安全检查表。

3. 方法比较

经验法编制的安全检查表，检查项目十分冗长、繁杂，既费人力，又花时间，工作效率低，加上检查的方式、方法落后，使用效果不如分析法。分析法编制的安全检查表，经过事故树、事件树的定性、定量分析来确定检查项目，因而检查表较为精练和完善。虽然检查项目可能不多，但每一检查项目都是保证系统安全的关键环节，所以分析法是发展的方向。

### （二）安全检查表的编制步骤

（1）确定被检查对象，组织有关人员；

（2）熟悉被分析的系统；

（3）调查不安全因素；

（4）搜集与系统有关的各种资料；

（5）明确规定的安全要求；

（6）根据具体情况和要求确定编制方法，编制安全检查表；

（7）通过反复使用，不断修改、补充完善。

（三）编制安全检查表的主要依据

（1）有关标准、规程、规范、规定以及装置的有关技术资料等。为了便于工作，有时将检查条款的出处加以注明，以便能尽快统一不同意见。

（2）国内外事故案例。搜集国内外同行业及同类产品行业的事故案例，从中发掘出不安全因素，作为安全检查的内容。

（3）通过系统分析、确定的危险部位及防范措施。

（4）研究成果。编制安全检查表必须采用最新的知识和研究成果，包括新的方法、技术、法规和标准。

（四）安全检查表的格式

安全检查表的格式是由其性质决定的，它是以问与答的形式出现，一般由两部分内容组成：

（1）标明安全检查表的名称和被检查系统名称（单位、工种）、检查日期、检查者等。

（2）顺号、检查项目（即检查内容，要求逐条编号）、检查结果、整改措施等内容。

（五）应注意的问题

（1）检查表中所列项目应简明扼要，突出重点，抓住要害。

（2）各类安全检查表都有其适用对象，不宜通用。

（3）各级安全检查项目应各有侧重。

（4）对危险部位应详细检查，确保一切隐患在可能造成严重后果之前就被发现。

（5）要落实安全检查实施人员。

（6）检查中发现问题要及时处理或向上级反映。

## 三、应用示例

安全检查表在城市轨道交通运营系统的安全生产管理、设备管理、人身安全等方面都有很高的实用价值，在预测、预防事故方面发挥了积极的作用。例如某市地铁总体安全检查表如表 4-2 所示。

**表 4-2　　某市地铁总体安全检查表**

被查单位（部位）：　　检查人：　　整改负责人：　　年　月　日

| 序号 | 检查内容 | 检查项目 | 检查结果 | 整改措施（备注） |
|---|---|---|---|---|
| 1 | 地铁安全制度的建立与健全 | 是否制定了符合本单位、本岗位实际的安全制度和操作规程以及执行落实情况 | 01 是<br>02 否 | |
| | | 是否制定了灭火、应急疏散预案并定期进行演练 | 01 是<br>02 否 | |
| | | 是否建立了每日防火检查、巡查制度 | 01 是<br>02 否 | |
| | | 岗位人员是否了解本岗位的火灾危险性及预防措施，并且做到会报警、会使用消防器材、会扑救初起火灾、会组织人员疏散 | 01 是<br>02 否 | |

续表

| 序号 | 检查内容 | 检查项目 | 检查结果 | 整改措施（备注） |
| --- | --- | --- | --- | --- |
| 2 | 地铁运行单元 | 是否制定了相关的运行管理规定并按照其运行 | 01　是<br>02　否 | |
| | | 是否制定了规范的运行安排并按照其执行 | 01　是<br>02　否 | |
| | | 是否在地铁运行时有明确的提示音 | 01　是<br>02　否 | |
| | | 在地铁的运行过程中是否会出现强烈的倾斜或者列车不稳 | 01　是<br>02　否 | |
| | | 在地铁即将运行时，如果车门关闭时有人强行进入，车门是否能够及时自动打开 | 01　是<br>02　否 | |
| 3 | 地铁站总体布局单元 | 地铁站内是否有统一的指挥场所 | 01　是<br>02　否 | |
| | | 地铁站的布局是否简单、直观，方便人们在遇到事故时逃生 | 01　是<br>02　否 | |
| | | 地铁内是否有完整的监控，来察看各个位置的情况 | 01　是<br>02　否 | |
| 4 | 地铁电气安全单元 | 电力设施的运行是否良好 | 01　是<br>02　否 | |
| | | 是否有明显的标识标出具有危险的电力设施 | 01　是<br>02　否 | |
| | | 在突然断电的情况下，是否有应急电力系统，比如照面灯等 | 01　是<br>02　否 | |
| | | 用电设备是否接地正确，接地电阻是否符合标准，测量是否有记录 | 01　是<br>02　否 | |
| 5 | 地铁疏散安全单元 | 是否有畅通、明确的疏散通道和安全出口 | 01　是<br>02　否 | |
| | | 是否有专人来应对突发事件，在第一时间规范有效的疏散群众 | 01　是<br>02　否 | |
| | | 工作人员对灭火疏散预案的掌握及熟练操作的能力是否良好 | 01　是<br>02　否 | |
| 6 | 地铁消防安全单元 | 消防安全责任是否明确，是否确定消防安全责任人和管理人 | 01　是<br>02　否 | |
| | | 是否落实消防安全责任制和岗位安全责任制，明确各岗位的消防安全职责 | 01　是<br>02　否 | |
| | | 消防水泵是否运转正常 | 01　是<br>02　否 | |

续表

| 序号 | 检查内容 | 检查项目 | 检查结果 | 整改措施（备注） |
|---|---|---|---|---|
| 6 | 地铁消防安全单元 | 室内外消火栓是否完好，供水是否正常 | 01 是<br>02 否 | |
| | | 各种喷头是否完好 | 01 是<br>02 否 | |
| | | 消防设施、器材的维护、保养情况是否良好 | 01 是<br>02 否 | |
| | | 易燃、易爆危险物品的保管、贮存及防火措施是否良好 | 01 是<br>02 否 | |
| | | 报警按钮是否正常 | 01 是<br>02 否 | |

## 知识点 3 因果分析图法

所分析的问题总是受到一些因素的影响，我们通过头脑风暴法找出这些因素，并将它们与所要分析的问题按相互关联性整理而成的层次分明、条理清楚，并标出重要因素的图形就叫因果分析图，也称特性因素图。因其形状如鱼刺，所以又叫鱼刺图，它是一种透过现象看本质的分析方法。

### 一、因果分析图制作

制作因果分析图分两个步骤，即分析问题原因、绘制鱼刺图。

1. 分析问题原因

（1）针对问题，选择层别方法（如人、机、料、法、环等）。

（2）分别对各层别、类别找出所有可能原因（因素）。

（3）将找出的各要素进行归类、整理，明确其从属关系。

（4）分析选取重要因素。

（5）检查各要素的描述方法，确保语法简明、意思明确。

分析要点：

（1）确定大要因（大枝）时，现场作业一般从“人、机、料、法、环”着手，管理类问题一般从“人、事、时、地、物”层别，应视具体情况决定。

（2）大要因必须用中性词描述（不说明好坏），中、小要因必须使用价值判断（如……不良）。

（3）应尽可能多而全地找出所有可能原因，而不仅限于自己能完全掌控或正在执行的内容。对人的原因，宜从行动而非思想态度方面着手分析。

（4）中要因与特性值、小要因与中要因间有直接的原因一结果关系，小要因应分析至可以直接制定对策。

（5）如果某种原因可同时归属于两种或两种以上因素，应以关联性强的为准。

（6）选取重要原因时，不要超过 7 项，且应标识在末端原因。

2. 因果分析图绘图过程

(1) 查找要解决的问题。

(2) 将问题填写在右侧（按为什么不好的方式描述），并画一条从左向右的母线，指向所分析的问题。

(3) 召集成员共同讨论问题出现的可能原因，尽可能多地找出原因。

(4) 把同类的原因分组，画出大枝，填写大要因。

(5) 画出中枝、小枝，填写中、小要因。

(6) 用特殊符号标识重要因素。

要点：绘图时，应保证大枝与母线呈 60°夹角，中枝与母线平行，如图 4-1 所示。

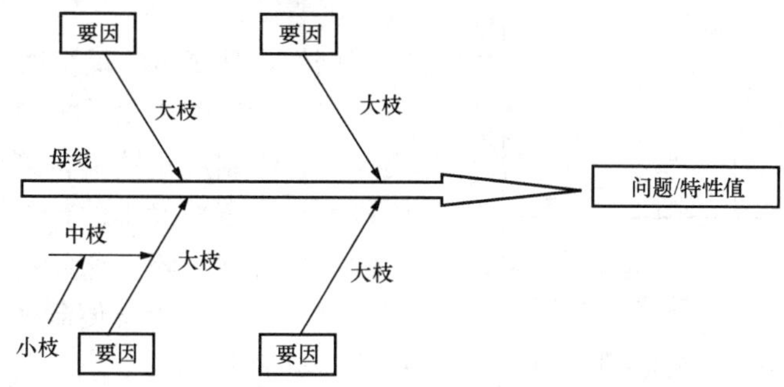


图 4-1 因果分析图示意图

## 二、因果分析图案例分析

现以调车作业中的撞车事故作为实例，采用因果分析图法对其事故发生原因进行分析，如图 4-2 所示。在分析完成之后，应用特殊符号标示出重要因素，并根据分析所得的原因找出相应的措施。

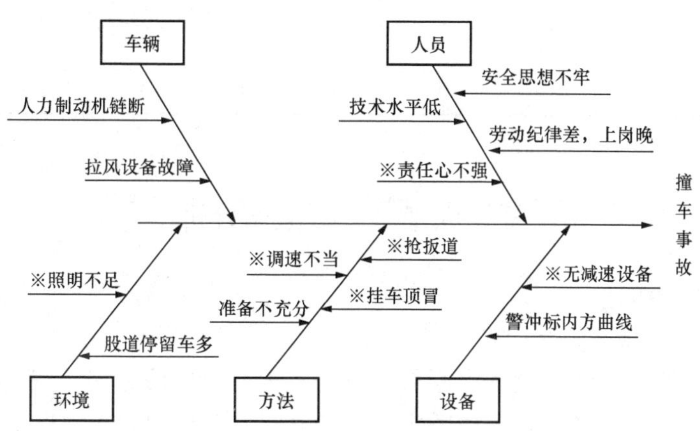


图 4-2 撞车事故因果分析图

## 知识点 4 排列图分析

排列图全称为主次因素排列图，可用于确定系统安全的关键因素，以便明确主攻方向和工作重点。

排列图由两个纵坐标、一个横坐标、几个直方图和一条曲线组成。左边纵坐标表示频数，右边纵坐标表示累积频率（0%～100%），横坐标表示事故原因或事故分类，一般按影响因素的主次从左向右排列。直方图的高低表示某个因素影响的大小，曲线表示各因素影响大小的累计百分数（累积频率）。按主次因素的排列，可分为三类：累积频率为0%～80%的因素，称为A类因素，显然是主要因素；累积频率为80%～90%的因素称为B类次主要因素；累积频率为90%～100%的因素称为C类次要因素。

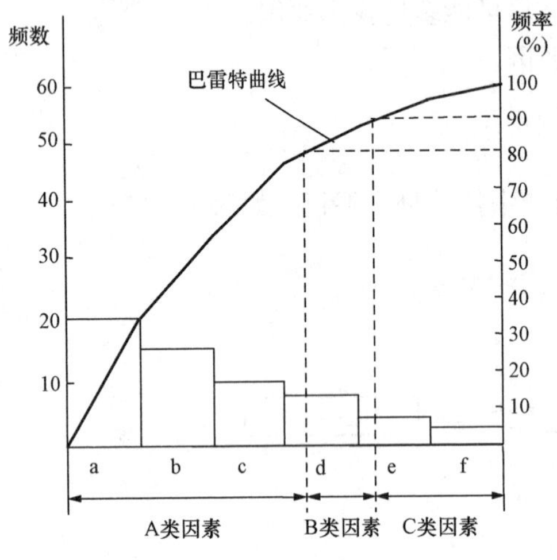

图4-3　车务系统事故发生原因排列图

例如，某城市轨道交通运营公司2013年车务系统共发生事故60件，按车务系统安全分析需要，可绘制成不同的排列图，如事故发生原因排列图、事故发生的行车区排列图、事故发生的工种排列图等。车务系统事故发生原因排列图见图4-3，为方便制图，可将计算过程表格化，见表4-3。

**表4-3　　事故原因统计表**

| 事故原因 | 频数 | 累积频数 | 相对频率 | 累积相对频率（%） |
|---|---|---|---|---|
| 屏蔽门夹人夹物 | 20 | 20 | 33 | 33 |
| 列车停车定位不准 | 15 | 35 | 25 | 58 |
| 区间施工登记手续不全 | 10 | 45 | 17 | 75 |
| 乘客私自打开车门 | 8 | 53 | 13 | 88 |
| 列车冒进信号 | 4 | 57 | 7 | 95 |
| 其他 | 3 | 60 | 5 | 100 |

## 知识点 5　事故树分析

### 一、事故树分析概述

#### （一）事故树分析法的产生与发展

事故树分析（简称FTA）是安全系统工程的重要分析方法之一，它能对各种系统的危险性进行辨识和评价，不仅能分析出事故的直接原因，而且能深入地揭示出事故的潜在原因。用它描述事故的因果关系直观、明了，思路清晰，逻辑性强，既可定性分析，又可定量分析。

事故树分析首先由美国贝尔电话研究所于1961年为研究民兵式导弹发射控制系统时提出，1974年美国原子能委员会运用FTA对核电站事故进行了风险评价，发表了著名的《拉姆逊报告》。该报告对事故树分析做了大规模有效的应用。此后，在社会各界引起了极大的反响，受到了广泛的重视，从而迅速在许多国家和许多企业应用和推广。我国开展事故树分析方法的研究是从1978年开始的。目前已有很多部门和企业正在进行普及和推广工作，并已取得一大批成果，促进了企业的安全生产。

（二）事故树的基本概念

“树”的分析技术是属于系统工程的图论范畴，“树”是其网络分析技术中的概念。要明确什么是“树”，首先要弄清什么是“图”，什么是“圈”，什么是连通图等。

（1）图。图论中的图是指由若干个点及连接这些点的连线组成的图形。图中的点称为节点，线称为边或弧。

（2）节点、边。节点表示某一个体事物，边表示事物之间的某种特定关系。比如，用点可以表示电话机，用边表示电话线；用点表示各个生产任务，用边表示完成任务所需的时间等。

（3）连通图。一个图中，若任何两点之间至少有一条边，则称这个图是连通图。

（4）回路。若图中某一点、边顺序衔接，序列中始点和终点重合，则称之为圈（或回路）。

（5）事故树。树就是一个无圈（或无回路）的连通图。

（三）事故树的符号及意义

事故树采用的符号包括事件符号、逻辑门符号和转移符号三大类。

1. 事件符号

（1）矩形符号（见图4-4）。用它表示顶上事件或中间事件。将事件扼要记入矩形符号内。必须注意，顶上事件一定要清楚、明了，不要太笼统，例如“调车事故”“爆炸着火事故”，对此人们无法下手分析，应当选择具体事故，如“调车正面冲撞”“脱线”“挤道岔”“列车冒进信号”“车辆燃轴”“车辆制动梁脱落”等具体事故。

（2）圆形符号（见图4-5）。它表示基本（原因）事件，可以是人的差错，也可以是设备、机械故障、环境因素等。它表示最基本的事件，不能再继续往下分析了。例如，影响司机瞭望条件的“曲线地段”“照明不好”，司机本身问题影响行车安全的“酒后开车”“打瞌睡”；调车人员从车上摔下来的“安全带损坏”或“忘系安全带”等原因，将事故原因扼要记入圆形符号内。

（3）屋形符号（见图4-6）。它表示正常事件，是系统在正常状态下发生的正常事件。如“机车或车辆经过道岔”“因走动取下安全带”等，将事件扼要记入屋形符号内。

（4）菱形符号（见图4-7）。它表示省略事件，即表示事前不能分析，或者没有再分析下去的必要的事件。例如，“司机间断瞭望”“天气不好”“臆测行车”“操作不当”等，将事件扼要记入菱形符号内。

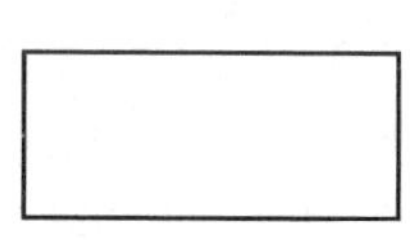

图4-4 矩形符号

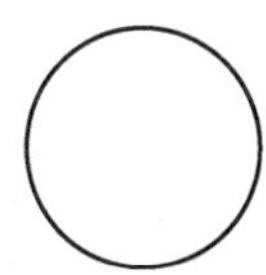

图4-5 圆形符号

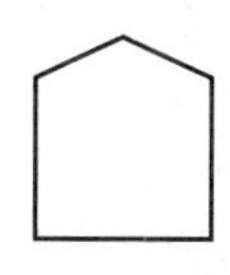

图4-6 屋形符号

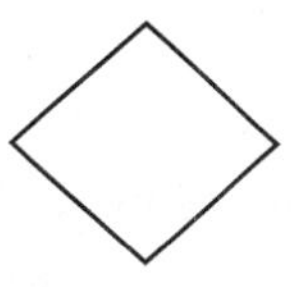

图4-7 菱形符号

2. 逻辑门符号

它是连接各个事件，并表示逻辑关系的符号，主要有与门、或门、条件与门、条件或门等。

（1）与门。与门可以连接数个输入事件 $E_1$，$E_2$，…，$E_n$ 和一个输出事件 $E$，表示当且

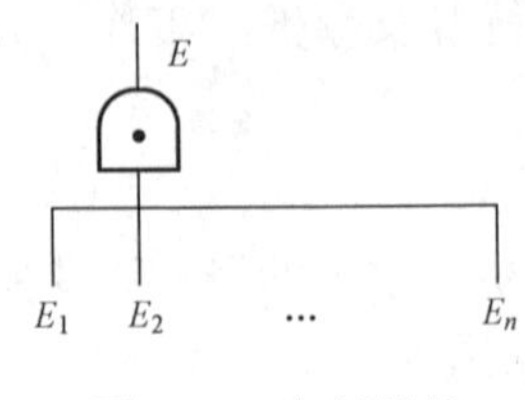

图 4-8　与门符号

仅当所有输入事件都发生时，输出事件 $E$ 才发生的逻辑关系。与门符号如图 4-8 所示。

例如，在运营生产中的“挤道岔”事故，只有在“道岔位置不对”“司机未发现”“机车或车辆经过道岔”三者同时具备的条件下，才会发生。“挤道岔”与“道岔位置不对”“司机未发现”之间，要用“与门”连接。

(2) 或门。或门可以连接数个输入事件 $E_1$，$E_2$，…，$E_n$ 和一个输出事件 $E$，表示至少一个输入事件发生时，输出事件 $E$ 就发生。或门符号如图 4-9 所示。

例如，“列车冒进信号”事故，当“司机没有采用停车措施”或“采取了停车措施而停车不及时”都可能造成“列车冒进信号”事故。也就是说，只要其中一个原因发生，“列车冒进信号”就可能发生。在这种情况下，就要用“或门”把它们连接起来，正确表达它们之间的逻辑关系。

(3) 条件与门。表示输入事件不仅同时发生，而且还必须满足条件 A，才会有输出事件发生。条件与门符号如图 4-10 所示。

(4) 条件或门。表示输入事件中至少有一个发生，在满足条件 A 的情况下，输出事件才发生。条件或门符号如图 4-11 所示。

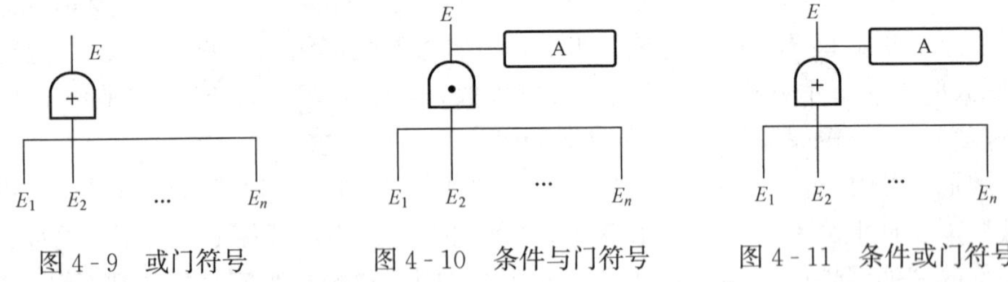

图 4-9　或门符号　　图 4-10　条件与门符号　　图 4-11　条件或门符号

3. 转移符号

当事故树规模很大时，需要将某些部分画在别的纸上，这就要用转出和转入符号，以标出向何处转出和从何处转入。

(1) 转出符号。它表示向其他部分转出，“△”内记入向何处转出的标记，如图 4-12 所示。

(2) 转入符号。它表示从其他部分转入，“△”内记入从何处转入的标记，如图 4-13 所示。

图 4-12　转出符号　　图 4-13　转入符号

**二、事故树的编制**

(一) 事故树的分析程序

根据对象系统的性质、分析目的的不同，分析的程序也不同。但是一般有 9 个基本程序，使用者可根据自己的实际水平以及自己的需要和要求，来确定分析程序。

1. 熟悉系统

要确实了解系统情况，包括工作程序、各种重要参数、作业情况，必要时画出工艺流程图和布置图。

2. 调查事故

在过去事故实例、有关事故统计基础上，尽量广泛地调查所能预想到的事故，即包括已发生的事故和可能发生的事故。

3. 确定顶上事件

所谓顶上事件，就是我们所要分析的对象事件。分析系统发生事故的损失和频率大小，从中找出后果严重且较容易发生的事故，作为分析的顶上事件。

4. 确定目标

根据以往的事故记录和同类系统的事故资料，进行统计分析，求出事故发生的概率（或频率），然后根据这一事故的严重程度，确定要控制的事故发生概率的目标值。

5. 调查原因事件

调查与事故有关的所有原因事件和各种因素，包括设备故障、机械故障、操作者的失误、管理和指挥错误、环境因素等，尽量详细查清原因和影响。

6. 画出事故树

根据上述资料，从顶上事件起进行演绎分析，逐级找出所有直接原因事件，直至所要分析的深度，按照其逻辑关系，画出事故树。

7. 定性分析

根据事故树结构进行化简，求出最小割集和径集，确定各基本事件的结构重要度排序。

8. 定量分析

根据各基本事件发生的概率，计算顶上事件发生的概率，并进行概率重要度和临界重要度分析。

9. 提出安全改进方案（分析结果评价）

（1）当事故发生概率超过预定的目标值时，要研究降低事故发生概率的所有可能途径，可从最小割集着手，从中选出最佳方案。

（2）利用最小径集，找出根除事故的可能性，从中选出最佳方案。

（3）求各基本原因事件的临界重要度系数，从而对需要治理的原因事件按临界重要度系数大小进行排序，或编出安全检查表，以求加强人为控制。

对于以上 9 个步骤，在具体分析时，可以根据分析的目的、投入人力物力的多少、人的分析能力的高低，以及对基础数据的掌握程度等，分别选取不同步骤。

（二）事故树编制过程

1. 确定顶上事件

顶上事件就是所要分析的事故。选择顶上事件，一定要在拥有系统情况、有关事故的发生情况和发生可能，以及事故的严重程度和事故发生概率等详细资料的情况下进行。然后，根据事故的严重程度和发生概率确定要分析的顶上事件，将其扼要地填写在矩形符号内。

顶上事件也可以是在运营生产中已经发生过的事故，如调车冲撞、挤道岔、列车冒进信号、燃轴、巡道人员被车辆压死等事故。通过编制事故树，找出事故原因，制定具体措施，防止事故再次发生。

2. 调查或分析造成顶上事件的各种原因

顶上事件确定之后，为了编制好事故树，必须将造成顶上事件的所有直接原因事件找出来，尽可能不要漏掉。直接原因事件可以是机械故障、人的因素或环境原因等。

要找出直接原因可以采取对造成顶上事件的原因进行调查，召开有关人员座谈会，也可以根据以往的一些经验进行分析，确定造成顶上事件的原因。然后，用同样的方法对各原因进行分析，找出造成上层原因事件的各直接原因事件，以此类推，直至达到不再需要分析的基本原因事件。

3. 画事故树

在找出造成顶上事件的各种原因之后，就可以用相应的事件符号和适当的逻辑门把它们从上到下分层连接起来，层层向下，直至最基本的原因事件，这样就构成了一个事故树。

在用逻辑门连接上下层之间的原因事件时，若下层事件必须全部同时发生，上层事件才会发生时，就用“与门”连接。逻辑门的连接问题在事故树中是非常重要的，它涉及各种事件之间的逻辑关系，直接影响着以后的定性分析和定量分析。

4. 认真审定事故树

画成的事故树图是逻辑模型事件的表达。既然是逻辑模型，那么各个事件之间的逻辑关系就应该相当严密、合理，否则在计算过程中将会出现许多意想不到的问题。因此，对事故树的绘制要十分慎重。在制作过程中，一般要进行反复推敲、修改，除局部更改外，有的甚至要推倒重来，有时还要反复进行多次，直到符合实际情况、比较严密为止。

（三）事故树的编制实例

以下结合上面所讲的符号和作图的基本步骤，以“列车冒进信号”为例，来说明编制事故树的基本方法，如图 4-14 所示。

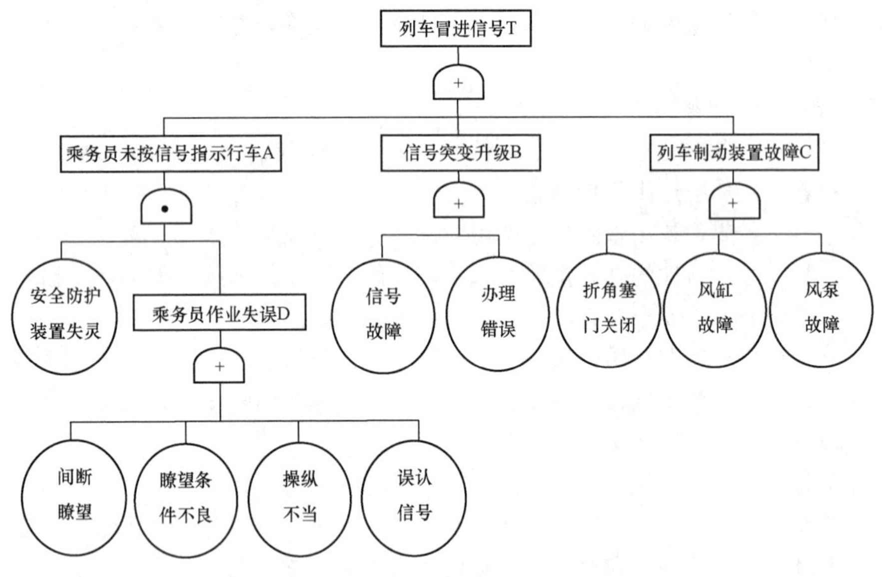


图 4-14　列车冒进信号事故树示例

首先确定顶上事件为“列车冒进信号”，写在矩形符号内。

列车冒进信号取决于机车乘务员没按信号指示行车、信号突变、列车制动装置故障这三个事件，其中只要有一个发生就会导致顶上事件发生，我们将它们写在第二层，并用或门与第一层连接起来。

机车乘务员没按信号指示行车是乘务员作业失误、机车安全防护装置失灵所致，把这两个条件写在第三层，并与第二层用与门连接起来。

乘务员作业失误有四种情况：一是间断瞭望；二是瞭望条件不良（地形条件影响视线），看不清信号，臆测行车；三是操纵不当；四是误认信号。这四种情况有一个发生，就会导致乘务员作业失误，因此把它们写在第四层，并用或门与第三层连接起来。

信号突变（由允许信号变为红灯）可能是信号机故障，也可能是办理人员给错信号，这两个条件有一个发生，就会出现信号突变，将其写在第三层，并用或门与第二层连接起来。

列车制动装置故障有三种情况：一是列车中的折角塞门关闭，造成制动力不足；二是风缸故障；三是风泵故障。三个条件中有一个发生，就会使制动装置发生故障，将其写在第三层，并用或门与第二层连接起来。

## 知识点 6 运营安全系统评价

### 一、城市轨道交通运营安全系统评价概述

1. 安全评价的概念

安全评价又称为风险评价，是以实现系统安全为目的，应用安全系统工程原理和方法，辨识与分析工程、系统、生产经营活动中的危险、有害因素，预测发生事故或造成职业危害的可能性及其严重程度，提出科学、合理、可行的安全对策措施建议，并做出安全评价结论的活动。安全评价可针对一个特定的对象，也可针对一定区域范围。

2. 安全评价的分类

安全评价按照实施阶段的不同分为安全预评价、安全验收评价、安全现状评价三类。

（1）安全预评价。安全预评价是在建设项目可行性研究阶段、工业园区规划阶段或生产经营活动组织实施之前，根据相关的基础资料，辨识与分析建设项目、工业园区、生产经营活动潜在的危险、有害因素，确定其与安全生产法律法规、标准、行政规章、规范的符合性，预测发生事故的可能性及其严重程度，提出科学、合理、可行的安全对策措施建议，做出安全评价结论的活动。

（2）安全验收评价。安全验收评价是在建设项目竣工后正式生产运行前或工业园区建设完成后，通过检查建设项目安全设施与主体工程同时设计、同时施工、同时投入生产和使用的情况或工业园区内的安全设施、设备、装置投入生产和使用的情况，检查安全生产管理措施到位情况，检查安全生产规章制度健全情况，检查事故应急救援预案建立情况，审查确定建设项目、工业园区建设满足安全生产法律法规、标准、规范要求的符合性，从整体上确定建设项目、工业园区的运行状况和安全管理情况，做出安全验收评价结论的活动。

（3）安全现状评价。安全现状评价是针对生产经营活动中、工业园区的事故风险、安全管理等情况，辨识与分析其存在的危险、有害因素，审查确定其与安全生产法律法规、规章、标准、规范要求的符合性，预测发生事故或造成职业危害的可能性及其严重程度，提出科学、合理、可行的安全对策措施建议，做出安全现状评价结论的活动。

安全现状评价既适用于对一个生产经营单位或一个工业园区的评价，也适用于某一特定的生产方式、生产工艺、生产装置或作业场所的评价。

3. 安全评价程序

（1）前期准备：明确评价对象，备齐有关安全评价所需的设备、工具，收集国内外相关

法律法规、标准、规章、规范等资料。

（2）辨识与分析危险、有害因素：根据评价对象的具体情况，辨识和分析危险、有害因素，确定其存在的部位、方式，以及发生作用的途径和变化规律。

（3）划分评价单元：评价单元划分应科学、合理、便于实施评价、相对独立且具有明显的特征界限。

（4）定性、定量评价：根据评价单元的特性，选择合理的评价方法，对评价对象发生事故的可能性及其严重程度进行定性、定量评价。

（5）对策措施建议：

1）依据危险、有害因素辨识结果与定性、定量评价结果，遵循针对性、技术可行性、经济合理性的原则，提出消除或减弱危险、有害因素的技术和管理对策措施建议。

2）对策措施建议应具体、翔实，具有可操作性。按照针对性和重要性的不同，措施和建议可分为应采纳和宜采纳两种类型。

（6）安全评价结论：从风险管理角度给出事故发生的可能性和严重程度的预测性结论，以及采取安全对策措施后的安全状态等。

## 二、安全检查表评价法

安全检查表评价法是一种简便易行的评价方法，它根据经验或系统分析的结果，将评价项目自身及周围环境的潜在危险集中起来，列成检查项目的清单，评价时依照清单，逐项检查和评定。该方法虽然简单，但效果却很好，因此得到了普遍重视。

用安全检查表进行安全评价，目前已在国内外广泛采用，为了使评价工作得到关于系统安全程度方面量的概念，开发了许多行之有效的评价计值方法，根据评价计值方法的不同，安全检查表评价法又分为逐项赋值法、加权平均法、单项定性加权记分法以及单项否定记分法。

### 1. 逐项赋值法

针对安全检查表的每一项检查内容，按其重要程度不同，由专家讨论赋予一定的分值。评价时，单项检查完全合格者给满分，部分合格者按规定标准给分，完全不合格者记零分。这样逐项逐条检查评分，最后累计所有各项得分，就得到系统评价总分。根据实际评价得分多少，按标准规定评价系统总体安全等级的高低。公式为

$$m = \sum_{i=1}^{n} k_i m_i$$

式中　$m$——企业安全评价的结果值；

$n$——评价项目个数；

$m_i$——按某一评价表评价的实际测量值；

$k_i$——按某一评价表实际测量值的相应权重系数。

### 2. 加权平均法

所有检查项目均按统一记分体系分别评价记分，如 10 分制或 100 分制等；按照各检查项目对总体安全评价的重要程度，分别赋予权重系数（各评价表权重系数之和为 1）；按各检查项目所得的分值，分别乘以各自的权重系数并求和，就可得到安全评价的结果值。公式为

$$m = \sum_{i=1}^{n} k_i m_i \quad 且 \sum_{i=1}^{n} k_i = 1$$

式中　$m$——企业安全评价的结果值；

$n$——评价项目个数；

$m_i$——按某一评价表评价的实际测量值；

$k_i$——按某一评价表实际测量值的相应权重系数。

3. 单项定性加权计分法

这种评价计量方法是把安全检查表的所有检查评价项目都视为同等重要。评价时，对检查表中的几个检查项目分别给以“优”“良”“可”“差”；“可靠”“基本可靠”“基本不可靠”“不可靠”等定性等级的评价。同时赋予不同定性等级相应的权重值，累计求和，得到实际评价值。公式为

$$S=\sum_{i=1}^{n}k_iw_i$$

式中 $S$——实际评价值；

$n$——评价等级数；

$w_i$——评价等级的权重；

$k_i$——取得某一评价等级的项数和。

4. 单项否定计分法

一般这种方法不单独使用，而仅适用于企业系统中某些具有特殊危险而又非常敏感的具体系统。这类系统往往有若干危险因素，其中只要有一处处于不安全状态，就有可能导致严重事故的发生。因此，把这类系统的安全评价表中的某些评价项目确定为对该系统安全状况具有否决权的项目，这些项目中只要有一项被判为不合格，则视为该系统总体安全状况不合格。

**三、作业条件危险性评价法**

作业条件危险性评价法是一种简便易行的衡量人们在某种具有潜在危险的环境中作业的危险性的半定量评价方法。它是由美国安全专家格雷厄姆和金尼提出的。该方法以与系统风险率有关的三种因素指标值之积来评价系统人员伤亡风险的大小，并将所得作业条件危险性数值与规定的作业条件危险性等级相比较，从而确定作业条件的危险程度。作业条件的危险性大小取决于发生事故的可能性大小 $L$、人体暴露在这种危险环境中的频繁程度 $E$、一旦发生事故可能会造成的损失后果 $C$ 三个因素。

但是，要获得这三个因素的科学准确的数据，却是相当烦琐的过程。为了简化评价过程，采取了半定量计值法，给三种因素的不同等级分别确定不同的分值，然后以三个分值的乘积 $D$ 来评价作业条件危险性的大小，即 $D=L\times E\times C$。

$D$ 值大，说明该系统危险性大，需要增加安全措施，减少发生事故的可能性，或者降低人体暴露的频繁程度，或者减轻事故损失，直至调整到允许范围。

这种评价方法的特点是简便，可操作性强，有利于掌握企业内部危险点的危险情况，有利于促进整改措施的实施，三种因素中事故发生的可能性只有定性概念，没有定量标准。评价实施时很可能在取值上因人而异，影响评价结果的准确性。可在评价开始之前确定定量的取值标准，如“发生的可能性”用平均多长时间发生一次，这样就可以按统一标准评价系统内各子系统的危险程度。

若不考虑人体暴露在危险环境中的频繁程度 $E$，则作业条件的危险性大小，取决于发生事故的可能性大小 $L$、一旦发生事故可能会造成的损失后果 $C$ 两个因素，即 $D=L\times C$，又称为 LC 法，LC 评价法在城轨风险分级评价中有着广泛应用。具体内容详见项目五知识点 4。

## 实作模块

### 任务1 编制车站作业安全检查表

1. 任务描述

根据给定的车站类型，编制以下安全检查表：车站消防安全检查表（车站用）、清扫道道作业安全检查表、屏蔽门维修安全检查表、自动扶梯检查表。

2. 相关资料及资源

（1）教材。

（2）教学课件。

3. 任务实施说明

（1）学生分组，每5～8人为一小组。

（2）小组进行任务分析，编制任务执行计划。

（3）确定组内分工，收集相关资料，作业过程调查。

（4）作业危险分析。

（5）小组成员共同编制安全检查表。

（6）展示成果，进行讲解演练。

4. 任务实施注意事项

遇到问题时小组进行讨论，通过团队合作获取问题的解决方法。

5. 效果评价

采用学生自评50％＋组内互评20％＋组间评价30％的形式。

### 任务2 列车挤岔事故分析

1. 任务描述

根据事故树分析理论，编制挤岔事故的事故树，查找事故原因。

2. 相关资料及资源

（1）教材。

（2）教学课件。

3. 任务实施说明

（1）学生分组，每5～8人为一小组。

（2）小组进行任务分析，编制任务执行计划。

（3）确定组内分工，收集相关资料，相关事故调查。

（4）作业危险分析。

（5）小组成员共同编制调查分析报告。

（6）展示成果，进行讲解演练。

4. 任务实施注意事项

遇到问题时小组进行讨论，通过团队合作获取问题的解决方法。

5. 效果评价

采用学生自评 50%＋组内互评 20%＋组间评价 30%的形式。

## 应知应会

1. 安全检查表分析方法的优缺点是什么？
2. 如何编制安全检查表？
3. 如何采用因果分析图法分析列车追尾事故的发生原因？
4. 试绘制列车追尾事故的事故树。

# 项目五

扫一扫

项目五拓展资源

# 城市轨道交通运营安全风险管理

安全风险管理是安全评价与风险理论的结合，本项目内容详细介绍了风险识别、风险分析、风险评价与风险应对等整个风险管理的全过程，在此基础上导入了安全风险分级管控与隐患排查治理双重预防机制的操作过程。

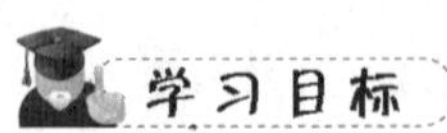

| 知识目标 | 技能目标 | 思政目标 |
| --- | --- | --- |
| 1. 掌握风险的定义及风险管理步骤；<br>2. 了解危险源的分类方法；<br>3. 掌握危险源识别通用要求；<br>4. 掌握工作危险分析法，风险矩阵评价法的分析步骤 | 1. 会运用工作危险风险法分析危险源；<br>2. 会运用风险矩阵分析法评价风险的等级；<br>3. 会运用工作危害分析危险源；<br>4. 会根据风险分析的结果提出对策措施 | 1. 培养学生处理问题时的系统思维；<br>2. 培养学生责任意识、安全意识；<br>3. 培养学生团队精神、使命担当 |

## 理论模块

## 知识点1 风险理论基础

### 一、基本概念

1. 风险与安全风险

风险是指不确定性对目标的影响。所谓安全风险就是指危险、危害事件发生的不确定性对企业安全目标的影响，通常以危险、危害事件发生的后果与可能性的组合描述。

2. 风险度

风险度即风险的大小可以用风险度（$R$）来衡量。风险度通常表示为事故发生的概率（$P$）与事故损失严重程度（$S$）的乘积。

由于概率值难以取得，常用事故频率代替事故概率，这时上式或表示为：

风险度＝(事故次数/单位时间)×(事故损失/事故次数)＝事故损失/单位时间

单位时间，可以是系统的运行周期，也可以是一年或几年；事故损失，可以表示为死亡人数、损失工作日数或经济损失等；风险率是两者之商，可以定量表示为百万工时事故死亡率、百万工时总事故率等，对于财产损失可以表示为千人经济损失率等。

3. 风险源

单独地或以结合的形式具有产生风险的内在可能性的因素。

4. 安全风险管理

所谓安全风险管理，就是指为了降低企业安全风险对企业所进行的指挥和控制活动。从宏观角度而言，风险管理的对象是存在于系统中的人、物和环境，以及由它们所构成的系统。而从微观角度而言，风险管理的对象就是指风险源、隐患和事故。

5. 不可接受风险

除特殊情况外，无论如何不能被接受的风险。

6. 可接受风险

无需再采取改进措施的，可以被接受的风险。

**二、风险管理过程**

风险管理过程包括主要包括沟通和协商、明确环境信息、风险评估（风险识别、风险分析、风险评价）、风险控制、监测和评审五步，如图 5-1 所示。

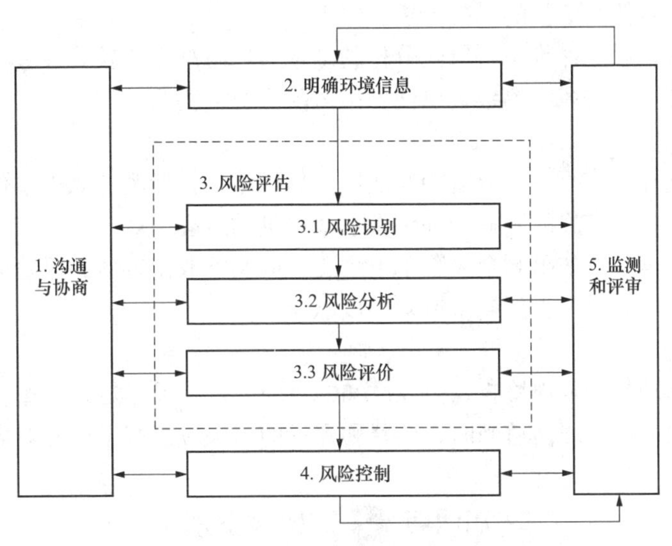


图 5-1 风险管理过程

1. 沟通和协商

沟通和协商应贯穿风险管理全过程。针对风险本身、风险成因、风险后果，以及处理风险措施相关的问题，在风险管理早期就要制定沟通和协商计划，与作业人员、班组长、安全管理人员、安全专家等相关人员进行沟通与协商，更多了解各相关人员对风险的感知与判断。

2. 明确环境信息

应明确企业在实现目标过程中所面临的外界环境的历史、现在和未来的各种相关的外部环境信息，以企业所处的整体环境为基础，包括法律和监管要求、外部安全相关人员的诉求和与具体风险管理过程相关的其他方面的信息等。同时应明确企业在实现目标过程中所面临的内在环境的历史、现在和未来的各种相关内部环境信息，包括企业风险管理、治理结构、组织结构、企业方针、目标、战略、企业文化等。明确企业风险管理过程状况信息，包括风险管理过程职责、范围、深度与广度、风险评价方法、研究所需资源等。确定用于评定风险重要性的风险准则等信息。

3. 风险评估

风险评估是风险识别、风险分析和风险评价的过程。

（1）风险识别。风险识别是通过识别风险源、影响范围、事件及其原因和潜在的后果等，生成一个全面的风险清单。因此进行风险识别时除了识别可能发生的风险事件外，还要考虑其可能的原因和可能导致的后果。此外，要关注已经发生的风险事件，特别是新近发生的风险事件。识别风险需要所有相关人员的参与。

（2）风险分析。风险分析是根据风险类型、获得的信息等，对识别出的风险进行定性和定量的分析，为风险评价和风险应对提供支持。风险分析要考虑导致风险的原因和后果及其发生的可能性、影响后果和可能性的因素，还要考虑现有的管理措施及其效果和效率。

根据风险分析的目的、获得的信息数据和资源，风险分析可以是定性的、半定量的、定量的或以上方法的组合。一般情况下，首先采用定性分析，初步了解风险等级和揭示主要风险。适当时进行更具体和定量的风险分析。

（3）风险评价。风险评价是将风险分析的结果与风险准则比较，或者在各种风险的分析结果之间进行比较，确定风险等级，以便做出风险应对的决策。

4. 风险控制

风险控制是选择并执行一种或多种改变风险的措施，包括改变风险事件发生的可能性或后果的措施。风险控制措施的制订和评估是一个递进的过程。对于风险控制措施，应评估其剩余风险是否可以承受。如果剩余风险不可承受，应调整或制定新的风险应对措施，并评估新的风险应对措施的效果，直到剩余风险可以承受。

5. 监测和评审

监督和评审活动包括常规检查、监控已知的风险、定期或不定期检查。定期或不定期检查都应被列入风险应对计划。适当时，监督和评审的结果应当有记录并对内或对外报告。

## 知识点 2 风险识别

### 一、风险源、危险源、危害因素

风险源是指单独地或以结合的形式具有产生风险的内在可能性的因素。

危险源是指可能导致伤害和健康损害的来源，即危险的来源，是可能引起事故的根源、状态或行为或他们的组合。如可能造成环境破坏、人身伤害、财产损失的危险物质、装置、设施或场所及人员作业的不安全行为或组织管理失误等。

危险因素是指能够对人造成伤亡或对物造成突发性损害的因素。有害因素是指能影响人的身体健康，导致疾病，或对物造成慢性损害的因素。习惯上，将危险因素与有害因素合称危害因素。

显然风险源与危险源的内涵基本相同，在国内多称为危险源，国外多称为风险源，本书中将风险源、危险源、危害因素均视为同义词。

## 二、危险源的分类

1. 根据危害性质分类的方法

根据《生产过程危险和有害因素分类与代码》（GB/T 13861—2022）的规定，将生产过程中的危险有害因素分为4类：人的因素、物的因素、环境因素、管理因素四个方面如表5-1所示。

**表5-1　　危害因素分类表**

| 危害因素 | 主要内容 | |
|---|---|---|
| 人的因素 | 心理生理性危险有害因素 | 负荷超限（体力负荷超限、听力负荷超限、视力负荷超限、其他负荷超限） |
| | | 健康状况异常 |
| | | 从事禁忌作业 |
| | | 心理异常：情绪异常、冒险心理、过度紧张、其他心理异常 |
| | | 辨识功能缺陷：感知延迟、辨识错误、辨识功能缺陷 |
| | 行为性危险有害因素 | 指挥错误：指挥失误、违章指挥、其他指挥错误 |
| | | 操作错误：误操作、违章操作、其他操作错误 |
| | | 监护失误 |
| | | 其他行为性危险和有害因素 |
| 物的因素 | 物理性危险和有害因素 | 设备、设施、工具、附件缺陷：强度不够、刚度不够、稳定性差、密封不良、耐腐蚀性差、应力集中、外形缺陷、外露运动件、操纵器缺陷、制动器缺陷、控制器缺陷、其他设备、设施、工具附件缺陷 |
| | | 防护缺陷：无防护、防护装置、设施缺陷、防护不当、支撑不当、防护距离不够、其他防护缺陷 |
| | | 电伤害：带电部位裸露、漏电、静电和杂散电流、电火花、其他电伤害 |
| | | 噪声：机械性噪声、电磁性噪声、流体动力性噪声、其他噪声 |
| | | 振动危害：机械性振动、电磁性振动、流体动力性振动、其他振动 |
| | | 电离辐射：包括X射线、γ射线、α粒子、β粒子、中子、质子、高能电子束等 |
| | | 非电离辐射：激光辐射、微波辐射、超高频辐射、高频电磁场、工频电场 |
| | | 运动物伤害：抛射物、飞溅物、坠落物、反弹物、土、岩滑动、料堆（垛）滑动、气流卷动、其他运动物伤害 |
| | | 明火 |
| | | 高温物质：高温气体、高温液体、高温固体、其他高温物质 |
| | | 低温物质：低温气体、低温液体、低温固体、其他低温物质 |
| | | 信号缺陷：无信号设施、信号选用不当、信号位置不当、信号不清、信号显示不准、其他信号缺陷 |
| | | 标志缺陷：无标志、标志不清晰、标志不规范、标志选用不当、标志位置缺陷、其他标志缺陷 |
| | | 有害光照 |
| | | 其他物理性危险和有害因素 |

续表

| 危害因素 | 主 要 内 容 | |
|---|---|---|
| 物的因素 | 化学性危险和有害因素 | 爆炸品 |
| | | 压缩气体和液化气体 |
| | | 易燃液体 |
| | | 易燃固体、自燃物品和遇湿易燃物品 |
| | | 氧化剂和有机过氧化物 |
| | | 有毒物品 |
| | | 放射性物品 |
| | | 腐蚀品 |
| | | 粉尘与气溶胶 |
| | | 其他化学性危险和有害因素 |
| | 生物性危险和有害因素 | 致病微生物：细菌、病毒、真菌、其他致病微生物 |
| | | 传染病媒介物 |
| | | 致害动物 |
| | | 致害植物 |
| | | 其他生物性危险和有害因素 |
| 环境因素 | 室内作业环境不良 | 室内地面湿滑 |
| | | 室内作业场所狭窄 |
| | | 室内作业场所杂乱 |
| | | 室内地面不平 |
| | | 室内楼梯缺陷 |
| | | 地面、墙和天花板上的开口缺陷 |
| | | 房屋基础下沉 |
| | | 室内安全通道缺陷 |
| | | 房屋安全出口缺陷 |
| | | 采光不良 |
| | | 作业场所空气不良 |
| | | 室内温度、湿度、气压不适 |
| | | 室内给、排水不良 |
| | | 室内涌水 |
| | | 其他室内作业场所环境不良 |
| | 室外作业场地环境不良 | 恶劣气候与环境 |
| | | 作业场地和交通设施湿滑 |
| | | 作业场地狭窄 |
| | | 作业场地杂乱 |
| | | 作业场地不平 |
| | | 巷道狭窄、有暗礁或险滩 |

续表

| 危害因素 | 主要内容 | |
| --- | --- | --- |
| 环境因素 | 室外作业场地环境不良 | 脚手架、阶梯或活动梯架缺陷 |
| | | 地面开口缺陷 |
| | | 建筑物和其他结构缺陷 |
| | | 门和围栏缺陷 |
| | | 作业场地基础下沉 |
| | | 作业场地安全通道缺陷 |
| | | 作业场地光照不亮 |
| | | 作业场地空气不良 |
| | | 作业场地温度、湿度、气压不适 |
| | | 作业场地涌水 |
| | | 其他室外作业场地环境不良 |
| | 地下（含水下）作业环境不良 | 隧道/矿井顶面缺陷 |
| | | 隧道/矿井正面或侧壁缺陷 |
| | | 隧道/矿井地面缺陷 |
| | | 地下作业面空气不良 |
| | | 地下火 |
| | | 冲击地压 |
| | | 地下水 |
| | | 水下作业供氧不足 |
| | | 其他地下（水下）作业环境不良 |
| | 其他作业环境不良 | 强迫体位 |
| | | 综合性作业环境不良 |
| | | 以上未包括的其他作业环境不良 |
| 管理因素 | 职业安全卫生组织机构不健全 | |
| | 职业安全卫生责任制未落实 | |
| | 职业安全卫生管理规章制度不完善 | 建设项目“三同时”制度未落实、操作规程不规范、事故应急预案及响应缺陷、培训制度不完善、其他职业安全卫生管理规章制度不健全 |
| | 职业安全卫生投入不足 | |
| | 职业健康管理不完善 | |
| | 其他管理因素缺陷 | |

2. 根据危害因素类型

《企业职工伤亡事故分类》（GB 6441—1986）中将危害因素主要分为三类：物的不安全

状态、人的不安全行为、不良环境。

（1）物的不安全状态。无防护罩或防护栏杆；防护距离不够；设备、设施缺陷（强度不够、刚度不够、稳定性差、密封不良、外形缺陷、操作器缺陷、制动缺陷、控制器缺陷等）；设备故障、设施损坏；电危害（带电部位裸露、漏电、静电、电火花、雷电）；运动物危害；明火；高温物质；低温物质；信号缺陷；标志缺陷；易燃易爆性物质；自燃性物质；有毒物质；腐蚀性物质；危害性生物。

（2）人的不安全行为。未经许可开动、关停；忘记关闭设备；开关未锁紧，造成意外转动、通电或泄漏等；误操作；奔跑作业；机械超速运转；违章作业；酒后作业；工件紧固不牢；拆除、搬移了安全装置；用手代替工具操作；物件放置不当；冒险进入危险场所；未及时瞭望；身处不安全位置；设备运转时进行维修、保养作业；未佩戴个人防护用品；注意力不集中；不安全装束；辨识功能缺陷；从事禁忌作业；心理异常；负荷超限；监护失误；违章指挥。

（3）不良环境。照明或光线不足；通风不良或空气质量不良；环境温度、湿度不当；作业场所狭窄；作业场地杂乱；地面或轨道湿滑；安全通道缺陷；强迫体位作业；有害电磁辐射；噪声；振动危害；自然环境不良。

3. 按职业健康分类

《职业病范围和职业病患者处理办法的规定》中将危害因素分为 7 类：生产性粉尘、毒物、噪声与振动、高温、低温、辐射（电离辐射、非电离辐射）、其他有害因素。

4. 根据危险源在事故发生发展中的作用分类

危险源可划分为两大类，即第一类危险源和第二类危险源。

第一类危险源是指系统中存在的、可能发生意外释放的能量或危险物质，实际工作中往往把产生能量的能量源或拥有能量的能量载体作为第一类危险源。第一类危险源具有的能量越多或包含的危险物质的量越多，其危险性越大。

第二类危险源是指导致约束、限制能量措施失效或破坏的各种不安全因素，包括人、物、环境三个方面的问题。人失误可能直接破坏对第一类危险源的控制，造成能量或危险物质的意外释放；同时，人失误也可能造成物的故障，进而导致事故。物的故障可能直接使约束、限制能量或危险物质的措施失效而发生事故；物的故障有时会诱发人失误；人失误会造成物的故障。环境因素主要指系统运行的环境，包括温度、湿度、照明、粉尘、通风换气、噪声和振动等物理环境以及企业和社会的软环境。不良的物理环境会引起物的故障或人失误；企业的管理制度、人际关系或社会环境影响人的心理进而可能引起人失误。

第二类危险源往往是一些围绕第一类危险源随机发生的现象，他们出现的情况决定事故发生的可能性，第二类危险源出现得越频繁，发生事故的可能性越大。

## 三、危险源识别要求

危险源识别是确认危险源的存在并确定其特性的过程，即发现、确认和描述风险的过程。其实质是找出识别范围内可能存在的人的不安全行为、物的不安全状态、作业环境中存在的危害因素及管理缺陷。

1. 危险源识别时要考虑三种状态、三种时态及四种因素

（1）三种状态指：

1）常规状态。正常生产过程中的危险源的存在方式。

2）非常规状态。非常规状态可以分成以下三种情况：

①易于常规的作业或活动，易于周期性的作业或活动，临时性的作业、活动。

②偶尔出现、频率不固定，但可预计出现的状态。

③由于外部的原因（如天气）导致的非常规状态，如启动、关闭、试车、停车、清洗、非计划内的维修、保养等。

3）潜在的紧急情况。

①往往不可预见其后果的情况。

②后果是灾难性的，不可控制的情况，如火灾、爆炸、严重的泄漏、碰撞及事故。

城市轨道交通运营三种状态的主要内容如表 5-2 所示。

**表 5-2　　城轨运营三种状态的主要内容**

| 状态类别 | 主　要　内　容 |
| --- | --- |
| 常规状态 | 运营服务活动：依据运营时刻表组织列车运营、客运服务过程 |
| | 设备设施的设计、安装、调试、验收、接管、使用过程 |
| | 公共活动：相关部门均有的活动，包含办公，电梯、叉车、消防设施、空调、空压机、抽风机使用，化学物品搬运储存、废弃等 |
| | 间接活动：为运营服务活动提供支持的活动，主要包括物资部仓库管理、检验、物料采购以及物料的使用管理、食堂管理等 |
| 非常规状态 | 设备设施维护保养，消防及行车疏散演习，因公外出，合同方在总部的活动（如工程施工、维修、清洁等） |
| 潜在的紧急情况 | 如火灾、爆炸、化学物品泄漏、中毒、台风、雷击、碰撞等事故事件（潜在的紧急情况的危险辨识需考虑紧急情况发生时和发生后进行抢险救援过程中存在的危险） |

（2）三种时态指：

1）过去：过去在本企业的某些活动中，或在类似企业的某些活动中存在的危险源或发生过事故。

2）现在：目前正在从事的有危险源的活动。

3）将来：在可以预见的将来还会存在有危险源的活动。

（3）四种因素：根据表 5-1 中危险源的内容，分别从人的因素、物的因素、环境因素与管理因素四个方面进行分析。

2. 动态与静态相结合

危险源识别即要考虑静态危险源，即正常情形下，设备、人员、环境危险源的存在方式，同时也要考虑变化的作业情形、不同的环境情况，各类突发事件下，危险源的存在方式。

## 四、城市轨道交通运营事故类型

为便于城市轨道交通运营危险源识别以及事故的统计分析，需对城市轨道交通运营事故类型进行分类。目前我国尚未制定城市轨道交通运营事故类型分类标准，以下是某市城轨运营公司结合城轨特点，并借鉴国标《企业职工伤亡事故分类》（GB 6441—1986）制定的城市轨道交通运营事故类型分类表，如表 5-3 所示。

表 5-3　城市轨道交通运营事故类型分类

| 类别编号 | 事故类别名称 | 备注 | 类别编号 | 事故类别名称 | 备注 |
|---|---|---|---|---|---|
| 01 | 物体打击 | 伤害事故 | 015 | 噪声聋 | 职业病 |
| 02 | 车辆伤害（指马路车辆） | | 016 | 尘肺 | |
| 03 | 机械伤害 | | 017 | 视力受损 | |
| 04 | 起重伤害 | | 018 | 其他职业病 | |
| 05 | 触电 | | 019 | 健康受损 | 健康危害 |
| 06 | 淹溺 | | 020 | 财产损失（2 000 元及以上） | 无伤害事件/事故 |
| 07 | 灼烫 | | 021 | 列车延误 | 无客伤的列车延误事件 |
| 08 | 火灾 | | 022 | 行车事件/事故 | 含人员伤亡的行车事件/事故 |
| 09 | 高处坠落 | | 023 | 可能引发行车事件/事故的设备缺陷事件和行为事件 | 这里是引发行车事件/事故的危险源 |
| 010 | 坍塌 | | 024 | 其他事件/事故 | 无伤害事件/事故 |
| 011 | 容器爆炸 | | | | |
| 012 | 其他爆炸 | | | | |
| 013 | 中毒和窒息 | | | | |
| 014 | 其他伤害 | | | | |

表 5-3 中“可能引发行车事件/事故的设备缺陷事件和行为事件”及“行车事件/事故”这两个事故类型是一种从属的关系，即“可能引发行车事件/事故的设备缺陷事件和行为事件”事故类型的风险属于“行车事件/事故”事故类型风险的危险源。涉及这种从属关系的事故类型可把运营过程中可能发生的重要风险所涉及的危险源划归到相关部门进行控制。

## 五、危险源识别编号规则

为提高危险源识别的效率，使危险源识别系统化、条理化、清晰化，辨识人员应在全面分析识别对象技术特点，作业组织构成，并结合行业经验，对识别对象进行编码。辨识人员严格按编码规则进行危险源识别编码。如某市地铁 1 号线危险源识别编码规则见表 5-4。

表 5-4　某市地铁 1 号线危险源识别编码规则

| 系统（编码） | 辨识单元（编码） | 危险源编码 |
|---|---|---|
| 设施监测养护（01-JC） | 桥梁（01-JC-QL） | 01-JC-QL-001 |
| | | 01-JC-QL-002 |
| | | …… |
| | 控制中心（01-JC-ZX） | …… |
| | 车站（01-JC-CZ） | …… |
| | 隧道（01-JC-SD） | …… |
| | 轨道（01-JC-GD） | …… |
| | 路基（01-JC-LJ） | …… |
| | 车辆基地（01-JC-JD） | …… |

续表

| 系统（编码） | 辨识单元（编码） | 危险源编码 |
|---|---|---|
| 设备运行维修（01-WX） | …… | …… |
| 行车组织（01-XC） | …… | …… |
| 客运组织（01-KY） | …… | …… |
| 运行环境（01-HJ） | …… | …… |

## 六、危险源辨识方法

危险源辨识的方法有许多，每种方法都有优缺点，且它们的适用范围有所不同。根据辨识对象的特性，选择不同的危险源辨识方法。下面仅对经常使用的三种方法做简单介绍。

1. 直观经验法

直观经验法是对照有关标准、法规、检查表，依靠分析人员的经验、观察分析能力和判断能力直观的评价对象危险性和危害性的方法。直观经验法是辨识中常用的方法，适用于有可供参考先例、有以往经验可以借鉴的危险源辨识过程；其优点是简单、易行，其缺点是受辨识人员知识、经验和占有资料的限制，可能出现遗漏。

2. 工作危害分析法（JHA）

将在知识点3中作详细介绍。

3. 工艺流程分析法

将运营活动划分为具体流程，分析每个流程的人员活动、能源的输入输出、设备设施与作业环境等，识别其中存在的物的不安全状态、人的不安全行为与不良环境。

## 七、危险源辨识的流程

（1）识别准备。

1）成立风险辨识小组并确定组内分工。小组成员专业应涵盖所辨识区域的所有专业，且应结合小组成员的专业与特长进行人员分工。

2）明确所要分析系统，收集识别范围内的资料。包括设备的设计说明书，使用说明书，结构图，施工图，工艺流程设计，技术操作规程，作业指导书，以及以前发生的事故或类似企业发生的事故等。

3）列出识别范围内的活动或流程涉及的所有方面。

（2）分类识别危险源。对于识别区域较大的系统可从厂址、厂区平面布局；建（构）筑物；生产工艺过程；生产设备、装置；作业环境及管理措施六个方面进行分类识别。

（3）划分识别单元。识别单元是分类识别危险源的细化，可以按照工艺、设备、物料、过程来细化；同类的过程或设备可以划为一类识别对象；识别对象不宜过粗或过细。

（4）危险源的调查与识别。先找出危险源，进而对危险源的特性进行分析，找出可能存在的危险有害因素。

（5）填写危险源登记表。

## 知识点 3 风险分析

风险分析就是针对识别出的风险源，分析导致风险的原因和后果及其发生的可能性、影响后果和可能性的因素，还要考虑现有的管理措施及其效果和效率。常用的风险分析方法有头脑风暴法、结构化访谈法、德尔菲法、检查表法、预先危险分析法、失效模式和效应分析法、因果分析法、事件树、事故树分析法、工作危害分析法等，下面重点介绍工作危害分析法。

工作危害分析法就是将存在潜在危害因素的工作首先划分为若干工作步骤，对每步工作步骤进行安全评估和分析，找出在执行这步工作步骤时可能带来哪些危险有害因素，然后针对这些危害因素，制定相应的控制和应急措施。工作危害分析的英文全称是：Job Hazard Analysis，简写为JHA。

### 一、提出任务

当出现以下几种情况时，需要进行工作危害分析：

（1）初次工作危害分析，建立JHA数据库时。

（2）事故发生频率高或可能导致严重后果的作业。

（3）作业内容、环境发生了较大变化的作业。

（4）在作业过程中使用了新设备、机器、工具或方法的作业。

（5）某项作业有事故、事件、险情、不合格发生。

（6）临时性、不常做的工作。

（7）其他需要进行工作危害分析的情况。

### 二、成立工作危害分析小组

危害因素分析小组一般由该项目或作业所属部门的负责人担任危害辨识小组的组长，由作业所涉及的各专业的工程技术人员，安全管理人员，工班长、作业人员任组员，辨识时应根据识别人员的专业与特长进行明确的分工，由组长分配任务，制订危害识别计划，准备资料，落实分析会参与人员，引导协调与会人员讨论，填写“工作危害分析表”，并根据危害分析人员的具体情况，组织JHA工具应用知识和技巧方面的培训。

### 三、划分作业

一个作业包括一系列步骤，按作业顺序把作业划分为若干基本步骤并列表记录在表5-5“工作危害分析表”的第二栏。

将作业划分为若干步骤中，要注意以下几点：

（1）对步骤的书面描写必须清晰简洁，避免多余细节和含糊的描述。

（2）尽可能使用动作词汇（如提起，搬运，放置，打开等）对作业步骤进行描绘。

（3）划分的作业步骤不能太笼统，否则容易遗漏一些步骤以及与之相关的潜在风险。

（4）步骤划分也不宜太细，通常情况下，一项作业活动的步骤不宜超过15项，如果作业活动划分的步骤太多，可将该项作业分为两个或更多相对独立的作业活动，分别进行分析。

（5）不要把防范措施当成工作步骤，安全措施和必要的工作步骤的区别，就是判断该项步骤或活动是否直接作用于作业对象上，或者如果没有这一步骤，对所从事的作业活动是否有影响，而不是考虑这一步骤对人、对生产、对设备或其他方面是否有影响。

表 5-5 工作危害分析表

表格编码： 工作名称： 负责人：

| 工具/设备 | | | | 个人防护用品 | | | |
|---|---|---|---|---|---|---|---|
| 序号 | 工作步骤 | 潜在危害 | 发生频率 | 严重程度 | 风险等级 | 控制措施 | 责任人 |
| 1 | | | | | | | |
| 2 | | | | | | | |

**四、识别每个步骤的潜在风险**

危害因素主要分为三类：物的不安全状态、人的不安全行为、不良环境。典型的危害因素举例如下：

(1) 身体部位会被夹伤或挤伤吗?

(2) 工具、机器或设备存在危险吗?

(3) 人员会接触到危险物吗?(比如尖的、烫的、冰的、运动的物体)

(4) 人员会滑倒、绊倒或摔倒吗?

(5) 身体部位会因为地方狭小、重复动作而过度疲劳吗?

(6) 有落物的危险吗?

(7) 人员会否因抬、推、拉而扭伤?

(8) 高噪声或振动会造成危害吗?

(9) 有照明问题吗?(比如太黑、太亮、闪光、突然由明变暗)

(10) 环境会影响安全吗?(比如风、雨、雾、潮湿、高温、冷风、强光等)

(11) 可能存在有害辐射的危险吗?

(12) 可能接触到烫的、寒冷的、有毒的、酸或腐蚀性物质吗?

(13) 通风顺畅吗?

(14) 出口有障碍物吗?(如可能绊倒、碰头，空间受限等)

(15) 有失火、爆炸、放电或触电的危险吗?

(16) 存在有可能突然释放的能量源吗？比如高压气，物质受压或承受很大的外力。

(17) 同一地区交叉作业或没有封锁作业区带来的危险。

**五、填写“工作危害分析表”**

(1) 工作危害分析会后，整理分析成果，编制“工作危害分析表”。

(2) 依据工作的特点，列举作业中所需的工具、设备和个人防护用品，填入“工作危害分析表”。

(3) 所有参与分析的人员审查“工作危害分析表”，提出修改建议。

## 知识点 4 风险评价

风险评价是将风险分析的结果与风险准则比较，或者在各种风险的分析结果之间进行比较，确定风险等级，以便做出风险应对的决策。风险评价的方法有安全检查表评价法，风险矩阵评价法、概率评价法、事故树、LC 评价法等，下面重点介绍 LC 评价法与风险矩阵评价法。根据评价的目的不同，风险等级可以有不同的划分方法。

## 一、LC 评价法

1. 风险评估指标体系分级标准及确定方法

（1）风险评估指标体系分级标准。

1）事件发生的可能性指标分级标准。可能性统一划分为五个级别，分别是极高、高、中等、低、极低。可能性判断标准表见表 5-6。

表 5-6　事件发生的可能性判断标准

| 序号 | 可能性级别 | 发生的可能性 | 取值区间 |
|---|---|---|---|
| 1 | 极高 | 极易 | (9-10] |
| 2 | 高 | 易 | (6-9] |
| 3 | 中等 | 可能 | (3-6] |
| 4 | 低 | 不大可能 | (1-3] |
| 5 | 极低 | 极不可能 | (0-1] |

注　1. 可能性指标取值为区间内的整数或最多一位小数；

2. 区间符号“[]”包括“等于”，“()”不包括“等于”，如 (0-1] 表示 0<取值≤1。

2）后果严重程度分级标准。后果严重程度统一划分为四个级别，特别严重、严重、较严重、不严重。后果严重程度判断标准见表 5-7、后果严重程度等级取值见表 5-8。

表 5-7　后果严重程度判断标准

| 后果严重程度 | 后果严重程度总体判断标准定义 |
|---|---|
| 特别严重 | （1）人员伤亡，可能发生人员伤亡数量达到国务院《生产安全事故报告和调查处理条例》中特别重大事故伤亡标准；<br>（2）经济损失，可能发生经济损失达到国务院《生产安全事故报告和调查处理条例》中特别重大事故经济损失标准；<br>（3）环境污染：可能造成特别重大生态环境灾害或公共卫生事件；<br>（4）社会影响：可能对国家或区域的社会、经济、外交、军事、政治等产生特别重大影响 |
| 严重 | （1）人员伤亡，可能发生人员伤亡数量达到国务院《生产安全事故报告和调查处理条例》中重大事故伤亡标准；<br>（2）经济损失，可能发生经济损失达到国务院《生产安全事故报告和调查处理条例》中重大事故经济损失标准；<br>（3）环境污染：可能造成重大生态环境灾害或公共卫生事件；<br>（4）社会影响：可能对国家或区域的社会、经济、外交、军事、政治等产生重大影响 |
| 较严重 | （1）人员伤亡，可能发生人员伤亡数量达到国务院《生产安全事故报告和调查处理条例》中较大事故伤亡标准；<br>（2）经济损失，可能发生经济损失达到国务院《生产安全事故报告和调查处理条例》中较大事故经济损失标准；<br>（3）环境污染：可能造成较大生态环境灾害或公共卫生事件；<br>（4）社会影响：可能对国家或区域的社会、经济、外交、军事、政治等产生较大影响 |
| 不严重 | （1）人员伤亡，可能发生人员伤亡数量达到国务院《生产安全事故报告和调查处理条例》中一般事故伤亡标准；<br>（2）经济损失，可能发生经济损失达到国务院《生产安全事故报告和调查处理条例》中一般事故经济损失标准；<br>（3）环境污染：可能造成一般生态环境灾害或公共卫生事件；<br>（4）社会影响：可能对国家或区域的社会、经济、外交、军事、政治等产生较小影响 |

注　表中同一等级的不同后果之间为“或”关系，即满足条件之一即可。

表 5-8　后果严重程度等级取值

| 后果严重程度等级 | 后果严重程度取值 |
| --- | --- |
| 特别严重 | 10 |
| 严重 | 5 |
| 较严重 | 2 |
| 不严重 | 1 |

（2）指标体系确定方法。

1）可能性指标确定方法。针对不同单元，搜集生产经营单位近年来突发事件发生情况频次数据，并根据最新辨识到的主要致险因素，结合行业实践经验，进行风险事件发生可能性评价，并通过可能性判断标准，进行突发事件发生可能性评分。

2）后果严重程度指标确定方法。针对不同作业单元，分析风险事件发生后，可能造成的最大人员伤亡、经济损失、环境污染、社会影响，综合参考历史上类似事件后果损失，根据后果严重程度判断标准，进行后果严重程度指标评分。

2. 风险等级评估标准

安全生产风险等级（$D$）由高到低统一划分为四级：重大、较大、一般、较小。风险等级大小（$D$）由风险事件发生的可能性（$L$）、后果严重程度（$C$）两个指标决定。（本方法也可以与风险矩阵评估分析方法结合使用，提高风险矩阵评估分析方法风险等级划分的准确性）

$$D=L\times C$$

风险等级取值区间如表 5-9 所示。

表 5-9　风险等级取值区间表

| 风险等级 | 风险等级取值区间 |
| --- | --- |
| 重大 | (55、100] |
| 较大 | (20、55] |
| 一般 | (5、20] |
| 较小 | (0、5] |

注　区间符号“[]”包括等于，“()”不包括等于，如：区间（0、5]表示 0<取值≤5。

## 二、风险矩阵评价法

1. 概述

风险矩阵是一种将定性或半定量的后果分级与产生一定水平的风险或风险等级的可能性相结合进行综合分析的方法。主要用于风险等级排序，以确定哪些风险需要更细致的分析，或是应首先处理哪些风险以及哪些风险此时无需进一步考虑，哪些风险可以接受，哪些风险不能接受。

2. 绘制要求

绘制矩阵时，后果绘制在横轴上，可能性在绘制在纵轴上。后果等级应涵盖需分析的各类不同的结果，并应从最大可信结果拓展到最小结果。后果标度可以为任何数量的点。最常见的是有 3、4 或 5 个点的等级。可能性标度也可为任何数量的点。需要选择的可能性的定义应尽量避免含混不清。如果使用数字指南来界定不同的可能性，应给出单位。

如图5-2所示，该矩阵带有7点结果和10点可能性等级，且将风险分为四个等级。从高到低分别为不可容忍的风险，不期望的风险，可容忍的风险，可忽略的风险。为了对风险进行分级，首先要发现最适合当时情况的结果描述，然后界定结果发生的可能性。然后，从矩阵中读取风险等级。

可能性等级

| | | | | | | | | |
|---|---|---|---|---|---|---|---|---|
| A | 每周发生数次或更多 | R2 | R1 | R1 | R1 | R1 | R1 | R1 |
| B | 每月发生数次 | R3 | R2 | R1 | R1 | R1 | R1 | R1 |
| C | 每年发生数次 | R4 | R2 | R2 | R1 | R1 | R1 | R1 |
| D | 十年内发生数次 | R4 | R3 | R2 | R1 | R1 | R1 | R1 |
| E | 一百年内发生数次 | R4 | R3 | R3 | R2 | R1 | R1 | R1 |
| F | 不大可能出现 | R4 | R4 | R3 | R3 | R2 | R1 | R1 |
| G | 非常不可能出现 | R4 | R4 | R4 | R3 | R3 | R2 | R1 |
| H | 发生可能性极少 | R4 | R4 | R4 | R4 | R3 | R3 | R2 |
| I | 不可能发生 | R4 | R4 | R4 | R4 | R4 | R3 | R3 |
| J | 难以置信 | R4 | R4 | R4 | R4 | R4 | R4 | R3 |
| | | 1 | 2 | 3 | 4 | 5 | 6 | 7 |
| | | 微不足道 | 极轻微 | 轻微 | 严重 | 危急 | 重大 | 特别重大 |

后果等级

图5-2　风险矩阵示例

很多风险事项会有各种结果，并有各种不同的相关可能性。通常次要问题比灾难更为常见。因此，是选择对最常见的问题评分，还是对最严重的结果，或是两者的统一体进行评分。在很多情况下，有必要关注最严重的可信事项，因为这些事项会带来最大的威胁。有时，有必要将常见问题和最严重的灾难归为独立风险。

风险矩阵评价的输出结果是对各类风险的分级或是确定了重要性水平的、经分级的风险清单。

3. 优点及局限

优点：比较便于使用；将风险很快划分为不同的重要性水平。

局限：必须设计出适合具体情况的矩阵，因此，很难有一个适用于分析系统各相关环境的通用系统；很难清晰地界定等级；使用具有很强的主观色彩；不同的人员分级会产生明显的差别，无法对风险进行总计，组合或比较不同类型后果的风险等级是困难的。

## 知识点5　风险控制

### 一、ALARP原则

ALARP原则是指确定的控制措施应考虑降低风险的成本，除非风险控制措施所需的成本与实施此措施所带来的效益极不成比例，否则应采取所需的控制措施。此原则既确保系统达到可接受的安全水平，且无需耗费过高成本控制没有必要进一步降低的风险。

“二拉平”原则是“最低合理可行（As Low As Reasonably Practically，ALARP）”原则的俗称。依据风险的严重程度将系统可能出现的风险进行分级。系统风险由不可容忍线和可忽略线将其分为风险严重区、ALARP区和可忽略区。风险严重区和ALARP区是项目风险辨识的重点所在，系统风险辨识必须尽可能地找出该区所有的风险。图5-3为ALARP示意图。

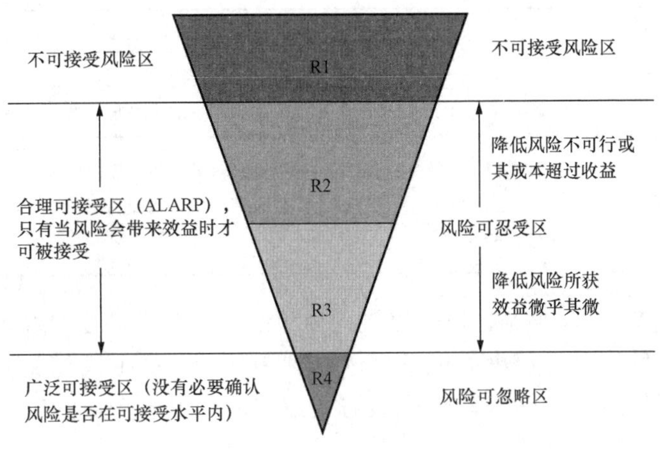


图 5-3　ALARP 图

（1）最上面的区域规定了不可接受的风险等级，有些风险很大且结果绝对不可接受，因此在任何场合它们都是不容许的，如果风险等级不能降到此范围以下就不能投入运营或进行作业。

（2）最下面的区域规定了风险可忽略区，该区域中风险都可认为很小，不需要通过任何 ALARP 判据的证明。

（3）上部和下部间的区域称为 ALARP 区域，其风险符合合理可行的最低风险程度的原则，符合成本效益时，应当降低。

作为一种原则，各个项目企业单位可结合本行业或企业本身的实际情况制定具体的风险可接受水平。

## 二、风险控制措施

### （一）风险控制措施的选取原则

风险控制遵循 ALARP 原则，风险等级不同，采取的控制措施也不同。城市轨道交通安全风险控制措施选取原则如表 5-10 所示。

**表 5-10　　风险控制措施选取原则对照表**

| 风险等级 | | 控　制　措　施 |
|---|---|---|
| R1 | 不可接受风险 | 1. 建立安全控制目标<br>2. 采取充分的控制措施，制定《安全风险管理方案》<br>3. 建立、修订并执行运行控制程序<br>4. 必要时，建立、修订并演练应急准备与相应程序<br>5. 采取减轻措施后重新评估风险，并考虑是否需要进行量化风险评估<br>6. 缺乏有效的控制措施的前，不能投入运营或进行作业 |
| R2 | 不希望风险 | 1. 沿用并大力加强已有的控制措施<br>2. 风险在切实可行的情况下必须降低<br>3. 若符合成本效益，需制定《安全风险管理方案》 |

续表

| 风险等级 | | 控制措施 |
|---|---|---|
| R3 | 可容忍风险 | 1. 危害在有足够控制措施的情况下可接受<br>2. 若降低风险符合成本效益，则必须采取进一步的控制措施 |
| R4 | 可忽略风险 | 1. 沿用已有的控制措施，可以不采取进一步的控制措施<br>2. 监控其危害状态的改变，当改变使危险源的风险等级提高时，便需审查现行控制措施的成效 |

风险控制除了遵循以上原则，出现以下几种情况直接判定需要对其进行控制：不符合法规要求的、已经发生过类似事故但危害未得到消除的、员工或相关方有比较强烈合理的安全要求的、根据经验能够判断出明显需要控制的、出于企业的特殊安全考虑认为需要控制的。

（二）常见的控制措施

制定风险控制措施是风险管理的重要环节。控制措施的描述应具体，说明应采取何种做法以及怎样做，避免过于原则性的描述，如“小心”“仔细操作”。下面按优先顺序列出了常见的控制措施：

（1）通过技术措施，从根本上消除危险、有害因素，如用危害较小的物质取代危害较大的、改装或更换设备或工具、提高设备设施的安全系数。

（2）采取预防性技术措施，预防事故发生，如安装漏电保护装置、安全电压、熔断器、冗余设施等。

（3）无法消除、预防危害因素的情况下，可采取减少危害影响的措施，如采用局部通风排毒装置、采取降温措施、保持良好的通风条件、安装避雷装置、设置消除静电装置、安装减振消声装置等。

（4）无法消除、预防、减弱危害因素的情况下，应将人员与危险、有害因素隔开，如采用遥控作业、安装防护栏杆（罩、屏）、设置隔离操作室、划定警戒区域等。

（5）在易发生故障和危险性较大的地方，禁止人员的危险行为，设置醒目的安全色或安全标志，必要时设置声、光报警装置等。

（6）合理管理作业，如调整作业顺序、增减工作步骤、停止附近的作业、减少在危害环境中的作业时间、作业前确认安全条件是否满足、作业过程中定时沟通与加强提醒、建立完善的作业程序、定期检查作业环境等。

（7）科学管理设备，如监控设备的运行状态、对设备进行预防性维修、定期检测设备的性能与安全状态、特殊季节或天气加强设备维护、保持设备清洁、停用不合格设备、及时更换损坏零件（设施）、建立设备故障处理程序等。

（8）加强特殊作业的审批，没有操作证或不熟悉作业人员严禁上岗，危险作业设置监护人员。

（9）配备并正确使用个人劳动防护用品。

（10）制定应急程序并定期进行演练，作业现场提供应急设备与设施。

（11）加强员工的技能培训与安全教育，提高其操作水平、处理事故的能力与安全意识。

（12）定期进行安全检查，建立安全奖惩机制。

# 知识点 6 城轨运营双重预防机制建设

根据《安全生产法》第四条的要求，城轨运营企业必须“构建安全风险分级管控和隐患排查治理双重预防机制，健全风险防范化解机制，提高安全生产水平，确保安全生产”。根据《城市轨道交通运营安全风险分级管控和隐患排查治理管理办法》的要求，城市轨道交通运营安全风险分级管控和隐患排查治理工作坚持目标导向、全面覆盖、科学施策、闭环管理的原则。城市轨道交通所在地城市交通运输主管部门或者城市人民政府指定的城市轨道交通运营主管部门对本行政区域内运营单位运营安全风险分级管控和隐患排查治理工作实施监督管理。城市轨道交通运营单位承担运营安全风险分级管控和隐患排查治理工作主体责任，逐级分解责任，确保责任落实到部门和岗位。

## 一、风险分级管控

城市轨道交通运营风险分级管控是对城轨运营过程中存在的安全生产风险点进行辨识、评估，确定风险等级，采取相应管控措施，实施风险动态管理的活动。

### （一）风险识别

#### 1. 风险识别范围及业务板块划分

根据城市轨道交通技术特点和行业经验，按照运营安全业务板块对需辨识系统安全风险进分分类，可分为设施监测养护、设备运行维修、行车组织、客运组织、运行环境等，各板块包涵内容以下：

（1）设施监测养护类风险：桥梁、隧道、轨道、路基、车站、控制中心和车辆基地等方面的风险；

（2）设备运行维修类风险：车辆、供电、通信、信号、机电等方面的风险；

（3）行车组织类风险：调度指挥、列车运行、行车作业、施工管理等方面的风险；

（4）客运组织类风险：车站作业、客流疏导、乘客行为等方面的风险；

（5）运行环境类风险：生产环境、自然环境、保护区环境、社会环境等方面的风险。

#### 2. 划分风险识别单元

为便于开展风险识别，根据所辖线路设施设备配置及运行环境、安全管理水平、相关经验借鉴等情况，对各类别风险点及可能产生的风险作进一步补充及细化，划分识别单元，并建立识别单元清单。其中，设施监测养护和设备运行维修类应细化到各设施设备维护工作单元，行车组织、客运组织、运行环境类应细化到岗位或人员的关键操作步骤。

#### 3. 确定风险事件

针对不同识别单元，结合日常安全生产管理实际，综合考虑历史风险事件发生情况，研究确定各作业单元可能发生的风险事件。风险事件分析表如表 5 - 11 所示。

**表 5 - 11　　风险事件分析表**

| 风险辨识范围（业务名称） | 识别单元 | 典型风险事件 |
|---|---|---|
| | | |
| | | |
| | | |

4. 分析致险因素

针对不同识别单元，按照人、设施设备、环境、管理四要素进行主要致险因素分析。致险因素分析如表 5-12 所示。

**表 5-12　　致险因素分析表**

| 风险辨识范围（业务板块） | 识别单元 | 典型风险事件 | 致险因素 | | | |
|---|---|---|---|---|---|---|
| | | | 人的因素 | 设施设备因素 | 环境因素 | 管理因素 |
| | | | | | | |
| | | | | | | |
| | | | | | | |

5. 编制风险辨识手册

针对本单位生产经营活动范围及其生产经营环节，按照相关法规标准和本规范相关要求，编制风险辨识手册，手册应包括风险辨识范围（业务板块）、识别单元（作业活动）、风险事件（风险描述）、事故类型、风险等级、管控措施、责任部门及责任岗位、责任人等内容，如表 5-13 所示。

**表 5-13　　风险识别手册格式**

| 序号 | 地点 | 业务板块 | 识别单元 | 风险事件 | 事故类型 | 风险评价 | | | 风险级别 | 控制措施 | 责任部门 | 责任岗位 | 责任人 |
|---|---|---|---|---|---|---|---|---|---|---|---|---|---|
| | | | | | | 风险发生的可能性 | 事故后果严重程度 | 风险值 | | | | | |
| | | | | | | | | | | | | | |

（二）风险评估

运营单位应根据所辖线路设施设备配置及运行环境、安全管理水平、相关经验借鉴等情况，对风险点及风险事件进一步细化。其中，设施监测养护和设备运行维修类应细化到各设施设备维护工作单元，行车组织、客运组织、运行环境类应细化到岗位或人员的关键操作步骤。运营单位应结合运营管理水平和运营险性事件等情况，逐项确定安全风险等级并制定风险管控措施，形成城轨运营安全风险数据库，内容至少包括业务板块、风险点（工作单元/操作步骤）、风险描述、风险等级、管控措施、责任部门及责任岗位、责任人等。

城市轨道交通运营安全风险等级从高到低划分为重大、较大、一般、较小四个等级，风险等级由风险点发生风险事件可能性和后果严重程度的组合决定。可能性指标、后果严重程度指标的确定及风险等级评估标准参照知识点 4 中的 LC 评价法执行。风险数据库中的风险管控措施应符合设施设备运行维护、行车组织管理、客运组织管理、从业人员管理、保护区管理等有关规定，并及时纳入企业相关管理制度、作业标准或应急预案。

（三）风险辨识频次要求

运营单位每年对所辖线路开展一次风险全面辨识，持续发现未知安全风险，并及时更新风险数据库。城市轨道交通新线投入初期运营和正式运营时，运营单位应同步组织开展风险全面辨识。初期运营期间，可视情增加辨识频次。

遇到以下情况之一的，还应对特定领域、特定环节、特定对象开展风险专项辨识：

（1）运营环境发生较大变化；

（2）运营单位部门分工进行较大调整；

（3）发生运营险性事件；

（4）新设备、新技术、新工艺投用；

（5）车辆、信号等关键系统更新，以及车站、线路等改造后投入使用；

（6）法律法规、规章制度发生较大变化；

（7）需开展风险专项辨识的其他情况。

（四）安全风险分级管控

根据风险评估的结果，针对安全风险特点，从组织、制度、技术、应急等方面对安全风险进行有效管控。要通过隔离危险源、采取技术手段、实施个体防护、设置监控设施等措施，达到回避、降低和监测风险的目的。要对安全风险分级、分层、分类、分专业进行管理，逐一落实企业、车间、班组和岗位的管控责任，尤其要强化对重大危险源和存在重大安全风险的生产经营系统、生产区域、岗位的重点管控。要高度关注运营状况和危险源变化后的风险状况，动态评估、调整风险等级和管控措施，确保安全风险始终处于受控范围内。

建立健全风险分级管控工作机制。对于重大风险，应由运营单位负责人牵头组织制定管控措施，并填写清单、汇总造册，按照职责范围报告属地负有安全生产监督管理职责的部门。对于较大风险，应由专业部门负责人牵头组织制定管控措施；对于一般风险及较小风险，应由班组负责人组织制定管控措施。

要依据安全风险类别和等级建立企业安全风险数据库，绘制企业“红橙黄蓝”四色安全风险空间分布图。风险数据库中的风险管控措施应符合设施设备运行维护、行车组织管理、客运组织管理、从业人员管理、保护区管理等有关规定，并及时纳入运营单位相关管理制度、作业标准或应急预案。

运营单位应对重大风险编制监控方案和专项应急措施，并对重大风险影响区域的相关人员组织开展安全防范、应急逃生避险和应急处置等的宣传、培训和演练；重大风险管控失效发生运营险性事件的，应急处置和调查处理后，应及时对相关工作进行评估总结，对管控措施进行完善改进。因人员、设施设备、作业环境、管理等因素变化，台风、洪涝、冰雪等气象灾害和地震、山体滑坡、地质塌陷等地质灾害，或其他因素引起安全风险上升、管控效果降低、安全问题凸显时，运营单位应及时将风险预警和管控要求通知到相关管理和作业人员。

（五）安全风险公告警示

企业要建立完善安全风险公告制度，并加强风险教育和技能培训，确保管理层和每名员工都掌握安全风险的基本情况及防范、应急措施。要在醒目位置和重点区域分别设置安全风险公告栏，制作岗位安全风险告知卡，标明主要安全风险、可能引发事故隐患类别、事故后果、管控措施、应急措施及报告方式等内容。对存在重大安全风险的工作场所和岗位，要设置明显警示标志，并强化危险源监测和预警。

**二、隐患排查治理**

城市轨道交通运营隐患排查治理是对城轨运营过程中人的不安全行为、物的不安全状态、环境的不安全因素、管理上的缺陷导致的风险管控措施弱化、失效、缺失等，进行排查、评估、整改、消除的闭环管理活动。

隐患分为重大隐患和一般隐患两个等级。重大隐患是指可能直接导致安全生产事故或列车脱轨、列车冲突、列车撞击、列车挤岔、火灾、桥隧结构坍塌、车站和轨行区淹水倒灌、大面积停电、客流踩踏等运营险性事件发生的隐患，一般具有危害和治理难度大、易造成全线/区段停运或封闭车站、关键设施设备长时间停止运行、需要较长时间治理方能排除、本单位自身难以排除等特点。一般隐患是指除重大隐患外，其他可能影响运营安全的隐患，一般具有危害或治理难度较小，能够快速消除等特点。

（一）编制隐患排查手册

运营单位应建立完善隐患排查治理制度，对照风险数据库，逐项分析所列风险管控措施弱化、失效、缺失可能产生的隐患，确定隐患等级，并按照“一岗一册”的原则分解到各岗位，形成各岗位的隐患排查手册，明确排查内容、排查方法、排查周期等内容，推动全员参与自主排查隐患。要通过与政府部门互联互通的隐患排查治理信息系统，全过程记录报告隐患排查治理情况。

（二）隐患排查方式

隐患排查包括日常排查、专项排查等方式。日常排查是指结合班组、岗位日常工作组织开展的经常性隐患排查，排查范围应覆盖日常生产作业环节，每周应不少于1次。专项排查是运营单位在一定范围、领域组织开展的针对特定隐患的排查，可与运营单位专项检查、安全评估、季节性和关键时期检查等工作结合开展。遇到以下情况之一的，应开展专项排查：

（1）关键设施设备更新改造；

（2）以防汛、防火、防寒等为重点的季节性隐患排查；

（3）重要节假日、重大活动等关键运输节点前；

（4）重点施工作业进行期间；

（5）发生重大故障或运营险性事件；

（6）根据政府或有关管理部门安全部署；

（7）需开展专项排查的其他情况。

（三）隐患治理

排查过程中发现情况较为紧急的隐患时，运营单位应立即采取划定隔离区域、员工现场盯控等防范措施，并及时告知相关人员，防范事态扩大；情况特别紧急的，应视情采取人员疏散、停止作业或停用有关设施设备、封锁线路或关闭车站等安全控制措施，确保运营安全。

对于排查出的一般隐患，运营单位应立即组织消除，并加强源头治理，避免问题重复发生；无法立即消除的隐患，应分阶段细化整治措施，未整改完毕前应制定可靠的安全控制和防范措施。一般隐患整改完成后，由运营单位部门负责人或相关专业技术人员复核确认销号。

对于排查出的重大隐患，运营单位应立即上报城市轨道交通运营主管部门，由城市轨道交通运营主管部门挂牌督办，督促有关责任单位制定并实施严格的隐患治理方案，做到责任、措施、资金、时限和预案“五落实”，实现隐患排查治理的闭环管理。隐患治理方案应自排查出重大隐患之日起15个工作日内报送城市轨道交通运营主管部门。重大隐患未整改完毕前应制定可靠的安全控制和防范措施，整改完成后，由运营单位负责人组织验收销号，形成明确验收结论，并于3个工作日内报送城市轨道交通运营主管部门。对于治理难度大、影响范围广、危险程度高、涉及部门多、难以协调整治的重大隐患，城市轨道交通运营主管部门应及时报告城市人民政府协调解决。

运营单位应建立隐患排查治理工作台账，记录隐患排查治理情况，内容至少包括：隐患内容、排查人员、排查时间、隐患等级、主要治理措施、责任人、治理期限、治理结果、未能立即消除时的临时措施等。

## 三、双重预防机制综合要求

城市轨道交通运营主管部门应将运营单位运营安全风险分级管控和隐患排查治理工作情况纳入年度监督检查计划，重点检查运营安全风险分级管控和隐患排查治理工作制度建设情况；风险数据库、隐患排查手册建立情况；重大风险管控措施落实情况；重大隐患治理情况。

运营单位应结合隐患排查、事故经验教训等，对风险管控措施的有效性进行跟踪，掌握风险状态和变化趋势，补充新认知风险，补强和完善风险管控措施，并及时更新风险数据库。新增或更新的风险管控措施应及时修订到本单位的相关管理制度、作业标准或应急预案。其中，重大风险管控措施应在 3 个月内修订完成。城市轨道交通运营主管部门和运营单位应依托智能管理系统，实现风险分级管控和隐患排查治理信息共享，提高运营安全管理水平。运营单位应按年度对风险分级管控和隐患排查治理情况进行分析，总结工作开展情况，研判风险演变趋势和隐患升级苗头等问题。有关分析情况应书面报送城市轨道交通运营主管部门。

### 拓展知识 城市轨道交通系统的三种运营模式

一般而言，城市轨道交通系统存在三种运营模式：正常运营状态、非正常运营状态和紧急运营状态，如图 5 - 4 所示。

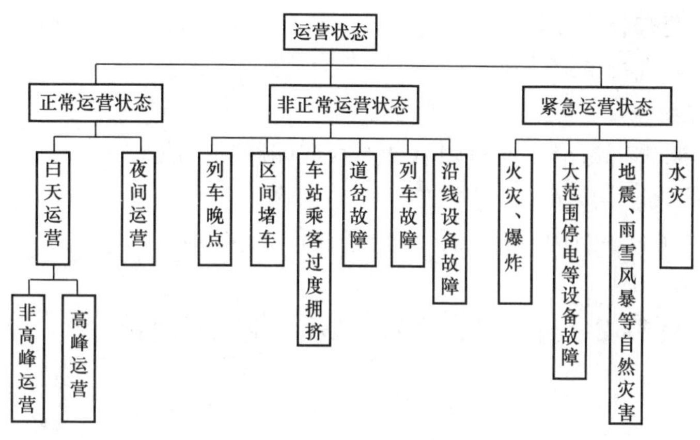


图 5 - 4 城市轨道交通运营模式图

（1）正常运营状态指列车白天和夜间的运营状态与运行图基本相符的状态。正常运营状态又分为高峰时段和非高峰时段运营。针对这两种运营状态，城市轨道交通系统又采取了不同的客运行车组织方案和运行管理模式。

（2）非正常运营状态指因各种原因造成了列车晚点、区间堵塞、车站乘客过度拥挤、道岔故障、列车故障、沿线设备故障等影响到正常的运营秩序的情况。经行车指挥系统按照应对方案及时进行调整，可在较短时间内使运营恢复正常，不会对乘客的人身安全造成影响。

（3）紧急运营状态指发生火灾、爆炸、水灾、地震以及雨雪风暴等自然灾害、设备故障导致大范围停运等，致使部分区间或全线无法运营的情况。在这种状态下，有可能出现人员伤亡的严重后果，必须采取紧急事故抢险措施自救、减灾和抢险。

实作模块

## 任务1 车站电焊作业风险分析与评价

1. 任务描述

2014年6月15日，某地铁车站拟在站厅层利用电焊机搭设广告牌，请根据危险源辨识与风险评价的要求，采用作业危害分析法与矩阵评价法，分析站厅层进行电焊作业的存在的危险源及其风险的大小，并提出风险的应对措施。

2. 相关资料及资源

(1) 教材。

(2)《风险矩阵评价表》。

(3)《工作危害分析表》。

3. 任务实施说明

(1) 学生分组，每5～8人为一小组。

(2) 小组选一个选题进行任务分析，编制任务执行计划。

(3) 确定组内分工，收集相关资料，作业过程调查。

(4) 小组讨论，进行危险源辨识与评价。

(5) 共同编制调查分析报告。

(6) 展示成果，进行讲解演练。

4. 任务实施注意事项

遇到问题时小组进行讨论，通过团队合作获取问题的解决。

5. 效果评价

采用学生自评50%+组内互评20%+组间评价30%的形式。

## 任务2 开（关）自动扶梯作业风险分析与评价

1. 任务描述

采用作业危害分析法与矩阵评价法，分析开（关）自动扶梯作业的存在的危险源及其风险的大小，并提出风险的应对措施。

2. 相关资料及资源

(1) 教材。

(2)《工作危害分析表》。

(3)《风险矩阵评价表》。

3. 任务实施说明

(1) 学生分组，每5～8人为一小组。

(2) 小组进行任务分析，编制任务执行计划。

(3) 确定组内分工，收集相关资料，作业过程调查。

（4）小组讨论，进行危险源辨识与评价。
（5）小组成员共同编制调查分析报告。
（6）展示成果，进行讲解演练。

4. 任务实施注意事项

遇到问题时小组进行讨论，通过团队合作获取问题的解决。

5. 效果评价

采用学生自评50％＋组内互评20％＋组间评价30％的形式。

## 应知应会

1. 简述危险源与危险因素的关系。
2. 简述危险源识别的通用要求。
3. 简述危险源识别的流程。
4. 危险源辨识的方法有哪些？各有什么优缺点？
5. 会进行车站以下作业的危害辨识与风险评价：
（1）开启/关闭垂直电梯；
（2）开启/关闭扶梯；
（3）轨行区拾物作业；
（4）入轨清扫道岔作业；
（5）人工准备进路作业；
（6）屏蔽门（安全门）故障处理作业；
（7）开站作业；
（8）关站作业；
（9）大客流组织作业；
（10）列车清客作业；
（11）发车作业；
（12）接车作业；
（13）请点作业；
（14）销点作业。
6. 会进行以下作业的危害辨识与风险评价：
（1）组织电话联系法接发列车作业；
（2）组织工程列车开行；
（3）组织救援列车开行；
（4）组织出车作业；
（5）组织收车作业；
（6）组织送电作业；
（7）发布口头调度命令作业。

# 项目六

# 城市轨道交通运营应急管理

《城市轨道交通运营管理规范》（CB/T 30012—2013）对城市轨道交通运营安全应急管理的要求为：运营单位应建立专职应急抢险队伍，配备应急所需要的专业器材设备，应进行经常性维护保养。应编制突发事件应急预案并定期进行演练。发生运营安全事故后，应按规定立即启动相应级别的应急预案，采取应急抢险措施防止事态扩大，在确保安全的前提下尽快恢复正常运营，并按规定及时报告。

## 学习目标

| 知识目标 | 技能目标 | 思政目标 |
| --- | --- | --- |
| 1. 了解应急管理的定义、标准化应急组织管理的内容；<br>2. 掌握我国的应急管理体制；<br>3. 掌握应急预案的分类与作用；<br>4. 了解应急预案的层级；综合应急预案、专项应急预案的主要内容；<br>5. 掌握现场处置预案格式；应急预案编制程序；现场处置方案的主要内容 | 1. 会编制现场处置预案；<br>2. 会进行应急预案的评审 | 1. 系统思维、辩证思维；<br>2. 精益求精，保障人民生命财产安全的意识；<br>3. 遵纪守法、工匠精神，团结协作 |

## 理论模块

## 知识点 1 城市轨道交通应急管理概述

### 一、应急管理定义

应急管理是针对灾害和危机等突发事件进行预防监测、应急处置和恢复重建的全过程管理。应急管理不只限于灾害期间的具体行动，还包括灾害发生前的各种备灾措施、灾害发生后的救灾工作及减灾措施等。

城市轨道交通运营突发事件是指在城市轨道交通运营场所内，因不可预见的或不可控制的因素可能或已经导致人员伤亡、严重影响城市轨道交通运营生产、需要依靠内部或外部支援立即进行处理的偶然性事件。广义的城市轨道交通运营突发事件包括城轨运营生产安全突发事件；因地震、洪涝、气象灾害等自然灾害突发事件；恐怖袭击等造成的社会安全事件，严重影响公众健康和生命安全的公共卫生事件等。侠义的城轨运营突发事件特指城轨运营过程中发生的因列车撞击、脱轨，设施设备故障、损毁，以及大客流等情况，造成人员伤亡、行车中断、财产损失的生产安全突发事件。后面本书提及的城轨运营突发事件均指侠义的城轨运营突发事件。

《国家突发公共事件总体应急预案》根据突发公共事件的发生过程、性质和机理，将突发公共事件分为四类：自然灾害类、事故灾难类、公共卫生事件类、社会安全事件类。按照其性质、严重程度、可控性和影响范围等因素，将突发公共事件分为四级：Ⅰ级（特别重大）、Ⅱ级（重大）、Ⅲ级（较大）和Ⅳ级（一般）。预测分析过程中依据突发公共事件可能造成的危害程度、紧急程度和发展势态，将预警级别划分为四级：Ⅰ级（特别严重）、Ⅱ级（严重）、Ⅲ级（较重）和Ⅳ级（一般），依次用红色、橙色、黄色和蓝色表示。《国家城市轨道交通运营突发事件应急预案》按照事件严重性和受影响程度，将城轨交通运营突发事件分为特别重大、重大、较大和一般四级，并对每一级事件制定了分级标准。

### 二、应急管理的内容

应急管理是一个动态的过程，包括预防、预备、响应和恢复四个阶段。尽管在实际情况中，这些阶段往往是交叉的，但每一阶段都有自己明确的目标，而且每一阶段又是构筑在前一阶段的基础之上。预防是指从应急管理的角度出发，防止突发事件或事故的发生；预备是指事故发生前采取的行动，目的是应对事故的发生，并提高应急行动能力，推进有效的响应工作，主要任务为制订应急预案及完善应急保障系统；响应是指事故发生后立即采取的行动，目的是保护生命、将财产损失降至最低程度；恢复是在响应结束后立即进行，目的是使企业生产恢复到正常状态或得到进一步改善。

事故应急预案是应急管理的核心，是控制重大事故损失的有效手段。事故应急预案应覆盖了事故的预防、预备、响应和恢复四个阶段。在评估特定对象或环境的风险、事故形式、过程和严重程度的基础上，为事故应急机构、人员、设备与技术等预先做出了科学而有效的计划。

### 三、突发事件应急管理体制

《中华人民共和国突发事件应对法》第四条规定：“国家建立统一领导、综合协调、分类管理、分级负责、属地管理为主的应急管理体制”。统一领导，即成立应急指挥机构，统一指挥应急工作；综合协调，即在统一领导下，综合协调政府部门、事业单位、社会组织、公民个人等应急主体；分类管理，即不同类型的突发事件交由相应政府部门管理；分级负责，即明确各级政府和部门应对突发事件的责任；属地管理，即地方政府是应对突发事件的责任主体，履行发现苗头、预防发生、先行应对、防止扩散职责。

### 四、突发事件应急管理机构

从功能上讲，可由应急运转指挥中心、事故现场指挥中心、支持保障中心、媒体中心和信息管理中心五个运作中心组成。其中应急运转指挥中心负责协调应急组织各个机构的动作和关系，主持日常工作，维持应急救援系统的日常运作；事故现场指挥中心负责事故现场应急的指挥工作、人员调度、资源的有效利用；支持保障中心负责提供应急物质资源和人员的后方保障；媒体中心负责处理媒体报道、采访、新闻发布会；信息管理中心负责信息管理、信息服务。各中心要不断调整运行状态，协调关系，形成一个有机的整体，使系统快速、高效施行现场应急救援行动。

## 五、标准化应急组织管理

标准化应急组织管理可分为接警、响应级别确定、应急启动、救援行动、扩大应急、应急恢复与应急结束，如图 6 - 1 所示。

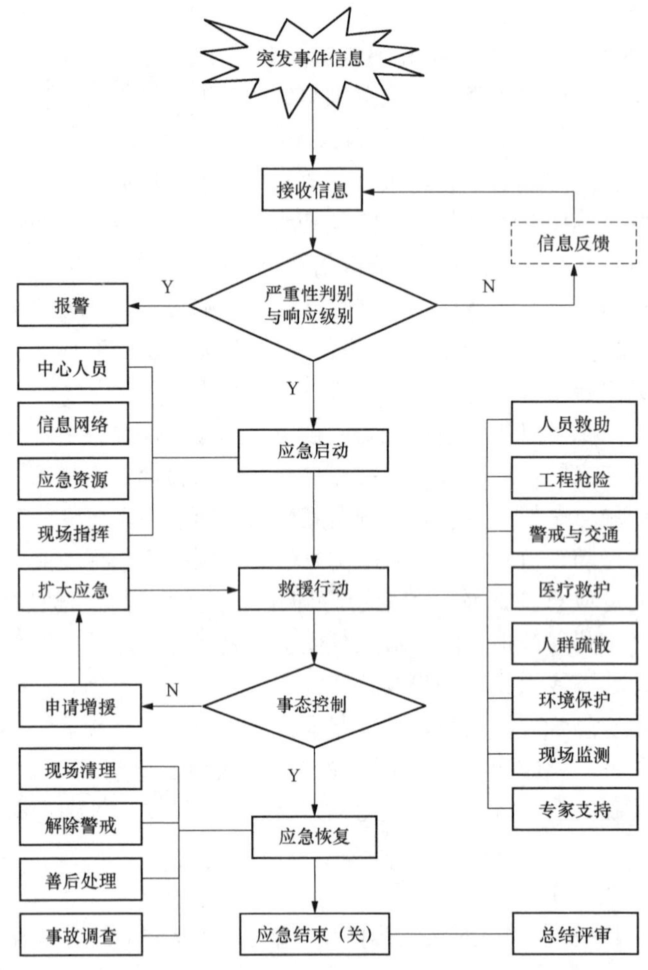


图 6 - 1　标准化的应急响应程序

路网控制中心在发布抢险指令之后，应跟进抢险领导小组和现场指挥的人员到位情况，并做好记录。及时和现场保持联系，保证应急指令和信息的畅通传递。当开展相应的救援工作后，事态仍无法得到有效控制，向上级救援机构请求实施扩大应急救援响应。

## 六、城市轨道交通运营突发事件应急管理概述

1. 城市轨道交通运营突发事件应对工作原则

根据《国家城市轨道交通运营突发事件应急预案》要求，运营突发事件应对工作坚持统

一领导、属地负责，条块结合、协调联动，快速反应、科学处置的原则。运营突发事件发生后，城市轨道交通所在地城市及以上地方各级人民政府和有关部门、城市轨道交通运营单位应立即按照职责分工和相关预案开展处置工作。

2. 城市轨道交通运营突发事件组织指挥体系

根据《国家城市轨道交通运营突发事件应急预案》，城市轨道交通运营突发事件组织指挥体系共包括五个方面：

（1）国家层面组织指挥机构：由交通运输部负责运营突发事件应对工作的指导协调和监督管理。

（2）地方层面组织指挥机构：城市轨道交通所在地城市及以上地方各级人民政府负责本行政区域内运营突发事件应对工作。

（3）现场指挥机构：负责运营突发事件处置的人民政府根据需要成立现场指挥部，负责现场组织指挥工作。

（4）运营单位：运营单位是运营突发事件应对工作的责任主体，要建立健全应急指挥机制，针对可能发生的运营突发事件完善应急预案体系，建立与相关单位的信息共享和应急联动机制。

（5）专家组：各级组织指挥机构及运营单位根据需要设立运营突发事件处置专家组，对运营突发事件处置工作提供技术支持。

3. 城市轨道交通运营突发事件应急管理体系设置方式

目前城市轨道交通运营企业的应急管理体系，主要有以下类型：

（1）层级型。由城市轨道交通运营企业主要负责人为总负责，组建公司、部门两级应急系统。公司级包括企业主要负责人、分管安全生产的负责人及安全、保卫、调度、设备、信息管理、对外联络、卫生、资源保障、环保等各部门负责人员；建立二级部门应急机构，并延伸至基层班组。

（2）联动型。由城市轨道交通运营企业主要负责人为总负责，将运营中发生的所有行车、设备、消防、治安等安全信息报地铁控制中心，地铁控制中心组成联动中心，统一指挥相关部门处置各类安全减灾及应急工作。

（3）专职型。城市轨道交通运营企业建立应急救援管理指挥专门机构和专业应急救援队伍，内设信息管理、应急管理（抢险，指挥）、重大危险源管理三个职能部门，负责地铁安全生产信息接收、汇总、上报、发布、重大事故隐患、预案编制管理，应急培训，预案演练，救援物资管理。抢险指挥，重大危险源建档、管理，专家库管理，查处谎报、瞒报案件等工作，使应急救援工作贯穿于安全生产事故的事事前预防、事中应急、事后管理中，形成安全生产应急救援工作的一条较为完整的工作链和工作体制、机制。

4. 城市轨道交通突发公共事件应急处理机构

城市轨道交通突发公共事件应急处理机构由应急处理领导小组、救援队、调度指挥中心等组成，突发事件发生时，所有运营员工在突发事件应急处理工作中须服从应急处理机构的指挥。

（1）突发事件应急处理领导小组。城市轨道交通运营单位突发事件应急处理领导小组为非常设机构，在启动应急预案时，一般由运营单位负责人及运营生产部门、安全部门以及物资保障等部门负责人组成。城市轨道交通运营单位突发事件应急处理小组负责人为突发事件现场处理最高负责人。

（2）突发公共事件调度指挥中心。城市轨道交通控制中心是城市轨道交通公司突发公共事件调度指挥中心，作为突发事件信息传递中枢，承担突发事件信息集散功能，在应急处理过程中密切保持与应急处理专业机构和各站、列车和车厂的联系。

（3）应急处理专业救援队。应急处理救援队由各专业救援队组成，包括维修救援队、车辆救援队等，各专业救援队队长一般由本专业部门主任工程师以上职务员工担任，队员包括本专业技术业务人员和安全员等。

（4）车站抢险组。车站抢险组一般由城市轨道交通车站当班值班站长以及车站其他员工组成，包括前来支援的其他车站员工和人员，车站抢险组统一由值班站长负责指挥。

（5）物资保障组。物资保障一般由运营单位物资部门负责，它负责提供救援抢险所需物资。

（6）运输保障组。运输保障一般由运营单位综合或后勤部门负责，它负责提供救援抢险所需的交通工具。

（7）新闻信息管理组。新闻信息管理一般由事故应急救援指挥中心授权人员向城市轨道交通外部部门发布突发事件新闻信息。

## 知识点 2 城市轨道交通应急预案管理

应急预案又称应急计划，是针对可能发生的突发事件和重大事故，为保证迅速、有序、有效地开展应急与救援行动，降低突发事件（重大事故）损失而预先制订的计划或方案。它是在辨识和评估潜在的突发事件（重大事故）发生可能性、发生过程、发生后果及影响严重程度的基础上，对应急机构与职责、人员、技术、装备、设施（备）、物资、救援行动、指挥与协调等方面预先做出的具体安排。应急预案明确了在突发事件、重大事故发生之前、发生过程中以及刚刚结束之后，谁负责做什么，何时做，以及相应的策略和资源准备等。编制应急救援预案是应急救援准备工作的核心内容。

### 一、应急预案的分类

根据不同的划分标准，应急预案可划分为不同的类别。

（1）按照突发事件的发生过程、性质和机理划分，分为自然灾害类、事故灾难类、公共卫生事件类和社会安全事件类等。

（2）按应急预案的功能与目标划分，一个完整的应急预案体系包括综合预案、专项预案和现场预案三类。

（3）按行政区域划分，分为国家级、省级、市地级、县区级和企业级五个层次的应急预案。

（4）按预案性质划分，分为指导性预案（如国家级和省级预案等）与操作性预案（如现场预案和专项预案）。操作性预案内容比较细化，有明确的措施和相应的策略。

### 二、应急预案的作用

应急预案在应急管理中的重要作用和地位主要体现在以下方面。

（1）明确了应急救援的范围和体系，使应急准备和应急管理，尤其是培训和演习工作的开展有据可依、有章可循。

（2）有利于及时作出应急响应，降低事故危害程度。

（3）成为各类突发事故的应急基础。通过编制基本应急预案，可保证应急预案具有足够的灵活性，对事先无法预料到的突发事件或事故，也可以起到基本的应急指导作用。针对特定危害编制专项应急预案，有针对性地制定应急措施，进行专项应急准备和演习。

（4）当发生超过应急能力的重大事故时，便于与上级应急部门协调。

（5）有利于提高各级人员的风险防范意识。

## 三、应急预案的层次和文件体系

### 1. 应急预案的层次

每一类灾害的具体措施可能千差万别，但其导致的后果和产生的影响却是大同小异的。这就意味着可以通过制定出一个基本的应急模式，由一个综合的标准化应急体系有效地应对不同类型危险所造成的共性影响。同时也要针对不同事故的特点，如爆发速度、持续时间、范围和强度等，制定具有较强针对性的专项应急预案。

因此为保证各种类型预案之间的整体协调和层次清晰，实现共性与个性、通用性与专业性的结合，宜采用分层次的应急预案体系。从保证预案文件体系的层次清晰及开放性角度考虑，应急预案体系可划分为三个层次，即综合预案、专项预案和现场预案。其结构如图6－2所示。

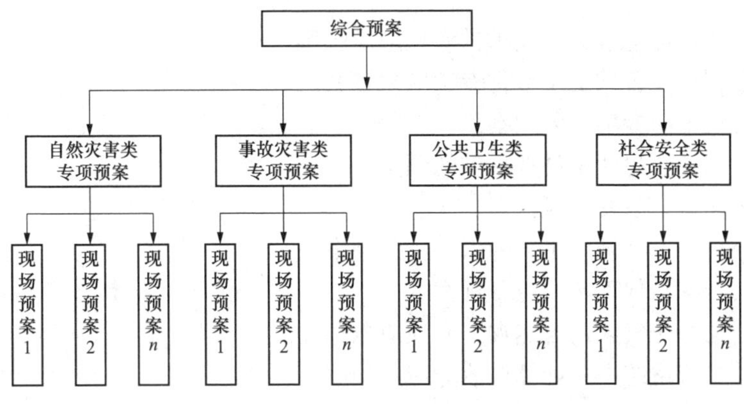


图6－2 应急预案的层次

（1）综合应急预案。综合应急预案是从总体上阐述处理事故的应急方针、政策，应急组织结构及相关应急职责，应急行动、措施和保障等基本要求和程序，是应对各类事故的综合性文件。

（2）专项应急预案。专项应急预案是针对具体的事故类别（如地铁火灾、疫情暴发等事故）、危险源和应急保障而制定的计划或方案，是综合应急预案的组成部分，应按照综合应急预案的程序和要求组织制定，并作为综合应急预案的附件。专项应急预案应制定明确的救援程序和具体的应急救援措施。

（3）现场处置方案。现场处置方案是针对具体的装置、场所或设施、岗位所制定的应急处置措施。现场处置方案应具体、简单、针对性强。现场处置方案应根据风险评估及危险性控制措施逐一编制，做到事故相关人员应知应会，熟练掌握，并通过应急演练，做到迅速反应、正确处置。

应急预案应形成体系，针对各级各类可能发生的事故和所有危险源制订专项应急预案和现场应急处置方案，并明确事前、事发、事中、事后的各个过程中相关部门和有关人员的职责。对于生产规模小、危险因素少的企业，综合应急预案和专项应急预案可以合并编写。

2. 应急预案的文件体系

从广义上来说，应急预案是一个由各级预案构成的文件体系。它不仅是应急预案本身，也包括针对某个特定的应急任务或功能所制定的工作程序等。一个完整的应急预案的文件体系应包括预案、程序、指导书和记录，是一个四级文件体系。

**四、城市轨道交通运营企业应急预案种类**

运营单位级应急预案包括综合应急预案、专项应急预案和现场处置方案。综合应急预案是运营单位应对各类运营突发事件的综合性文件；专项预案是综合应急预案的细化，主要针对某一类型或某几种类型运营突发事件，或者针对重要风险而制订的应急方案；现场处置方案是运营单位根据运营突发事件类型，针对可能发生运营突发事件的具体位置、场所和岗位所制订的应急处置措施，应具体、简单、针对性和操作性强。

1. 综合预案类

运营公司突发事件总体应急预案。

2. 专项预案类

（1）运营公司职业危险类突发事件专项应急预案。

（2）运营公司突发公共卫生事件专项应急预案。

（3）运营公司消防专项应急预案。

（4）运营公司处置恐吓事件专项应急预案。

（5）运营公司应急公交接驳预案。

（6）运营公司外部环境发生突外事件应急预案。

（7）运营公司综治保卫专项应急预案。

（8）运营公司特殊气象及自然灾害专项应急预案。

（9）自动售检票系统中央计算机故障应急预案。

（10）×号线低压配电及照明系统故障应急抢修预案。

（11）×号线综合监控系统设备故障应急预案。

（12）×号线 FAS 系统与气体灭火系统故障应急预案。

（13）×号线变电设备应急抢修预案。

（14）处置大面积停电事件应急预案。

（15）×号线给排水系统应急抢修预案。

（16）×号线处置线路断轨应急预案。

（17）×号线处置道床变形应急预案。

（18）×号线处置轨道胀轨应急预案。

（19）×号线结构漏水应急处置预案。

（20）×号线结构砌体裂损应急处置预案。

（21）列车挤岔应急处置预案。

（22）接触网应急抢修预案。

（23）×号线变电设备应急抢修预案。

（24）运营公司处置踩踏事件应急预案。

3. 现场处置方案

（1）××站连通物业火灾应急预案。

（2）××站疏散应急预案。

（3）××站应急公交接驳预案。

**五、应急预案的演练和演练效果评价**

1. 应急预案的演练

应急预案的演练是检验、评价和保持应急能力的一个重要手段。其作用体现在：可在事故真正发生前发现预案存在的问题和缺陷，发现应急资源的不足，从而改善应急部门、机构和人员之间的协调，增加相关人员应对突发事故救援的信心和应急意识，提高应急人员的熟练程度和应急能力，增强各级预案之间的协调性和整体的应急反应能力。按组织方式与目标重点的不同，应急预案演练可分为桌面演练、功能演练和全面演练。

（1）桌面演练。桌面演练是一种圆桌讨论式演习活动；演练人员针对演练情景中的相关问题，以无时间压力的口头讨论方式说明应对办法；目的是使各级应急部门、组织和个人在较轻松的环境下，明确和熟悉应急预案中所规定的职责和程序，提高协同配合及解决问题的能力。桌面演练的情景和问题通常以口头或书面叙述的方式呈现，也可以使用地图、沙盘、计算机模拟、视频会议等辅助手段，有时被分别称为图上演练、沙盘演练、计算机模拟演练、视频会议演练等。

（2）功能演练。功能演练是一种行动模拟式演习活动。演练人员针对演练情景中的控制消息，按照所承担的应急响应职责，在真实事件应急响应的时间压力下，针对某一应急功能，完成应急决策、指挥、协调及信息处理等任务；但一般不真实调用应急队伍和物资，而是由模拟人员完成相关指令的接收和信息的反馈；目的是在一定时间压力条件下，检验各级应急部门、组织和个人完成应急响应任务的能力，锻炼和提高相关人员的决策、指挥与协调等能力。

（3）综合演练。综合演练是一种实战性演习活动；演练人员针对演练情景中的控制消息，按照所承担的应急响应职责，在真实事件应急响应的时间和环境压力下，完成各项应急响应任务；调用应急队伍和物资以展示现场操作能力；目的是在贴近实际状况和高度紧张的环境下，全面检验各级应急部门，组织和个人完成应急响应任务的能力，锻炼和提高相关人员的综合应急能力。

城市轨道交通运营单位综合应急预案演练应依托专项应急预案，每半年至少组织一次实战演练，重点检验运营单位各部门、应急救援组织及相关单位间的协同联动机制，每半年至少组织一次专项应急预案演练，每个专项应急预案每3年至少演练一次，年度应急演练计划中实战演练比例不得低于70%。运营单位综合和专项年度应急演练计划应在确定后的20个工作日内报城市轨道交通运营主管部门。现场处置方案演练应纳入日常工作常态化开展，每个班组每年应将有关的现场处置方案至少全部演练一次，不同现场处置方案的演练可合并开展。

2. 演练效果评价

演练组织部门应当建立健全应急演练评估工作机制，全面评估应急演练工作，及时总结经验教训。运营单位综合、专项应急预案练应形成演练评估报告，现场处置方案演练可通过现场总结和点评的方式进行评估，详细说明演练中存在的问题，按照对应急救援工作的影响程度，可以将演练中发现的问题分为改进项、不足项、整改项。演练评估工作也可以邀请行业专家或委托第三方机构进行。

评估人员应当具备相应专业技能和工作经验，提前熟悉相关应急预案、演练实施方案和管理制度，全程观察研判应急演练开展情况，独立、客观地开展评估工作。演练评估内容应包括演练准备、组织与实施的效果、演练主要经验、演练中发现的问题和意见建议等，重点包括应急预案是否科学、联动组织是否高效、人员操作是否熟练、应急保障是否充分等。演练组织部门应将评估报告向参演人员和相关单位公布，反馈演练中发现的问题并及时整改。涉及应急处置机制、作业标准、操作规程和管理规定等有缺陷的，应在3个月内修订完善相关预案和制度。演练组织部门应当建立应急演练档案库，以电子文档等方式妥善保存演练工作计划、实施方案、记录材料、评估报告等资料。运营单位应在年度演练计划周期结束后20个工作日内，将演练总结报告报送城市轨道交通运营主管部门。演练总结报告应包括演练计划完成情况、演练总体评估情况及整改情况等内容。

## 知识点 3 城市轨道交通运营企业应急预案编制

制订城市轨道交通运营企业安全生产事故应急预案是贯彻落实“安全第一、预防为主、综合治理”方针，规范城市轨道交通运营企业应急管理工作，提高应对风险和防范事故能力，保证职工安全健康和公众生命安全，最大限度地减少财产损失、环境损害和社会影响的重要措施。应急管理是一项系统工程，城市轨道交通运营企业的组织体系、管理模式、风险大小以及生产规模不同，应急预案体系构成不完全一样。制订预案时可以根据需要对应急预案框架结构等要素进行调整。

### 一、应急预案的编制准备

编制应急预案应做好以下准备工作：

（1）全面分析本单位职责范围内的城市轨道交通系统相关危险因素、可能发生的运营突发事件类型及危害程度。

（2）确定城市轨道交通系统运营风险，进行风险评估，排查隐患的种类、数量和分布情况。

（3）针对风险和存在的问题，确定相应的防范和处置措施。

（4）根据运营突发事件类型和危害程度的不同，确定本单位内所有需要参与应急处置的部门和单位。

（5）客观评价本单位的应急资源储备情况和调度能力。

（6）充分借鉴国内外同类运营突发事件的教训及应急处置经验。

### 二、应急预案的编制程序

1. 成立编制工作组

（1）应急预案编制部门或单位应组成编制工作组，应急预案涉及的主要部门和单位业务相关人员、有关专家及有现场处置经验的人员应参加，明确编制任务、职责分工，制订工作计划。

(2) 运营单位应急预案编制工作组应由企业负责人牵头，由包括运营安全管理、行车、调度、客运服务、设施设备维修、新闻与信息管理、综治保卫等部门的人员组成。

2. 收集资料

编制应急预案前应收集相关法律法规；上级政府层面的有关应急预案；相关技术标准；国内外城市轨道交通运营突发事件应急处置案例总结或分析资料；本单位有关技术资料等相关文件。

3. 风险辨识与风险分析

运营单位应针对运营突发事件的特点，辨识风险、识别运营突发事件的危害因素，分析运营突发事件可能产生的直接后果以及次生、衍生后果，评估风险等级，提出控制风险、治理隐患的措施，作为本单位应急预案的编制依据。

4. 应急资源调查与应急能力评估

运营单位应急预案编制前，应全面摸清本单位可调用的应急队伍、装备、物资、场所等应急资源，并进行应急能力评估，依据评估结果，完善应急、保障措施。

5. 应急预案编制

编制时需遵循以人为本、依法依规、符合实际，注重实效的原则，以应急处置为核心，体现自救互救和先期处置的特点，做到职责明确、程序规范、措施科学，尽可能简明化，图表化、流程化。

编制过程中应依据事故风险评估及应急资源调查结果，结合本单位组织管理体系、生产规模及处置特点，合理确立本单位应急预案体系；结合组织管理体系及部门业务职能划分，科学设定本单位应急组织机构及职责分工；依据事故可能的危害程度和区域范围，结合应急处置权限及能力，清晰界定本单位的响应分级标准，制定相应层级的应急处置措施；按照有关规定和要求，确定事故信息报告、响应分级与启动、指挥权移交、警戒疏散方面的内容，落实与相关部门和单位应急预案的衔接。

6. 桌面推演

按照应急预案明确的职责分工和应急响应程序，结合有关经验教训，相关部门及其人员可采取桌面演练的形式，模拟生产安全事故应对过程，逐步分析讨论并形成记录，检验应急预案的可行性，并进一步完善应急预案。

7. 征求意见

运营单位级应急预案在编制过程中，应进行充分的专家咨询和论证；正式发布前应广泛听取本单位有关部门、单位和人员的意见。

8. 应急预案评审与发布

应急预案编制完成后，应进行评审。内部评审由本单位主要负责人组织有关部门和人员进行。外部评审由上级主管部门或地方政府负责安全管理的部门组织审查。评审后，按规定报有关部门备案，并经城市轨道交通运营企业主要负责人签署发布。

**三、综合应急预案的主要内容**

1. 总则

简述应急预案编制的目的、作用等。应急预案编制所依据的法律法规、规章，以及有关技术规范和标准等。说明应急预案适用的区域范围，以及运营突发事件类型和级别。本单位应急预案体系的构成情况。本单位应急工作的原则，内容应简明扼要、明确具体。

2. 运营突发事件风险描述

简述运营单位存在的或可能发生的运营突发事件风险种类、发生的可能性及严重程度和影响范围。

3. 应急机构及职责

应明确运营单位的应急机构组成形式，组成人员及相关部门的职责。

4. 监测与预警

明确本单位运营监测体系、风险分析和报告的责任部门，监测手段、监测信息分析和风险分析的要求。根据运营突发事件预警信息的不同来源（分系统内设施设备预警信息和系统外其他部门的预警信息），明确预警信息的收集责任部门、收集方式，及根据预警信息级别或紧迫程度应采取的响应措施。

5. 信息报告

应说明运营单位内部信息报告的责任人、报告程序、报告内容、接报和续报要求，以及相关部门接报后应采取的行动。

6. 应急响应

针对运营突发事件的危害程度、影响范围和运营单位控制事态的能力，对应急响应进行分级，明确分级响应的基本原则。根据运营突发事件的级别和发展态势，描述应急机构启动、应急、资源调配、应急救援、扩大应急等响应程序。针对可能发生的运营突发事件风险、危害程度和影响范围，明确运营单位应采取的相应应急处置措施，明确处置原则和具体要求。明确现场应急处置结束的条件和要求。

7. 信息发布

明确向有关新闻媒体和社会公众通报运营突发事件信息的本单位责任部门、程序及原则。

8. 后期处置

后期处置包括现场勘察和事故调查、恢复运营、保险理赔、调查评估、总结等。

9. 保障措施

保障措施主要包括通信与信息保障、应急队伍保障、应急物资装备保障、资金保障等。

10. 应急预案管理

应急预案管理主要包括预案培训、预案演练、预案修订、预案备案、预案实施等内容。

11. 附则

附则主要包括术语和定义、奖励与惩罚等内容。

12. 附件

附件主要包括有关应急部门、机构或人员的联系方式；重要物资装备的名录或清单；规范化格式文本；关键的路线、标识和图纸；相关应急预案名录；有关协议或备忘录。

**四、专项应急预案的主要内容**

运营单位应就城市轨道交通运营过程中因列车撞击、脱轨，设施设备故障、损毁，以及大客流等情况，造成人员伤亡、行车中断、财产损失的突发事件制订专项应急预案。运营单位应制订专项应急预案的运营突发事件，具体内容可查看《城市轨道交通运营突发事件应急预案编制规范》附录C。

1. 制订目的

明确应急预案所针对的运营突发事件类型以及制订应急预案的目的。

2. 制订依据

列举应急预案编制、修订所依据的其他技术文件。

3. 风险分析

针对可能发生的某类型运营突发事件风险，分析该类运营突发事件发生的可能性及严重程度、影响范围等。

4. 应急机构及职责

根据运营突发事件类型，明确运营单位应急机构总指挥、副总指挥及各成员单位或人员的具体职责。应急指挥机构可设置相应的工作小组，明确工作小组人员及主要负责人职责。

5. 处置原则

明确运营突发事件应急响应中的处置原则。

6. 信息报告

信息报告主要包括确定报告程序；确定现场报告方式；确定24h相关部门的通信、联络方式；明确相互认可的通告、报告形式和内容；明确应急响应人员向外求援的方式。

7. 处置方案

对于本预案所针对的运营突发事件应进一步分类细化，明确相关工作岗位在各类运营突发事件发生后的处置程序和具体处置措施。

8. 特殊程序

对于某些需要更详细的处置程序才能应对的运营突发事件，应明确具体处置程序（比如列车脱轨、冲突、倾覆后起复处置等需要遵照详细的工序图，并附有安全注意事项）。

**五、现场处置方案的主要内容**

对于各专项应急预案，运营单位应针对运营突发事件可能发生的车站、区间、控制中心、车辆基地等不同地点，制订现场处置方案。

1. 风险分析

风险分析主要包括运营突发事件类型；运营突发事件发生的区域、地点或装置的名称；运营突发事件发生的可能时间、危害程度及其影响范围；运营突发事件发生前可能出现的征兆；运营突发事件可能引发的次生、衍生事件。

2. 应急工作职责

根据现场工作岗位、组织形式及人员构成，明确现场各岗位人员的应急工作职责和分工。

3. 应急处置

应急处置主要包括根据可能发生的运营突发事件及现场情况，明确报警、应急措施启动、应急救援人员引导、事态扩大，以及与总体应急预案和专项应急预案的衔接程序；针对可能发生的运营突发事件，从人员救护、事态控制、灾害后果消除、恢复运营等方面制订应急处置措施；明确报警负责人、报警电话，上级管理部门、相关应急救援单位联络厅式和联系人，运营突发事件报告基本要求和内容。

4. 物资装备储备

明确不同类型运营突发事件现场应急处置需要的物资与装备的数量、摆放要求，便于应急响应时取用。

5. 注意事项

注意事项主要包括佩戴个人防护器具方面的要求；使用抢险救援器材方面的要求；采取救援对策或措施方面的要求；现场人员疏散、自救和互救要求；现场应急、处置能力确认和人员安全防护等事项；应急救援结束后的注意事项；其他需要特别警示的事项。

**六、现场处置方案编制要求及方法**

现场处置方案是针对具体的装置、场所或设施、岗位所制定的应急处置措施，是对综合应急预案和专项应急预案的具体扩充。现场处置方案作为城市轨道交通运营企业整体应急预案文件之一，是应对各种危险情况时的具体做法，强调在应急活动过程中承担应急功能的组织、部门、人员的具体责任和行动。因此，现场处置方案应具体，简单、针对性强，并做到事故相关人员应知应会，熟练掌握，并通过应急演练，做到迅速反应，正确处置。

（一）现场处置方案的基本要求

城市轨道交通运营企业的全体成员通过综合应急预案和专项应急预案可以知道本单位的应急原则，应急体系、应急过程及应急程序等要求。但对于具体的个人或部门，需要具体掌握的应急信息和方法指导是由现场处置方案来表达的。

对综合应急预案中规定的许多职责来说，需要明确将它们分派给某个部门或某些人并规定责任人的义务。如综合应急预案中的职责描述将灭火的责任交给消防部门和保卫部门，则不必详细说明保卫部门在现场应该怎样做或应使用什么灭火器是最合适的，因为在专项应急预案和现场处置方案中会进行详细的描述。

现场处置方案，不一定要规定完全一致的格式和固定的要求，但应该强调的是，针对可能发生事故的装置、场所、设施以及岗位，担负有关应急职责的部门或人员都必须编制现场处置方案。现场处置方案应提供突发事件风险分析、应急工作职责，应急处置措施或方法，以及一些安全注意事项，以便能满足应急活动的需求，并能够把应急各项任务分配转变成具体的应急行动检查表，而这种应急行动检查表在应急行动中非常实用和重要。现场处置方案编制的目的和作用决定其基本要求。一般来说，作为一个现场处置方案的基本要求如下：

（1）可操作性。应明确具体的应急行动步骤与标准，使应急人员可以有效高速地开展应急工作，而不会因受到紧急情况的干扰导致的手足无措或出现错误的行为。

（2）协调一致性。必须考虑参与应急行动的各个部门接口与配合，不应有矛盾与逻辑错误。

（3）针对性。必须围绕现场事故状况、应急主体的应急功能和任务来描述应急行动的具体实施内容与步骤。

（4）连续性。必须考虑随着事态发展，参与应急的组织和人员发生变化的情况，考虑应急准备、响应、救援、恢复的连续过程。

（二）编制现场处置方案

1. 现场处置方案编制程序

现场处置方案的编制是城市轨道交通运营企业建立应急预案体系的重要部分，在满足整个应急预案体系的编制要求和时间进度安排的前提下，可参考图 6 - 3 进行现场处置方案的编制。

2. 现场处置方案的基本格式

（1）封面。应急预案封面主要包括应急预案编号、应急预案版本号、生产经营单位名称、应急预案名称及颁布日期。

（2）批准页。应急预案应经生产经营单位主要负责人批准方可发布。

（3）应急预案执行部门签署页。

（4）目录页。

（5）预案内容。注意章、节、条的编号与标题；编制内容应包括《城市轨道交通运营突发事件应急预案编制规范》（JT/T 1051—2016）。内容要求的各个项点，并注意与综合预案与专项预案的衔接。

成立现场处置方案编制小组
↓
收集和分析资料（含应急资源调查）
↓
开展风险分析（含应急能力评估）
↓
应急处置作业程序
↓
应急物资装备储备
↓
现场处置方案编制
↓
现场处置方案评审 → 评审修改 → 开展风险分析（含应急能力评估）
↓
现场处置方案定稿、发布

图 6 - 3　现场处置方案编制程序

3. 现场处置方案的策划与编制

现场处置方案可以针对某一装置/设施或场所潜在的事故或紧急情况编制现场处置方案。例如城轨车站可以结合自身的实际情况编制以下现场处置方案：

（1）某站变配电室电气故障现场处置方案。

（2）某站自动扶梯故障现场处置方案。

（3）某站站厅/站台火灾事故现场处置方案。

此外，也可以结合本单位的岗位应急职责或应急功能设置情况，编制某岗位或班组的现场处置方案。每一个现场处置方案编制的时候，应充分考虑应急功能的相关要求，并将要求结合现场处置实际情况，落实到现场处置方案中。

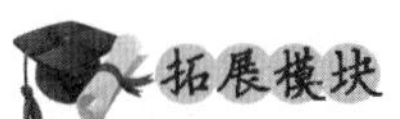

## 拓展知识　应急预案评审

为发现应急预案存在的问题，完善应急预案体系，提高应急预案的针对性、实用性和可操作性，实现生产经营单位应急预案与相关单位应急预案衔接，增强生产经营单位事故防范和应急处置能力，预案编制完成应开展应急预案的评审工作。评审时应实事求是，生产经营单位应急管理工作实际相符合。依靠专家，对照相关标准，发现预案中存在的问题与不足进行综合评定，及时补充完善应急预案的原则开展评审工作。

应急预案评审分为形式评审和要素评审，评审可采取符合、基本符合、不符合三种方式简单判定。对于基本符合和不符合的项目，应提出指导性意见或建议。形式评审是依据有关规定和要求，对应急预案的层次结构、内容格式、语言文字和制订过程等内容进行审查。形式评审的重点是应急预案的规范性和可读性。要素评审是依据有关规定和标准，从符合性、适用性、针对性、完整性、科学性、规范性和衔接性等方面对应急预案进行评审。要素评审包括关键要素和一般要素。为细化评审，可采用列表方式分别对应急预案的要素进行评审。

应急预案评审程序、应急预案形式评审表、要素评审表、应急预案评审表，评审意见表详见二维码资料。

**实作模块**

## 任务1 编制车站站厅层火灾现场处置方案

1. 实训任务描述

火灾事故是城轨交通车站重点控制的事故之一，根据应急预案编制导则的要求，编制车站火灾现场应急处置方案。

2. 相关资料及资源

（1）教材。

（2）应急预案编制导则。

3. 任务实施说明

（1）学生分组，每5～8人为一小组。

（2）小组进行任务分析，编制任务执行计划。

（3）确定组内分工，收集相关资料。

（4）作业风险分析。

（5）小组成员共同编制预案。

（6）预案评审。

（7）展示成果，进行讲解演练。

4. 任务实施注意事项

预案编制应有可操作性、针对性、协调一致性和边续性。

5. 效果评价

采用学生自评50%＋组内互评20%＋组间评价30%的形式。

## 任务2 编制车站火灾现场应急处置预案演练方案

1. 任务描述

演练是提高城市轨道交通运营人员应急能力的有效途径，为了保证演练过程的安全，在演练之前需对演练过程进行风险识别，并针对风险识别的结果制定对策措施。

例如某地铁运营公司拟于下周开展一次车站火灾的现场应急处置方案的演练，请对演练过程的风险进行分析，并制定演练方案。

2. 相关资料及资源

（1）教材。

（2）教学课件。

3. 任务实施说明

（1）学生分组，每5～8人为一小组。

（2）小组进行任务分析，编制任务执行计划。

（3）确定组内分工，收集相关资料，演练过程调查。

（4）作业危险分析。

（5）小组成员共同编制演练方案。

（6）展示成果，进行讲解演练。

4. 任务实施注意事项

演练计划应具有较强的可操作性。

5. 效果评价

采用学生自评 50%＋组内互评 20%＋组间评价 30%的形式。

## 应知应会

1. 城市轨道交通应急管理包括的内容有哪些？
2. 简述突发事件的处理原则。
3. 应急管理的体制与机制是什么？
4. 如何编制现场处置方案？
5. 如何编制屏蔽门夹人夹物现场处置预案？如何编制乘客坠入轨行区现场处置方案？
6. 如何编制列车车门故障现场处置方案？
7. 如何编制自动扶梯故障现场处置方案？
8. 如何编制站厅/站台火灾事故现场处置方案？
9. 如何编制乘客坠入轨行区现场处置方案？
10. 如何编制屏蔽门夹人夹物现场处置方案？
11. 如何编制站台轨行区落物现场处置方案？
12. 如何编制列车区间火灾的现场处置方案？
13. 如何编制列车脱轨的现场处置方案？
14. 如何编制列车挤岔的现场处置方案？

# 项目七

# 安全标志及其布置要求

为了提醒人们对不安全因素引起注意，预防发生意外事故，国家有关部门以标准或其他形式规定生产经营场所统一使用各类不同颜色及不同图形的标志（即安全色和安全标志）。安全色和安全标志以形象而醒目的信息语言向人们提供了表达禁止、警告、指令、提示等信息。了解它们表达的安全信息对于在工作、生活中趋利避害、预防事故发生有重要作用。

## 学习目标

| 知识目标 | 技能目标 | 思政目标 |
| --- | --- | --- |
| 1. 熟悉安全色和对比色的种类；<br>2. 掌握安全色和对比色的用途；<br>3. 熟悉安全标志的定义、作用、类型；<br>4. 掌握安全标志布置要求 | 1. 会制作与辨识安全标志；<br>2. 会设计并布置安全标志 | 1. 培养学生的系统思维、精准思维、创新思维；<br>2. 培养学生的精益求精，团结协作精神；<br>3. 培养学生的安全意识 |

## 理论模块

### 知识点 1 安全色和对比色

#### 一、安全色和对比色的定义

安全色是用来表达禁止、警告、指令、提示等安全信息含义的颜色。其作用是使人们能够迅速注意到影响安全、健康的对象或场所，提醒人们注意，以防发生事故（这里所说的安全色不适用于灯光信号、荧光颜色和航空、航海、内河航运以及为其他目的使用的颜色）。

对比色是使安全色更加醒目的反衬色。为了提高安全色的辨别度，在安全色标上一般采取对比色。如红色、蓝色和绿色均用白色作对比色，黑色和白色互作对比色，黄色用黑色作对比色，也可使用红白相间、蓝白相间、黄黑相间条纹表示强化含义。

## 二、安全色和对比色的种类和用途

1. 安全色的种类和用途

安全色有红色、蓝色、黄色、绿色四种。其含义和用途如下：

（1）红色：其含义为禁止、停止、消防。凡是禁止、停止、消防和有危险的器件或环境均应涂以红色的标记作为警示的信号。例如：城市轨道交通列车受电弓的支架部分一般应涂成红色，表示高压危险，禁止触摸；机器、车辆上的紧急停止按钮或手柄，以及禁止人们触动的部位也应涂成红色；灭火器等用来防火、灭火的器具也涂成红色。

（2）蓝色：其含义为指令必须遵守。例如：必须佩戴个人防护用具；道路上指引车辆和行人行驶方向的指令等。

（3）黄色：其含义为警告、注意，表示提醒人们注意。凡是警告人们注意的器件、设备及环境都应以黄色表示。例如：警告标志；厂内危险机器和坑沟周边的警戒线、行车道中线、安全帽；城市轨道交通站台安全线等。

（4）绿色：其含义为提示、安全状态、通过、允许、工作。例如：提示标识；车间内的安全通道；车辆和行人通过标志；消防设备和其他安全防护设备的位置；“在此工作”标志牌等。

注：蓝色只有与几何图形同时使用时才表示指令。

2. 对比色的种类和用途

对比色一般有黑、白两种颜色。黑色用于安全标志的文字、图形符号和警告标志的几何边框。白色既可以用于安全标志红色、蓝色、绿色的背景色，也可以用于文字和图形符号。

安全色与对比色同时使用时一般按照红色、蓝色、绿色与白色，黄色与黑色的原则搭配。另外，黑色和白色互为对比色。

通常使用的相间条纹有红色与白色相间、黄色与黑色相间、蓝色与白色相间、绿色与白色相间四种，其用途为：

（1）红白相间：其含义为禁止越入。例如：道路上使用的防护栏杆和隔离墩。

（2）黄黑相间：其含义为警告注意。例如：当心滑跌标志。

（3）蓝白相间：其含义为必须遵守。例如：交通导向标志。

（4）绿白相间：其作用是使标志牌更醒目。例如：安全标志杆。

# 知识点 2　安全标志

## 一、安全标志的定义

（1）安全标志由安全色、几何图形、图形符号或文字所构成，用以表达特定的安全信息。

（2）辅助标志是安全标志的文字说明或补充。辅助标识必须与安全标志同时使用在一个矩形载体上，称为组合标志。在同一矩形载体上含有两个或两个以上安全标志并且有相应辅助标志的标志，称为多重标志。

## 二、安全标志的作用

安全标志的作用是引起人们对不安全因素的注意，以达到预防事故发生的目的，但不能代替安全操作规程和安全防护措施。

## 三、安全标志的类型

安全标志分为禁止标志、警告标志、指令标志和提示标志四类。这四类标志用四个不同的几何图形来表示。除此之外，还有消除用安全标志。

1. 禁止标志

禁止标志是禁止人们不安全行为的图形标志。禁止标志的几何图形是带斜杠的圆环，图形符号为黑色，几何图形为红色，背景色为白色。我国规定的禁止标志共有 40 个，如表 7-1 所示。

**表 7-1　　禁止标志图示**

| 图形标志 | 设置范围和地点 | 图形标志 | 设置范围和地点 |
|---|---|---|---|
| 禁止吸烟 | 有甲、乙、丙类火灾危险物质的场所和禁止吸烟的公共场所等 | 禁止烟火 | 有甲、乙、丙类火灾危险物质的场所 |
| 禁止带火种 | 有甲类火灾危险物质及其他禁止带火种的各种危险场所 | 禁止用水灭火 | 不允许用水灭火的物质的场所，如变压器室、各种油库等 |
| 禁止放置易燃物 | 具有明火设备或高温的作业场所，如动火区，各种焊接、切割等场所 | 禁止堆放 | 消防器材存放处、消防通道及车间主通道等 |
| 禁止启动 | 暂停使用的设备附近，如设备检修、更换零件等 | 禁止合闸 | 设备或线路检修时，相应的开关附近 |
| 禁止转动 | 检修或专人定时操作的设备附近 | 禁止叉车和厂内机动车辆通行 | 禁止叉车和其他厂内机动车辆通行的场所 |
| 禁止乘人 | 乘人易造成伤害的设施，如外操作载货电梯框架等 | 禁止靠近 | 不允许靠近的危险区域，如高压试验区、高压线、输变电设备的附近 |

续表

| 图形标志 | 设置范围和地点 | 图形标志 | 设置范围和地点 |
| --- | --- | --- | --- |
| 禁止入内 | 易造成事故或对人员有伤害的场所，如高压设备室入口处 | 禁止推动 | 易于倾倒的装置或设备，如车站屏蔽门等 |
| 禁止停留 | 对人员具有直接危害的场所，如危险路口、桥口等处 | 禁止通行 | 有危险的作业区，如起重、爆破现场，道路施工工地等 |
| 禁止跨越 | 禁止跨越的危险地段，如作业现场的沟、坎、坑等 | 禁止攀登 | 不允许攀爬的危险地点 |
| 禁止跳下 | 不允许跳下的危险地点，如深沟、深池、车站站台等处 | 禁止伸出窗外 | 易于造成头手伤害的部位或场所，如公交车窗、火车车窗等 |
| 禁止倚靠 | 不能依靠的地点或部位，如列车车门、车站屏蔽门、电梯轿门等 | 禁止坐卧 | 高温、腐蚀性、塌陷、坠落、翻转、易损等易于造成人员伤害的设备设施表面 |
| 禁止蹬踏 | 高温、腐蚀性、塌陷、坠落、翻转、易损等易于造成人员伤害的设备设施表面 | 禁止触摸 | 禁止触摸的设备或物体附近，如裸露的带电体、炽热物体等处 |

续表

| 图形标志 | 设置范围和地点 | 图形标志 | 设置范围和地点 |
| --- | --- | --- | --- |
| 禁止伸入 | 易于夹住身体部位的装置或场所 | 禁止饮用 | 禁止饮用水的开关处，如循环水、工业用水、污染水等 |
| 禁止抛物 | 抛物易伤人的地点，如高处作业现场、深沟（坑）等 | 禁止戴手套 | 戴手套易造成手部伤害的作业地点，如旋转的机械加工设备附近 |
| 禁止穿化纤服装 | 有静电火花会导致灾害或有炽热物质的作业场所 | 禁止穿带钉鞋 | 有静电火花会导致灾害或有触电危险的作业场所，如带电作业场所 |
| 禁止开启无线移动通信设备 | 火灾、爆炸场所以及可能产生电磁干扰的场所，如加油站、飞行中的航天器、油库、化工装置区等 | 禁止携带金属物或手表 | 易受到金属物品干扰的微波和电磁场所 |
| 禁止佩戴心脏起搏器者靠近 | 安装人工起搏器者禁止靠近高压设备、大型电动机、发电机、雷达和有强磁场设备等 | 禁止植入金属材料者靠近 | 易受到金属物品干扰的微波和电磁场所，如磁共振室等 |
| 禁止游泳 | 禁止游泳的水域 | 禁止滑冰 | 禁止滑冰的场所 |

续表

| 图形标志 | 设置范围和地点 | 图形标志 | 设置范围和地点 |
| --- | --- | --- | --- |
| 禁止携带武器及仿真武器 | 不能携带和托运武器、凶器和仿真武器的场所或交通工具 | 禁止携带托运易燃及易爆物品 | 不能携带和托运易燃易爆物品及其他危险品的场所或交通工具，如火车、飞机、地铁等 |
| 禁止携带托运有毒物品及有害液体 | 不能携带托运有毒物品及有害液体的场所或交通工具，如火车、飞机、地铁等 | 禁止携带托运放射性及磁性物品 | 不能携带托运放射性及磁性物品的场所或交通工具，如火车、飞机、地铁等 |

2. 警告标志

警告标志是提醒人们注意周围环境，避免可能发生的危险的图形标志。警告标志的几何图形是正三角形边框，图形符号、几何图形为黑色，背景色、衬边为黄色。我国规定的警告标志共有 39 个，如表 7-2 所示。

**表 7-2　　禁止标志图示**

| 图形标志 | 设置范围和地点 | 图形标志 | 设置范围和地点 |
| --- | --- | --- | --- |
| 注意安全 | 易造成人员伤害的场所及设备 | 当心火灾 | 易发生火灾的危险场所，如可燃性物质的生产、储运、使用等地点 |
| 当心爆炸 | 易发生爆炸危险的场所，如易燃易爆物质的生产、储运、使用或受压容器等地点 | 当心腐蚀 | 有腐蚀性物质的作业地点 |

续表

| 图形标志 | 设置范围和地点 | 图形标志 | 设置范围和地点 |
| --- | --- | --- | --- |
| 当心中毒 | 剧毒品及有毒物质的生产、储运及使用地点 | 当心感染 | 易发生感染的场所，如医院传染病区 |
| 当心触电 | 有可能发生触电危险的电器设备和线路，如配电室、开关等 | 当心电缆 | 有暴露的电缆或地面下有电缆处施工的地点 |
| 当心自动启动 | 配有自动启动装置的设备 | 当心机械伤人 | 易发生机械卷入、轧压、碾压、剪切等机械伤害的作业地点 |
| 当心塌方 | 有塌方危险的地段、地区，如堤坝及土方作业的深坑、深槽等 | 当心冒顶 | 具有冒顶危险的作业场所，如矿井、隧道等 |
| 当心坑洞 | 具有坑洞易造成伤害的作业地点，如各种深坑的上方等 | 当心落物 | 易发生落物危险的地点，如高处作业、立体交叉作业的下方等 |
| 当心吊物 | 有吊装设备作业的场所，如施工工地、港口、码头、仓库、车间等 | 当心碰头 | 有产生碰头的场所 |

续表

| 图形标志 | 设置范围和地点 | 图形标志 | 设置范围和地点 |
|---|---|---|---|
| 当心挤压 | 有产生挤压的装置、设备或场所，如自动门、电梯门、车站屏蔽门等 | 当心烫伤 | 具有热源易造成伤害的作业地点，如冶炼、锻造、铸造、热处理车间等 |
| 当心伤手 | 易造成手部伤害的作业地点，如玻璃制品、木制加工、机械加工车间等 | 当心夹手 | 有产生挤压的装置、设备或场所，如自动门、电梯门、列车车门等 |
| 当心扎脚 | 易造成脚部伤害的作业地点，如铸造车间、木工车间、施工工地及有尖角散料等处 | 当心有犬 | 有犬类作为保卫的场所 |
| 当心弧光 | 由于弧光造成眼部伤害的各种焊接作业场所 | 当心高温表面 | 有灼烫物体表面的场所 |
| 当心低温 | 易于导致冻伤的场所，如冷库表面、存在液化气体的场所等 | 当心磁场 | 有磁场的区域或场所，如高压变压器、电磁测量仪器附近等 |
| 当心电离辐射 | 能产生电离辐射危害的作业场所 | 当心裂变物质 | 具有裂变物质的作业场所，如其使用车间、储运仓库、容器等 |

续表

| 图形标志 | 设置范围和地点 | 图形标志 | 设置范围和地点 |
|---|---|---|---|
| 当心激光 | 有激光产品和生产、使用、维修激光产品的场所 | 当心微波 | 凡微波场强超过《作业场所微波辐射卫生标准》（GB 10436）规定的作业场所 |
| 当心叉车 | 有叉车通行的场所 | 当心车辆 | 道路的拐角处、平交路口；车辆出入较多的厂房、车库等出入口 |
| 当心火车 | 厂内铁路与道路平交路口、厂（矿）内铁路运输线等 | 当心坠落 | 易发生坠落事故的作业地点，如脚手架、高处平台、高处作业场所等 |
| 当心障碍物 | 地面有障碍物，绊倒易造成伤害的地点 | 当心跌落 | 易于跌落的地点，如楼梯、台阶等 |
| 当心滑倒 | 地面有易造成伤害的滑跌地点，如地面有油、冰、水等物质及滑坡处 | 当心落水 | 落水后有可能产生淹溺的场所或部位，如城市河流、消防水池等 |
| 当心缝隙 | 有缝隙的装置、设备或场所，如自动门、电梯门、列车等 | | |

3. 指令标志

指令标志是告诉人们必须遵守“指令标志”规定的图形标志。指令标志的几何图形是圆形边框，图形符号、衬边为白色，背景色为蓝色，指令标志共有16个，如表7-3所示。

表7-3 指令标志图示

| 图形标志 | 设置范围和地点 | 图形标志 | 设置范围和地点 |
|---|---|---|---|
| 必须戴防护眼镜 | 对眼镜有伤害的各种作业场所和施工场所 | 必须佩戴遮光护目镜 | 存在紫外线、红外线、激光等光辐射的场所，如电气焊等 |
| 必须戴防尘口罩 | 具有粉尘的作业场所 | 必须戴防毒面具 | 具有对人体有害的气体、烟尘等作业场所，如有毒物散发的地点或处理有毒物造成的事故现场 |
| 必须戴护耳器 | 噪声超过85dB的作业场所 | 必须戴安全帽 | 头部易受外力伤害的作业场所，如矿山、建筑工地、伐木场、造船厂及起重吊装处等 |
| 必须戴防护帽 | 易造成人体碾烧伤害或有粉尘污染头部的作业场所，如具有旋转设备的机加工车间等 | 必须系安全带 | 易发生坠落危险的作业场所，如高处作业、修理、安装等地点 |
| 必须穿救生衣 | 易发生溺水的作业场所，如船舶、海上工程结构物等 | 必须穿防护服 | 具有放射、微波、高温及其他需穿防护服的作业场所 |

续表

| 图形标志 | 设置范围和地点 | 图形标志 | 设置范围和地点 |
| --- | --- | --- | --- |
| 必须戴防护手套 | 易伤害手部的作业场所，如触电危险的作业等地点 | 必须穿防护鞋 | 易伤害脚部的作业场所，如具有灼烫、触电、砸（刺）伤等危险的作业地点 |
| 必须洗手 | 解除有毒有害物质作业后 | 必须加锁 | 剧毒品、危险品库房等地点 |
| 必须接地 | 防雷、防静电场所 | 必须拔出插头 | 在设备维修、故障、长期停用、无人值守状态下 |

4. 提示标志

提示标志是向人们提示某种信息（如标明安全设施或场所等）的图形标志。提示标志的几何图形是矩形，图形符号、衬边是白色，背景色是绿色。一般提示标志有 8 个，如表 7 - 4 所示。

**表 7 - 4　　提示标志图示**

| 图形标志 | 设置范围和地点 | 图形标志 | 设置范围和地点 |
| --- | --- | --- | --- |
| 紧急出口 | 便于安全疏散的紧急出口处，与方向箭头结合设在通向紧急出口的通道、楼梯口等处 | 避险处 | 铁路桥、公路桥、矿井及隧道内躲避危险的地点 |

续表

| 图形标志 | 设置范围和地点 | 图形标志 | 设置范围和地点 |
| --- | --- | --- | --- |
| 应急避难场所 | 在发生突发事件时用于容纳危险区域内疏散人员的场所，如公园、广场等 | 可动火区 | 经有关部门划定的可使用明火的地点 |
| 击碎板面 | 必须击开板面才能获得出口 | 急救点 | 设置现场急救仪器设备及药品的地点 |
| 应急电话 | 安装应急电话的地点 | 紧急医疗站 | 有医生的医疗救助场所 |

当用提示标志提示目标的位置时要加方向辅助标志。按实际需要指示左向时，辅助标志应放在图形标志的左方；如指示右向时，则应放在图形标志的右方，如图7-1所示。

图7-1　应用方向辅助标志示例

5. 文字辅助标志

辅助标志是对前述四种标志的补充说明，基本形式是矩形边框。

文字辅助标志有横写和竖写两种形式。横写时，文字辅助标志写在标志的下方，可以和标志连在一起，也可以分开。禁止标志、指令标志为白色字；警告标志为黑色字。禁止标志、指令标志衬底色为标志的颜色，警告标志衬底色为白色，见图7-2。竖写时，文字辅助标志写在标志杆的上部。禁止标志、警告标志、指令标志、提示标志均为白色衬底，黑色字。标志杆下部色带的颜色应和标志的颜色相一致，见图7-3。

图 7-2　横写的文字辅助标志　　　　图 7-3　竖写在标志杆上部的文字辅助标志

### 四、消防安全标志

消防安全标志是用以向公众表明火灾报警和手动控制装置、火灾时疏散途径、灭火设备，以及具有火灾、爆炸危险的地方或物质。

1. 火灾报警和手动控制装置标志

火灾报警和手动控制装置标志共有 3 个，如表 7-5 所示。

**表 7-5　　火灾报警和手动控制装置标志图示**

| 图形标志 | 说　明 | 图形标志 | 说　明 |
| --- | --- | --- | --- |
| 消防手动启动器 | 指示火灾报警系统或固定灭火系统等的手动启动器 | 发声警报器 | 可单独用来指示发声警报器，也可与手动启动器标志一起使用，指示该手动启动装置是启动发声警报器 |
| 119<br>火灾电话 | 指示在发生火灾时，可用来报警的电话及电话号码 | | |

2. 火灾时疏散途径标志

火灾时疏散途径标志共有 7 个，如表 7-6 所示。

表 7-6　　火灾时疏散途径标志图示

| 图形标志 | 说　明 | 图形标志 | 说　明 |
|---|---|---|---|
| 安全出口 | 指示在发生火灾等紧急情况下，可使用的一切出口 | 滑动开门 | 指示装有滑动门的紧急出口。箭头指示该门的开启方向 |
| 推开 | 本标志置于门上，指示门的开启方向 | 拉开 | 本标志置于门上，指示门的开启方向 |
| 击碎板面 | 指示：(1) 必须击碎玻璃板才能拿到钥匙或拿到开门工具。<br>(2) 必须击开板面才能制造一个出口 | 禁止阻塞 | 表示阻塞（疏散途径或通向灭火设备的道路等）会导致危险 |
| 禁止锁闭 | 表示紧急出口、房门等禁止锁闭 | | |

3. 灭火设备标志

灭火设备标志共有 7 个，如表 7-7 所示。

表 7-7 灭火设备标志图示

| 图形标志 | 说明 | 图形标志 | 说明 |
|---|---|---|---|
|  灭火设备 | 指示灭火设备集中存放的位置 |  灭火器 | 指示灭火器存放的位置 |
| 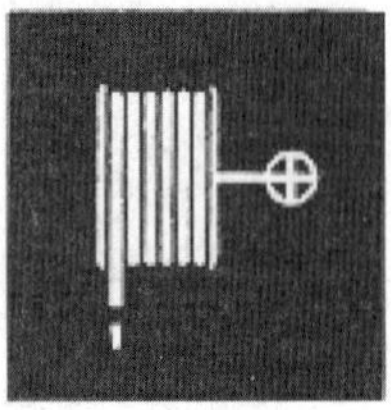 消防水带 | 指示消防水带、软管卷盘或消火栓箱的位置 |  地下消火栓 | 指示地下消火栓的位置 |
|  地上消火栓 | 指示地上消火栓的位置 |  消防水泵接合器 | 指示消防水泵接合器的位置 |
|  逃生梯 | 指示逃生梯的位置 | | |

4. 具有火灾、爆炸危险的地方或物质标志

具有火灾、爆炸危险的地方或物质标志共有 9 个，其中禁止用水灭火、禁止吸烟、禁止烟火、禁止放易燃物、禁止带火种、当心火灾（易燃物质）、当心爆炸（爆炸性物质）这 7 个如前所述，当心火灾（氧化物）、禁止燃放鞭炮如表 7-8 所示。

表 7-8 具有火灾、爆炸危险的地方或物质标志图示

| 图形标志 | 说明 | 图形标志 | 说明 |
| --- | --- | --- | --- |
| 禁止燃放鞭炮 | 表示燃放鞭炮、焰火能引起火灾或爆炸 | 当心氧化物 | 警告人们有易氧化的物质，要当心因氧化而着火 |

5. 方向辅助标志

方向辅助标志共 2 组，方向可根据实际情况进行设置，其中疏散方向背景色为绿色，指示消防设备及报警装置方向标志的背景色为红色，如表 7-9 所示。

表 7-9 方向辅助标志图示

| 图形标志 | 说明 | 图形标志 | 说明 |
| --- | --- | --- | --- |
| 疏散通道方向 | 紧急出品标志联用，指示到紧急出口的方向。该标志也可制成长方形 | 灭火设备或报警装置的方向 | 与消防设备标志联用，指示灭火设备或报警装置的位置方向。该标志也可制成长方形 |

## 五、其他安全色标志

除了上述的安全色和安全标志外，还有一些色标与安全有关，常见的有气瓶、气体管道和电气设备等方面的漆色。这些漆色代表一定的含义，能使人们一眼就能识别出它提供的信息，这对预防事故、保证安全是有好处的。

（一）气瓶色标

气瓶色标是指气瓶外表面涂覆的字样内容、色环数目和颜色按充装气体的特性所规定的组合，是识别充装气体的标志。其主要目的是从颜色上迅速地辨别出盛装某种气体的气瓶和瓶内气体的性质（可燃性、毒性），避免错装和错用，同时也可防止气瓶外表面生锈。国家标准对气瓶外表面的颜色和气瓶上字样的颜色做出了规定，充装常用气体的气瓶颜色标志见表 7-10。

表 7 - 10　　　　充装常用气体的气瓶颜色标志

| 序号 | 充装气体名称 | 颜色 | 字样 | 字色 |
|---|---|---|---|---|
| 1 | 乙炔 | 白 | 乙炔不可近火 | 大红 |
| 2 | 氢 | 淡绿 | 氢 | 大红 |
| 3 | 氧 | 淡（酞蓝） | 氧 | 黑 |
| 4 | 氮 | 黑 | 氮 | 淡黄 |
| 5 | 空气 | 黑 | 空气 | 白 |
| 6 | 二氧化碳 | 铝白 | 液化二氧化碳 | 黑 |
| 7 | 氟 | 白 | 氟 | 黑 |
| 8 | 天然气 | 棕 | 天然气 | 白 |
| 9 | 乙烷 | 棕 | 液化乙烷 | 白 |
| 10 | 液化石油气 | 棕（工业用） | 液化石油气 | 白 |
| | | 银灰（民用） | 液化石油气 | 大红 |
| 11 | 乙烯 | 棕 | 液化乙烯 | 淡黄 |
| 12 | 氩 | 银灰 | 氩 | 深绿 |
| 13 | 氖 | 银灰 | 氖 | 深绿 |
| 14 | 六氟化硫 | 银灰 | 液化六氟化硫 | 黑 |

（二）管道色标

管道色标的习惯用法是：蒸汽管道为白色，自来水管道为黑色，压力管道为黄色，消防管道为红色。

（三）电气设备相别的色标

变电站设备（母线和进出线）和车间配电装置用色标相别，主要用法是：A 相为黄色，B 相为绿色，C 相为红色，地线为黑色，直流正极为红色，直流负极为蓝色。

### 六、城市轨道交通常用标志

城市轨道交通常用标志有公里标、百米标、站名标、坡度标、制动标、圆曲线和缓和曲线始点及终点标、曲线标、竖曲线始点及终点标、接触网终点标、降下受电弓标、升起受电弓标等。

隧道内百米标、限速标、停车位置标应设在行车方向的右侧；警冲标应设在两回合线间，其位置应根据设备限界及安全量确定，隧道外的标志可按国家现行规定设置。

## 知识点 3　安全标志制作及使用要求

### 一、安全标志制作参数

1. 禁止标志的基本形式及参数

（1）禁止标志的基本形式是带斜杠的圆边框，如图 7 - 4 所示。

（2）禁止标志基本形式的参数：

1）外径 $d_1=0.025L$；

2）内径 $d_2=0.800d_1$；

3）斜杠宽 $c=0.080d_2$；

4）斜杠与水平线的夹角 $\alpha=45°$；

$L$ 为观察距离。

2. 警告标志的基本形式及参数

（1）警告标志的基本形式是正三角形边框，如图 7 - 5 所示。

（2）警告标志基本形式的参数：

1）外边 $a_1=0.034L$；

2）内边 $a_2=0.700a_1$；

3）边框外角圆弧半径 $r=0.080a_2$；

$L$ 为观察距离。

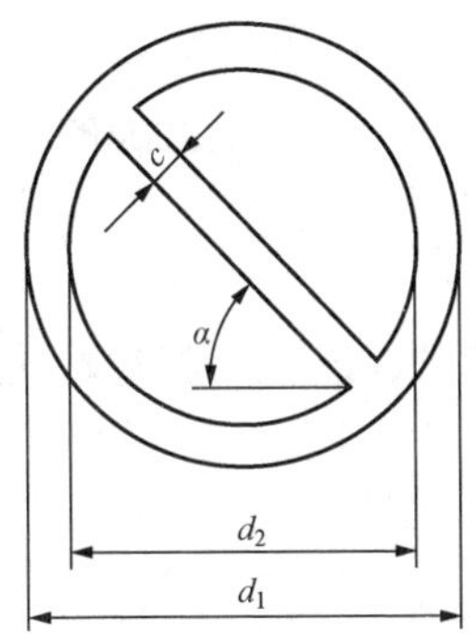


图 7 - 4 禁止标志的基本形式

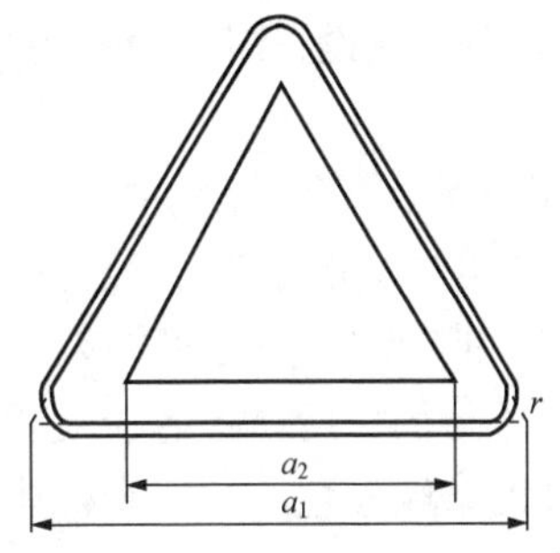


图 7 - 5 警告标志的基本形式

3. 指令标志的基本形式及参数

（1）指令标志的基本形式是圆形边框，如图 7 - 6 所示。

（2）指令标志基本形式的参数：直径 $d=0.025L$，$L$ 为观察距离。

4. 提示标志的基本形式及参数

（1）提示标志的基本形式是正方形边框，如图 7 - 7 所示。

（2）提示标志基本形式的参数：边长 $a=0.025L$，$L$ 为观察距离。

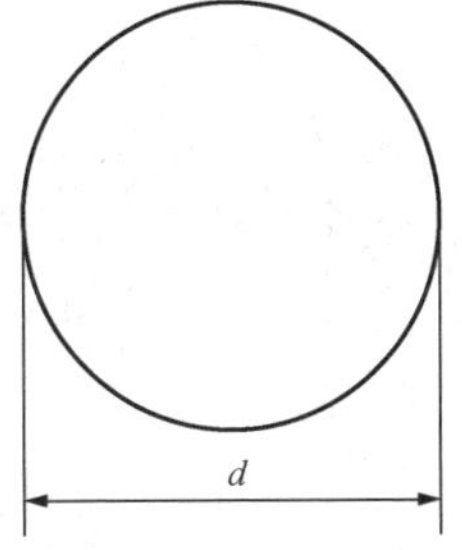


图 7 - 6 指令标志的基本形式

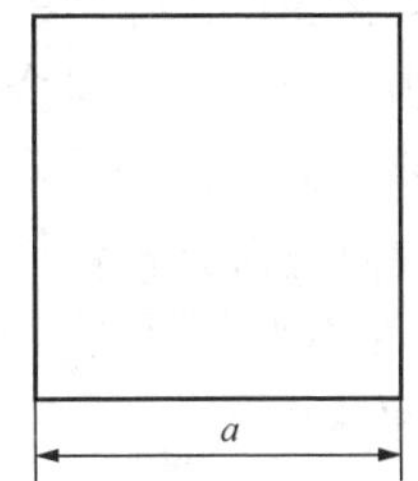


图 7 - 7 提示标志的基本形式

## 二、安全标志使用规定

（1）安全标志要有衬边。除警告标志边框用黄色勾边外，其余全部用白色将边框勾一窄边，即为安全标志的衬边，衬边宽度为标志边长或直径的 0.025 倍，且衬底的边宽最小为

2mm，最大为10mm。

（2）安全标志应用坚固耐用的材料制作，如金属板、塑料板、木板等，且无毛刺和洞孔，也可直接画在墙壁或机具上。标志牌应图形清楚，无毛刺、孔洞和影响使用的任何疵病。

（3）标志设置的高度应尽量与人眼的视线高度相一致。悬挂式和柱式的环境信息标志下缘距地面的高度不宜小于2m；局部信息标志的设置高度应视具体情况确定。

（4）标志应设在与安全有关的醒目地方，并使大家看见后，有足够的时间来注意它所表示的内容。环境信息标志宜设在有关场所的入口处和醒目处；局部信息标志应设在所涉及的相应危险地点或设备（部件）附近的醒目处。

（5）标志不应设在门、窗、架等可移动的物体上，以免标志牌随母体物体相应移动，影响认读。标志前不得放置妨碍认读的障碍物。

（6）标志的平面与视线夹角应接近90°，观察者位于最大观察距离时，最小夹角不低于75°。

（7）多个标志在一起设置时，应按警告、禁止、指令、提示类型的顺序，先左后右、先上后下地排列。

（8）标志应设置在明亮的环境中。

（9）标志的固定方式分附着式、悬挂式和柱式三种。悬挂式和附着式的固定应稳固不倾斜，柱式的标志牌和支架应牢固地连接在一起。

（10）有触电危险的场所，标志应使用绝缘材料来制作。

（11）标志杆的条纹颜色应与安全标志相一致。

（12）装着电气元件的电柜、壁龛和任何地方，当从电柜、壁龛等外部不能辨别其中是否装有电气元件时，必须在门或盖板上装有黑边、黄底、黑字闪电符号的三角形标志。

## 拓展知识　安全文化

### 一、安全文化在安全生产工作中的地位及作用

安全文化是安全生产的根本。安全文化最基本的内涵就是人的安全意识。建设生产领域的安全文化，前提是要加强宣传工作，普及安全知识，强化全社会的安全意识，强化公民的自我保护意识。安全要真正做到警钟长鸣，居安思危，言危思进，常抓不懈。

#### （一）安全文化在安全生产“五要素”工作中的重要性

1. 安全生产“五要素”

安全生产“五要素”是指安全文化、安全法制、安全责任、安全科技和安全投入。

其中安全文化即安全意识，是存在于人们头脑中，支配人们行为是否安全的思想；安全法制是指安全生产法律法规和安全生产执法；安全责任主要是指搞好安全生产的责任心；安全科技是指安全生产科学与技术；安全投入是指保证安全生产必需的经费。企业要建立安全生产长效机制，实现安全生产长治久安，全面推进安全生产五要素显得尤为重要。

2. 安全生产“五要素”之间的关系

安全生产“五要素”既相对独立，又是一个有机统一的整体，相辅相成，互为条件。其中安全文化是灵魂和统帅，是安全生产工作的基础和精神指向。安全法制是安全生产工作进入规范化和制度化的必要条件，是开展其他各项工作的保障和约束。安全责任是进一步落实安全法制的手段，是安全法律规范的具体化。安全科技是保证安全生产工作现代化的工具。安全投入为其他各个因素能够开展提供物质保障。

3. 安全文化在“五要素”管理中的统领作用

安全文化放在“五要素”之首，更是把握住安全生产长效机制的核心问题。安全文化是灵魂和统帅，是安全生产工作基础中的基础，是安全生产工作的精神指向，其他的各要素都应该在安全文化的指导下展开。安全文化又是其他各个要素的目的和结晶，只有在其他要素健全成熟的前提下，才能培养出深入人心的“以人为本”的安全文化。

安全文化不但指职工安全知识的提高，更是指人们对待安全科学技术的态度；不但指企业安全管理活动产生的成果，还包括造成那种管理方式的原因和所体现出来的安全行为准则；不但指有序的安全生产环境，更是指产生这种环境的感情基础；不但指企业领导做出的安全决策，更是指这种决策折射出的领导者信仰的安全哲学；不但指事故及损失率的下降值，更是指对待这种下降的心理态势。总之，企业安全文化是渗透在安全管理一切活动中的灵魂。

（二）安全文化的功能和作用

（1）安全文化的功能。

1）凝聚功能。安全文化是大家的共识，体现着一种强烈的整体意识。具体表现为：全体成员在安全的观念、目标和行为准则等方面保持一致，有利于形成强烈的心理认同力，表现出强大的凝聚力和向心力。

2）导向功能。安全文化具有巨大的感召力，通过教育培训和安全氛围的烘托，通过潜移默化的作用，使员工的注意力逐步转向企业所提倡、崇尚的方向，接受共同的价值观，从而将个人的目标引导到企业目标上来。

3）激励功能。企业安全文化能通过发挥人的积极性、主动性、创造性，使员工从内心产生一种高昂、奋发进取的情绪。作为自然人，每个人都有力量，有基本思维能力；作为社会人，每个人又都有精神需要，蕴含着巨大的精神力量。在未获得激励时，人发挥的只是物质力量，获得激励后，人的精神力量就得到开发，激励越大，所开发的精神力量就越大。

4）约束功能。企业安全文化对企业每个员工的思想和行为具有约束和规范作用，这种作用与传统的管理理论所强调的制度约束不同，它虽也有成文的硬约束，但更强调不成文的软约束。它通过文化的作用使信念在职工心理深层形成一种定势，构造出一种响应机制，只要有诱导信号发生，即可得到积极响应，并迅速转换为预期行为。这种约束机制能有效地缓解员工自治心理与被治现实形成的冲突，削弱由其引起的心理抵抗力，从而产生更强大、深刻、持久的约束效果。

5）协调功能。安全文化的形成使人们对安全有了共识，有共同的价值观、态度和信念，不仅便于相互间的沟通，也便于团结协作。同时，安全文化也能成为协调矛盾的尺度和准则。

（2）倡导安全文化的目的及作用。倡导安全文化的目的是在现有的技术和管理条件下，使人类生活、工作得更加安全和健康。而安全和健康的实现离不开人们对安全和健康的珍惜与重视，并使自己一举一动符合安全健康的行为规范要求。在安全生产的实践中，人们发现，对预防事故的发生，仅有安全技术手段和安全管理手段是不够的。不安全行为是事故发生的重要原因，大量不安全行为的结果必然是发生事故。安全文化手段的运用，正是为了弥补安全管理手段不能彻底改变人的不安全行为的先天不足。

安全文化的作用是通过对人的观念、道德、伦理、态度、情感等深层次的人文因素的强化，利用领导、教育、宣传、奖惩、创建群体氛围等手段，不断提高人的安全素质，改进其安全意识和行为，从而使人们从被动地服从安全管理制度，转变成自觉主动地按安全要求采取行动，即从“要我遵章守法”转变成“我要遵章守法”。

## 二、安全文化建设

### （一）安全文化建设的内容

与安全文化的构成要素相对应，企业安全文化建设的内容包括以下方面：

（1）建立稳定可靠、规范的安全物质文化。安全物质文化需要依靠技术进步和技术改造来不断提高本质安全化程度，它主要包括三方面内容：

1）作业环境安全。生产场所中有不同程度的噪声、高温、尘毒和辐射等有害因素，它们直接影响作业人员的身心健康和生命安全，应将其控制在规定的标准范围内，创造舒适、安全的工作条件，使环境条件符合人的心理和生理要求。

2）工艺过程安全。工艺过程主要指对生产操作、质量等方面的控制过程。工艺过程安全应做到操作者了解物料的性质，正确控制好温度、压力和质量等参数。

3）设备控制过程安全。通过对生产设备和安全防护设施的管理来实现设备控制过程安全。在具体实践中应做到：从设备的设计、制造等方面全面考虑其防护能力、可靠性和稳定性；对设备要正确使用、精心养护和科学检修；开发应用并推广安全新技术、新产品和新设施。

（2）建立符合安全伦理道德、遵章守纪的安全行为文化。安全行为文化的建设包括以下两方面内容：

1）多渠道、多手段地让员工在掌握安全知识的基础上，熟练掌握各种安全操作技能。

2）严格执行安全操作规程。

（3）建立健全完善、切实可行的安全制度文化。安全制度文化指的是与物态、心态、行为安全文化相适应的组织机构和规章制度的建立、实施及控制管理的总和，主要包括：

1）建立健全完善、切实可行的企业安全管理机制。主要指建立起切实执行企业职责，各方面、各层次责任落实，横向到边、纵向到底，高效运作的企业安全管理网络；建立起切实履行群众监督职责，奖惩严明，上下结合，对各层次进行有效监督的企业劳动保护监督体系。

2）建立完善的企业安全管理规章制度和奖惩制度，使其规范化、科学化、适用化，并严格执行。

（4）建立“安全第一、预防为主、综合治理”的安全精神文化。

1）首先应通过多种形式的宣传教育提高员工的保护意识，包括应急安全保护意识、间接安全保护意识和超前的安全保护意识，并进行生产作业安全知识、生活安全知识等的教育培训。

2）进行安全伦理道德教育，为他人和集体的安全考虑，自觉约束自己的行为，承担起应尽的责任和义务。这种教育不仅要面对普通员工，更应集中于各级管理人员和技术人员。

（二）企业安全文化建设的方式

企业安全文化建设的根本内涵是将企业安全理念和安全价值观表现在决策者和管理者的态度和行动中，落实在企业的管理制度中，将安全管理融入企业的整个管理实践中，将安全法规、制度落实在决策者、管理者和员工的行为方式中，将安全标准落实在生产的工艺、技术和过程中，由此形成一种良好的安全生产气氛。通过安全文化的建设，影响企业各级管理人员和员工的安全生产自觉性，以文化的力量保障企业安全生产和经济发展。企业安全文化的建设可通过以下方式进行：

（1）班组及职工的安全文化建设。运用传统有效的安全文化建设手段：三级教育（333模式）、特殊教育、日常教育、全员教育、持证上岗、班前安全活动、标准化岗位和班组建设、技能演练等。推行现代的安全文化建设手段："三群"（群策、群力、群观）对策、班组建小家活动、事故判定技术、危险预知活动、风险抵押制、"仿真"演习等，进行班组和职工的安全建设。

（2）管理层及决策者的安全文化建设。运用传统有效的安全文化建设手段：全面安全责任制、"三同时""五同时""三同步"监督制、定期检查制、有效的行政管理手段、常规的经济手段等。推行现代的安全文化建设手段："三同步原则""三负责制"、意识及管理素质教育、目标管理法、无隐患管理法、系统科学管理、人机环境设计、系统安全评价、应急预案对策、事故保险对策、"三因"（人、物、环境）安全检查等。

（3）生产现场的安全文化建设。运用传统的安全文化建设手段：安全标语（旗）、安全标志（禁止标志、警告标志、指令标志）、事故警示牌等。推行现代的安全文化建设手段：技术及工艺的本质安全化、现场"三标"建设、"三防"（尘、毒、烟）管理、"四查"（岗位、班组、车间、厂区）工程、"三点"（事故多发点、危险点、危害点）控制等。

（4）企业人文环境的安全文化建设。运用传统的安全文化建设手段：安全宣传墙报、安全生产周（日、月）、安全竞赛活动、安全演讲比赛、事故报告会等。推行现代的安全文化建设手段：安全文艺（晚会、电影、电视）活动、安全文化月（周、日）、事故祭日、安全贺年（个人）活动、安全宣传的"三个一"（一场晚会、一副新标语、一块墙报）工程、青年职工的"六个一"（查一个事故隐患、提一条安全建议、创一条安全警语、讲一件事故教训、当一周安全监督员、献一笔安全经费）工程等。

（三）城市轨道交通企业的安全文化建设

1. 安全文化应作为核心文化来建设

城市轨道交通企业的安全文化建设有一般企业安全文化建设的共性，同时也有作为运输行业安全文化建设的特性。城市轨道交通系统的根本任务是将旅客安全、及时地运送到目的地。城市轨道交通运营系统的作用、性质和特点决定了轨道运输必须把安全生产摆在各项工作的首要位置，因此城市轨道交通企业安全文化建设是企业文化建设的首要工作。

2. 城市轨道交通企业的安全文化建设应树立大安全的观念

城市轨道交通运营系统是由轨道交通设备设施、行车组织、员工、乘客和周边环境等众多因素组成的一个庞大"联动机"，运营过程中的各个环节和因素均会对运营安全产生影响。因此，城市轨道交通企业应树立大安全的观念。

3. 城市轨道交通企业安全文化建设应树立"以人为本"的观念

以人为本是科学发展观的本质和核心。以人为本、尊重人的生命、促进企业发展为内涵的安全文化在运营安全管理中发挥着重要的作用。

4. 城市轨道交通企业的安全文化建设应树立“全员、全社会安全管理”的观念

要实现城市轨道交通运营安全有序，在加强员工安全教育的基础上，必须对广大乘客进行宣传教育，要大力向乘客宣传并督促其遵守城市轨道交通安全管理制度，提高全民的安全防范意识。

## 任务　设计并布置车站区域范围内的安全标识

1. 任务描述

车站安全标志是引导乘客安全上下车的重要保证，给定地面典型车站、地下典型车站各一个，设计城市地铁车站区域内的安全标志。

2. 相关资料

（1）教材。

（2）《安全色》（GB 2893—2008）。

（3）《安全标志及其使用导则》（GB 2894—2008）。

3. 任务实施说明

（1）学生分组，每5～8人为一小组。

（2）小组进行任务分析。

（3）资料学习。

（4）现场教学。

（5）小组学习，包括安全标志的定义、安全标志的作用、安全标志的类型、其他安全标志等。

（6）小组成员合作设计城市轨道交通车站安全标识布置方案。

（7）小组合作，展示成果，进行讲解演练。

4. 任务实施注意事项

（1）进行处理工作时，应确保安全，包括人身和设备安全。

（2）注意成本意识的培养。

5. 效果评价

采用学生自评50%＋组内互评20%＋组间评价30%的形式。

### 应知应会

1. 安全标志的高度如何确定？

2. 安全标志的类型有哪些？分别包含多少种？

3. 安全标志有什么作用？

4. “安全生产五要素”及其关系是什么？

# 项目八

# 城市轨道交通运营行车安全事故预防

行车工作是城市轨道交通运营系统的主要工作，也是最容易产生不安全因素的工作环节，城市轨道交通运营过程中所出现的大部分不安全现象大多发生在行车工作中。因此，行车安全是城市轨道交通运营安全的核心部分。从某种程度上说，保证行车工作安全的同时也就是保证了城市轨道交通运营安全。

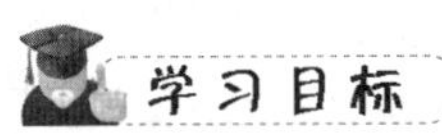

## 学习目标

| 知识目标 | 技能目标 | 思政目标 |
| --- | --- | --- |
| 1. 掌握接发列车作业常见事故的类型、原因及预防措施；<br>2. 掌握调车作业常见事故的类型、原因及预防措施；<br>3. 掌握行车调度安全的相关知识；<br>4. 熟悉列车驾驶作业安全准则；<br>5. 掌握车辆段作业安全关键控制点 | 1. 会开展调度作业事故分析；<br>2. 会开展接发列车作业事故分析；<br>3. 会开展调车作业安全事故分析；<br>4. 会编写行车事故报告 | 1. 培养学生处理问题时的系统思维、辩证思维；<br>2. 培养学生规则意识、责任意识、安全意识 |

## 理论模块

## 知识点1 行车安全管理基础

轨道交通运输的产品是乘客的位移，实现位移的必要手段为列车运行，通常把列车的组织和运行工作统称为行车工作。

### 一、行车安全

行车安全一般是指在城轨运输过程中，维护城轨正常的运行秩序，保证旅客及城轨员工生命财产安全，保证运输设备完好无损的全部生产活动，即在行车过程中不发生人身伤亡事故和财产损失事故且保证列车正常运行的活动。

**二、行车事故**

凡因操作人员违反规章制度、违反劳动纪律和作业纪律，或者因设备不良及其他原因，在行车中造成人员伤亡、设备损坏、经济损失、影响正常行车或危及行车安全的，均构成行车事故。

## 知识点 2 行车调度安全

城市轨道交通系统是一个大联动机，具有高度集中、统一指挥、各个工作环节协同动作的特点。城市轨道交通行车工作是一个由互相联系、互相影响的多部门、多单位所组成的完整的系统。在这个系统中，各部门、各单位、各工种间的紧密联系和协调一致对于保证行车安全和提高运输效率有着决定性的意义。行车调度（一般简称行调）是为适应城市轨道交通运输特点而设置的行车工作的统一指挥者，在保证行车安全的大系统中具有重要的地位和作用。

城市轨道交通行车调度工作由调度控制中心实施，实行高度集中统一指挥，以使各个环节紧密配合，协调工作，保证列车安全、正点地运行。行车调度工作是城市轨道交通运营系统的核心，直接影响行车安全及运输质量。

**一、行车调度工作的基本任务及作用**

（1）行车调度工作的基本任务。

1）组织指挥各部门、各工种严格按照列车运行图工作。

2）监控列车到达、出发及途中运行情况，确保列车运行秩序的正常。

3）当列车运行秩序不正常时，及时采取措施，尽快恢复正常运行秩序。

4）及时、准确地处理行车异常情况，防止行车事故的发生。

5）随时掌握客流情况，及时调整列车运行方案。

6）检查监督各行车部门执行运行图的情况，发布调度命令。

7）当发生行车事故时，按规定程序及时向上级主管部门汇报，并采取措施防止事故扩大，积极参与组织救援工作。

（2）行车调度在行车安全工作中的作用。行车调度贯彻集中领导、统一指挥的原则，组织协调行车有关各部门、各单位、各工种的工作，指挥和监督行车工作的全过程，保证行车工作均衡协调、安全准确地进行。

在日常运输中，行车调度负责编制日常运输工作计划，发布各种有关行车的调度命令，组织行车各部门协同动作，保证列车按列车运行图运行，实现日（班）计划规定的各项任务；负责监督和检查行车各部门执行运输工作日常计划和规章制度的情况以及列车运行情况，及时组织处理和排除各种危及或有可能危及行车安全的意外情况；遇到发生行车事故或灾害而中断行车时，采取积极有效的措施，组织事故救援，迅速恢复行车，保证运输畅通。

概括起来说，行车调度在安全工作中的作用有以下几个方面：

1）指挥行车人员完成各项行车作业，保证列车安全正点运行。

2）组织、协调、监督、检查行车各有关部门的安全生产，纠正各种违章现象，及时处理行车中发生的问题，消除事故隐患，防止发生行车事故。

3）在发生事故后，积极组织救援，减少事故损失。

**二、行车调度安全指挥工作的基本要求**

调度指挥必须坚持安全生产的原则，正确、及时地指挥列车运行，防止因指挥不当造成事故隐患。遇突发紧急事件时，要冷静、正确、及时处理，必须提高业务水平，提高应变能力。

（1）城市轨道交通行车组织工作必须严格执行单一指挥的原则。行车各有关部门必须服从所在区段行车调度的集中统一指挥，各级领导对列车运行的指示必须通过行车调度下达，坚决禁止令出多口或多头指挥，维护调度命令的严肃性和权威性。

（2）行车调度要具备较高的业务水平和紧急处理能力。熟练掌握调度工作技能是做好安全指挥工作的基础。行车调度必须熟悉主要行车人员情况，掌握车辆、线路设备等方面的知识，熟知各项规章制度和各种行车作业的程序，掌握与其他调度的工作衔接，掌握处理各种行车意外情况和行车事故的方法，做到调度指挥胸有成竹、沉着冷静。

（3）发布调度命令要正确、完整、清晰。调度命令是城市轨道交通运输工作实行集中领导、统一指挥的具体体现和保证之一。具体要求如下：

1）调度命令是指挥列车运行的调度命令和口头指示，只能由行车调度员发布，有关行车人员必须坚决执行，不得违反。

2）发布调度命令前应详细了解现场情况，听取有关人员意见。发布调度命令时应严格按章办理，必须先拟后发，不得边拟边发。

3）调度命令应按“一拟、二签、三发布、四复诵核对、五下达命令号码和时间”的程序办理。

4）制定常用行车调度命令格式和用语的统一规定，使调度命令发布规范化，用语更加准确、简练、清晰、完整。

5）发布调度命令时为确保命令的传达准确无误，行车调度应指定其中一人复诵，其他人核对确保无误，书面调度命令须填写记录。

## 知识点 3　列车驾驶安全

列车驾驶安全是整个城市轨道交通行车安全工作的关键环节之一，是把好行车安全的最后一道关口。

**一、影响列车驾驶安全的主要因素**

（1）行车纪律松弛、制度执行不严。纪律松弛，出乘标准化作业不落实，责任制贯彻不力，是影响安全行车的一大顽症。

（2）疲劳行车、带情绪开车。司机睡眠不足或将受外界环境影响而产生的情绪带入运行作业中，会产生生理、心理的疲劳，从而精力不济、精神不集中，给安全行车带来隐患。

（3）业务素质不高。由于技术问题及缺乏经验，司机业务水平不精，不能及时处理运行中的突发事件和故障。

（4）安全意识不强。司机思想波动大、情绪不稳定、责任心不强、行车纪律观念淡薄、臆测行车是造成行车事故的重要原因。

（5）行车技术、设备不完善。行车设备老化，技术结构不合理，使之不能适应实际行车的需要。

（6）风、雪、雷、电等恶劣气候及环境的影响。风、雪、雷、电等恶劣天气对安全运行的影响是不可低估的，列车司机对气候环境变化及对突发事件能否正确处置直接影响城市轨道交通运营安全。

（7）安全管理及制度、规章的适用性存在缺陷。安全管理归根结底是对人的管理，而各项制度的健全和完善是行车安全的基础，是行车安全的依据，没有完整、有效的制度是制约安全行车的重要因素。

**二、不安全因素的控制**

从安全运行管理的角度分析，行车事故是各种不安全因素相互作用的结果。因此，对行车不安全因素的控制是行车安全的重要环节。

（1）加强对司机违章行为的管理与控制。许多行车事故案例表明，人的不安全行为是引起行车不安全事故的主要因素。因此，通过对列车司机的教育、培训、考核、惩戒等方法，可使列车司机对安全行车采取正确的态度。

（2）不断做好对列车司机的技术业务培训。司机的技术知识不足，特别是安全行车知识的缺乏，没有经验是引起行车不安全的重要原因。通过加强安全行车知识和业务技术知识的学习，可使司机在技术和经验上得到提高，成为合格的操纵者。

（3）强化和改善对行车设备的管理。许多行车事故的发生都留下了行车设备技术状态不良的痕迹，因而应不断进行相关行车设备的技术改造，使行车设备功能符合运营要求。

（4）提高司机适应环境变化与处置突发事件的应变能力。由于运行环境的变化和行车中产生的突发事件难以预测，因此提高司机在发生意外事件时的应变能力是防止与减少行车事故的重要因素。应在不断学习的基础上，以各类预案和规章为依据，开展定期和不定期的讲解、演练、培训，以提高应变能力。

**三、列车安全驾驶的基本规定**

（1）列车司机必须牢记“安全第一”的宗旨，严格按照安全制度、行车规则执行驾驶任务，驾驶列车时做到“三严格”：

1）严格遵守各种规章制度，正确执行各种作业程序，确保列车运行安全。

2）严格按照运营时刻表及信号显示行车，工作时严守岗位，不得擅自离岗。

3）严格遵守动车前认真确认“行车三要素”，即进路、信号、道岔。

（2）列车司机必须掌握列车（车辆）的基本构造、性能，具有一定的故障处理能力，熟悉城市轨道交通线路和站场等基本设施情况，包括必须明确驾驶区段、站场线路纵断面等情形。

（3）列车司机必须掌握其他相关的业务知识并具有一定的应变能力。在列车的运行过程中，一般情况下只有司机一个人值乘，而运行中的突发事件有着不可预测性，在事件的初期往往只有司机能够最早发现，所以一名职业素质较好的司机应该而且必须掌握有关事件初期的处理方法，使事件能够在初期阶段得到控制和处置，减小损失，稳定现场局面。

（4）列车司机上岗值乘的必要条件。鉴于列车司机在整个运行过程中的重要作用，城市轨道交通管理部门规定了列车司机上岗值乘的必要条件。首先，司机必须经过考试合格，并取得列车驾驶证后方准独立驾驶列车；其次，脱离驾驶岗位 6 个月以上，如需再驾驶列车，必须对业务知识和安全运行知识等进行再培训，并且考试合格，对其纪律性和身体状况、心理状况由相关管理部门及有关领导做出鉴定，符合要求后方准上岗。

## 四、列车驾驶作业安全准则

列车司机的操作应在正常情况下确保“准确”，在非正常情况下确保“安全”，所有操作均动作紧凑，快速正确。列车驾驶作业包括调车作业、整备作业、正线作业、折返作业、站台作业等，具体的作业安全准则有以下内容：

（1）调车作业安全准则。

1）设置铁鞋放溜时，不拿出铁鞋不动车。

2）凭自身动力动车时，没有制动不动车。

3）机车、车辆制动没有缓解不动车。

4）调车作业目的不清不动车。

5）调车作业没有联控不动车。

6）没有信号或信号不清不动车。

7）道岔开通不正确不动车。

8）侵限、侵物不动车。

（2）整备作业安全准则。

1）整备作业前必须了解列车停放位置及列车状态。

2）检查列车走行部时，必须确认列车已降下受电弓。

3）严禁跨越地沟，进行车底检查时戴好安全帽，应注意空间位置，避免碰伤。

4）受电弓升起后，严禁触摸电器带电部位，进行地沟检查及攀登车顶。

5）检查列车时必须佩戴检查灯、一字旋具，并严格按要求整备列车，列车没有经过整备严禁动车。

6）车库内动车前，必须确认地沟无人和两侧无侵限物后方可动车。

（3）列车运行安全准则。

1）司机在取得司机驾驶证并经鉴定合格后，方准独立驾驶。

2）严格遵守各种规章制度，按照要求操作使用设备，正确执行各项作业程序，确保列车运行安全。

3）严格按运营时刻表动车，动车前必须确认行车凭证，列车退行或推进时，运行前必须有人引导。

4）班前注意休息，班中集中精力，保持不间断瞭望。严禁在列车运行中打盹、看书或干与工作无关的事。

5）接受调度命令或行车指示时，司机必须认真逐句复诵并领会命令内容。

（4）折返作业安全准则。

1）严格遵守交接班制度。

2）关门前必须确认行车凭证、道岔、进路正确。

3）动车前确认所有人均在安全区域。

（5）站台安全作业准则。

1）开关屏蔽门、车门时，必须严格执行开关门作业程序。

2）列车到站停稳后，应先确认列车停在规定的范围内。

3）跨出站台开关屏蔽门、车门时，应注意列车与站台间的空隙，避免摔伤。

4）关屏蔽门、车门前，应先确认 DTI，判断是否处于关门时刻，再确认车载信号或进路防护信号开放或者具有行车凭证。

5）动车前，司机应先确认屏蔽门、车门关好，同时确认屏蔽门与车门间的空隙无人无物后方可进驾驶室。

（6）人身安全准则。

1）升弓前，必须确认所有人在安全区域。

2）严禁擅自带无关人员进驾驶室，因工作需要有人登驾驶室时，必须确认其登乘凭证。

3）在正线或出入厂线，禁止未经行调同意擅自进入线路。

**五、乘务作业安全事故预防关键点**

1. 防错开车门

采用 SM、RM、URM 驾驶模式时，严格执行“先确认，再呼唤，跨半步，再开门”的开/关门程序；当设备故障需使用“强行开门”按钮时，严格执行开、关门程序。

2. 防夹人夹物动车

车门关闭，司机确认：车门黄色指示灯全部熄灭；车门操纵控制盘绿灯亮；旁路车门时，必须得到行调的授权。

3. 防冒进信号

动车前必须确认三要素，即道岔、进路、信号；严格执行呼唤应答制度，按照标准化作业；提高工作责任心，注意班前休息，出乘后集中思想；信号楼加强对调车作业的监控。

4. 防挤岔

动车前必须确认三要素，严格执行呼唤应答的制度；加强责任心，班前注意休息，作业时集中精神，加强瞭望，确认进路；调车作业时，司机与调车长、信号值班员保持联系，详细了解作业计划内容和要求。

5. 防列车追尾

采用 URM 驾驶时，司机严格执行规章制度，加强瞭望，不超速，平稳操纵；认真确认行车凭证，包括路票、调度命令等；认真确认行车三要素；站务员显示停车手信号时，司机要马上采取停车措施；需切除 ATP 时，司机必须得到值班主任的授权。

6. 防撞止挡

进入车挡 10m 内进行调车作业，动车前车长要通知司机，严格控制速度（不超 3km/h），加强瞭望和引导工作，做好停车准备。自动折返时，司机要注意车速，做好紧急停车介入准备。人工驾驶折返时，司机要加强瞭望，控制好车速。

## 知识点 4 接发列车作业安全

**一、行车作业安全管理概述**

车站行车作业是指在调度统一指挥下，合理运用车站的各项技术设备，进行不间断接发列车的作业。

1. 车站安全工作的基本任务

（1）建立健全各项行车规章制度。这些制度包括车站行车控制室的管理、交接班制度、行车值班员责任制等，对车站的行车组织工作进行规范管理，确保行车安全。

(2) 进行车站各项安全检查，检查车站安全隐患，并落实整改。

(3) 建立各项事故预案，开展演练，以提高车站员工的应急处理能力，有效处理车站突发事件。最终通过明确职责、落实责任、加强安全管理，确保车站行车、施工、治安、消防等工作以及车站员工、乘客人身安全和车站所辖设备运行安全。

2. 车站行车安全工作的基本要求

车站工作包括列车运行控制、车站的施工组织、接发列车作业等，其中各项作业均涉及行车安全。车站各项作业情况下的具体行车安全要求如下：

(1) 列车运行控制。车站的列车运行控制根据整个系统列车运行控制方式的变化而变化，在调度集中控制与自动控制方式下，车站行车控制的主要工作是监护行车运营状态；如中控因故放权而由车站进行控制，则在有集中控制设备的车站应负责接发列车进路、折返作业进路等的排列；在非正常情况下，车站根据行调的指令，按规定的作业办法办理列车在车站的接车、发车、调车等作业。

(2) 设备施工组织。在车站管辖范围内的任何施工均应在车站行车控制室登记，在得到行车值班员的签字确认后方可进行。

(3) 接发列车作业。车站员工应确保在各种控制方式下车站的接、发列车组织工作安全、有序。

## 二、列车车次、运行方向及运行指挥与行车安全

1. 列车车次与行车安全

列车车次具有区别列车种类、作业性质及运行方向等重要作用，同时与列车安全密切相关。接发列车作业中，列车车次的误听、误传、误填往往是造成行车事故的重要原因。为此，办理接发列车时，要认真核对，防止误抄误填。车次不清楚时，必须立即询问，严禁臆测行车。

2. 列车运行方向与行车安全

列车运行方向也是保证接发列车及行车安全的重要条件之一。尤其是一端有两个及以上列车运行方向的车站更需引起注意，在办理列车闭塞及下发办理接发列车进路命令等作业事项时，均应冠以相邻方向或线路名称，以防止列车开错方向。

3. 列车运行指挥与行车安全

行车工作必须坚持集中领导、统一指挥、逐级负责的原则。为安全顺利的组织列车运行，列车运行的指挥工作应注意两点，即正确指挥和服从指挥。列车运行的指挥工作首先应强调其安全的重要性。日常行车作业中，行车调度错发、漏发调度命令，盲目指挥列车运行，或车站值班员错发、漏发接发列车命令，盲目指挥及错误操纵控制台等，往往都是造成列车事故的重要因素。因此，在指挥列车运行工作时行车调度发布命令之前，应详细了解现场情况，并听取有关人员的意见，以便正确下达指挥列车运行的调度命令和口头指示。

车站行车值班员在指挥及办理接发列车作业时，须认真遵守行车有关规章要求，严格执行接发列车作业规定，正确下达接发列车的有关命令，确保列车运行安全。

## 三、接发列车作业惯性事故的种类及主要原因

车站在办理接车、发车和列车通过作业程序中发生的一切行车事故称为接发列车事故。经常发生的接发列车作业事故，称为接发列车作业惯性事故。

1. 接发列车作业惯性事故的种类

（1）向占用区间发出列车。占用区间是指区间内已进入列车；区间已被列车取得占用的许可；封锁的区间（凭调度命令进入区间的除外）；区间内有停留或溜入的机车车辆、施工作业车辆；邻线已进入禁止在区间交会的列车。

（2）向占用线路接入列车。占用线路是指车站内已办理进路的线路或停有机车车辆的线路或已封锁的线路。

（3）未准备好进路接发列车。未准备好进路是指进路上的道岔未扳、错扳、临时扳动或错误转动；进路上有轻型车辆（包括拖车）、小车及其他能造成脱轨的障碍物（不包括其他交通车辆）；邻线的机车车辆越过警冲标。

（4）未办或错办闭塞发出列车。未办或错办闭塞发出列车是指未和邻站、车场办理闭塞手续，或办理闭塞的区间与列车运行的区间不一致而发出的列车。

（5）列车冒进信号或越过警冲标。列车冒进信号或越过警冲标是指列车前端任何一部分越过地面固定信号显示的停车信号；停车列车越过到达线末端计算该线有效长度的警冲标或轧上线路脱轨器（用于接发列车起隔开作用的脱轨器）时也算。双线区间反方向运行，列车冒进站界标，也按本项论。

（6）错误办理行车凭证发车或耽误列车。错误办理行车凭证发车或耽误列车是指与邻站已办妥闭塞手续，但由于未交、错交、未拿、错拿、漏填、错填行车凭证；行车凭证交与司机显示发车手信号后，发现行车凭证错误，也为错误办理行车凭证发车。填写的行车凭证，错填、漏填电话记录号码、车次、区间、地点时，按本项论。

2. 发生接发列车惯性事故的主要原因

（1）当班人员离岗、打盹或做与接发列车无关的事情。接发列车作业人员擅离职守、打盹睡觉、看书看报、闲谈打闹，都直接影响作业人员的注意力，造成误听、误传车次、股道，忘办、错办闭塞、信号，忘扳、错扳道岔等后果，一旦各种原因偶合，就有可能造成事故。

（2）办理闭塞时没有确认区间处于空闲状态。在设有移动闭塞或准移动闭塞设备的线路，在信号设备正常时，ATP设备可以保证两车之间保持一定的安全间隔，即由设备实现移动闭塞或准移动闭塞，但在设备发生故障时，通过设备不能准确地定位列车及保持安全行车间隔时，就必须采用电话闭塞法，人工办理闭塞，以保证同一时间、同一区间只有一列车占用。办理闭塞时如不认真确认区间空闲，就有可能向占用区间发出列车，发生严重的行车事故。

（3）不按规定检查确认接发列车进路。不按规定检查确认接发列车进路是造成接发列车事故的重要原因，特别是在无轨道电路的车场或停电、施工等无联锁状态下接发列车，如果不按规定认真检查接发列车进路，极易发生未准备好进路接发列车的行车事故。

（4）不认真核对行车凭证。行车凭证是列车占用区间的依据，非正常情况下办理接发列车时，如果漏填、错填、未交、错交、未拿、错拿行车凭证，轻则耽误列车，影响正常运行，重则造成向占用区间发出列车的严重后果。

（5）错办或未及时办理信号。及时、正确的开放信号是保证行车安全和不间断地接发列车的一项重要工作。信号开放不正确或不及时，会造成列车晚点或机外停车，甚至造成向占用线路接车或向占用区间发车等严重后果。

（6）取消、变更接发列车进路时联络不彻底。车站在办理接发列车时，原则上不许变更接发列车进路，但如果遇特殊情况，例如在接轨车站，出、收车计划产生变化，必须变更发车进路时，应先通知发车人员取消发车后再变更。

## 四、接发列车作业安全事故预防

接发列车作业，从办理闭塞、准备进路到开放信号、交递凭证，直至列车由车站发出或通过，其间任何一个环节的漏洞都可能埋下事故隐患，任何一项作业的差错都往往危及列车安全。因此，日常办理每一趟列车，均须高度重视，认真作业。

目前，国内外城市轨道交通均采用信号系统控制列车运行，监控列车运行安全。列车正常行车时，由信号系统自动控制，信号正常时车站不需要接发列车，只需由车站行车值班员、站台人员完成接发列车安全监控和乘客乘降的服务工作。遇到特殊情况（信号系统出现故障需人工排列进路组织列车运行时或列车退回车站等情况）须接发列车时，应注意以下要求：

### 1. 办理闭塞作业的安全要求

办理列车闭塞是接发列车的首要作业环节，是列车取得区间占用权的重要环节，也是较易发生列车事故的关键环节。

（1）办理闭塞前，必须认真确认区间已空闲。车站值班员在办理闭塞时，为防止向占用区间发出列车，在确认区间空闲时必须认真做好以下工作：

1）检查确认前一列车是否完整到达。在无联锁状态下接车时，车站行车值班员必须监控列车全部到达且听取现场接车人员汇报。现场人员应认真检查列车尾部标志，防止区间遗留有车辆，重点是加强对工程列车的检查。

2）通过闭塞设备确认区间空闲。自动闭塞区段根据控制台上的信号表示灯、轨道区段光带进行确认。半自动闭塞区段根据本站发生闭塞机表示灯确认。电话闭塞根据车站行车日志上列车到达（或出发）的电话记录号码确认（城市轨道交通电话闭塞法行车间隔有“二站二区间”“两站一区间”等方式，但至少需保证“一站一区间”的行车间隔），并与揭挂的标示牌进行核对。

3）检查确认区间是否有列车占用。

4）检查确认区间是否封锁。

5）检查确认区间是否遗留车辆。

6）检查确认区间内设有道岔时，发车进入正线的列车，区间道岔是否正线开通并锁闭。

7）检查确认有关记录情况。

在确认区间空闲时，还要认真核对轻型车辆使用书、行车设备检查登记簿、调度命令等有关记录。

8）检查确认其他占用区间的情况。

（2）办理闭塞时，车次必须准确、清晰。

（3）办理闭塞时，用语必须准确、完整。

现场作业中，有的车站值班员承认闭塞时，仅简化回答“同意”两字而未复诵，未起到与相邻站互控、联控的作用，极易发生错办发车。为此，办理闭塞及承认闭塞时，均须完整按照行车标准用语执行。

### 2. 准备进路作业的安全要求

准备进路是指将列车经由车站所运行的线路安全开通。准备进路是接发列车工作中一项极为重要的作业环节，引起注意的方面主要有：

（1）确认接车线路空闲。车站在准备列车的接车进路或通过进路时，首先必须确认接车（通过）的线路空闲，以防止线路上存有机车、车辆及其他危及列车运行安全的障碍物等。为此，车站值班员和现场作业人员必须对接车（通过）进路线路是否空闲进行检查和确认；设有轨道电路及控制台上设有股道占用标志的，通过控制台对股道是否占用进行确认。

（2）确认接发车进路正确无误。接发进路的正确与否，直接关系列车运行安全。因此，在接发列车作业中，对列车进路的确认极为重要，切不可疏忽。联锁设备正常时，车站可通过信号设备的显示来确认接发车进路；遇到联锁设备停用时，需逐个确认进路上的道岔位置正确并按要求加锁后，方可报告接发车进路准备妥当。

（3）确认影响进路的其他作业已经停止。

3. 办理及交付行车凭证的安全要求

行车凭证是列车占用区间的依据，包括信号机显示、路票、调度命令等。有关作业人员办理行车凭证时必须认真、严谨，注意防止因差错而造成行车事故。

（1）防误操作信号设备。信号是用于指示列车运行的命令。信号正常时，信号机上显示的准许列车运行的各种信号均为列车行车凭证。信号的开放和关闭至关重要。因此，车站值班员、信号员在操作信号设备时，必须全神贯注，精力集中，遵章守纪，严格坚持“眼看、手指、口呼”确认操作制度，确保信号指示准确无误。

（2）防误填写行车凭证。使用路票、调度命令等书面凭证办理行车时，对其使用日期、区间、车次、地点、电话记录号码或调度命令号码等应特别注意。书面凭证填写后，必须逐字逐项复诵，认真进行核对确认无误后，方可交付使用，以防止因填写错误而导致行车事故。

4. 接发列车作业程序及用语要求

为确保接发列车作业的安全稳定，尤其在应急处理中，车站接发列车作业应按规定程序办理，并使用规定用语。随意简化，甚至颠倒或遗漏作业程序及用语，将危及行车安全。

5. 接送列车及指示发车作业的安全要求

接送列车及指示发车直接关系接发列车作业安全。在信号正常的情况下，车站原则上不办理接发列车作业，遇特殊情况（指信号联锁故障需要人工排列进路组织列车运行时，或列车开到区间因故障要退回车站等情况）须接发列车时，车站接发列车人员应严格执行接发列车作业程序。

（1）确认列车整列到达。

（2）严密监视列车运行安全状态。站台岗人员随时注意站台乘客动态，当客车进站时，应站立于站台扶梯口靠近紧急停车按钮附近，防止乘客在关门时冲上车被夹伤，维护站台秩序，监督司机按规范动作关门。发车时，站台岗（或司机）若发现站台或屏蔽门异常，应立即用对讲机通知司机（或站台岗）并及时处理。

（3）确认列车发车条件无误后，方可指示发车。

## 知识点 5　调车作业安全

调车作业是指除列车在正线运行、车站（车厂）到发以外的一切机车、车辆或列车有目的的移动。在调车作业中发生的事故称为调车事故。一般来说，调车作业惯性事故分为撞、脱、挤、溜四种类型，即冲突、脱轨、挤岔、机车车辆溜逸。

## 一、调车作业事故的常见原因

（1）调车作业计划不清或传达不彻底。调车作业计划是信号员、调车组等调车作业相关人员统一的行动计划，如果调车作业计划本身不清晰，造成调车进路排错，机车车辆进入异线，或调车作业传达不彻底，造成信号员及调车司机行动不一致，极易发生事故。

（2）作业前检查不彻底，准备不充分。调车作业前，必须按规定提前排风，摘解风管（工程列车），核对计划，确认进路，检查线路、道岔和停留车辆情况，手闸制动时要选闸、试闸，铁鞋制动时要准备足够、良好的铁鞋。

（3）误排进路或未扳、错扳、临时扳动道岔或错误转动道岔。信号员误排进路或错扳、临时扳动或错误转动道岔，调车员和司机不认真确认信号机及道岔位置，极易造成冲突、脱轨和挤岔事故。

（4）调车手信号显示不标准。调车手信号显示不标准有三种情况：一是未按规定的要求显示信号；二是错过了显示信号的时机；三是错误的显示信号。上述情况都可导致事故的发生。

（5）前端无人引导推进运行或推进车辆不试控。推进作业时，前端无人引导，由于调车司机无法确认线路和停留车情况，极易造成撞车和挤岔事故。推进车辆不试拉，一旦车辆中有假连接，制动或停车时车辆脱钩发生溜逸，也容易发生撞车、脱轨、挤岔和溜逸等事故。

（6）没按规定采取防溜措施。调车作业在线路上停放车辆时，如不按规定采取防溜措施，极易发生车辆溜逸事故，一旦车辆溜入区间，后果不堪设想。

## 二、调车作业安全的基本要求

### 1. 调车作业指挥及各岗位的作业要求

（1）车厂调车工作由车厂调度员集中领导、由调车长统一指挥，车厂值班员负责接发列车进路和调车作业进路控制，调车作业人员应按相关标准和调车作业计划单执行。

（2）车厂调度员应根据机车车辆（包括客车，下同）、线路、设备检修计划和现场作业情况，科学、合理地编制调车作业计划，组织调车人员安全、及时地完成调车任务。

（3）调车作业由调车长统一指挥，根据调车作业计划单，正确、及时地显示信号，指挥调车司机，并注意行车安全。

（4）调车司机应根据调车长的信号准确、平稳地操纵机车，时刻注意确认信号，不间断进行瞭望，正确、及时地执行信号显示的要求，负责调车作业安全。

（5）车厂信号员根据调车作业计划单和现场作业情况、机车车辆停放股道，正确、及时地排列调车进路、开放调车信号，做到随时监控机车车辆运行，“唱一钩、干一钩、划一钩”。

### 2. 编制和布置调车作业计划的基本要求

（1）编制调车作业计划。编制计划必须在确保安全的前提下，充分考虑调车效率，做到有调车机车名称，有编解或摘挂车次，有作业计划起止时间，有编制人员姓名、日期。一批作业超过 3 钩或变更计划超过 3 钩，应使用调车作业通知单。

（2）布置调车作业。调车作业计划要正确、及时布置。调车领导人要将调车作业计划亲自传达给调车长（员），调车长（员）亲自传达给参加调车作业的司机。调车长（员）必须确认有关人员均已了解调车作业计划后方可开始作业。

（3）变更调车作业计划。变更计划时，调车领导人必须停止调车作业，将变更内容重新传达给每一名作业人员，确认无误后方可作业。

3. 调车作业前准备工作的基本要求

认真检查线路、道岔、停留车情况：一是检查进行调车作业的线路上有无障碍物；二是检查停留车位置；三是检查防溜措施；四是检查确认道岔开通位置；五是检查“道沿”距离，检查确认无误后方可作业。

4. 调车作业显示信号的基本要求

目前有部分城市轨道交通企业在车厂内调车作业和正线工程车推进运行时已采用无线调车电台进行现场指挥。正常情况下，使用无线调车电台指挥调车作业及进行调车作业人员相互的联系，但在该设备发生故障时，则改用手信号指挥调车作业。因此，调车作业人员不但要熟悉信号显示内容，还必须熟练掌握显示方法。显示信号时，应严肃认真，做到位置适当，正确及时，横平竖直，灯正圈圆，角度准确，段落清晰。

（1）正确显示信号的位置。调车员应站在易于瞭望，能确认前方进路，又能使司机看见信号的位置上显示信号。

（2）正确显示连挂信号。在推进车辆连挂作业时，为了使司机及时了解调车车辆与停留车之间的距离，调车员应显示连挂信号和距离信号，以做到平稳连挂。没有显示连挂信号和距离信号不允许挂车。调车员显示信号后，没有听到司机鸣示回示信号时，要立即显示停车信号。机车、车组接近被连挂车辆不少于1m时一度停车，确认车钩位置正确后再连挂。确认连挂好后，推动车辆前应指挥司机进行试拉。

5. 调车运行安全的基本要求

（1）调车作业四禁止：设备或障碍物侵入线路设备限界时，禁止调车作业；禁止提活钩，溜放调车作业；客车转向架液压减振器被拆除且空气弹簧无气时，禁止调车作业；禁止两组车组或列车同时在同一条股道上相对移动。

（2）车厂值班员正确、及时地排列调车进路、开放调车信号，做到随时监控机车车辆运行。调车作业中，司机与车厂值班员保持联系，严格执行呼唤应答制度。

（3）调车作业中司机要准确掌握速度，在瞭望条件差、天气不良等非常情况下应适当降低速度。

（4）在尽头线上调车时，距线路终端应有10m安全距离，遇特殊情况需小于10m时，应与司机联系，严格控制速度并采取防溜措施。

（5）在机车、车辆移动中，作业人员禁止有下列行为：在平板车的侧板或端板、支架上坐立；站在车梯上探身过远；在装载易于窜动货物的车辆间和货物空隙间站立或坐卧；骑坐车帮，跨越车辆；进入线路内摘挡或调整钩位；在机车前后端坐立。

6. 车辆停留、防溜及止轮器存放的规定

（1）连接线、牵出线、洗车线、走行线（接发列车时除外）、试车线、咽喉道岔区禁止停放机车车辆。在其他线路存放车辆时，应经车厂调度员同意方可占用。机车车辆应停在线路两端信号机内一侧。

（2）工程机车、轨道车停放在带电区时，应在上车顶扶梯处悬挂“高压电，禁止爬上”标志牌。

(3) 调车作业，应做到摘车时先做好防溜（电客车应恢复气制动和停车制动，工程车拧紧手闸，必要时放置铁鞋）后再摘车；挂车前应首先检查防溜措施状况，确认无误后才能挂车，挂妥后再撤除防溜。

(4) 铁鞋应统一放置于机车车辆一侧的车轮下，撤除防溜后，铁鞋应及时放归原位。

## 知识点 6 车辆段作业安全关键点控制

(1) 防止碰触高压电。按规定的安全线路行走，从指定的登车平台处上下车；作业前确认接触轨带电显示灯显示状态和本线、相邻两线路的隔离开关状态显示；必须在地面划定的线路内行走，禁止跨越黄线，并保持与接触轨有足够的安全距离；禁止任何人靠近移动的电客车，禁止越线行走；禁止横跨、踩踏接触轨，任何时候禁止触摸接触轨、电客车的高压带电部件。正常情况下，禁止在电客车未对好登车平台位置时上下电客车；禁止未对好电客车集电靴时停车；未办理好停电作业前，禁止对电客车进行车下部件的检查作业；处理车下部件故障需要接触或靠近带高压电设备时，必须在办理停电手续并做好安全防护措施后才能进行。进入车辆段运用、检修库，必须穿规定的绝缘鞋，特殊作业必须穿戴好绝缘靴和绝缘手套。

(2) 防止未确认信号、误认信号动车。动车前与信号楼进行联系。操纵司机打开司机室侧门与监控司机同时手指口呼信号显示正确后再动车。进出场作业或在车场内调车运行，必须执行在进路信号和道岔前 10～20m 逐个信号道岔手指呼唤确认制度。

(3) 防止电客车场内超速运行造成脱轨。在进场信号机前经过转换轨时必须转换为 RM 模式。库内作业后确认信号屏显示当前模式为 RM 模式才能动车。车辆段线路运行最高不得超过 25km/h。

(4) 防止未确认进路动车造成进入无电区。联系信号楼，明确进路，动车前必须执行手指确认信号、道岔、进路情况。运行中距离前方信号机 10～20m 内手指确认、呼唤进路上的道岔和信号机显示状态。进场时在进场信号机前停车后，未联系到信号楼确认进路和股道时，禁止盲目进场。

(5) 防止客车司机洗车作业时，不清楚调车进路及相关安全注意事项。司机与运用调度员或信号楼值班员复诵调车进路及安全注意事项时，必须得到对方确认复述正确的通知后才能执行计划。

(6) 防止试车线调试作业时，设备或异物侵限。进入试车线的第一趟或调试作业中途超过 2h 后需要重新调试时，必须限速 10km/h 进行线路出清检查。禁止任何人在试车线中间下车。

(7) 防止试车线调试，发生触电事故。任何情况下，严禁任何人在试车线擅自下线路。因需要下线路时须向车场调度办理并确认接触轨已停电并经现场调试负责人同意，由现场安全负责人监视在非接触轨侧下车。所有人员必须在固定地点上下车，下车后立即离开调试区域。上车前，提前联系调试负责人，由调试负责人负责安排上车作业。试车线原则上实行封闭管理，因部分区域停电不能驾驶电客车进出试车线时，必须由现场调试负责人统一组织调试人员由车辆部规定的安全线路进出该区域。并在行走时遵守“横跨线路，与接触轨保持安全距离，时刻注意前后来车”的安全原则。

（8）防止作业计划不清。出勤明确作业计划，车辆停放股道、车辆状态、客车条件、铁鞋防溜设置情况并进行复诵。严格执行调车作业过程中“唱一钩，干一钩，划一钩”的制度。接调车计划进入车场后，必须两人在通道处先手指确认股道号码牌，才能通过安全线路进入该线路的登车平台。

（9）防止未确认防溜设施撤除。运用调度员接到作业计划或出库通知后，必须先从列车存放示意图板上确认防溜设施及其他影响运行的情况，出勤时必须向司机口头传达清楚。司机进入股道登车平台上车前，必须先检查车列轮轨状态，确认防溜设施撤除和车列周围无影响本列调车作业安全的情况。第一次动车时，必须在速度 5km 以下将牵引手柄回零，观察车辆惯性运行无阻碍后再加速。

（10）防止误认左侧信号、未确认信号盲目动车造成挤岔。

（11）防止司机误入股道上错车。司机出勤或接调车计划时，必须先核对计划与车辆存放股道线路示意图标识一致。登车前司机必须手持计划，核对股道号和车组号。出库整备司机在作业及动车前，与信号楼联控时，必须准确呼唤本线股道号和车组号（三位）。动车前司机必须先与信号楼值班员进行“××道/××线进路好，信号开放”的联控后，才能确认信号动车作业。

（12）防止电客车误闯无电区。

（13）防止进路错误。动车前与信号楼联控，明确进路，并执行开门手指确认信号，动车后执行逐个呼唤确认进路、道岔和信号。进场时联系不到信号楼，必须在进场信号机前停车，待联系好后再进场。

（14）防止车场内挤岔掉道。在车场内运行停车后，必须按照轨道电路不良地段的联控办法与车场信号值班员进行停车位置联控。未得到信号值班员的进路开通的通知，不得擅自动车。按照调车进路办理的场内行车进路，司机必须了解清楚进路起点和终点，运行中必须逐架信号确认，严禁闯过关闭的信号机。列车头部越过平交道口时，必须一度停车确认并按照不超过 10km/h 的速度越过道口。

## 知识点 7 行车事故案例分析

**案例 1 未确认信号机和道岔造成挤岔**

1. 事故概况

某日，一列车在洗车线进行洗车，洗车完毕，司机和副司机未与车厂信号楼值班员联系，未确认进厂信号机，也未确认道岔，擅自动车（当时速度为 15km/h），将车厂 4 号交分道岔挤坏。信号楼值班员听到挤岔警示后，立即用电台呼叫司机停车，司机紧急停车，列车在超过 4 号岔尖轨 28～30m 时停稳，造成了挤岔。

2. 原因分析

（1）司机、副司机安全意识不强，动车前未确认信号、进路、道岔，又未与车厂信号楼的信号值班员联系，是造成这起事故的主要原因。

（2）当值司机、副司机简化作业程序，未认真执行呼唤应答制度。

3. 防范措施

（1）强调“安全第一”的指导思想，各工种密切配合，加强联系。如列车进、出车厂前，司机须与信号值班员联系，确认信号、进路、道岔后方可动车。

(2) 司机驾驶中及动车前的呼唤应答不能流于形式，要落到实处。

(3) 各级人员继续认真检查、监督规章制度落实情况，保证规章制度得到认真执行。

(4) 车厂派班员向司机安排作业计划时，同时布置安全注意事项。

**案例2　速度过快导致列车撞击车挡**

1. 事故概况

某日，一列车在试车线北端停稳后，报告信号楼要求开始调试作业。信号楼封锁试车线后，回复司机“试车线封锁，司机可以进行调试作业”，列车开始调试作业。

列车从北往南进行第一次调试，在制动工况下车组偶尔出现“空转滑行”现象，其他无异常。到达试车线南端停车换端，司机以人工模式从南往北动车，到试车线北端停车点停车。

司机采用人工模式由北往南驾驶，在制动工况下车组也偶尔出现“空转滑行”现象，其他无异常。列车停稳换端后，司机接到车厂调度的通知如果列车无故障就可以回库。司机按其指示执行，准备驾驶车组到试车线北端后结束调试申请回库（在以上行车中司机均未按要求在“一度停车”标前停车再动车）。

司机以人工模式由南向北动车，没有按要求在“一度停车”标前停车。车辆进入北端最后一个轨道区段时，由于速度过高，虽然采取了紧急制动措施，车辆仍然撞击到北端摩擦式车挡，撞毁尽头的混凝土车挡，司机立即报告车厂调度及信号楼。

2. 原因分析

(1) 司机严重违反了调试、试验有关安全规定，是造成本次事故的直接原因。

(2) 主办部门没有明确调试的内容和要求，没有安排人员跟车指挥调试，对试车工作预想不足，是造成本次事故的原因之一。

(3) 司机在本次调试过程中没有按要求在“一度停车”标前停车，是导致本次事故的原因之一。

(4) 列车在试车线运行过程中多次出现“空转滑行”现象，由于司机经验不足，未能给予高度的警觉，并及时采取相应措施，是导致本次事故的原因之一。

3. 防范措施

(1) 完善试车线使用人工模式驾驶调试的规章制度，调试时要加派一名监控员进行监控。

(2) 列车上试车线，主办部门必须派人跟车。试车线两端停车标前要预留 70m 的停车距离。

(3) 对所有车挡的技术状态进行检查，确保车挡的功能良好。

(4) 在雨季和异常气候条件下，加强线路、信号、接触网的巡视，保证设备正常交付使用。

**案例3　线路未出清，工程车压地线**

1. 事故概况

某日，一工程车作业结束，返回某车站上行站台。3：10 时行车调度通过调度电话联系各站，逐站检查上行线路出清情况及防护撤除情况，各站依次回报上行线路已出清、防护已撤除，行车调度随即通知车站排列工程车上行反方向回车厂进路。3：12 时行车调度通知工程车凭地面信号动车。3：24 时值班主任从洗手间回到中控室，当时工程车已运行两个区间。值班主任询问行车调度上行线地线是否已经拆除，行车调度意识到地线还没有拆除，立刻使用无线调度电话通知工程车立即停车待令。3：27 时行车调度询问工程车司机运行线路是否有异常，司机刚使用无线电台答复“线路没有异常”，就发现有两名供电人员从变电房开门出来，对地线进行检查，随后司机打开车门，发现离车站头端墙 20m 处有一组地线，地线已在机车中部，附近没有红闪灯防护。

2. 原因分析

（1）当班行车调度工作责任心不强，安全意识淡薄，未与电力调度核对并在登记本上标记地线位置，在未拆除地线的情况下，排列了工程车回厂进路，并盲目指挥司机动车，是造成本次事故的主要原因。

（2）当班值班主任工作责任心不强、安全意识淡薄，对当晚施工组织和行车作业安全预想不到位、安全监控不到位，未能发现当晚施工组织和工程车开行存在的安全隐患，是造成本次事故的原因之一。

（3）当班电力调度未掌握当晚现场地线具体位置，也未与行车调度核对地线所挂位置，没有做到“自控、互控、他控”。

3. 防范措施

（1）电力调度在收到工班负责人挂地线作业完成的报告后，须与工班负责人核对地线的数量、位置和挂拆时间，在确认后通知行车调度，行车调度在施工作业登记本中对地线位置进行记录。排列进路时，必须检查确认进路上的地线已拆除。

（2）行车调度与电力调度确认挂地线的位置后，应在相应轨道区段设置“封锁区段道岔”命令，作为行车调度在准备工程车回厂进路时的防护。建立施工作业流程表，以卡片的形式规范施工作业进程，防止行车调度在施工作业过程中忘记某个步骤。

（3）每个调度班组在上中班时，对第二天夜班的施工计划进行审核，对工程车开行、停电区域、拆挂地线的地点要有一个全盘的了解。夜班交接班会时，值班主任要对重点的施工进行布置，各调度之间要沟通好，做好班前安全预想，保证施工安全顺利地进行。

**案例 4　未确认信号机列车闯红灯**

1. 事故概况

某日，一列车于 16：19 时进站停稳。接车副司机操作站台 PSL 打开屏蔽门，接车司机则打开司机室侧门进入司机室与到达司机交接。待乘客上下完毕后，副司机关屏蔽门，司机通知交班司机关客室门，副司机关好屏蔽门后进司机室开主控钥匙，此时对讲机传来“交班司机已下车”，司机复诵后，副司机立即坐到主控台的驾驶座位上打开主控钥匙，没有确认前方信号机，就将方向手柄推向前位，接着推牵引手柄动车。动车后发现列车走向不是直向而是侧向，司机和副司机意识到闯了出站信号机显示的红灯，进错了股道，便立即停车。列车在超过前方信号、压道岔约 10m 后停车。司机没有把情况汇报车站，而将方向手柄打到“后”位，退行超过信号机后进入站内停车。

2. 原因分析

（1）该机车班组责任心不强，动车前精力不集中，没有确认信号就盲目动车。司机、副司机没有严格执行标准化作业程序和呼唤应答制度，司机没有对副司机进行认真监控进而在作业中失控，没有凭进路防护信号机的信号显示行车，导致事故发生。

（2）人员管理问题。当值司机是刚从 1 号线调到 2 号线的第二个班，对 2 号线来说也是新司机，到事发时 9 天时间换了 3 名司机。司机、副司机相互之间了解不够，使两个新司机配班不妥当。

（3）排班上的问题。该机车班组在 17：55 时至次日 0：28 时上了一个班；接着在次日 10：10 时至 18：05 时上第二个班，在第二个班第五个往返时在车站发生冒进信号事故（当天的交路表是跑 7 个往返共 8.3h，司机出勤前的休息不充分）。

3. 防范措施

（1）加强对客车司机工作责任心的教育，严格履行岗位职责和执行标准化作业程序，动车前和客车运行中要认真确认道岔、进路和信号，严格按信号显示行车。

（2）司机应认真执行在信号开放后再关闭客室门的作业程序。

（3）在行车工作中，各岗位员工必须严格执行呼唤应答制度和车务安全联控措施，做到信号不清不动车，未经确认不动车。

（4）科学合理地安排作业人员的班次、人员之间的搭配，防止行车作业人员出现过度疲劳现象和人为事故的发生。

**实作模块**

## 任务 1　接发列车作业事故案例分析

1. 任务描述

某日，某市地铁电工在 10 号线 C 站进行电缆孔洞封堵作业时，造成 A 站至 C 站准移动闭塞信号系统失电，进而造成 OCC 的 HMI 与车控室 LOW 工作站上 A-C 联锁区出现红光带故障。此时，AM 模式驾驶的 1016 号列车在 A 站下行出站后显示无速度码，行车调度员命令 1016 号列车以手动限速（RMF）方式凭地面信号向老西门站运行。14 时，1016 号列车在 A 站至 B 站区间遇红灯停车，行车调度员命令停车待命。14 时 08 分，行车调度员在 A 站与 B 站区间有车占用的情况下，发布电话闭塞调度命令。14 时 35 分，1005 号列车从 A 站发车。14 时 37 分，1005 号列车以 54km/h 的速度行进到 A 站至 B 站区间弯道时，发现前方有列车停留，随即采取制动措施，但由于惯性仍以 35km/h 的速度与 1016 号列车发生追尾碰撞，见图 8-1。

图 8-1　列车追尾示意图

分析上述事故的类型、原因及预防措施。

2. 相关资料及资源

（1）教材。

（2）教学课件。

3. 任务实施说明

（1）学生分组，每 5～8 人为一小组。

（2）小组进行任务分析。

（3）小组成员共同完成任务。

（4）展示成果，进行讲解演练。

4. 效果评价

采用学生自评 50%＋组内互评 20%＋组间评价 30%的形式。

## 任务 2 屏蔽门夹人死亡事故案例分析

1. 任务描述

某日客流早高峰时段，某市地铁车站因一女子黄某强行上车，结果被夹在车门与屏蔽门之间。司机在仅确认车载信号的情形下就进行了动车，站务员虽按压了紧急停车按钮，但停车不及时，黄某被夹后坠入轨行区死亡。

分析上述事故发生的原因、各岗位人员的责任及预防措施。

2. 相关资料及资源

（1）教材。

（2）教学课件。

3. 任务实施说明

（1）学生分组，每 5～8 人为一小组。

（2）小组进行任务分析。

（3）小组成员共同完成任务。

（4）展示成果，进行讲解演练。

4. 效果评价

采用学生自评 50%＋组内互评 20%＋组间评价 30%的形式。

### 应知应会

1. 下达调度命令时如何才能保证安全？
2. 简述列车驾驶员站台作业安全准则。
3. 简述列车驾驶员折返作业安全准则。
4. 说明接发列车作业惯性事故的种类、原因。
5. 说明接发列车作业惯性事故的预防措施。
6. 说明调车作业安全的基本要求。
7. 简述车辆段作业安全控制关键点。

# 项目九

# 城市轨道交通运营施工安全事故预防

施工安全对城市轨道交通运营安全有着重要的影响。做好施工安全工作，确保行车设备、设施维修保养符合技术要求，发生事故后及时进行抢修施工，是保证城市轨道交通顺利运营的保障手段之一。

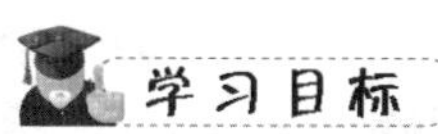


| 知识目标 | 技能目标 | 思政目标 |
|---|---|---|
| 1. 掌握施工作业组织流程；<br>2. 熟悉接触轨停电挂拆地线作业安全要求；<br>3. 熟悉线路巡检作业安全要求；<br>4. 熟悉抢修作业安全要求；<br>5. 掌握正线调试、试验的安全措施 | 1. 会进行施工作业安全防护；<br>2. 会安全进行接触轨停电挂拆地线作业；<br>3. 会安全进行线路巡检作业；<br>4. 会对抢修作业进行安全监控 | 1. 培养学生处理问题时的系统思维；<br>2. 培养学生团结协作、精益求精的工作作风；<br>3. 培养学生责任意识 |

## 理论模块

扫一扫

思政小故事

## 知识点  施工作业安全

为了加强施工安全管理，提高维修、施工的效率和质量，协调各单位的工作，需成立有效的施工管理组织，加强对维修、施工作业的管理、施工方案审核、施工人员安全培训；施工工作分析及总结等。

### 一、施工计划的制定

1. 施工计划分类

按计划的时间进行划分，施工计划可分为周计划、日计划、临时抢修计划；按计划的施工作业地点和性质不同划分，施工计划可分为影响正线的施工、车场范围内不影响行车的施工，车场范围内的施工等。

2. 施工计划申报程序

（1）外单位施工负责人须接受培训后才能申请在城市轨道施工作业中担任负责人，施工作业编制部门与外单位施工负责人签订安全协议。

（2）施工单位、内部相关部门应按规定时间向施工计划编制部门提报计划，施工计划编制部门平衡协调后发相关部门执行。

（3）施工单位、内部相关部门应填写施工计划申报表，其中包括作业日期、作业部门、作业时间、作业区域、作业内容、供电安排、申报人、防护措施、备注（列车编组、配合部门及详细配合要求、联系电话等）。

3. 施工计划的编制

（1）计划编制原则。

1）在确保安全的前提下，考虑均衡安排，避免集中作业。

2）处理好列车的开行时间和密度、施工封锁等几方面的关系，避免抢时、争点现象。

3）经济、合理地使用机车车辆，避免浪费资源。

（2）施工进场作业令。

1）凡进行计划施工，都必须领取施工进场作业令，以此作为请点施工凭证。

2）施工计划编制部门负责施工进场作业令的管理工作。

**二、施工安全管理**

1. 施工责任人制度

每项施工作业需设立一名施工负责人，辅站另设施工责任人，两者须经过培训后取得安全证书，并实行持证上岗制度。

（1）施工负责人/施工责任人职责。

1）负责作业人员/设备的管理。

2）办理请/销点手续。

3）作业过程的组织指挥。

4）及时与车站、车厂联系作业有关事项。

5）组织设置/撤销作业安全防护设施。

6）出清作业区域/设备状态恢复正常。

（2）施工负责人/施工责任人任职条件。

1）熟知行车规章制度及有关规定。

2）熟悉该项作业的性质、内容、方法、步骤、要求等。

3）具备与该项作业相关的安全知识和技能。

4）经过培训并考试合格、取得相关资格证书。

2. 施工防护要求

（1）接触网停电检修或需接触网停电配合挂地线时，在该作业地段两端挂接地线。

（2）站内或站间线路施工时，需在施工区域两端轨道上设置红闪灯防护。

（3）在折返线、存车线、联络线上施工时，须在作业区域的可能来车方向处放置红闪灯防护。

（4）车站值班人员到站台检查红闪灯是否按规定摆放，并监督红闪灯状态是否良好。

（5）施工作业时除严格执行以上规定外，还要按施工部门有关施工操作程序的防护规定执行。

（6）凡在运营时间内进行作业的，均须做好防护措施，确保城市轨道交通乘客的安全，最大限度减少对乘客的影响。

3. 现场施工要求

（1）人、工程车在同一区域作业时，由施工负责人与车长根据现场情况协调。

1）按施工前进方向，列车在前，人员在后，原则上不得颠倒或列车运行前后皆有作业人员。

2）非随车施工人员与列车应有一定的安全间隔，原则上列车不得随便后退，如有需要动车时，须施工负责人和车长协商后才能动车，确保人身安全。

3）作业人员应在现场作业区的来车方向设置红闪灯防护。

（2）组织工程车运行时，在工程车运行的到达站前方必须保证至少有一个站间区间空闲。

（3）在开行工程车进行作业的封锁作业区前后方必须保证至少有一个站台区或站间区间空闲。

（4）在开行高速调试列车的封锁作业区前后方必须保证至少有一个站间区间空闲。

（5）凡在线路施工的施工作业人员必须按要求穿荧光衣，并根据作业性质要求使用其他安全防护用品。

（6）施工作业过程中如要进行动火作业，必须事前办理有关动火手续，严禁在未办理动火手续的情况下进行动火作业。

（7）外单位施工由主办部门或主配合部门负责安全管理、安全监督。

（8）各施工单位、部门在申报施工计划时应严格按照相关规定，结合施工作业过程中的实际情况，提出安全防护要求和配合要求。在施工作业过程中，施工单位、部门应严格遵守安全规定和施工进场作业令中的要求。

## 三、施工组织

1. 施工时间的安排

（1）如有工程车运行时，须等工程车过后才能开始施工。

（2）严格按照施工计划按时完成施工作业。

（3）每日尾班车离开车站后，可由车站根据施工登记表向行车调度预请点。

（4）车厂内施工（作业）时间安排严格按照施工计划的要求执行，车厂调度、维修调度、派班员应根据当日施工计划提前做好线路空闲、车辆和司机配合准备。

2. 施工的组织

（1）各施工单位及部门的施工、检查作业，必须严格控制作业区范围及作业时间，并加强对施工负责人（责任人）的安全资格管理。

1）外单位施工负责人（责任人）须持安全资格相关证件后，方可在城市轨道交通范围内进行施工。

2）施工负责人持安全资格相关证件，方有资格申请城市轨道交通施工。

3）持有安全资格相关证件的施工负责人，向施工计划编制部门申报施工计划。

4）以主办部门或主配合部门名义申报的外单位作业，由外单位人员担任施工负责人，主办部门或主配合部门协助办理请销点。

（2）施工人员进出站规定。

1）施工负责人持作业令在作业令规定的施工开始时间前到达主站；施工责任人及维修人员在作业令规定的施工开始时间前到达辅站和相关车站；按规定程序办理施工作业手续。

2）向内部相关部门配发车站紧急出入口的钥匙。施工人员遇特殊情况需在收车后到达车站的，施工负责人到内部相关部门申请领取车站出入口钥匙，经各站指定的紧急出入口进出车站，及时将出入口上锁。

3）外单位的施工人员进出车站须提前与车站当值人员联系，并于关站前进站。特殊情况确需关站后进入的应事先与车站预约，车站根据预约地点、时间，查验手续后开门放行。

（3）施工组织规定。

1）每日运营结束后，维修部门按计划对各设备系统进行检修作业，并应于规定时间内完成运行线路巡道和施工线路出清程序。

2）在正线及辅助线施工开始前，施工负责人应进行施工登记，经行车调度批准、发布封锁命令。车站签认后，通知施工负责人设置防护信号，并送维修施工人员到站台端墙，确保施工人员进入正确的施工区域。

3）对维修、调试、施工等作业按性质、地点分别组织：涉及正线的施工作业须经行车调度批准方可进行；涉及车厂内的施工作业须经车厂调度员同意方可进行，如影响正线行车须报行车调度批准；涉及车站的施工作业须经车站批准方可施工。

4）在两站之间作业需要开行工程车时，由行车调度指定的车站值班员负责掌握施工情况，监督施工安全。

5）施工结束后，施工负责人负责线路出清、人员撤离现场，经检查确认撤除防护后，办理注销施工登记手续，车站报告行车调度取消封锁线路的命令。

6）需由多个车站进入施工的作业项目，施工负责人除到主站办理外，还需核实辅站情况。辅站施工责任人在作业令规定的施工开始时间前到达辅站办理登记手续，辅站值班员向主站值班员核实施工事项并请点。主站接到行车调度允许施工的命令后，传达给施工负责人及辅站，辅站值班员允许施工责任人开始该作业点的施工。

7）当多站销点时，辅站施工责任人负责本线路出清并报施工负责人后，在辅站销点；辅站值班员向主站值班员销点；施工负责人负责该项作业区域全部出清后，方可报主站值班员销点，主站值班员向行车调度销点。

8）有外单位作业时，由指定的施工主办部门或主配合部门人员协助办理请点后，方可开始作业。

**四、工程车开行**

1. 行车调度统一指挥

行车调度负责统一指挥工程车开行，在进行作业安排时，有关人员应注意以下几点：

（1）安排工程车作业时，必须严格按照划分的区域安排作业。

（2）工程车离开作业区返回时，车长、司机负责观察工程车返车厂途中的前方路线出清情况，保证车上物品及部件不掉落，工程车在回库前向行车调度汇报。

（3）工程车进路排列由行车调度负责，行车调度在指挥工程车运行时要严格确认工程车运行前后有无施工作业。

（4）封锁区域工程车运行由施工负责人负责指挥。

（5）涉及接触网停电挂地线且需工程车配合的作业时，工程车到达作业区后，行车调度同意后才可挂地线；作业完毕，拆除地线，得到行车调度命令后司机方可动车回厂。

2. 工程车开行

（1）在工程车出车厂前，工程车司机要与行车调度试验无线电台的性能；工程车在运行中，司机和车长要加强与行车调度的联系（如联系不上时通过车站转达），掌握列车运行计划，确认进路。

（2）工程车在进站、出站、运行至曲线前、站内或区间动车前，按规定鸣笛示警。

（3）工程车在车站装卸物料时，物料必须整齐、稳固地堆放在距站台边缘安全限界以外的地方，车站要负责监控，查看是否有物品侵限。

3. 正线发生各类设备故障或事故时工程车、救援列车进出封锁区间的组织

（1）维修调度负责向行车调度提出使用工程车的计划（人数、设备、地点和数量），由行车调度向车厂调度员发布调车指令。

（2）车厂调度员按行车调度的要求组织工程车开行到车厂内指定地点。

（3）抢修工作执行部门原则上在工程车到达后 10min 内完成装载设备、物品等工作，并安排跟车人员上车。

（4）行车调度负责组织工程车或救援列车从车厂至封锁区间两端关系站的运行，在封锁区间两端关系站把工程车或救援列车交给维修调度，并命令该站向工程车或救援列车交付封锁命令。

（5）维修调度负责通知现场指挥指派一名联络员登乘工程车或救援列车驾驶室，将进入区间的计划交给车长，由车长引导进入封锁区间，并按计划指挥动车。

（6）如封锁区间内有道岔、辅助线时，由车长与车站联系调车进路计划，车站排好进路后通知车长，由车长指挥动车。

## 知识点 2　接触轨停电挂拆地线作业安全

（1）所有进入线路（包括在接触轨上或其带电体附近）的作业，施工作业部门或单位都应根据作业性质、作业时间以及相关规定，在提报计划时应明确说明“需停电并挂地线”“需停电但不需挂地线”或“必须带电”。

（2）需接触轨停电的施工作业，由电调负责相关作业区域的接触轨停电，由供电室人员在作业区域两端挂接地线，并设置红闪灯防护。

（3）需供电室人员配合挂地线进行防护的作业，施工负责人作业前需与供电室工班施工负责人联系，确认接地线是否挂好并确认接地线的位置，严格在接地线防护区域内作业，作业完成后，须及时通知供电室工班施工负责人，并及时销点。

（4）正线需接触轨停电并挂地线配合作业时，按以下程序执行：

1）线路出清后，行调通知电调组织停电；

2）行调接到电调已停电的通知，向车站发布停电通知，并通知电调指定区域可以挂地线；

3）供电室人员接到电调挂地线的通知后，到车站进行挂接地线；

4）地线挂好后，供电室人员通知电调接触轨地线已挂好；

5）电调通知行调该区域接触轨地线已挂好；

6）行调即时通知车站接触轨地线已挂好，允许该区域施工；

7）车站接到行调的通知后，即可办理相关施工的请点手续，并根据行调的批准时刻开始同意施工；

8）施工结束后，施工负责人向车站申请销点，车站报行调销点；

9）行调确认作业销点后，通知电调可以拆除地线；

10）电调通知供电室人员到车站拆除地线；

11）地线拆除完毕后通知电调，电调核实地线已拆除后，通知行调地线拆除情况；

12）行调根据实际情况，通知电调进行该区域接触轨送电；

13）电调根据行调的要求进行组织送电。

（5）车场需接触轨停电并挂地线配合作业时，按以下程序执行：

1）施工负责人到DCC值班主任处申请接触轨或供电分区停电作业；

2）DCC值班主任确认可以停电后，由DCC值班主任向电调申请接触轨停电；

3）电调对申请停电区域进行停电，停电完毕后通知DCC值班主任；

4）DCC值班主任接到电调停电通知后，车辆段库内（如静调库、停车线、列检线、检查线）的接触轨需挂拆地线由DCC值班主任组织，其他接触轨需挂地线由电调组织供电室人员进行挂拆地线；

5）DCC值班主任在所需施工区域接触轨地线挂好后，批准相关作业。

## 知识点 3 线路巡检作业安全

（1）巡检管理部门应根据施工计划安排做好巡检计划，编制线路巡回图，巡回图规定起止日期、巡道时间、巡回路线、起止区段、重点巡查部位、交接班要求等内容。

（2）线路巡检的主要工作是轨道设备巡检、线路小补修和处理侵限障碍物等。

（3）发现问题的处理。线路巡检人员发现线路、设备故障时，能消除的应立即消除，消除不了的应及时汇报维修调度通知相关人员进行处理。若故障危及行车安全，应积极采取措施进行处理，不能马上处理的，应设置防护并立即通过区间电话或其他通信工具报告OCC或车站，说明危险程度及需处理的时间。

（4）车辆段工班负责车辆段内车场线的巡检。巡检时间一般安排在白天，车场线巡检由车场值班主任负责审批。

（5）进入区间前应确认接触轨已经停电。

（6）应按巡回图规定的路线登记请点及销点，做到全面查看、重点检查。

（7）应穿绝缘鞋、防护服装，携带必备的工具、材料、备品。

（8）应在轨道中心行走。

（9）巡视线路时，行走方向应与列车运行方向相反。

## 知识点 4 抢修作业安全

（1）进入区间线路进行抢修时，车站应密切配合抢修作业，加强与行调联系，了解抢修情况及配合需求。

(2) 若行车未中断，进入线路前，抢修人员须先到车控室办理有关手续，在得到行调批准，并停止接触轨供电及落实安全防护措施后，方可进入。

(3) 若行车中断，车站根据行调指示在站台设立“故障/事故处理点”等候抢修人员，抢修作业负责人可不到车控室办理手续，但站务人员须对进出线路的人数进行清点、核实，抢修作业完毕后，抢修作业负责人到车控室补办请点手续并办理销点手续。

(4) 除抢修人员外，其他人员若需进入线路，必须到车控室登记，车控室与抢修作业负责人联系，征得同意后准许其进入线路。

(5) 进入正线、辅助线抢修的安全措施：

1) 需得到行调批准并停止接触轨供电，落实相关安全防护措施后，方可进行；

2) 行调把列车扣停在后方站（相对于列车运行方向）；

3) 值班站长（行车值班员）在 IBP 控制盘上使用紧急停车按钮对相关轨道区段进行施工安全防护，并通知行调和站台保安；

4) 抢修作业负责人或由抢修作业负责人指派的人员按规定设置红闪灯进行防护；

5) 抢修人员进入轨道时，应通过站台端墙的上下轨道楼梯进出，站台岗人员要监督施工作业人员进入作业区域是否正确。

## 知识点 5 调试、试验安全

### 一、调试、试验计划申报与实施管理

(1) 对正线范围内的调试、试验，在调试、试验过程中，行车调度与调试、试验负责人必须加强联系，行车调度有权向调试、试验负责人了解调试、试验进行情况，调试、试验负责人有责任向行车调度通报调试、试验进行情况。对车厂范围内的调试、试验，在调试、试验过程中，车厂调度员与调试、试验负责人必须加强联系，车厂调度员有权向调试、试验负责人了解调试、试验进行情况，调试、试验负责人有责任向车厂调度员通报调试、试验进行情况。

(2) 在调试过程中，无论调试区段是否封锁，在调试区段原则上不能进行其他施工作业。若确需进入调试区段抢修设备时，由抢修施工负责人与调试、试验负责人联系，在得到调试负责人许可后，行车调度可在保证运营安全的原则下，安排进入调试区段抢修。

(3) 凡在城市轨道交通范围内进行的调试、试验工作，均由控制中心负责跟踪调试、试验过程。

(4) 调试、试验作业现场的请点与销点流程及作业安全防护措施应按施工管理规定执行。

(5) 调试、试验作业结束后，调试、试验工作人员应该清扫、整理现场。调试、试验负责人应进行周密检查，确认无误后方可离开。

### 二、调试、试验车辆行车安全

(1) 客车调试、试验作业的运行安全工作由司机负责，在调试、试验客车运行过程中，禁止调试、试验人员擅自动用与行车安全有关的设备实施。

(2) 客车进行任何调试、试验，必须由调试试验负责人统一指挥，司机必须根据调试、试验负责人的要求操纵列车。需要动车时，必须与车场值班员或行车调度联系落实运行进路的安全，得到其同意并确认行车“三要素”（进路、信号、凭证）符合行车条件后方可动车。

(3) 严禁爬上客车车顶，运行中严禁探身车外、飞乘飞降下车，任何人不得扶着手扶杆

站在车厢外面。进行动态试车前，必须确保客车的制动系统功能良好。静态试验前，必须对车辆施加停车制动。

（4）客车司机应该按列车操作条款及检车流程对调试、试验客车进行全面检查、试验，确保客车状态符合行车要求。客车有异常或故障时，要严格按照相关要求及时汇报、处理。

（5）在客车动车出场前，司机必须正确理解调度命令内容，明确调试指挥负责人，与其确认调试内容及安全注意事项，清楚并正确执行调试程序。司机须检查确认客车制动试验、线路限界、进路信号的显示、调试人员及设备到位等情况是否具备行车安全条件，如有异常及时报告车厂调度员。

（6）严禁客车实习员操纵列车进行调试、试验作业。司机应严格执行规章制度并控制好速度，加强瞭望和呼唤应答，认真操作，密切注意观察设备、仪表的状态，遇信号异常或危急行车安全时，应立即采取紧急停车措施，并及时报告调试、试验负责人及行车调度或车厂调度员，听从其指示，确保调试客车安全。作业途中停止时，没有调试、试验负责人的指示，严禁擅自动车。

（7）在调试、试验作业过程中出现车辆故障时，客车司机应及时向调试负责人汇报，由其进行处理，视其需要给以协助。禁止未经调试负责人同意擅自动用车载设备或进行任何试验操作。

（8）在客车调试、试验期间，司机需服从调试、试验负责人的指挥，但调试、试验负责人提出的调试要求超出计划内容时，司机应及时向行车调度（在车厂则报车厂调度员）汇报并得到其同意后方可执行。下列情况司机应给予坚决制止，严禁动车，并将情况报告行车调度（在车厂则报车厂调度员）处理，若调试人员不听劝阻，司机有权停止作业：

1）调试、试验指令违反相关安全规定或规章时；

2）危及行车安全（如有物品侵入限界、道岔位置不对等情况）时；

3）不具备动车条件（如客车上的设备未恢复正常位置、未进行制动试验等情况）时；

4）作业计划不清或计划与实际有出入时。

（9）试车线调试、试验的安全措施。

1）严格执行施工管理规定中有关在车厂内调试、试验作业组织流程。车厂调度员在接到调试、试验任务时将调试、试验计划有关内容向司机布置清楚。

2）在试车线进行客车调试、试验时要遵守试车线的限制速度，按照试车线行车信号、标志要求，严格控制速度运行。

3）雨天、大雾天时严禁在试车线进行客车的高度调试、试验，制动时做到早拉少拉，并按规定停车。夜间严禁进行人工模式下的高度调试、试验。

4）进行调试时，必须安排两名司机上岗，一人操作一人监控。司机要按试验大纲要求操作，严格控制好运行速度。

（10）正线调试、试验的安全措施。

1）司机应严格执行相关规定，整备客车，确保客车状态符合上正线运行要求。

2）客车出厂前，司机必须检查调试、试验人员的到位情况，确认调试区间具体线路，明确调试项目、程序及其安全事项。

3）列车在始发站发车前，司机要与行车调度共同确认调试、试验进路的开通情况。司机要密切注意列车运行前方的线路状态，严格执行行车调度命令，听从调试、试验负责人指挥。

4）列车调试、试验原则上按信号显示行车，如行车调度要求列车在封锁线路进行调试、试验时，司机必须认真确认进路上的每副道岔位置，在通过进路防护信号机、道岔时要适当降低速度。

5）每次动车前，司机都要认真确认信号、进路、道岔情况，运行时要集中精力，严格按照规定的速度或按行车调度的限速命令运行，严禁超速驾驶。

6）遇较难确认信号的车站或区间，司机应适当降低速度直至能清楚确认信号显示后按规定速度运行。

7）列车在两端终点、在运行中途折返换端，司机应确认进路信号机的显示、道岔位置正确，并与行车调度落实运行进路后方可插入主控钥匙，凭调试、试验负责人的指令动车。

**三、设备安装及调试、试验注意事项**

（1）所有参加设备安装、软硬件更换与调试、试验的人员都必须符合城市轨道交通安全规定的要求，并熟悉方案的要求，严禁无证操作。

（2）在调试期间如发现有危急及行车安全的情况，任何人都有权中断调试。

（3）发生雷雨或风暴时，禁止在电线杆上作业。打雷时，禁止对避雷器、地线等进行调试。

（4）调试、试验需要挖坑、沟时，应与有关部门联系，了解地下设备情况，土质松软处应设防护和加固措施，以防坍塌，坑、沟一般不过夜，不得已时须采取防护措施。

（5）凡进行危险性较大、影响行车和人身安全的调试、试验时，都必须事先拟定安全措施，并由调试负责人组织，派专人进行防护。

（6）在设备安装、硬软件更换与调试、测试过程中须使用易燃、易爆和有毒材料的，应设专人负责，隔离存放，妥善保管。

（7）调试、试验作业中需下地沟作业时应戴安全帽，上车顶作业时应采取安全防护措施并确认其状态良好。禁止穿拖鞋、高跟鞋、硬底鞋进行作业。

（8）任何人未经允许和接地线未挂好不得进入车顶检修平台，任何时候不得翻越车顶检修平台，未经允许不得使用移动扶梯上车顶。

（9）调试人员因调试需要进出屏蔽门端门时，必须关好端门，以免活塞风将端门吹动撞烂。

（10）调试期间，任何参与调试的人员原则上不能下调试区域的轨行区，如确有需要下去时，必须征得调试现场指挥的同意，并确认在车上已采取了相关的安全措施后，方可进入轨行区。

（11）外单位调试人员进入设备房、列车及轨行区作业，必须按本单位规定的内容执行；操作运营设备时，必须有本单位人员在场。

（12）在调试过程中，主办部门必须督促供货商做好充分的备件准备，以利于应对突发事件。

## 知识点 6　施工安全类事故案例分析

**案例 1　某日二号线 A 站擅自安排设置/撤除防护信号事件**

1. 事件概况

某日凌晨，A 站有一项施工（作业内容为隧道病害整治施工，作业代码为 2A2-03-07，作业区域为B站～A站下行，作业时间为次日3：20～4：50）。0：29，施工负责人到A站进行请点，并签名。A站行车值班员启动工作流程，将施工相关资料记入系统并保存在站控中心任务箱。

3：23，A站行车值班员在未确认2A2-03-07工单审批状态的情况下主观以为该施工行调已批点，并通知本站值班站长该施工已批点，同时通知B站设置防护。A站值班站长在未核对施工条件的情况下，签署相关防护设置情况。3：29，B站值班站长在未核对施工条件的情况下设好红闪灯防护，并在施工系统上签名确认。3：32左右，A站值班站长在核对施工时，发现施工开始时间有异常，且没有施工承认号；同时发现B站已于3：29设置防护并已签名。3：34，A站值班站长致电B站，询问B站该施工防护设置情况，并将具体情况告知行调。3：36，A站值班站长向B站说明情况，在未经行调同意的情况下要求B站撤除已放置的防护，B站按A站的要求撤除已放置的防护。3：49按行调要求，A站提交系统工单进行请点，待行调批准后，A站及B站重新设置防护。

2. 原因分析

（1）A行车值班员在进行施工组织过程中未按要求打开施工系统实时请销点列表随时查看作业请销点状况，未严格执行施工控制表流程办理施工作业，在没有提交请点流程，也未得到施工承认号的情况下，主观认为施工已请点，自控措施执行不到位。

（2）A站值班站长在监控施工组织办理过程中，未按流程及时确认施工请销点条件和状况，盲目听从行车值班员的安排操作。对当班期间施工组织过程中请销点状态等关键环节未进行重点监控，未做好互控。

（3）B站值班人员（含行车值班员和值班站长）在请点车站A站通知设置防护时未按要求确认施工请销点状况，盲目听从请点车站A站的安排操作，未做好他控。

（4）A站值班站长在发现错误设置防护后，未向行调申请下线路，擅自组织B站及本站直接撤除了线路的防护，存在较大的安全隐患。

3. 防范措施

（1）施工组织请销点各岗位在办理施工组织过程中必须将施工系统实时请销点列表保持常开状态，随时查看作业请销点状况，严格执行施工控制表流程办理施工作业，严禁在未完成或未确认上一步情况，就操作下一步内容，严禁事后确认。

（2）防护车站在下线路设置防护信号前，要确认行调已发施工承认号。

（3）值班站长需全面掌握当班的施工组织工作，对行车值班员防控措施的落实必须及时确认，加强对施工组织环节的监控力度，与行车值班员共同确保施工组织安全。

（4）加强员工的业务培训，提高员工的业务技能，确保员工熟悉施工组织的各项安全关键点。

**案例2　某日四号线A站施工作业违章销点事件**

1. 事件概况

2009年6月21日，A站有一工程车配合作业施工，作业代码4A1-20-01（131568），施工内容是隧道照明及维修电源箱季检，区域为Z～A站上行（不含Z站上行站台），作业时间0：30～3：00。00：37，行调发布封锁命令，4572次作业完毕后到A站上行线待令。2：10，施工负责人到A站销点，行车值班员询问此施工是否具备销点条件，其回复销点条件已经具备可以销点，车站通知Z站施工结束撤除防护，本站通知值站撤除防护。值站未询问行车值班员工程车是否出清。2：17，A站提交施工给行调销点。行调致电车站，工程车还在区间不能销点，然后车站要求施工负责人联系工程车司机。此时行车值班员了解到，施工人员未登乘工程车回站，而是步行回到A站，工程车还在区间内。2：50，工程车到A站上行站台停稳。

2. 原因分析

（1）A站当班行车值班员对工程车需到车站站台停稳方可进行销点的规定不清楚，对施工的内容及调度命令的要求没有了解透彻是本次事件发生的主要原因。

（2）A站当班值班站长在得知工程车还在区间内时，未告知行车值班员要联系行调，安排工程车出清，在被通知撤除防护时，也未再次跟进此事。对重点施工跟进不到位，对工程车的开行情况没有做好预想，在施工的重点环节中没有起到把关作用。

（3）Z站行车值班员在接到A站通知撤除防护时，明知工程车仍在区间的情况下，未提醒A站注意工程车开行情况，对要求工程车需到车站站台停稳方可进行销点的规定不了解。

3. 防范措施

（1）销点时，必须确认工程车按施工的计划或调度命令的要求停稳后，才能进行撤除防护。凡是有工程车开行的施工，值班站长都必须清楚工程车的运行情况，对当晚的施工情况做好安全预想。请点时，通知相关车站有关的信息。

（2）行车值班员通知值班站长设置/撤除防护时，值班站长需审核施工系统、施工情况控制表、调度命令中该施工的区域情况无误后再设置/撤除。

（3）当调度发布调度命令时，各站需按调度命令内容认真地进行核对，车站各岗位需做好调度命令的交接工作。值班站长及行车值班员均需签名确认。

## 实作模块

### 任务1　施工作业申请

1. 任务描述

某站电务人员已提前申报了施工计划，准备在某日运营结束后进行转辙机维修，并于维修开始前30min提前到达作业现场，请代表负责人进行施工作业申请。

2. 相关资料及资源

（1）教材。

（2）教学课件。

（3）施工作业令。

3. 任务实施说明

（1）学生分组，每5～8人为一小组。

（2）小组进行任务分析，编制任务执行计划。

（3）确定组内分工，收集相关资料。

（4）施工作业危险分析。

（5）小组成员共同填写施工作业令。

（6）展示成果，进行讲解演练。

4. 效果评价

采用学生自评50%＋组内互评20%＋组间评价30%的形式。

## 任务2　编制车站施工作业监控方案

1. 任务描述

某日地铁运营公司运营结束后，根据施工计划与A站有关的施工共有四项：第一项为A～B区间下行线进行路基加固施工；第二项为上行线屏蔽门维修作业；第三项为自动扶梯检修作业（需动火）；第四项为A～B区间上下行的巡道作业。

针对上述情况，制定车站施工作业监控方案。

2. 相关资料及资源

（1）教材。

（2）课件。

3. 任务实施说明

（1）学生分组，每5～8人为一小组。

（2）小组进行任务分析。

（3）风险分析。

（4）编制监控方案。

（5）成果展示。

4. 效果评价

采用学生自评50%＋组内互评20%＋组间评价30%的形式。

## 应知应会

1. 如何进行施工作业防护？
2. 简述施工组织作业流程。
3. 简述接触轨停电挂拆地线作业安全要求。
4. 简述线路巡检作业安全要求。
5. 简述抢修作业安全要求。
6. 简述正线调试、试验的安全措施。

# 项目十

# 城市轨道交通运营消防安全事故预防

火灾事故是城市轨道交通运营企业的多发易发事故，掌握消防事故的预防措施与消防设备的使用方法是城市轨道交通运营人员必备的安全技能。

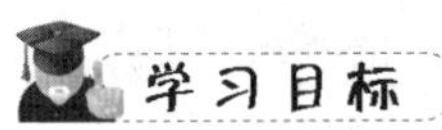


| 知识目标 | 技能目标 | 思政目标 |
|---|---|---|
| 1. 了解城市轨道交通运营火灾的特点；<br>2. 掌握动火作业管理要求；<br>3. 掌握火灾的分类、防火基本知识、灭火基本知识；<br>4. 掌握城市轨道交通火灾的自救灾与逃生 | 1. 会动火作业管理；<br>2. 会正确使用消防设备设施；<br>3. 会正确组织城轨火灾时的人员疏散 | 1. 培养学生处理问题时的系统思维、法治思维、辩证思维；<br>2. 培养学生的风险意识、责任意识、安全意识；<br>3. 培养学生团结协作、精益求精的工作作风 |

## 理论模块

## 知识点 1 城市轨道交通运营消防安全概述

### 一、城市轨道交通运营火灾特点

城市轨道交通大部分运行于车站和隧道构成的相对封闭空间内，人和设备高度密集。在这种特殊的环境中，一旦发生火灾事故其危害将是极其严重的。其主要特点有：

（1）浓烟容易积聚，高温伤害大。城市轨道交通系统发生火灾时产生的烟、热不易排除，积聚的热量会使地铁系统内的空气温度迅速升高，较早地出现全面燃烧现象。

（2）疏散困难。城市轨道交通系统发生火灾时，易产生浓烟和热气浪，同时产生大量的有毒气体，这对人员疏散造成很大困难，易造成人员窒息死亡。人员疏散时存在以下问题：

1）乘客在紧急情况下容易发生惊慌，不辨方向，不顾疏导，造成混乱，影响疏散效果。

2）烟气对人的眼睛、喉咙、气管有刺激作用，增加了人们的恐惧心理，影响人们的判断力。

3）高温气浪使得人员疏散困难。

4）浓烟使得应急照明系统的效果大打折扣，乘客因看不清疏散通道而难以疏散。

5）烟气与新鲜空气在出入口冲撞，使得从出入口流入车站的新鲜空气的流动速度变慢，给人员疏散造成影响。

（3）救援难度大。

1）浓烟或停电使得救援人员无法准确确定起火点。

2）城市轨道交通的地下空间较大，而救援人员的呼吸器一般使用时间有限，不能长时间在地下进行救援工作。

3）城市轨道交通地下空间相对封闭，给救援人员开展救援战术配合造成了一定困难。

（4）通信系统容易瘫痪。城市轨道交通发生火灾时，由于水流和高温对通信器材的影响，消防员携带的普通无线电对讲机不能正常工作，甚至会造成整个通信系统瘫痪。

## 二、城市轨道交通运营消防安全危害因素

（1）电气化线路、电气设备故障引发火灾。城市轨道交通车站（含城市轨道交通列车）内电气线路、电气设备高度密集，这些电气线路和设备在运行中发生短路、过负荷、过热等故障是引发城市轨道交通火灾事故的重要因素。

（2）人为因素引发火灾。工作人员违章操作、用火不慎，乘客携带易燃易爆危险品乘车、在城市轨道车站内吸烟、人为纵火等也可能引发城市轨道交通火灾事故。

（3）环境因素引发火灾。主要包括城市轨道交通内部潮湿、高温、粉尘大、鼠害等因素。城市轨道内部通风不畅、隧道散热不良等原因导致温度过高；隧道内漏水情况比较普遍，地下湿气不易排出，导致地下空间湿度大；老鼠等小动物啃咬电缆。上述环境因素可能造成电气设备、线路绝缘性能下降，造成电气设备短路引起火灾。

（4）与城市轨道交通车站合建的外来建筑物带来的危害因素。特别是处于中心闹市区的城市轨道交通车站，常常与地面商业建筑合建。由于商场、车库、写字楼等商业场所具有较高的火灾风险，同时此类场所的风险管理和控制工作通常不由城市轨道交通企业控制，因此较城市轨道交通运营本身而言相对薄弱，一旦发生火灾、爆炸及其他灾害，不仅可能对城市轨道交通的正常运营带来影响，严重时甚至可能造成城市轨道交通财产和人身方面的重大损失。对于存在此类商业经营场所的城市轨道交通车站，除城市轨道交通本身风险以外的各种风险（包括火灾和爆炸的风险）均不容忽视。

## 三、应急照明及疏散指示

（1）站厅、站台、自动扶梯、自动人行道、楼梯口、疏散通道、安全出口、区间隧道、车站控制室、值班室变电站、配电室、信号机械室、消防泵房、公安用房等处应设置应急照明，应急照明的照度不小于正常照明照度的10%。

（2）应急照明的连续供电时间不应少于1h。

（3）站厅、站台、自动扶梯、自动人行道、楼梯口、人行疏散通道拐弯处、安全出口和交叉口等处沿通道长向每隔不大于20m处应设置醒目的疏散指示标志；疏散指示标志距地面高度应小于1m。

（4）区间隧道内应设置集中控制型疏散指示标志。

## 四、地铁消防与疏散设计相关要求

《地铁设计规范》（GB 50157—2013）对消防与疏散设施作了如下规定：

（1）车站站台、站厅和出入口通道的乘客疏散区内不得设置商业场所，除地铁运营、服务设备、设施外，不得设置妨碍乘客疏散的设备、设施及其他物体。

（2）设备与管理区按每个防火分区的最大允许使用面积不应大于 1500m$^2$。

（3）地下换乘车站当共用一个站厅时，站厅公共区面积不应超过 5000m$^2$。

（4）两条单线区间隧道应设联络通道，相邻两个联络通道之间的距离不应大于 600m。

（5）站台和站厅公共区内任一点，距安全出口疏散距离不得大于 50m。

（6）设备与管理区房间单面布置时疏散通道宽度不得小于 1.2m，双面布置时不得小于 1.5m。

（7）地下出入口通道的长度不宜超过 100m，当超过时应采取满足人员消防疏散要求的措施。

（8）车站站台公共区的楼梯、自动扶梯、出入口通道应满足发生火灾时，能在 6min 内将一列进站列车所载的乘客及站台上的候车人员全部撤离站台到安全区。

（9）车站安全出口设置要求：车站每个站厅公共区应设置不少于 2 个直通地面的安全出口；地下单层侧式站台车站，每侧站台不应少于 2 个直通地面的安全出口；地下车站的设备与管理用房区域安全出口的数量不应少于 2 个。出入口应按不同方向设置，当同方向设置时，两个出入通道口部之间净距不应小于 10m；竖井、爬梯、电梯、消防专用通道，以及设在两侧式站台之间的过轨地道不应作为安全出口；地下换乘车站的换乘通道不应作为安全疏散口。

## 五、城市轨道交通消防安全管理

《城市轨道交通消防安全管理》（GB/T 40484—2021）明确规定了城市轨道交通在运营过程中消防工作的通用要求、消防安全组织和职责、日常防火管理、消防设施管理、灭火和应急疏散预案与演练、消防宣传教育培训和消防档案管理。城轨运营企业应结合企业现状与国家标准要求，对消防安全进行严格管理。

### 1. 灭火器配置

城轨运营各相关场所应按《建筑灭火器配置设计规范》（GB 50140—2005）的有关规定选择、配置和设置灭火器，且灭火器应在使用期限内。制定灭火器定期检测制度并切实落实。

### 2. 防火检查管理

地下车站、主变电站、地铁控制中心等消防重点部位应落实消防安全责任制，明确岗位消防安全职责。车站公共区在运营时间至少每 2h 一次防火巡查，非运营时间至少每 6h 巡查一次。其他消防重点部门应进行每日防火巡查。非消防重点部门每月至少进行一次防火检查。巡检时应检查用火、用电有无违章情况；安全出口、疏散通道是否畅通，安全疏散指示标志、应急照明是否完好；消防设施、器材和消防安全标志是否在位、完整；常闭式防火门是否处于关闭状态，防火卷帘下是否堆放物品影响使用；消防安全重点部位的人员在岗情况；其他潜在火源与可燃物情况等。应填写消防安全检查记录，对消防设施的状况、存在的火灾隐患，以及火灾隐患的整改措施等应有书面记录。地铁运营企业应对所属消防设施进行定期检查和维护保养，监理记录档案；车站应建立消防安全检查记录档案。定期组织消防演练。

3. 动火作业管理

（1）动火流程。各部门、中心因生产（工作）需要在车站站厅、站台、列车车厢、管理用房、区间隧道、车辆基地内，使用明火作业时，必须按规定办理审批手续，提供动火申请报告，报告包括施工方案、动火方案、动火作业安全保证书和焊工上岗证复印件等。根据动火不同等级，由部门、中心填写“临时动火作业申请表”，办理相关手续。动火过程中，动火人严格按照安全操作规程进行，切实履行本岗位的安全防火职责。各部门、中心需指定专人在动火现场履行监督和防火的职责，确保动火现场的安全。所有动火完毕后，必须经部门、中心指定专人现场查验，认定确无火灾隐患后，将“临时动火作业许可证”（副联）返还发证单位，视为动火工作结束。未按时返还许可证的，将视为动火未完毕。在此期间发生的任何问题，由动火部门、中心领导及动火直接责任人承担一切安全责任。

（2）动火管理要求。凡经批准临时明火（动火）作业时应做到“八不”“四要”“一清”。

1）动火前“八不”：防火、灭火措施不落实不动火，周围的易燃杂物（10m 范围内）未清除不动火，附近难移动的易燃结构未经采取安全措施不动火，凡盛装过油类等易燃液体的容器、管道未经洗刷干净、排除残存油质的不动火，凡盛装过气体受热膨胀有爆炸危险的容器和管道不动火，凡储存有易燃易爆危险品的车间、仓库和场所未经排除易燃易爆危险的不动火，在高空进行焊割作业时下面的可燃物品未清理或未采取安全防护措施的不动火，未配备相应灭火器材的不动火。

2）动火中“四要”：动火中要有现场安全负责人，现场安全负责人和动火人员发现不安全苗头时要立即停止动火，发生火灾爆炸事故时要及时扑救，动火人员要严格执行动火安全操作规程。

3）动火后“一清”：动火人员和现场安全负责人在动火后，应彻底清理现场火种后才能离开现场。

4. 消防安全职责

城轨运营企业各部门主要负责人为消防安全责任人，对各部门的消防安全工作负全面责任。各部门应根据需要成立义务消防队组织，开展火灾自防自救工作。

（1）运营企业消防安全责任人的主要职责。贯彻执行消防法规，保障运营分公司管辖范围消防安全符合规定，掌握消防安全情况；为消防安全提供必要的经费和组织保障；确定逐级消防安全责任，批准实施消防安全制度和保障消防安全的操作规程；组织防火检查，督促落实火灾隐患整改，及时处理涉及消防安全的重大问题；组织制定符合本部门实际的灭火和应急疏散预案，并实施演练。

（2）各部门消防安全责任人的主要职责。贯彻执行中华人民共和国消防法、相关消防条例和有关消防法规及本标准。组织制定本部门消防管理制度及操作规程、员工消防教育培训制度等。落实消防安全责任制，明确各级消防安全责任人。加强消防安全管理，组织制定本部门灭火疏散预案，开展消防演练。针对本部门的特点，对员工进行消防安全教育培训，增强员工的消防安全意识和防灾自救能力。组织防火检查，督促火灾隐患整改。按规定配置消防设施和器材，设置消防安全标志，并定期组织检查、维修、保养，确保消防设施器材的完整有效。建立和健全各级消防安全档案，加强消防安全重点部位管理。根据消防法规的规定和需要成立义务消防队。抓好义务消防队伍建设，组织制定灭火疏散和应急预案，定期组织消防演练，发生火灾时，组织员工扑救火灾，保护火灾现场，协助调查火灾事故原因。

（3）专（兼）职消防安全管理员的主要职责。宣传、贯彻执行有关消防法规和规章制度，协助部门消防安全责任人开展工作。参与制定本部门的消防安全制度和灭火疏散预案，落实“谁主管、谁负责；谁使用，谁负责”的原则，实行逐级消防安全责任制。对员工进行消防安全教育、培训、演练，提高员工的防灾自救能力。开展消防安全检查，制止消防违章，督促消防隐患整改。组织特殊工种人员进行专业消防培训和考核工作。负责消防器材、设备的维护管理。

（4）车站站长的消防安全职责。认真贯彻执行有关消防法规和各项消防制度，建立和完善消防档案管理。定期召开车站的消防安全会议，研究、布置和检查车站的消防安全工作。落实各岗位消防安全责任制，经常对车站员工进行消防安全教育。定期开展消防训练和灭火演练，提高员工自防自救能力。做好消防器材保养管理工作，确保灭火器材完好有效。发现安全隐患及时整改，如不能解决，应及时上报。发生火情，及时上报，并积极协助扑救，疏散乘客，确保安全。协助消防安全事故调查。

（5）班组长的消防安全职责。认真贯彻执行公司各级消防安全管理制度。负责班、组的消防安全管理工作，定期进行宣传、检查，落实隐患整改，保证安全。对班、组解决不了的问题，及时向分中心负责人汇报。管理本班、组消防器材。协助消防安全事故调查。

（6）义务消防队员的主要职责。认真学习和贯彻执行国家和本部门（中心）的消防法规和规章制度。定期进行消防业务训练和灭火演练，熟悉掌握灭火知识和消防器材的使用方法。开展防火宣传，制止和劝阻违反消防安全规章制度的行为。进行消防安全检查，积极整改火灾隐患。协助消防安全事故调查。发生火灾，及时报警并组织扑救。

（7）员工的消防安全职责。认真学习和贯彻执行国家消防法规和分公司消防安全管理制度。参加消防安全教育培训和消防演练。熟练掌握消防应知应会知识和消防安全操作规程。落实消防安全检查制度。发现火灾及时报警和扑救，并保护现场，协助火灾调查。

## 知识点 2　防火与灭火基本知识

扫一扫

防火与灭火基本知识补充材料

### 一、燃烧的条件与火灾的概念

人们通常所说的“火”，其实是物质燃烧的一种现象。燃烧是指可燃物与氧气或氧化剂作用发生的放热反应，通常伴有火苗和发烟的现象。燃烧必须同时具备三个条件：一是可燃物，如汽油、液化石油气、木材、纸张等；二是助燃物，主要是空气中的氧气；三是着火源，如明火、电火花、雷击等。只有以上三个条件同时具备，燃烧才会发生。燃烧根据表现形式不同可分为着火、自燃、闪燃、爆炸。

燃烧被人们控制利用，可以造福人类，但一旦失去控制，将会造成极大危害。火灾是指在时间和空间上失去控制的燃烧所造成的灾害。火灾具有极大的危害性，主要表现在两个方面：一是人员伤亡，二是财物损失。

### 二、火灾的分类

国家标准《火灾分类》（GB/T 4968—2008）将火灾分为 A、B、C、D、E、F 六类：

A 类火灾指固体物质（如木材、纸张等）火灾。

B 类火灾指液体火灾和可熔化的固体物质（如汽油、乙醇等）火灾。

C类火灾指气体（如煤气、氢气等）火灾。

D类火灾指金属（如钠、钾等）火灾。

E类火灾指带电火灾。物体带电燃烧的火灾。

F类火灾指烹饪器具内的烹饪物（如动植物油脂）火灾。

**三、防火基本方法**

一切防火措施都是以防止燃烧的三个条件同时结合在一起为目的。防火基本方法包括控制可燃物、隔绝助燃物、消除着火源。

（1）控制可燃物。如以难燃或不燃材料代替易燃材料，对性质相互抵触的化学危险物品采用分仓、分堆存放等。

（2）隔绝助燃物。如对密闭容器抽真空以排出容器内的氧气，在容器内充入惰性气体等。

（3）消除着火源。如在易燃易爆场所严禁烟火，在有火灾危险的场所严格控制电焊、气割等动火作业。

**四、灭火基本知识**

火灾通常都有一个从小到大、逐步发展，直至熄灭的过程，一般可分为初起、发展、猛烈、下降和熄灭五个阶段，如图10-1所示。在火灾初期阶段（一般为着火后5～7min），燃烧面积不大，火焰不高，辐射热不强，是扑救的最好时机。把握住这个关键期主要有两条：一是及时使用灭火器材灭火和疏散人员；二是同时报警。超过10min不能控制火灾时，无外部支援应做好逃生准备。

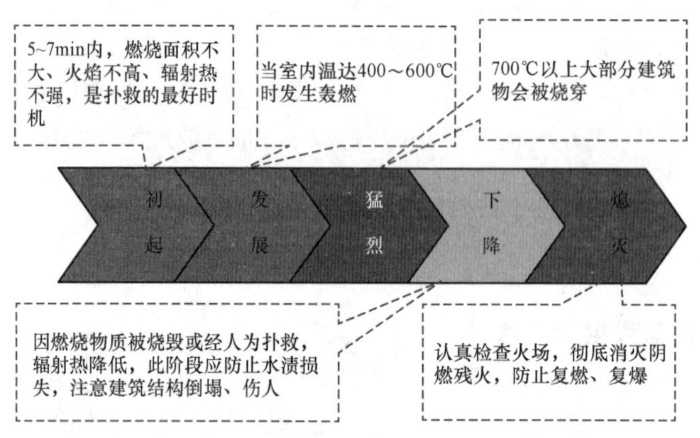


图10-1　火灾发展示意图

灭火的基本方法是根据起火物质的燃烧状态，为破坏燃烧必须具备的基本条件而采取的一些措施。灭火的基本方法有以下几种：

（1）冷却灭火法。就是将灭火剂直接喷洒在可燃物上，使可燃物的温度降低到燃点以下，从而使燃烧停止。用水扑救火灾的主要作用是冷却灭火。

（2）窒息灭火法。就是采取措施，阻止空气进入燃烧区，或用惰性气体降低空气中的含氧量，使燃烧物质因缺乏氧气而熄灭。如用湿棉被、湿麻袋覆盖在燃烧着的液化石油气瓶上。

（3）隔离灭火法。就是将附近的可燃物质与正在燃烧的物品隔离或者疏散开，从而使燃烧停止。如拆除属于火源相毗邻的易燃建筑物结构，建立阻止火势蔓延的空间地带。

（4）化学抑制灭火法。就是将化学灭火剂喷入燃烧区参与燃烧反应，中止链反应而使燃烧反应停止。最常见的是用灭火器向着火点喷射灭火。

## 知识点 3 消防设备设施及其使用方法

### 一、灭火器

灭火器是一种轻便的灭火器材，是扑救初起火灾最常用的灭火设备。灭火器种类较多，在城市轨道交通范围内使用的主要有干粉灭火器、二氧化碳（$CO_2$）灭火器、泡沫灭火器、水基型清水灭火器四种。

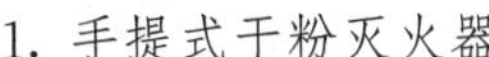

1. 手提式干粉灭火器

手提式干粉灭火器主要有 MF1、MF2、MF3、MF4、MF5、MF6、MF8、MF10 等型号，主要用来扑救固体火灾（A 类）、液体火灾（B 类）、气体火灾（C 类）和电气火灾。

（1）使用方法。扑救火灾时，手提或肩扛干粉灭火器到火场，上下颠倒几次，离火点 3～4m 时，撕去灭火器上保险销的铅封，拔出保险销，一只手握紧喷嘴、对准火源，另一只手的大拇指将压把按下，干粉即可喷出，并迅速摇摆喷嘴，使粉雾横扫整个火区，由近而远，将火扑灭。

（2）注意事项。灭火要果断迅速，不要遗留残火，以防复燃；扑灭液体火灾时，不要冲击液面，以防液体溅出，造成灭火困难。当有风时，应站在上风侧。

（3）检查方法。发现指针指在红色区域或开启使用过，就表明已失效，应送修。

（4）有效期。一般为五年。

2. 二氧化碳（$CO_2$）灭火器

二氧化碳灭火器适用于扑救液体、气体、电气设备的初起火灾，如带电的电路、贵重设备、图书资料等。二氧化碳灭火器的型号有 MT2、MT3、MT4、MT7 四种，按开关方式分为手枪式、鸭嘴式两种。

（1）使用方法。首先将灭火器提到距起火地点约 5m 处，放下灭火器，一只手握住喇叭形喷筒根部的手柄，把喷筒对准火焰，另一只手迅速旋开首轮或压下压把，气体就喷射出来。当扑救液体火灾时，应使二氧化碳射流由近而远向火焰喷射，如果燃烧面较大，操作者可左右摆动喷筒，直至把火扑灭。总之，使用二氧化碳灭火器灭火时，应设法把二氧化碳尽量多地喷射到燃烧区域内，使其达到灭火浓度而使火焰熄灭。

（2）注意事项。灭火器在喷射过程中应保持直立状态，切不可平放或颠倒使用；不要用手直接握喷筒或金属管，以防冻伤；在室外使用时应选择在上风方向喷射，在室外大风条件下使用时，喷射的二氧化碳气体被风吹散，灭火效果极差；在狭小的室内使用时，灭火后操作者应迅速撤离，以防因二氧化碳窒息而发生意外，火灾完全扑灭后应打开门窗通风。

（3）检查方法。定期对灭火器进行称重，当泄漏的灭火剂质量大于总质量的 1/10 时，应补充灭火剂。

3. 机械泡沫和合成泡沫灭火器

（1）使用范围。泡沫灭火器用来扑灭固体、液体火灾，不能扑灭带电火灾。

（2）使用方法。扑救火灾时，手提或肩扛灭火器到火场，上下颠倒几次，离火点 3～4m

时，撕去灭火器上的封记，拔出保险销，一只手握紧喷嘴，对准火源，另一只手的大拇指将压把按下，泡沫即可喷出，此时迅速摇摆喷嘴，使泡沫横扫整个火区，由近而远，将火扑灭。

（3）检查方法。发现指针指在红色区域或开启使用过，就表明已失效，应送修。

（4）有效期。一般为 2 年。

4. 水基型清水灭火器

水基型灭火器分为水基型泡沫灭火器、水基型水雾灭火器、水基型清水灭火器，根据型号与药剂的不同，水基型灭火器可以扑救 ABCE 火灾。下面重点介绍清水灭火器。

清水灭火器由保险帽、提圈、筒体、二氧化碳气体贮气瓶和喷嘴等部件组成。清水灭火器的筒体中充装的是清洁的水，清水灭火器有 MSQ/6，MSQ/9 两种规格，分别代表装有 6 升或 9 升水的清水灭火器。它主要依托冷却和窒息作用进行灭火。

（1）使用范围。它主要用于扑救固体物质火灾，如木材、棉麻、纺织品等的初起火灾。

（2）使用方法。将清水灭火器提至火场，在距燃烧物大约 10m 处，将灭火器直立放稳。摘下保险帽。用手掌拍击开启杆顶端的凸头，这时清水便从喷嘴喷出。当清水从喷嘴喷出时，立即用一只手提起灭火器筒盖上的提圈，另一只手托起灭火器的底圈，将喷射的水流对准燃烧最猛烈处喷射。将水流对准燃烧最猛烈处喷射。随着灭火器喷射距离的缩短，操作者应逐渐向燃烧物靠近，使水流始终喷射在燃烧处，直至将火扑灭。清水灭火器在使用过程中应始终与地面保持大致垂直状态，不能颠倒或横卧，否则，会影响水流的喷出。

（3）检查方法。每半年拆卸器盖进行一次全面检查，检查灭火器的喷嘴是否畅通；检查储气瓶的防腐层有无脱落、腐蚀，轻度脱落的应及时补好，明显腐蚀的送专业维修部门进行水压试验；检查灭火器的压力表指针是否在绿色区域，如指针在红色区域，表明二氧化碳气体储气瓶的压力不足，应查明压力不足的原因，检修后重新灌装二氧化碳气体；检查灭火器内水的重量是否符合要求，水量不够的要补足；检查器盖密封部分是否完好。

（4）注意事项。

1）存放地点温度应在 0℃以上，以防气温过低而冻结。

2）应放置在通风、干燥、清洁的地点，以防喷嘴堵塞以及因受潮或受化学腐蚀药品的影响而发生锈蚀。

3）灭火器一经开启使用，必须按规定要求进行再充装，以备下次使用。

4）因清水灭火器的有效喷射距离在 10m 左右，灭火器不能放在离燃烧物太远处，否则，清水灭火器喷出的水，喷不到燃烧物上。

5）因为清水灭火器有效喷水时间仅有 1min 左右，当灭火器有水喷出时，应迅速将灭火器提起。

6）清水灭火器在使用过程中应始终与地面保持大致垂直状态，不能颠倒或横卧，否则会影响水流的喷出。

（5）有效期。一般为 1 年，每年维修 1 次。

## 二、消火栓给水系统

城市轨道交通消火栓给水系统主要由消防水源（市政供水或消防水池）、消防水管、室内消火栓箱（包括水带、水枪、消防软管卷盘）和室外消火栓、消防水泵、消防水泵控制器等组成。其中室外与室内消火栓、消防软管卷盘如图 10 - 2 所示。地铁室内消火栓口径为

DN65，水枪喷嘴直径为19mm，每根水带长度为25m，栓口距地面、楼板或道床面高度为1.1m。消防软管长度为25m。

地铁消火栓的间距应按计算确定，但单口单阀消火栓不应超过30m，双口双阀消火栓不应超过50m，地下区间隧道（单洞）内消火栓的间距不应超过50m，人行通道内消火栓的间距不应超过30m。

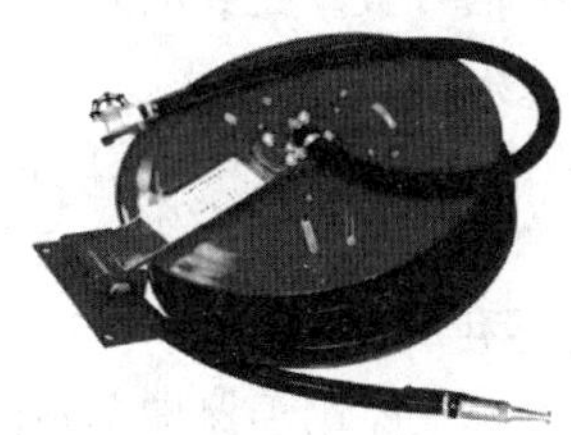

图10-2　室外与室内消火栓、消防软管卷盘

1. 消火栓的使用

（1）打开消火栓箱，取出水带。

（2）抛水带。右手握住水带，然后用力向正前方抛出，使水带向正前方摊开。

（3）接水带。右手将水带接头与消火栓接头对接，并顺时针转动至卡紧。

（4）接水枪、打开水龙头。迅速拿起另一头水袋接头，一手拿水枪冲向着火部位，将水枪头接上水袋接口，并将水龙头打开。

（5）扑灭。射水时，采取包围灭火战术阻止火势和烟雾向其四周扩散，以便有效控制直接将火扑灭。注意，如遇电气火灾，应先断电后灭火。

2. 消防软管卷盘的使用

消防软管卷盘一般供扑救初起火灾使用。

使用消防软管卷盘时，首先打开箱门将卷盘旋出，拉出胶管和小口径水枪，开启供水闸阀即可进行灭火。消防软管卷盘除绕自身旋转外，还能随箱门旋转，比较灵活，不需将胶管全部拉出即能开启阀门供水。使用完毕后，先关闭供水闸阀，待胶管排除积水后卷回卷盘，将卷盘转回消火栓箱。

### 三、自动喷水灭火系统

自动喷水灭火系统是按一定的间距和高度安装一定数量喷头的供水灭火系统、干式自动喷水灭火系统、预作用式自动喷水灭火系统等。安装自动喷水灭火系统的场所发生火灾时，该系统能自动喷水灭火并自动报警。在所有固定式灭火设备中，自动喷水灭火系统具有使用范围最广、价格最便宜的特点，其工作性能稳定，灭火效果好，因而广泛应用于可以用水灭火的场所。

1. 湿式自动喷水灭火系统的组成

湿式自动喷水灭火系统一般由以下四部分组成：

（1）湿式报警阀装置部分，主要由湿式阀、延时器、水源、系统压力表、报警控制阀、过滤器、止回阀、主排放阀、节流阀组件等组成。

（2）报警控制部分，主要由压力开关、流水指示器、水力警铃、报警控制柜等组成。

（3）供水部分，主要由蓄水池、水泵、压力水罐、高位水箱、水泵接合器等组成。

（4）管网部分，主要由闭式玻璃球喷水、供水管、电磁阀门、末端泄放装置等组成。

2. 湿式自动喷水灭火系统的动作原理

湿式自动喷水灭火系统的管网内充满了水，并保持一定的压力。被保护区域发生火灾后，当火灾区域燃烧产生的热气达到一定温度时（70°时），洒水喷头的玻璃球受热膨胀破裂，喷头开始喷水灭火。同时，另一股水流流入报警通道，经延时器至压力开关，水力警铃开始报警，相关信号被发送到消防水泵控制柜，启动消防水泵供水。

**四、气体灭火系统**

以气体作为灭火介质的灭火系统称为气体灭火系统。根据灭火介质的不同，气体灭火系统可分为卤代烷1301气体灭火系统、二氧化碳气体灭火系统、烟烙烬气体灭火系统等。由于卤代烷与$CO_2$均不利于环保，目前城市轨道交通运营密闭空间多采用烟烙烬气体灭火系统。

气体灭火系统主要用于保护车站内火灾危险性较高的或重要的设备房，如高低压室、整流变电室、AFC设备室、信号设备室、屏蔽门控制室等，部分主变电站、集中供冷站等重要设备房。

1. 气体灭火系统的组成

气体灭火系统由药剂储存和喷放设备、报警和控制设备组成。药剂储存和喷放设备主要包括气体钢瓶、钢瓶固定支架、瓶头阀电磁启动器、瓶头阀手动启动器等。报警和控制设备主要包括火灾探测器、控制盘、手拉开关、紧急停止开关、手动/自动选择开关、警铃、蜂鸣器和闪灯、气体释放指示灯等。

2. 气体灭火系统的控制方式

气体灭火系统一般具有自动控制、电气手动控制和应急机械操作三种操作方式。

（1）自动控制。气体灭火系统控制盘具有两个独立的区域探测回路，在自动控制状态下，当保护区域内某一回路报火警时，控制盘启动联动设备（如关闭防火阀、关闭风机等），并同时启动警铃，发出一级火灾报警信号给火灾自动报警系统（FAS）。当另一探测回路也报火警时，控制盘内蜂鸣器鸣响，并发出二级火灾报警信号给火灾自动报警系统，经过30s延时后，控制盘发出控制信号，启动对应区域的选择阀和对应主动气瓶上的电磁阀，将灭火药剂释放到保护区进行灭火，同时灭火区域门外的气体释放指示灯闪亮。

（2）电气手动控制。有人到现场确认时，若发现确有火灾发生，则应通知保护区内的人员疏散，并关好门窗。若系统仍没喷气，则手动操作按下释放按钮。若手动按钮失灵，则到气瓶间开启对应火灾区域电磁选择阀上的手动启动器，同时开启对应区域主动气瓶瓶头的电磁阀手动启动器。事故处理完毕后应进行系统复位。

若火警属于误报，则应在按住“止喷”按钮的同时将开关打到手动状态，停止喷气，然后进行消音及系统复位、防火阀复位，使系统恢复正常状态。

（3）应急机械操作。应急机械操作实际上是全机械方式的操作，不需任何电源，只有当自动控制与电气手动控制均失灵时，才需要采用应急操作。先操作区域选择阀上的机械式手动启动器（拔掉保险栓，向SET箭头的相反方向推），然后操作气体钢瓶上的机械式手动启动器（拔掉保险栓，向SET箭头的相反方向推），来开启整个区域的气体灭火系统。

(4) 气体灭火系统喷气后现场作业安全要求。高度重视进入密闭场所作业的危险性，强化全过程管理，落实安全措施，进房间前进行安全教育，以防事故发生。作业开始前应做到进入前房间内已经进行过排烟措施，在征得环调同意后佩戴防毒面具方能进入房间，进入房间后将进入房间的门处于打开位置。进入房间必须明确安全责任，现场至少有 3 人，1 人进入房间、2 人在外配合，并负责监护，随时与房间内联系，相互呼应。进入房间的人员如出现头晕、胸闷、呕吐等不适感觉，应立即离开房间，严重时要及时送医院抢救。

3. 烟烙烬气体灭火系统性能简介

(1) 成分组成。烟烙烬（INERGEN）是一种由 52%的氮气、40%的氩气和 8%的 $CO_2$ 三种自然存在于大气中的纯天然的惰性气体组成的灭火剂。

(2) 灭火原理。烟烙烬喷放后，保护区空气中的氧气含量由支持燃烧的 21%降为不支持燃烧的 12.5%，从而使火灾熄灭。

(3) 优点。

1) 对人体的危害小。灭火过程中 $CO_2$ 含量由原空气中浓度的不到 1%变为 2%～4%，此浓度下仍可保证人在低氧环境下正常地呼吸。因此，烟烙烬气体可用于需要气体灭火保护且又经常有人停留的工作场所。其次，烟烙烬在喷放时不产生烟雾，人们可以看清逃生路线。此外，烟烙烬气体完全无毒，作为惰性气体也不会在与火焰接触时产生有毒或有腐蚀性的分解物。

2) 无环境危害。烟烙烬释放时，其气体成分还原为它在大气中自然存在的状态，对环境不会造成任何影响。

3) 无次生损失。烟烙烬气体对人是安全的，可立刻扑灭火灾，使火灾损失最小；烟烙烬以气态储存，喷放时不会产生对精密设备有害的冷凝作用，同时也不会导致腐蚀或静电积累。

4) 输送距离远。烟烙烬气体灭火系统送气管长度可达 150m，较其他气体灭火系统能输送更长的距离。灭火时通常要求系统在 1min 内达到 90%的喷发量。

## 五、火灾自动报警系统（FAS）

火灾自动报警系统（fire alarm system，FAS）是为了及早发现、通报火灾，以便及时采取措施扑灭火灾而设置于建筑物内的一种自动消防设施。

通常，城市轨道交通每一条线的火灾自动报警系统以环网方式将各车站的报警控制器构成一个整体网络，在控制中心能对全线报警系统实行监控管理，随时掌握全线动态情况，在其所管辖范围内，对火灾状况进行监测报警和实施有关消防操作。火灾自动报警系统主要实现火灾监测的报警、其他系统消防设备的监视及控制、系统故障报警、消防电话通信等重要功能。

在城市轨道交通各车站、主变电站、车辆段、集中冷站、区间风机房和控制中心大楼均设有火灾自动报警系统，分为车站级和中央级两级。

车站级设备包括火灾报警控制盘与站级计算机图形中心、站内的自动报警设备、手动报警器、消防紧急电话等。

中央级设备为安装在控制中心的中央级计算机图形中心，作为全线火灾自动报警系统的操作管理和资料存档管理平台，随时接收显示各车站传送来的报警信号，对车站报警点按全貌、分区等逐级进行图形显示，并打印、存档各类信息资料。

**六、机电设备监控系统（BAS）**

机电设备监控系统是将环控、低压、照明、给排水、屏蔽门等设备以集中监控为目的而构成的综合自动化系统。机电设备监控系统实现了对现场机电设备运行状态进行实时集中监视、控制和报警，降低了设备操作的复杂性和操作难度，能够协调设备动作。在消防功能方面，机电设备监控系统有以下功能：

（1）接收火灾自动报警系统送来的火灾信息，控制车站相关设备执行设定的火灾模式，如控制环控系统执行排烟模式，开启紧急疏散导向，切断三级电源。

（2）在列车发生火灾时，接收行车信号系统送来的列车区间停车位置信号，控制隧道通风系统进行排烟。

机电设备监控系统通常由中央、车站、就地三级实现对相关设备的监视和控制。

## 知识点 4 城市轨道交通火灾自救与逃生

在火灾事故中，有的人能火里逃生，有的却丧身火海，这固然与火势大小、起火地点、起火时间、建筑物内消防设施、扑救是否及时等因素有关，但受害者火场积极自救、互救，通过有效疏散而成功逃生是不乏先例的。能否成功从火场逃生取决于被困者的自救知识和相应的自救能力。因此，掌握一定的消防知识，增强自救意识，提高疏散技能，对每一个人来说都是非常必要的。

**一、城市轨道交通车站火灾自救与逃生**

（1）贯彻“救人第一，救人与灭火同步进行”的原则，积极施救。

（2）火灾发生后，车站工作人员应首先做好乘客的疏散、救护工作。

（3）把握起火初期的关键时间，在消防员到来前积极组织灭火自救。

（4）车站工作人员开展灭火自救工作时应注意佩戴好个人防护用品。

（5）消防员到场后，灭火任务应交给消防员。

（6）当火势不可控制，可能危及自身生命安全时，车站工作人员应主动撤离。

（7）乘客在车站遇到火灾时，应服从工作人员指挥，听从事故广播指引，沿疏散标志指示方向出站逃生。

（8）车站发生火灾时，不要使用垂直升降电梯。

**二、城市轨道交通列车火灾逃生**

1. 列车在车站内发生火灾时的逃生

（1）乘客应保持镇静。

（2）按压车厢内的紧急报警按钮或紧急通话器（各线列车因生产厂家不同，设置略有不同，详见电客车应急设备使用说明），通知司机车厢内发生的情况。

（3）在可能的情况下，使用车载灭火器灭火。

（4）必要时可拉下列车车门紧急解锁手柄，向两侧用力推开车门。

（5）向站外方向疏散。

2. 列车在隧道内发生火灾时的逃生

（1）乘客应保持镇静。

（2）按压车厢内的紧急报警按钮或紧急通话器，通知司机车厢内发生的情况。

(3) 在可能的情况下，使用车载灭火器灭火。

(4) 列车将会尽可能运行到车站进行人员疏散，因此乘客应听从列车广播的指挥，千万不要惊慌失措，不要乱动车厢内其他设备。

(5) 在列车无法到达前方车站而又需要紧急疏散的情况下（因隧道内紧急疏散设计不同，各条线路的隧道内疏散方式是不同的），车厢内乘客应该听从列车广播的指挥。

1) 当无疏散平台时，乘客向列车前进方向的司机室疏散。首先打开客室与司机室之间的通道，进入司机室，再打开司机室一侧的应急疏散门，乘客通过应急疏散门斜梯走到隧道/高架线，通过隧道/高架线向车站方向疏散。

2) 当线路上设有疏散平台时，列车停稳后，列车司机打开疏散平台一侧的车门，乘客走出列车到达线路沿线的疏散平台，沿疏散平台向车站方向疏散。

## 知识点 5 城市轨道交通火灾人员疏散

### 一、城市轨道交通火灾疏散的有关装备

我国城市轨道交通企业不但要有完善的固定消防设施，还需要配备足够数量火灾应急疏散设备。

(1) 移动照明灯：为了能保证火灾时能够正常照明，在疏散走道出入口处、过道上、拐弯处、疏散楼梯等地方布置一些移动照明灯具，供人员疏散时使用。

(2) 扬声器：主要供引导人员疏散、寻找被困人员和与消防队员对话时使用。

(3) 防烟防毒面具、滤气罐、逃生头盔、毛巾和口罩：主要保护疏散人员的呼吸器官，延长疏散人员在高温、浓烟、毒气情况下的生存时间，放置在列车和候车大厅等人员密集处。

(4) 空气呼吸器、隔热服和避火服：主要供城市轨道交通内部保卫人员使用，使他们能够在第一时间接近并消灭火源。

(5) 锤子、斧头等破拆工具：主要放置在列车内部用于破拆。

### 二、城市轨道交通火灾疏散的基本要求

(1) 强化责任意识是前提。城市轨道交通员工必须强化责任意识，落实安全责任，人人心中绷紧安全无事故这根弦，使各项安全制度落到实处，发生事故要追究相关人员责任，严肃处理。

(2) 制定疏散预案是基础。制定城市轨道交通火灾疏散预案一定要联合消防、公安、供电、救护等部门一起制定，最大限度地发挥各个部门人员和装备优势，力争用最少的时间、最小的代价、最可行的方法疏散最多的人员。预案的重点应放在火灾发展的初期，城市轨道交通内部工作人员应该干什么、怎么干。比如：发生火灾后，如何最快地把防烟防毒面具、滤气罐、逃生头盔等装备发放给各个乘客，利用扬声器应该说什么才能最大限度地稳定乘客的情绪。

(3) 经常开展卓有成效的疏散演练是重要环节。城市轨道交通火灾下的人员疏散演练应与消防、公安、供电、供水、救护等单位事先联系分工，保证火灾时各项工作的顺利进行，最大限度减少伤亡。经常开展演练，可以巩固人们学过的逃生常识，增强人们在复杂情况下的心理素质，提高人们的逃生技能，对避免群死群伤具有重要意义。

（4）普及全民自我保护意识是根本。依靠宣传和教育，提高人们的自我保护意识。比如：城市轨道交通发生火灾，有一定常识和经验的乘客就会很自觉地配合城市轨道交通人员进行疏散，自觉拿着防烟防毒面具或毛巾、口罩边疏散边保护自己，即使一时拿不到也会用自己的手帕或脱去外衣用衣服或用手护住口鼻，低姿态疏散，而不是惊惶失措、乱作一团。

（5）提高城市轨道交通员工临场处理是关键。城市轨道交通发生火灾后，火点附近的工作人员必须争分夺秒，立足自救并组织疏散，不能消极等待消防队到来，否则就会错过救人、疏散和灭火的最佳时机。

**三、城市轨道交通火灾疏散的方法**

无论城市轨道交通系统哪个部位发生火灾，都应在第一时间紧急疏散乘客，同时采取有效的灭火措施。根据世界上城市轨道交通重大火灾事故的教训，乘客没有得到快速、及时、安全的疏散是造成人员重大伤亡的主要原因。

1. 车站火灾人员疏散

（1）车站疏散命令由行车调度员发布，紧急情况下车站值班站长可自行决定本站进行疏散，然后向行车调度员报告。

（2）中央控制室疏散命令由行车调度主管发布，有关部门宣布控制中心大楼实施疏散时，行车调度主管决定中央控制室疏散时机。

（3）其他区域非紧急疏散命令由管理部门部长或现场负责人发布，任何员工发现已经发生或即将发生严重威胁人员人身安全的情形时，均可以通知现场全体人员紧急疏散。

（4）有广播系统的区域，在实施疏散前或过程中，要充分利用广播系统发布信息，指明乘客疏散路线。如本区域某处发生火灾，应在广播中予以警示，至少重复三遍。

（5）值班站长必须迅速地安排乘客离开车站，本站人员应按照车站疏散路线图疏散到预设的集合地点，若原定疏散路线受阻，应另外选择疏散路线。

（6）如因所有出口不适合疏散，值班站长必须立即向行车调度员报告，行车调度员可安排一列空车协助疏散站内所有乘客及员工或授权将所有人员疏散至轨道区域。

（7）员工疏散到集合地点后，值班站长应安排清点人数，发现有人被困站内时应组织营救（如请求消防人员协助）。注意：有关员工可能因为执行其他任务而不能前往集合地点，如把守车站入口、安抚乘客等。

（8）向行车调度员报告或联系相关事宜，如疏散完成情况、乘客安置情况、下一步工作等。

2. 列车火灾人员疏散

根据火灾位置的不同，也有不同的应急疏散方案。列车在区间发生火灾时，列车驾驶员应尽可能将列车驶向前方车站，迅速打开站台侧门，利用车站站台疏散乘客，利用车站隧道防排烟系统排除烟气。如果列车不能驶入前方车站，停在区间隧道，必须紧急疏散乘客。车头着火时，乘客从车尾下车后步行至后方的车站；车尾着火时，乘客从车头下车后步行至前方车站；列车中部着火时，乘客从列车两端下车后步行至前、后方车站。疏散中，乘客身体成为匍匐状态或弯腰，避开烟雾毒气的袭击，并用水将衣服、手绢等物品弄湿，捂住口鼻，严防烟雾毒气吸入体内，防止中毒，同时要使用打火机、手机、手电筒等一切可以利用的发光体，寻找疏散标志。列车在车站发生火灾时，可以利用车站楼梯、出入口迅速疏散乘客，环控调度人员应执行火灾排烟模式，车站工作人员应立即关闭自动扶梯，引导乘客出站，并阻止乘客进站乘车。

## 知识点 6　消防事故处理案例分析

### 案例 1　伦敦国王十字车站火灾事故

1. 事故概况

1987 年 11 月 18 日，格林尼治时间晚上 19 点 29 分，英国伦敦国王十字车站发生重大火灾。国王十字车站是伦敦最大的轨道交通枢纽，共有 5 条线路在此站交汇，并与英国铁路系统衔接。此次火灾事故最终造成 31 人丧生（其中有 1 名消防员），100 多人受伤。

2. 事故原因

事故发生后，经询问目击者和车站工作人员，召开听证会，进行技术勘察和模拟实验等调查后确定，火灾是点燃的火柴梗引起的。具体情况是一名乘客点烟后将点燃的火柴梗扔到正在运行的自动扶梯上，火柴梗穿过踏板和踢脚板之间的缝隙，落在自动扶梯的运行导轨上，引燃了导轨上的润滑油、碎屑、踏板背面的油脂以及扶梯下积聚的可燃物，从而使自动扶梯首先起火，而后很快蔓延到售票大厅。

3. 处置措施

当日 19 点 29 分，乘客发现了 4 号自动扶梯下起火，随即按下扶梯顶部的紧急停止按钮，并报告车站工作人员。车站工作人员试图用二氧化碳灭火器灭火，但无法接近火源。

19 点 35 分，地铁工作人员向伦敦苏豪区消防局和距离国王十字车站最近的尤斯顿消防局报告火灾，消防局立即赶往救援。

19 点 39 分，警察决定疏散售票厅内的乘客，并通过电话要求调度员命令所有列车不要在国王十字站停靠，车站也停止售票。

19 点 43 分，消防员抵达，消防局第一辆消防车到达事故现场，消防局命令售票厅内工作人员撤离，但未将火警通知车站内的所有员工。消防队长进入地铁内侦查火情。此时仍有列车进站和乘客上下车，但售票厅内温度急剧升高，并产生了浓烟。

19 点 45 分，消防局第一辆消防车抵达 2min，尚未开始灭火，此时自动扶梯上端和售票厅内发生轰燃。消防队员带领部分乘客离开售票厅，其他乘客、部分警察以及地铁职工也紧急撤离现场。此时，有些人被严重烧伤，乘客和车站工作人员惊慌失措，现场秩序十分混乱，30 名乘客当场死亡。消防队长在协助一名被严重烧伤的乘客接近安全出口时，被浓烟夺去了生命。被困在车站内的人们在撤离过程中发现疏散通道上的两扇折叠门被锁闭，无法及时逃生。

20 点 5 分，伦敦消防总队的助理支队长到场指挥，要求增派消防力量。消防车迅速增加，总数达 30 辆，共有 150 多名消防员参加灭火救援工作。21 点 48 分，火势被控制，次日 1 点 46 分，火灾才被扑灭，搜索和抢险工作一直进行到黎明。伦敦市地铁火灾事故从发现起火到扑灭大火经历了 6 个小时 17 分钟。

4. 教训及启示

（1）存在的问题和漏洞。

1）政府在地铁内禁烟规定落实不力。伦敦市政府于 1985 年 3 月发布了“禁止在地铁吸烟”的禁令，但仍有许多乘客违反这一规定，在搭乘自动扶梯离开车站时吸烟。这一现象并未引起伦敦地铁公司的足够重视，地铁公司没有落实禁止在车站内吸烟规定，没有在车站自动扶梯附近等火灾易发区域设置醒目的“禁烟”标志，最终导致了这场火灾的发生。

2）木质电梯存在安全隐患。国王十字车站的自动扶梯是在1939年安装的，扶梯的扶手、侧板、踏板和踢脚板均为木质，很容易起火。

3）地铁工作人员日常防火意识不足。伦敦地铁内配备了用于日常防火的设施，但地铁工作人员防火意识不足，并没有有效使用这些设施。国王十字车站安装了水喷雾装置，列车停运后应当使用该装置来避免可能出现的阴燃，通常每两个星期使用一次。然而，经过事后调查，此次火灾发生之前，地铁工作人员已有很多年没有定期使用水喷雾装置了。

4）地铁工作人员缺乏消防训练。地铁工作人员缺乏消防训练，主要体现在以下几个方面：一是发现火情报警不及时。二是火灾初期处置不当。在火灾刚发生时，地铁工作人员没有启用水喷雾装置，而是用二氧化碳灭火器灭火，最终导致无法接近火源，结果因火势蔓延而灭火失败，从而错过了控制火情的有利时机。三是火灾信息播报不全面。尽管地铁公司在火灾发生时及时进行了广播，但并未足够重视。火灾场面失控后，地铁公司没有及时广播火灾的详细信息，更没有利用广播系统引导乘客疏散。四是消防设施不完善。地铁工作人员对地铁消防设施日常维护不到位，导致遇到火情时疏散通道不能及时开启，无法保证疏散通道畅通，延误了乘客的逃生时机。

5）消防救援组织不力。一方面，到场消防人员在对地铁内复杂的空间结构不了解的情况下，没有按照要求佩戴防烟呼吸器。增援的消防队员进入地铁进行扑救和疏散时，未考虑到便携式无线电话机可能失效，致使地下火灾现场救援人员和地面指挥中心失去联系，无法有效开展调度指挥，救援工作陷入困境，最终导致在轰燃1h后还没有制定出有效的灭火方案。另一方面，乘客被浓烈的烟雾困在售票厅内，有毒气体使得许多人昏迷乃至窒息时，消防员要求地铁列车加速通过车站，希望用它们造成的强大气流带走燃烧木材、橡胶、塑料等可燃物产生的浓烟，然而这一错误决定导致列车带来的空气不但不能驱散有毒气体，反而助长了火势的蔓延。

6）公众缺乏自救意识。火灾发生时，几百名乘客乱作一团，失去理智，在大厅中盲目奔逃，甚至堵塞了疏散通道，使得乘客不能准确判断出安全出口，丧失了迅速逃离火灾现场的机会。由于现场混乱，消防员需要花费更多的时间和精力去引导无序的乘客疏散，并疏通救援通道，这在很大程度上延误了救援工作。

（2）本次事故处理的成功之处。

1）消防员探明起火点后派人封锁危险出口，防止乘客惊慌中闯入危险地带，引导乘客准确找到有效疏散通道，避免了伤亡人数的进一步扩大。

2）地铁公司根据火势情况，迅速组织应急调度，果断研究制定疏散方案，安排列车运送被困人员到达安全地带，使得许多乘客和工作人员得以幸免，这对于挽救被困乘客和工作人员的生命起到了十分重要的作用，对同类事故的人员疏散工作具有借鉴意义。

（3）本次事故的启示。

1）切实消除火灾隐患。一是城市轨道交通设施应使用阻燃材料。二是做好消防设施设备定期检修工作，确保完好有效，本次事故由于部分疏散通道不畅通，许多乘客错过了最佳逃生时机。日常运营过程中也未有效使用水喷雾装置，未能及时避免引燃。所以，必须加强消防设施设备的安全管理，严格执行规章制度，确保火灾发生时各种消防设施能够正常运转。

2）增强城市轨道交通工作人员的安全意识。增强城市轨道交通工作人员的安全意识要从以下两个方面入手：一是要提高员工警惕性，做到遇火情早发现、早上报。在此次事故中，工作人员在乘客最初报告发现异味时麻痹大意，未及时检查、核实。如果尽早处理，火灾或许可以避免。二是要增强员工安全检查意识。员工安全检查意识淡薄是此次事故发生的重要原因之一，在日常工作中，必须不断加强教育。开展经常性的安全生产创建活动，使全体员工居安思危，防微杜渐，不断增加安全意识、灾害意识，更加自觉、更加主动地维护乘客的人身和财产安全。

3）加强城市轨道交通消防演练，增强员工应急处置能力。一方面，在此次事故的救援过程中，车站工作人员面对突发火灾时手足无措，没有充分利用车站有线广播，也没有启用闭路电视系统，不能迅速将车站空间布置图提供给消防人员使用，这些充分暴露了员工消防演练不到位、处置能力较差等问题；另一方面，地铁公司没有预先制定应急预案，导致列车调度不合理，仍有载客列车因未收到火灾警告驶入火灾现场，乘客疏散混乱无序。城市轨道交通运营单位须高度重视突发事件的应急处置能力，努力做好员工消防培训工作，制订火灾应急预案，不断提高全体员工特别是关键岗位的应急处置能力。

**案例 2　擅自离岗，造成火警事件**

1. 事故概况

某日，某地铁站设备区蓄电池室 FAS 系统报火警，车站行车值班员立即通知值班站长前往现场确认。值班站长和一站务人员到达蓄电池室后，闻到一股焦味，开门时发现钥匙不能插入匙孔，无法将门打开，马上返回车控室拿铁锤破门进入查看，发现充电机柜冒烟，立即组织人员将火扑灭。经检查发现充电机的一个滤波电容烧毁。

2. 原因分析

（1）事发时充电机正在对蓄电池进行充电，因充电电流较大，发热严重，加之电容器使用多年，已老化，绝缘下降，承受长时间的大电流和发热，导致起火烧毁。

（2）充电作业时，作业人员将充电机设置到充电状态后，擅自离开，没有监控设备充电情况。

3. 防范措施

（1）加强维护保养，加强充电装置的检查，对存在安全隐患的元器件进行更换。

（2）加强作业安全监管，严禁擅离职守，应严格按规程要求对充放电过程进行监护。加强钥匙管理和门锁的维护，更换门锁后要及时将钥匙交给车站。

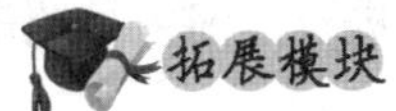


## 拓展知识　微型消防站配置与操作

为实现救早、灭小和“3 分钟到场”扑救初起火灾为目标，消防重点单位宜建设微型消防站，积极开展防火巡查和初起火灾扑救等火灾防控工作。城市轨道地下车站等均为消防重点单位，因此在城市轨道交通地下车站大部分地铁企业均建有微型消防站。

城市轨道交通微型消防站整体箱体设置于每座地下车站站台层的中部公共区，部分具有危险性的工器具放置于三角机房内，微型消防站内设有灭火装置、救援设备、排烟设备与相关的辅助设备。

灭火设备主要包括预混合压缩空气泡沫灭火装置、灭火泡沫枪、灭火剂输水带、背负式预混合压缩空气泡沫灭火装置、空气呼吸机等。救援设备（破拆工具）杆、撬斧拔钉锤、扁阔凿、破锁拔钉锤、金属切割爪、腰斧、撬斧等。排烟设备配有电动正压式便携排烟机，辅助设备绝缘断线钳、逃生面罩、强光手电等。具体操作见本项目拓展资源。

## 实作模块

### 任务1　灭火器使用操作演练

1. 任务描述

根据火灾的类别，正确选用灭火器，并正确使用灭火器进行灭火。

2. 相关资料及资源

（1）二氧化碳灭火器、泡沫灭火器。

（2）火源。

（3）实训场。

3. 任务实施说明

（1）学生分组，每5～8人为一小组。

（2）小组进行任务分析。

（3）编制演练计划。

（4）现场演练。

（5）演练总结。

4. 效果评价

采用学生自评50％＋组内互评20％＋组间评价30％的形式。

### 任务2　车站火灾人员疏散演练

1. 任务描述

模拟车站站台发生火灾，需进行乘客疏散，编制疏散作业程序，并进行区间人员疏散的应急演练。

2. 相关资料及资源

（1）教材。

（2）教学课件。

3. 任务实施说明

（1）学生分组，每5～8人为一小组。

（2）小组进行任务分析，编制任务执行计划。

（3）确定组内分工，编制区间疏散应急预案。

（4）小组成员分别代表行调、电调、车站值班员、站务员、司机进行停电应急处置措施的演练。

（5）演练效果评价。

4. 实施注意事项

严格按作业标准进行作业。

5. 效果评价

采用学生自评 50%＋组内互评 20%＋组间评价 30%的形式。

## 应知应会

1. 简述城市轨道交通火灾的特点。
2. 火灾如何分类？
3. 如何进行防火？
4. 灭火的最佳时机是什么？灭火的方法有哪些？
5. 如何操作使用灭火器？
6. 如何操作使用消防栓？
7. 如何操作使用气体灭火系统？
8. 车站发生火灾时如何进行人员疏散？

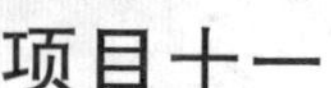

# 项目十一

扫一扫

项目十一拓展资源

# 城市轨道交通运营设备安全事故预防

城市轨道交通系统的机电设备主要包括供电系统，通信系统，信号系统，通风、空调和采暖系统，给排水和消防系统，火灾自动报警系统，环境与设备监控系统，自动售检票系统，自动扶梯、电梯和自动人行道，屏蔽门与防盗门系统以及电客车等。在考虑安全问题时，还应考虑设备本身的安全。

## 学习目标

| 知识目标 | 技能目标 | 思政目标 |
| --- | --- | --- |
| 1. 掌握电气安全常识、电气化线路安全要求；<br>2. 了解电焊作业安全知识；<br>3. 了解城市轨道交通机械安全知识；<br>4. 熟悉电梯使用与维修作业安全要求；<br>5. 掌握屏蔽门安全管理知识；<br>6. 掌握接触轨区域作业安全 | 1. 会对乘梯人员进行分类监控；<br>2. 会站台安全门使用与维护监控；<br>3. 会进行接触轨区域作业安全监控；<br>4. 会进行高处作业安全监控 | 1. 培养学生处理问题时的系统思维、辩证思维；<br>2. 培养学生大局观、风险意识；<br>3. 培养学生的人本精神、协作精神 |

## 理论模块

### 知识点 1 电气安全知识

电能具有便于输送、容易控制、用途广泛和利用效率高的特点，在城市轨道交通领域有着广泛的应用，但是如果对电气可能产生的危害认识不足，缺乏用电安全知识，使用不当，控制和防护措施不到位，或安全管理不到位和运行维护不当等，一旦发生异常情况，极易甚至造成人身伤害和财产损失或运营服务受阻等事故。因此，城市轨道交通运营企业必须加强对电气安全的管理与人员电气安全知识的培训。

## 一、电气安全基本常识

1. 电气事故的特点

（1）危害大。电气事故往往会影响生产和生活，造成财产损失和人员伤害，甚至还可能造成人员死亡，影响社会秩序。

（2）电气事故所引发的危险难以直接识别。由于电能看不见、听不到、嗅不着，比较抽象，不具备可直观识别的特征。

（3）电气事故涉及领域广。电气事故不仅发生在用电领域（如触电、设备和线路故障等）还可能发生在一些非用电场所，这是因为电能的释放也会造成灾害或伤害（如雷电、静电和电磁场危害等）。电能的使用非常广泛。

2. 触电事故种类及电流对人体的危害

触电事故指电流流过人体时对人体产生的生理和病理伤害。触电事故是由电流及其转换成的能量造成的事故。

（1）触电事故的种类。触电事故分为电击和电伤两种类型。

1）电击。电击是电流直接作用于人体所造成的人体内部组织在上的反应和病变伤害，也就是通常说的触电。绝大部分触电事故都是由电击造成的。电击可分为直接接触电击和间接接触电击。前者是触及正常状态的带电体是发生的电击，后者是触及正常状态下不带电而在故障状态下意外带电的带电体时发生的电击。

2）电伤。电伤是电流的热反应、化学反应、机械效应等效应对人体造成的伤害，如电弧烧伤、电流灼伤、电烙印、皮肤金属化、机械性损伤、电击等。因电弧温度高达8000℃，可能造成大面积深度烧伤，甚至烧焦。

（2）电流对人体的危害。电流对人体的危害程度与通过人体的电流大小、通电持续时间、电流的种类、电流通过途径、触电者的健康状况以及作用于人体的电压等因素有关。

1）通过人体的电流大小。通过人体的电流越大，人体的生理反应就越强烈，病理状态越严重，对人体的伤害就越大。

2）通电持续时间。电流通过人体的持续时间越长，越容易引起心室颤动，触电后果越严重。

3）电流的种类。直流、交流和高频电流对人体的危害程度不同，通常工频电流对人体的危害最为严重。

4）电流通过途径。电流对人体的伤害程度主要取决于心脏受损的程度，不同途径的电流对心脏有不同的损害程度。最危险的电流途径是从左手到前胸。其实，从左手到脚或右手到左手的电流途径都较危险。

5）触电者的健康状况。触电的危险性与人的健康状况有关。触电者的性别、年龄、健康状况、精神状态和人体电阻都会影响触电后果。触电对心脏病、肺病、内分泌失调及精神病等患者最危险，触电死亡率最高。

6）作用于人体的电压。作用于人体的电压越高，通过人体的电流就越大，对人体的伤害也越严重。我国规定适用于一般环境的安全电压为36V。

3. 电气安全常识

（1）不得私拉、乱拉电线，不得私用电炉。

（2）不得超负荷用电，不得随意加大熔断器的熔体规格或以铜丝、铁丝代替原有的铝锡合金熔丝。

（3）装拆电线和电气设备应由电工进行，避免发生短路和触电事故。

（4）不能在电线上晾晒衣物，以防电线绝缘破损，漏电伤人。

（5）不得在架空线路和室外变配电装置附近放风筝，以免造成短路或接地故障。

（6）不得用鸟枪或弹弓打停在电线上的鸟，以免击毁线路绝缘子。

（7）不得攀登电线杆和变配电装置的构架。

（8）移动电器的插座一般应采用带保护接地的插座。

（9）所有可能触及的设备外漏可导电部分必须接地，或接中性线（PEN 线）或保护线（PE 线）。

（10）当电线断落在地上时，不可走近，不能用手去捡。对落地的高压线，禁止人员进入距离落地点 8～10m 的范围；如果此时已有人在 8～10m 内，不要跨步奔走，应单足或并足跳离危险区，以防跨步电压触电。遇此断线接地故障，应划定禁止通行区，派人看守并及时通知电工或供电部门前往处理。

（11）在打扫卫生，擦拭设备时，严禁用水冲洗，或用水湿抹布擦拭电器设备，以防发生短路和触电事故。

（12）如遇有人触电，应按规定方法进行急救处理（项目十二知识点 3）。

**二、触电事故防护技术**

触电事故分为直接触电和间接触电两种，这两种事故发生在电路或电气设备的不同状态下，因而防护措施也各不相同。

1. 直接触电防护措施

直接触电防护措施主要有绝缘、屏护和间距等。

（1）绝缘。绝缘是用绝缘材料把带电体封闭起来。电气设备的绝缘应符合其相应的电压等级、环境条件和使用条件。绝缘良好是保证设备正常运行的必要条件；绝缘不良会导致设备漏电、短路，从而引发设备损坏及触电事故。因此，绝缘防护是最基本的安全防护措施。

1）常用绝缘材料。绝缘材料又称电介质，它在直流电压的作用下，只有极小的电流通过。电工技术上将电阻率大于 107Ω·m 的材料称为绝缘材料。绝缘材料按形态可分为气体绝缘材料、液体绝缘材料和固体绝缘材料，按化学性质可分为无机绝缘材料、有机绝缘材料和混合绝缘材料。

常用的气体绝缘材料有空气、氮气、氢气、二氧化碳和六氟化硫等；常用的液体绝缘材料有矿物油、硅油、蓖麻油等；常用的固体绝缘材料有电瓷、云母、玻璃、绝缘纤维制品、绝缘浸渍纤维制品、绝缘漆、绝缘胶、电工薄膜、胶粘带、电工用塑料和橡胶等。

2）绝缘破坏。绝缘材料在运行中电气性能逐渐恶化甚至被击穿而发生短路或漏电事故的现象，称为绝缘破坏。绝缘破坏包括绝缘击穿和绝缘老化两种情况。

（2）屏护。屏护是采用遮栏、护罩、护盖、箱盒、挡板等把带电体同外界隔离开来。屏护装置的作用有：

1）防止工作人员意外碰触或过分接近带电体，如遮栏、栅栏、保护网、围墙等。

2）作为检修部位与带电部位的距离小于安全距离时的安全措施，如绝缘隔板等。

3）保护电器设备不受机械损伤，如低压电器的箱、盒、盖、罩、挡板等。

屏护装置应与带电体保持足够的安全距离，并根据现场需要配以明显的标志以引起人们的注意，还应有足够的力学强度和良好的耐火性能。金属材料制造的屏护装置应可靠接地（或接零）。遮栏、栅栏应根据需要挂标示牌。遮栏出入口的门上应安装信号装置和联锁装置。

（3）间距。为防止发生人身触电事故和设备短路或接地故障，带电体与带电体之间、带电体与地面之间、带电体与其他设备之间，必须保持一定的距离，称为安全距离或安全间距，可简称间距。安全距离的大小取决于电压的高低、设备状况和安装方式等因素。

安全距离的项目较多，其中人员与各电压等级下的安全距离见表 11 - 1。

**表 11 - 1　人员在各电压等级下操作的安全距离**　mm

| 电压等级 | 无防护栅 | 有防护栅 |
| --- | --- | --- |
| 110kV | 1500 | 1000 |
| 35（33、20）kV | 1000 | 600 |
| 10kV（直流 1500V）及以下 | 700 | 350 |

在架空线路附近进行起重作业时，起重机具（包括被吊物）与线路导线之间的最小距离应满足表 11 - 2 所列数值的要求。

**表 11 - 2　起重机具（包括被吊物）与线路导线之间的最小距离**　mm

| 电压（kV） | 1 以下 | 10 | 35 |
| --- | --- | --- | --- |
| 沿垂直方向 | 1500 | 3000 | 4000 |
| 沿水平方向 | 1500 | 2000 | 3500 |

机动车道与外电架空线路交叉时，架空线路的最低点与路面的最小垂直距离应符合表 11 - 3 所列数值的要求。

**表 11 - 3　机动车道与架空线路交叉时的最小垂直距离**　m

| 电压（kV） | 1 以下 | 10 | 35 |
| --- | --- | --- | --- |
| 最小垂直距离 | 6.0 | 7.0 | 7.0 |

2. 间接触电防护技术

电气设备在运行中发生漏电或击穿（俗称“碰壳”）时，正常运行时不带电的金属外壳以及与之相连的金属结构便带有电压，此时人体触及这些外露的金属部分所造成的触电，称为间接触电。间接触电防护技术有保护接地、保护接零等。

（1）IT 系统（保护接地）。IT 系统就是保护接地系统。IT 系统中所有设备的外露可导电部分都经各自的保护线（PE 线）单独接地。IT 系统的 I 表示配电网中性点不接地或经高阻抗接地，T 表示电气设备外壳接地，如图 11 - 1 所示。保护接地的作用是将电气设备在故障情况下呈现危险电压的金属部分经接地线、接地体同大地紧密连起来，把故障电压限制在安

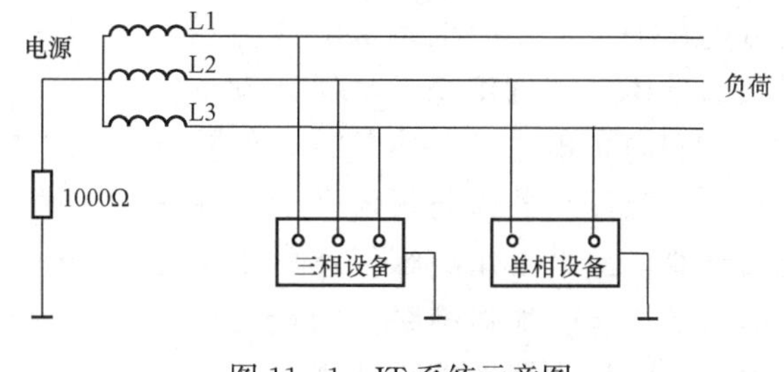

图 11 - 1　IT 系统示意图

全范围内。

（2）TT 系统。我国绝大多数企业的低压配电网采用三相四线制配电网。TT 系统中所有设备的外露可导电部分都经各自的保护线（PE 线）单独接地。TT 系统的第一个 T 表示配电网中性点直接接地，第二个 T 表示电气设备外壳接地，如图 11 - 2 所示。TT 系统的带电部分碰到外壳时，接地电阻能大幅度降低漏电设备上的故障电压，从而避免触电事故的发生，但设备上的故障电压一般不能降低到安全范围内。因此，TT 系统必须装设漏电保护装置或过电流保护装置。

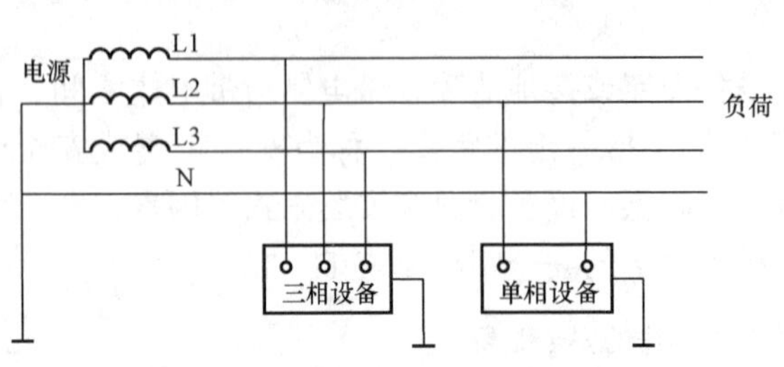


图 11 - 2　TT 系统示意图

（3）TN 系统（保护接零）。TN 系统就是保护接零系统。TN 系统中所有设备的外露可导电部分均接公共保护线（PE 线），这种接公共 PE 线或 PEN 线也称“接零”。TN 系统中的 N 表示电气设备在正常情况下不带电的金属部分与配电网中性点之间（即与保护零线之间）紧密连接。保护接零的安全原理是当某相带电部分碰到设备外壳时导致短路，短路电流促使线路上的短路保护元件迅速动作，从而把故障设备电源断开，消除电击危险。

TN 系统分为 TN-S、TN-C-S、TN-C 三种类型，如图 11 - 3 所示。如果系统中的 N 线和 PE 线全部分开，则此系统称为 TN-S 系统；如果系统中干线部分的前一段 PE 线和 N 线共同为 PEN 线，后一段 PE 线与 N 线部分或全部分开，侧此系统称为 TN-C-S 系统；如果系统中干线部分 PE 线与 N 线完全共用，则此系统称为 TN-C 系统。TN-S 系统的安全性能最好，常应用在有爆炸危险环境、火灾危险性大的环境及其他安全要求高的场所；TN-C-S 系统常应用在厂内低压配电的场所及民用建筑等。

3. 其他触电防护技术

（1）双重绝缘和加强绝缘。双重绝缘是指除基本绝缘（工作绝缘）外，还有一层独立的附加绝缘（保护绝缘），用来保证在基本绝缘损坏时，对操作者进行触电保护。工作绝缘是带电体与不可触及的导体之间的绝缘，是保证设备正常工作和防止电击的基本绝缘，保护绝缘是不可触及的导体与可触及的导体之间的绝缘，是当工作绝缘损坏后用于防止电击的绝缘。加强绝缘是指绝缘材料对力学强度和绝缘性能都加强了的基本

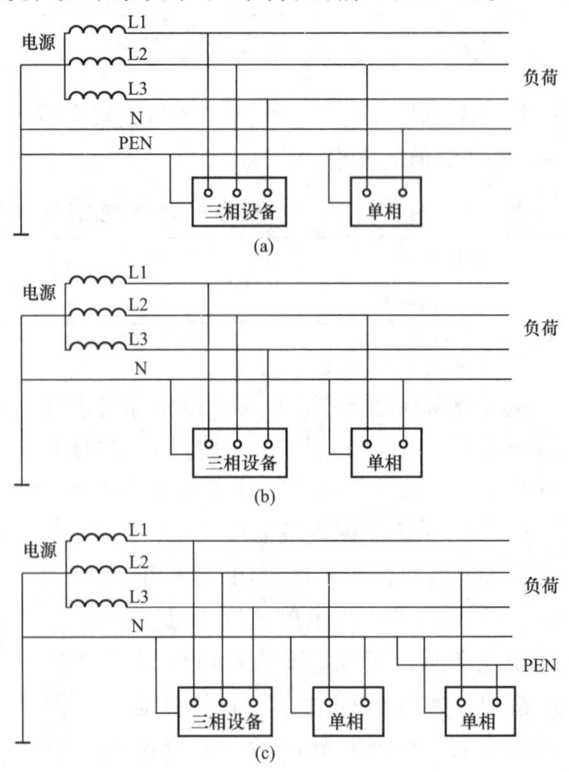


图 11 - 3　TN 系统示意图

（a）TN-S；（b）TN-C；（c）TN-C-S

绝缘，它具有与双重绝缘相同的触电保护能力。

具有双重绝缘的电气设备工作绝缘电阻不得低于 2MΩ，保护绝缘的绝缘电阻不得低于 5MΩ，加强绝缘的绝缘电阻不得低于 7MΩ。

（2）安全电压。安全电压是在一定条件下、一定时间内不危及生命安全的电压。它是根据人体电阻、安全电流、环境条件而制定的电压系列。我国根据工频有效值的额定值的大小，将安全电压分为 42、36、24、12、6V 共五个等级。

凡是在特别危险的环境中使用的携带式电动工具均应采用 42V 安全电压；凡是在有电击危险的环境中使用的手持照明灯和局部照明灯均应采用 36V 或 24V 安全电压；在金属容器内、隧道内、水井内以及周围有大面积接地导体等工作地点狭窄、行动不便的环境中应采用 12V 安全电压；水下作业及接触人体的医疗器械等应采用 6V 安全电压。

安全电压是相对安全的电压，而非绝对的安全。因此，应用安全电压时应注意下列事项：

1）采用安全隔离变压器作为安全电压的电源，不得采用电阻降压或自耦变压器。安全隔离变压器的一次侧与二次侧之间有良好的绝缘，其他还可用接地的屏蔽进行隔离。安全电压侧应与一次侧保持双重绝缘的水平。

2）安全电压回路必须与其他电气系统和任何无关的可导电部分保持电气隔离，防止接地（不得与大地、中性线和保护零线、水管、暖气管道等连接），但安全隔离变压器的铁芯应该接地。

3）安全电压的插销座不得带有保护插头或插孔，并应有防止与其他电压等级的插销座互相插错的安全措施。

（3）电气隔离。电气隔离指工作回路与其他回路实现电气上的隔离。电气隔离是通过 1∶1（即一次侧、二次侧电压相等）的隔离变压器来实现的。电气隔离通过阻断在二次侧工作人员单相触电时电流的通路来确保人身安全。

电气隔离的电源变压器必须是隔离变压器，二次侧必须保持独立，应保证电源电压 $U$ 不超过 500V、线路长短不超过 200m。

（4）漏电保护。漏电保护装置主要用于防止由漏电引起的触电事故或防止单相触电事故，也用于防止漏电火灾及监视或切除一相接地故障。漏电保护装置有电压型和电流型两大类，目前我国及世界各国广泛采用电流型。

电流型保护漏电装置的动作电流分为 0.006、0.01、0.015、0.03、0.05、0.075、0.1、0.2、0.3、0.5、1、3、5、10、20A 共十五个等级。其中 30A 及其以下的属高灵敏度，主要用于防止触电事故；30A 以上、1000A 及其以下的属中灵敏度，主要用于防止漏电火灾和触电事故；1000A 以上的属低灵敏度，主要用于防止漏电火灾和监视一相接地故障。为了避免误动作，保护装置的额定不动作电流不得低于额定动作电流的 1/2。

漏电保护装置的动作时间指动作时的最大分断时间。为了防止各种人身触电事故，漏电保护装置宜采用高灵敏度、快速型的装置，其额定动作电流与动作时间的乘积不超过30mA·s。

以下场所必须安装漏电保护装置：

1）建筑施工场所、临时线路的用电设备。

2）除Ⅲ类设备外的手持式电动工具、除Ⅲ类设备外的移动式生活日常电器、其他移动式机电设备及触电危险性大的用电设备。

3）潮湿、高温、金属占有系数大的场所及其他导电良好的场所，以及锅炉房、水泵房、浴室、医院等辅助场所。

4）新制造的低压配电盘、动力柜、开关柜、操作台、试验台等。

## 三、雷电危害及安全防护技术

雷电是自然界的一种大气放电现象。当雷电流过地表的被击物时具有极大地破坏性，其电压可达数百万伏至数千万伏，电流达几十万安，造成人畜伤亡、建筑物燃烧或炸毁、供电线路停电、电器设备损坏及电子系统中断等严重事故。

### 1. 雷电的种类

从危害角度分类，雷电可分为直击雷、感应雷和雷电侵入波三种。

根据雷电的不同形状，雷电可分为片状、线状和球状三种形式。其中最常见的是线状雷。球状雷是雷电放电时产生的球状发光带电气体。

### 2. 雷电的危害

雷电有很大的破坏力，有电性质、热性质、机械性质等多方面的破坏作用。它会造成设备或设施的损坏，造成大面积停电和生命财产损失。其危害类型主要有火灾和爆炸、人员触电、设备和设施毁坏、大面积停电等。

### 3. 人身防雷

（1）发生雷暴时，应尽量减少在户外或野外逗留；在户外或野外最好穿塑料等不浸水的雨衣、胶鞋；如有条件，可进入有宽大金属构架或有防雷设施的建筑物、汽车或船只。

（2）雷暴时，应尽量离开小山、小丘、隆起的小道、水面及水陆交界处，应尽量避开铁丝网、金属晒衣绳及旗杆、烟囱附近，不宜躲在大树底下，不宜进入没有防雷保护的低矮建筑物。

（3）若遇到突发雷雨，当头发变硬或竖起来时，应该蹲下，降低自己的高度，同时将双脚并拢，减少电压带来的危害。

（4）若在高架、地面线路上遇到打雷时，应尽量远离接触轨设备，双脚并拢蹲下，尽可能使人体高度低于周围设备设施，利用打雷的间隙，及时回到室内避雷、避雨。

（5）雷暴时，在户内应离开照明线、动力线、电话线、广播线、收音机和电视机电源线、收音机和电视机天线以及与其相连的各种金属设备。

（6）打雷时，应停止地面段及高架段接触轨区域的作业；禁止在露天段接触轨设备或与露天段接触轨设备有电气相连的设备上作业。

（7）雷雨天气时要注意关闭门窗。

## 四、静电危害与消除

### 1. 静电的产生

最常见的产生静电的方式是接触-分离起电。当两种物体接触，其间距小于 $25\times10^{-8}$ cm，将发生电子转移，并在分界面两侧出现大小相等、极性相反的两层电荷。当两种物体迅速分离时即可能产生静电。

在下列工艺过程中比较容易产生和积累危险静电：

（1）固体物质大面积摩擦。

（2）固体物质的粉碎、研磨过程，粉体物料的筛分、过滤、输送、干燥过程，悬浮粉尘的高速运动。

(3) 在混合器内搅拌各种高电阻率物质。

(4) 高电阻率液体在管道中高速流动、液体喷出管口、液体注入容器。

(5) 液化气体、压缩气体或高压蒸汽在管道中流动或由管口喷出。

(6) 穿化纤布料衣服、绝缘鞋的人员在操作时行走、起立等。

2. 静电的特点

(1) 电压高。虽然静电能量不大，但其电压很高。固体静电电压可达 $2.5\times10^5$V 以上，液体静电和粉尘静电电压可达数万伏，气体静电和蒸汽静电电压可达 1000V 以上，人体静电电压也可达 1000V 以上。

(2) 泄漏慢。由于积累静电的材料的电阻率都很高，其上的静电泄漏很慢。即使在产生静电的过程停止以后，在较长一段时间内，也仍然存在静电危险。

(3) 产生感应电压。由于静电感应或感应起电，可能在导体上产生很高的电压，导致危险的火花。

(4) 影响因素多。静电的产生和积累受材质、杂质、物料特征、工艺设备（如几何形状、接触面积）和工艺参数（如作业速度）、湿度和温度、带电历程等因素的影响。由于静电的影响因素多，静电事故的随机性也强。

3. 静电的危害

工艺过程中产生的静电可能引起爆炸和火灾，也可能使人遭到电击，还可能妨碍生产。其中，爆炸或火灾是静电危害中最为严重的危害。

4. 防静电措施

(1) 环境危害程度控制。静电引起爆炸和火灾的条件之一是有爆炸性混合物存在。为了防止静电危害，可采取取代易燃介质、降低爆炸性混合物的浓度、减少氧化剂含量等控制所在环境爆炸和火灾危害程度的措施。

(2) 工艺控制法。工艺控制法就是在工艺流程、设备结构、材料选择和操作管理等方面采取适当的措施，限制静电的产生或控制静电的积累，使其达不到危害的程度。

(3) 泄漏导走法。泄漏导走法即在工艺过程中，采用空气增湿、加抗静电添加剂、静电接地和规定静电时间的方法将带电体上的电荷向大地泄漏消散，以保证安全生产。

(4) 采用静电中和器。静电中和器是能产生电子和离子的装置。静电中和器产生的电子和离子能与物料上的静电电荷中和，从而消除静电的危害。静电中和器主要用来消除非导体上的静电。

(5) 加强静电安全管理。静电安全管理包括制定静电安全操作规程、制定安全指标、静电安全教育、静电检测管理等内容。

(6) 人体防静电。人体防静电主要是防止带电体向人体放电或人体带静电所造成的危害。可采用接地、穿防静电鞋和防静电工作服等具体措施，减少静电在人体上的积累。

## 五、常用电气设备通用安全

1. 一般规定

采用的电气设备应符合现行国家标准的规定，并应有合格证件，设备应有铭牌。使用中的电气设备应保持完好的工作状态，严禁带故障运行。电气设备不得超铭牌运行。固定式电气设备应标志齐全。

2. 配电箱和开关箱安全

配电箱和开关箱应安装牢固，便于操作和维修。落地安装的配电箱和开关箱，设置地点应平坦并高出地面，其附近不得堆放杂物。配电箱、开关箱的进线口和出线口宜设在箱的下面或侧面，电源的引出线应穿管并设防水弯头。配电箱、开关箱内的导线应绝缘良好、排列整齐、固定牢固，导线端头应采用螺栓连接或压接。具有 3 个回路以上的配电箱应设总开关及分路开关。每一分路开关不应接 2 台或 2 台以上电气设备，不应供 2 个或 2 个以上作业组使用。照明、动力合一的配电箱应分别装设开关设备。配电箱、开关箱内安装的接触器、刀闸、开关等电气设备，应动作灵活，接触良好可靠，触头没有严重烧蚀现象。

3. 熔断器和插座

熔断器的规格应满足被保护线路和设备的要求；熔体不得削小或合股使用，严禁用金属线代替熔丝。熔体应有保护罩。管型熔断器不得无管使用；有填充材料的熔断器不得改装使用。熔体熔断后，必须查明原因并排除故障后方可更换；装好保护罩后方可送电。更换熔体时严禁采用不合规格的熔体代替。插销和插座必须配套使用。Ⅰ类电气设备应选用可接保护线的三孔插座，其保护端子应与保护地线或保护零线连接。

## 六、手持电动工具和移动式电气设备的使用

手持电动工具和移动式电气设备是最常用得小型电气设备，也是容易发生触电事故的用电设备。手持电动工具包括手电钻、手砂轮、冲击电钻、电锤、手电锯等。移动式电气设备包括振捣器等电气设备。

1. 手持电动工具的分类

手持电动工具按电气安全保护措施分为Ⅰ、Ⅱ、Ⅲ类。Ⅰ类工具为金属外壳，电源部分具有绝缘性能，外壳也是绝缘体，适用于干燥场所；Ⅱ类工具具有双重绝缘性能，不仅电源部分具有绝缘性能，外壳也是绝缘体，工具铭牌上有“回”字标记，适用于比较潮湿的作业场所；Ⅲ类工具采用安全电压，适用于特别潮湿的作业场所和在金属容器内作业。

2. 触电危险性

手持电动工具和移动式电气设备是触电事故较多的用电设备，主要是因为：

（1）因为是手持工具，外壳带电，将造成操作者触电，并且操作者一旦触电，由于肌肉收缩而难以摆脱带电体，容易造成严重后果。

（2）工具和设备的移动性，其电源线容易受拉、磨而损坏，电源线连接处容易脱落而使金属外壳带电，也容易造成严重后果。

（3）工具和设备没有固定安装，运行时震动大，而且可能在恶劣的条件下运行，本身容易损坏而使金属外壳带电，导致触电事故。

3. 安全使用条件

（1）Ⅱ、Ⅲ类设备没有保护接地或保护接零的要求，Ⅰ类设备必须采取保护接地或保护接零措施，设备的保护线应接到保护干线上。

（2）在潮湿或金属构架等场所作业，必须使用Ⅱ类或Ⅲ类设备。在锅炉内、金属容器内、管道内等狭窄的特别危险场所，应使用Ⅲ类设备。

（3）在一般场所，为保证使用的安全，应选用Ⅱ类设备，并装设漏电保护器、安全隔离变压器等。否则，使用者必须戴绝缘手套、穿绝缘鞋或站在绝缘垫上。装设的漏电保护器的额定动作电流应不大于 15mA，动作时间应不大于 0.1s。

(4) 使用Ⅰ类设备应配用绝缘手套、绝缘鞋、绝缘垫等安全用具。

(5) 移动式电气设备的保护零线（或地线）不应单独敷设，而应与电源线采取同样的防护措施，即采用带有保护芯线的橡皮套软线作为电源线。设备的软电缆及其插头不得任意接长、拆除或调换。

(6) 移动式电气设备的电源插座和插销应有专用的接零（地）插孔和插头。其结构应能保证插入时接零（地）插头在导电插头之前接通，拔出时接零（地）插头在导电插头之后拔出。严禁直接将电线的金属丝插入插座。

(7) 专用电缆不得有破损或龟裂，中间不得有接头。电源线与设备之间防止拉脱的紧固装置应保持完好。设备的软电缆及其插头不得任意接长、拆除或调换。

4. 使用要求

(1) 使用前辨认铭牌，检查工具或设备的性能是否与使用条件相适应。

(2) 检查其防护罩、防护盖、手柄防护装置等有无损伤、变形或松动。若发现工具外壳、手柄有破裂，应停止使用并及时更换。

(3) 检查开关是否失灵、破损，是否牢固，接线是否松动。

(4) 电源线应采用橡皮绝缘电缆；单相用三芯电缆，三相用四芯电缆；电缆不得有破损或龟裂，中间不得有接头。

(5) Ⅰ类设备应有良好的接零或接地措施，且保护导体应与工作零线分开；保护零线（或地线）应采用规定的多股软铜线，且保护零线（地线）最好与相线、工作零线在同一护套内。

(6) 非专业人员不得擅自拆除和修理手持电动工具。

(7) 严禁超载使用，注意声响和升温情况，发现异常应立即停机检查。

## 七、电焊安全

1. 电焊机通用要求

电焊机集中设置并应编号，布置在室外的电焊机应设置在干燥场所，并应设棚遮蔽；电焊机的外壳应可靠接地，不得多台串联接地；电焊机的裸露导电部分应装安全保护罩；电焊机的电源开关应单独设置；电焊把钳绝缘必须良好。

2. 线路安全要求

电焊机一次侧的电源线必须绝缘良好，不得随地拖拉，其长度不宜大于5m，且一次侧绝缘电阻不应低于1MΩ。电焊机二次侧引出线宜采用橡皮绝缘铜芯软电缆，其长度不宜大于30m，且二次侧绝缘电阻不应低于0.5MΩ。严禁利用厂房、金属结构、管道、轨道和其他金属件搭接作导线用。电焊机应有可靠的接地接零设施，地线接头要牢固，禁止用钢丝绳或机电设备代替零线。

3. 防触电措施

要保证电焊设备绝缘，并与所采用的电压等级相适应，防止周围环境和运行条件损坏绝缘。在潮湿地点作业时，应站在绝缘板或干木板上，要采用护栏、护罩、盒箱等作为屏护，使带电体与外界隔开。另外，要保证设备的带电体与人体及其他设备保持一定间距。电焊机的电源上应装设有隔离电器、主开关和短路保护装置，还可以安装空载自停装置。

4. 电焊作业环境

雷雨时禁止露天作业；禁止在带压力的容器和管道上施焊。在危险环境中作业，如在油槽、锅炉、管道等金属构件和狭小场所作业时，要使用安全电压，并用橡胶垫绝缘，同时设专人监护。焊接容器时，要防止残留气体或液化气而导致爆炸事故。

5. 防弧光辐射

电焊工应按规定穿戴防护服、手套、鞋盖及面罩。在焊接固定处所应设置防护屏。电焊工的防护用品还应能防止烧伤和射线伤害。

6. 通风防尘

在各类电焊作业中，焊接烟尘是一个严重的问题。烟尘中含有大量有害物质，因此在作业时应加强通风。在室内或密闭处所施焊时，应使用局部抽风装置，抽风罩要尽可能接近作业点。焊接前，要清除焊点周围的涂料、塑料和污物，以减少烟尘。

7. 防电焊引起的火灾

电焊作业过程中，会产生大量的电火花或炙热的焊渣，周围有可燃物或人员时极易引起火灾与烫伤。

**八、电气化线路电气安全**

1. 相关概念

（1）接触网：沿轨道线路架设，向电客车供给电能的特殊形式的输电线路，包括架空柔性接触网、架空刚性接触网和接触轨。

（2）牵引轨：用来回流牵引电流的钢轨。

（3）隔离开关：用来在接触网无负荷情况下切断或闭合供电回路的确电气设备。

（4）接触线：接触悬挂中与受电弓接触的传导电流的导线。

（5）承力索：接触悬挂中用来承受接触悬挂重量的缆索。

（6）接触轨区域：安装有接触轨的轨行区。

2. 城市轨道交通电气化线路电气安全要求

（1）接触网的各导线（如接触线、承力索、馈线、吊弦等）及其相连部件（如腕臂、定位器、定位管、拉杆、避雷器等）都带有高压电，禁止直接或间接地（指通过任何物件，如棒条、导线、水流等）与上述设备接触。

（2）当接触网的绝缘不良时，在其支柱支撑结构及其金属结构上，在回流电缆与钢轨的连接点上，都有可能出现高电压，因此应避免与上述部件接触。

（3）为保证人身安全，任何人员及其携带的物体（经检测合格的绝缘工具除外）应与带电接触网受流器保持足够的安全距离。1500V DC 接触网的安全距离为 700mm。

（4）进行在接触网上或与接触网距离小于其安全距离的作业前，接触网必须停电，并做好安全措施后方可工作。一般来说，其安全措施是停电、验电、挂接地线和悬挂标志牌。

（5）接触网断线及其部件损坏或接触网上挂有异物时，不得与其接触，并对该处加以防护，任何人均应与断线落下点保持 8m 以上的距离，以防跨步电压触电。

（6）当行人持有木棒、竹竿、彩旗和皮鞭等高长物件过道口走近接触网下时，不允许高举挥动，需使物件保持水平状态走过道口。

（7）汽车过平交道口时，货物装载高度（从地面算起）不得超过 4.5m。在装载高度超过 2m 的货物上，通过道口时严禁坐人。

（8）当区段内接触网停电接地时，不得向该区段接发电客车，当司机发现接触网异常或出现故障时，要立即停车并降下受电弓。

(9) 在接触网没有停电并接地的情况下，禁止到电客车、内燃机车及工程车车顶上进行任何作业。检修库内，在接触网停电并接地以前禁止登上车顶平台。

(10) 凡是可能进入接触轨区域的地方，都必须张贴“当心触电”警告标志。

(11) 所有进入接触轨区域的人员，都必须穿绝缘鞋（或绝缘靴）和有高可见度的反光背心。

(12) 除接触网专业人员按规定检修接触轨设备外，其他任何人员，即使在接触轨已经停电挂地线的情况下，也不得擅自接触、碰摸接触轨及其附件。

(13) 安装有接触轨的轨行区需疏散乘客时，原则上接触轨应停电，做好安全防护后再组织疏散。

(14) 倒闸操作、验电、挂拆接地线、处理接触网（轨）上异物时，操作人员必须戴高压绝缘手套。

(15) 带电更换低压熔断器时，操作人员要戴防护眼镜，站在绝缘垫上，并要使用绝缘柄钳或戴绝缘手套。

## 九、电气系统故障

电气系统故障引发的事故包括异常停电、异常带电、电气设备损坏、电气线路损坏、短路、断路、接地、电气火灾等。

异常停电指在正常生产过程中供电突然中断。异常停电会使生产过程陷入混乱，造成经济损失，甚至还会造成事故和人员伤亡。在工程设计和安全管理中，必须考虑到异常停电的可能，从技术和管理角度消除或尽量减少异常停电可能造成的损失。

异常带电指在正常情况下不应带电的设备设施或其中的部分意外带电。异常带电容易导致人员受到伤害。在工程设计和安全管理中，应当充分考虑到这一因素，适当安装漏电保护器等安全装置和采取保护接地（零）措施，保证人员不受到伤害。异常带电比异常停电危害更大。

## 十、高压电气安全

运用中的电气设备是指全部带有电压、一部分带有电压或一经操作即带有电压的电气设备。电压等级在 1000V 及以上的电气设备称为高压电气设备，电压等级在 1000V 以下的电气设备称为低压电气设备。

### 1. 一般安全规定

(1) 变电站的所有电气设备自第一次受电开始既认定为带电设备，之后，上述设备的一切作业都必须按安全工作规程严格执行。

(2) 若有停电甚至是因事故停电的电气设备，在未断开有关断路器和隔离开关并按规定做好安全措施前，不得进入相关的设备区，且不得触摸该设备，以防突然来电。

(3) 任何人发现有违反规程的情况应立即制止，经纠正后才能恢复作业。各类作业人员有权拒绝违章指挥和强令冒险作业；在发现直接危及人身、电网和设备安全的紧急情况时，有权停止作业或者在采取可能的紧急措施后撤离作业场所，并立即报告。

(4) 在设备因事故停电时，若已派出人员到现场巡查，在未与现场人员取得联系前，不得对停电设备重新送电。

(5) 当作业人员进入电容器室（柜）内或在电容器上工作时，要将电容器足够放电，并进行接地和做好其他安全措施后方可作业。

（6）当电气设备着火时，要立即将该设备电源切断，然后按规定采取有效措施灭火。

（7）在变电站内作业时，带电部分严禁用棉纱（或人造纤维）、汽油、酒精等易燃物擦拭，以防起火。

（8）在所有供电设备附近搬动梯子或长大工具、材料、部件时，要时刻注意与带电设备部分保持足够的安全距离。

2. 高压设备巡视规定

一般情况下，变电所巡视需两人同时进行。只有安全等级不低于三级的人员才可单独巡视。当一人单独巡视时，无论高压设备是否带电不得进行其他作业，禁止打开高压设备室（柜）的防护栅或进入高压柜内。如要打开变电器室的防护栅，要注意与带电部分保持足够的安全距离，并要有安全等级不低于三级的人员在场监护。

3. 倒闸操作规定

（1）由电力调度管辖的设备的倒闸操作，必须要由电力调度发布倒闸操作命令。遇到危及人身和设备安全的紧急情况，值班人员（巡检人员）可先行断开有关的断路器和隔离开关，再报告电力调度，但再次合闸时，必须有电力调度的命令。

（2）倒闸操作必须有两人同时进行，一人操作、一人监护。就地操作时，操作人和监护人必须穿绝缘靴，同时操作人还要戴绝缘手套。

4. 高、低压设备作业规定

高、低压设备操作分为高压设备的停电作业、高压设备的不停电作业、低压设备作业三类。

（1）高压设备的停电作业。高压设备的停电作业是指在停电的高压设备上进行的作业及在低压设备和二次回路、照明回路、消防等设备上进行的需要高压设备停电的作业。

高压设备需停电后才能进行作业的情形如下：

1）需检修的高压设备。

2）工作人员正常活动范围与高压带电设备的距离小于表 11 - 1 规定的安全距离时。

3）在二次回路上进行作业，可能引起一次设备中断供电或影响其安全运行的有关设备。

4）带电部分在工作人员后面、两侧、上下，且无可靠安全措施的设备。

（2）高压设备的不停电设备作业。高压设备的不停电作业是指当作业人员与高压设备的带电部分之间保持规定的安全距离和没有偶然触及导电部分的危险，许可在带点设备外壳和附近进行的工作。

（3）低压设备作业。低压设备作业分为在低压设备上进行的停电与不停电作业。

5. 保证安全的组织措施和技术措施

为了保证电气作业人员安全，防止触电伤害，应采取以下组织措施和技术措施：

（1）保证安全的组织措施：指在进行电气作业时，将与检修、试验、运行有关的部门组织起来，加强联系，密切配合，在统一指挥下，共同保证电气作业安全。在电气设备上工作，保证人身安全的电气作业组织措施包括四个方面的内容：工作票制度，工作许可制度，工作监护制度，工作间断、转移和终结制度。

（2）保证安全的技术措施：指工作人员在电气设备上工作时为防止人身触电而采取的技术措施，主要包括停电、验电、装设接地线、挂标识牌和装设遮栏。

## 知识点 2 城市轨道交通机械安全

城市轨道交通机械设备具有价格昂贵、现代化程度高、精确性高、作业场所特殊等特点。作业场所要求足够明亮，通风良好，地面无积水和积油。

**一、电客车安全要求**

（1）轮对装置。轮对装置的作用是保证机车车辆在钢轨上的运行和转向，承受来自机车车辆的全部静、动载荷，把它传递给钢轨。轮对装置应符合安全要求并装置完好，润滑装置功能正常。

（2）制动装置。制动装置的作用是调节列车运行速度和及时、准确地在预定地点停车，保证列车安全、正点运行，要求功能完好，施加和缓解动作正常可控。

（3）减振装置。减振装置的作用是降低干扰力矩的能量，以衰减振动，要求外观及功能完好，无泄漏、无变形，且紧固良好。

（4）车底悬挂设备。车底悬挂设备主要包括各电气设备箱，要求箱盖须锁闭紧固。

（5）驱动装置。驱动装置包括电动机、联轴器、齿轮箱，要求功能正常，没有卡死、变形及脱落的危险。

（6）车钩缓冲装置。车钩缓冲装置是用于使车辆与车辆、机车或动车互相连挂，传递牵引力、制动力并缓和纵向冲击力的车辆部件。它由车钩、缓冲器、钩尾框、从板等组成一个整体，安装于车底架构端的牵引梁内，要求功能良好，没有变形，紧固良好。

（7）贯通道。贯通道的作用是允许乘客从一节车厢自由地走到另一节车厢，并且使乘客感到安全和舒适，要求装置完好，锁闭正常，无破损。

（8）车厢内立柱扶手，要求牢固，无松动，无裂纹。

（9）车厢天花板和活动盖板，要求安装牢固锁闭，无脱落危险。

（10）车辆空气管道，要求安装牢固，无泄漏。

（11）受电弓。受电弓是从接触网受取电能的电气设备，安装在车顶上，要求功能正常，无变形、无损坏、无松动和脱落危险。

（12）车厢内消防设备，要求配备到位、稳妥，功能良好。

（13）司机室，要求有良好视线和适当通风，有便于驾驶人操作车辆的环境。

（14）车辆逃生设备，要求功能正常。

（15）客室和司机室车门，要求关闭和锁闭功能良好。

（16）车辆设备的连接，要求紧固良好。

（17）空气压缩机。电客车上空气压缩机的作用主要是为制动和开关车门提供驱动用压缩空气。空气压缩机要求运行良好，没有空气和润滑油泄漏。

（18）车辆接地装置，要求功能正常，无损坏、无松动、断裂及脱落危险。

（19）车门保护功能。车门保护功能是指当车门出现故障或夹人夹物而没有完全关闭并锁好时，通过电气联锁使电客车不能动车，要求功能实现良好。

（20）司机控制器。司机控制器是司机驾驶控制电客车启动、加速、制动、停车的装置，要求功能正常，控制良好。

（21）车辆头灯。车辆头灯是为司机提供驾驶照明的设备，要求功能良好，亮度足够。

（22）车厢照明。车厢照明为乘客提供照明，以保证车辆在隧道内运行时车厢内有足够的亮度，有正常照明和应急照明两种方式。

（23）车厢通风及温度调节功能。车厢通风及温度调节功能的作用是保证车厢内的环境温度和空气质量，让乘客感到舒适，要求功能良好。

（24）刮雨器。刮雨器是雨天时为司机提供良好视线的设备，要求动作平滑，移动范围及速度可调。

（25）继电器。继电器是以一定的输入信号（如电流、电压或其他热、光等非电信号）实现自动切换电路的“开关”，要求功能正常，动作正常，逻辑关系正常。

（26）气压欠压不动保护功能。气压欠压不动保护功能是指当主风管压力未达到一定数值时，通过电气联锁使电客车不能动车，要求功能实现良好。

（27）蓄电池及应急充电机。蓄电池是将化学能直接转变成电能的装置，应急充电机则是给蓄电池进行应急充电的设备，要求状态和功能良好。

## 二、列车清洗机安全要求

列车清洗机为室内式，列车自行牵引，通过水、清洗剂及清洗刷的作用，自动清洗列车外表面的灰尘、油污及其他污渍。使用时有以下安全要求：

（1）各旋转件转动正常。

（2）各管路无漏水、漏气现象。

（3）供电系统应正常，电源线无损坏、松脱。

（4）线路出清，无障碍物、无浸线。

（5）只能清洗与设备相匹配的车型。

## 三、架车机安全要求

架车机是一种特殊的起重设备。在城市轨道交通车辆检修时，用于支承城市轨道交通车辆的车身重量，以使车辆的承重设备（如转向架、轮对等）可以拆卸分解出来。使用时有以下安全要求：

（1）不允许超过最大负载使用。

（2）钢轨桥防滑安全锁的功能应正常。

（3）供电系统应正常，电源线无损坏、松脱。

（4）最低位、最高位行程开关的位置应正常、动作灵敏。

（5）架车时不允许人员进入架车区域。

## 四、不落轮镟床安全要求

使用时有以下安全要求：

（1）操作人员不得披长发、穿宽松衣服、佩戴饰物，必须佩戴防护眼镜，无关人员不得在工作场所停留，不得阻碍操作人员。

（2）不能超过允许的最大载荷操作。

（3）不得利用不落轮镟床作镟削轮对以外的其他用途。

（4）主驱动电动机的V带应正常。

（5）所有电缆无破损。

（6）所有安全装置能起作用且灵敏。

## 知识点 3　特种设备与特种作业安全

通常所说的特种设备是指涉及生命安全、危险性较大的锅炉、压力容器（含气瓶，下同），压力管道、电梯，起重机械等。特种设备包括其附属的安全附件、安全保护装置和与安全保护装置相关的设施。《中华人民共和国安全生产法》第三十条规定：生产经营单位使用的涉及生命安全、危险性较大的特种设备，以及危险物品的容器、运输工具，必须按照国家有关规定，由专业生产单位生产，并经取得专业资质的检测、检验机构检测、检验合格，取得安全使用证或者安全标志，方可投入使用。

特种设备事故是指在使用特种设备时突然发生的、造成或可能造成人员和财产损失的事故。城市轨道交通运营过程中发生的特种设备事故的类型主要有：电梯困人故障或由于剪切、坠落等原因造成的事故；扶梯伤人事故；起重设备造成的人身伤亡事故；压力容器（含固定式、移动式）和压力管道泄漏、爆炸事故；厂内机动车造成的事故等。

### 一、特种设备安全管理

1. 特种设备使用单位管理内容

特种设备使用单位应当严格执行《特种设备安全管理监察条例》和有关安全生产的法律、行政法规的规定，保证特种设备的安全使用。

特种设备在投入使用前或者投入使用后 30 日内，使用单位应当向直辖市或者设区的市的特种设备安全监督管理部门登记。登记标志应附着于该特种设备的显著位置。

各单位应当按照安全技术规范的定期检验要求，在安全检验合格有效期届满一个月向特种设备检验检测机构提出定期检验要求。未经定期检验或者检验不合格的特种设备不得继续使用。

各单位应当建立特种设备安全技术档案。安全技术档案应包括以下内容：

（1）特种设备的设计文件、制造单位、产品质量合格证明、使用维护说明等文件以及安装技术文件和资料。

（2）特种设备的定期检验和定期自行检查的记录。

（3）特种设备日常使用状况记录。

（4）特种设备及其安全附件、安全保护装置、测量调控装置及有关附属仪器仪表的维护保养记录。

（5）特种设备运行故障和事故记录。各单位应当对在用特种设备进行经常性日常维护保养，并定期自行检查，做出记录。对在用特种设备进行自行检查和日常维护保养时发现异常情况的，应当及时处理。

各单位应当对在用特种设备的安全附件、安全保护装置、测量调控装置及有关附属仪器仪表进行定期校验、检修，并做出记录。

特种设备使用单位应当对特种设备作业人员进行特种设备安全教育和培训，保证特种设备作业人员具备必要的特种设备安全作业知识。

若特种设备出现故障或者发生异常情况，使用单位应当对其进行全面检查，消除事故隐患后方可重新投入使用。若特种设备存在严重事故隐患，无改造、维修价值，或者超过安全技术规范规定的使用年限，特种设备使用单位应当及时予以报废，并应当向原登记的特种设备安全监督管理部门办理注销。

2. 特种设备作业人员职责

(1) 持有效“特种设备作业人员操作证”上岗操作。

(2) 操作的设备项目必须与“特种设备作业人员操作证”上所规定的作业项目对应，严禁操作不在作业范围内的设备。

(3) 对所操作的特种设备进行经常性检查，若发现事故隐患或者其他不安全因素，应当立即向现场安全管理人员和单位有关负责人报告。

(4) 做好设备的运行记录。

(5) 定期参加培训，熟悉操作规程，增强安全意识。

(6) 保证不使用“三无”(无证制造、无证安装、无证使用) 特种设备。

(7) 在作业中严格执行特种设备的操作规程和有关的安全规章制度。

**二、特种作业定义及分类**

特种作业是指容易发生人员伤亡事故，对操作者本人、他人及周围设施的安全可能造成重大危害的作业。直接从事特种作业的人员称为特种作业人员。城市轨道交通运营范围内涉及的特种作业主要包括以下类别：

(1) 电工作业，含送电、变电、配电工，电气设备的安装、运行、检修（维修)、实验工。

(2) 焊接与热切割作业，含焊接工、切割工。

(3) 企业内机动车辆作业。

(4) 高处作业，含 2m 以上登高架设、拆除、维修工。

(5) 制冷与空调作业，含制冷设备操作工、维修工。

(6) 危险化学品装卸、押运作业，含危险化学品、民用爆炸品、放射性物品的运输押运工、储存保管员。

(7) 锅炉作业，含承压锅炉的操作工、锅炉水质化验工。

(8) 压力容器作业，含压力容器罐装工、检验工、运输押运工、大型空气压缩操作工。

(9) 起重机械作业，含起重机械司机、司索工、信号指挥工、安装与维修工。

(10) 电梯作业。

(11) 各单位根据各作业特点确定本单位的特种作业项目，如高压运行作业（含进网证、隔离开关操作证、安全操作等级证)、信号系统操作作业及电客车和工程车驾驶等。

**三、特种作业安全知识**

1. 特种作业人员的基本条件

各单位从事特种作业的人员应具备以下基本条件：

(1) 年龄满 18 周岁。

(2) 经县级及以上医院体检合格，无妨碍从事相应特种作业的疾病和生理缺陷。

(3) 初中及以上文化程度。

(4) 符合相应特种作业需要的其他条件。

2. 特种作业人员培训与复审

各单位应教育从业人员，没有特种作业操作资格证书不得从事特种作业，并经常检查，以及时发现、制止没有持证者进行特种作业。

“特种作业操作证”每两年复审一次；连续从事本工种 10 年以上的，经知识更新教育后，复审时间可延长至每四年一次。

特种作业操作资格证书需复审的，应当于有效期届满 30 个工作日前，由特种作业人员本人或用人单位提出申请，并由当地的考核、发证机构负责复审。

**四、特种作业人员管理**

各单位应建立健全特种作业人员管理档案，内容包括个人资料、安全培训教育记录、证件资料、违章记录、事故记录和奖惩记录等内容。

特种作业人员及其安全管理人员必须由质量监督检验部门考核合格，取得国家统一格式的特种作业人员证书，方可从事相应的作业或管理工作。

特种作业人员应当严格按照作业程序和作业要求作业或操作，严禁违章作业。

离开特种作业岗位达 6 个月以上，重新回到原岗位从事特种作业的人员，应当重新进行实际操作考核，经有关管理部门确认合格后方可上岗作业。

## 知识点 4　电梯安全知识

电梯是指由电力驱动，利用沿刚性导轨运行的箱体或者沿固定线路运行的梯级（踏步），进行升降或者平行运送人、货物的机电设备，包括垂直电梯、自动扶梯、自动人行道等，城轨使用的电梯主要有垂直电梯与自动扶梯，且每年应检验一次。在城市轨道交通车站客伤事故中，电（扶）梯是客伤事故的事故易发点，是车站人员监控的重点区域之一。电（扶）梯可能发生的危险一般有人员被挤压、撞击和发生坠落、剪切；人员被电击，轿厢超越极限行程时发生撞击；轿厢超速或因断绳造成坠落；由于材料失效而造成结构破坏等。特别因乘坐自动扶梯发生的客伤事故是车站客伤事故发生最高的区域。因此，城市轨道交通企业不仅需按规程加强对电（扶）梯的检修，同时应加强对电梯运行过程与乘客乘梯行为的全过程监控，做好对乘客正确使用电扶梯等设备的宣传与引导，确保乘客乘坐电梯的安全。

**一、垂直电梯安全使用知识**

1. 垂直电梯安全装置

垂直电梯安全装置包括防止轿厢下降速度过大和坠落的防超速和断绳保护装置，防止超过顶、底端行程的防越程保护装置，防止轿厢或对重蹲底的缓冲装置，防止剪切的轿、厅门防护装置，防止超重的超载装置，报警、救援装置以及其他安全保护装置。

2. 无机房垂直电梯启动或停止作业安全检查操作

(1) 将钥匙插入运行开关，旋转至开的位置，电梯门打开。将钥匙旋转至中间位置取出。

(2) 进入轿箱时，确认轿箱必须停在该层井道内。打开轿箱内照明和风扇。

(3) 检查操纵盘上的开关，按钮（包括电源开关、检修开关、急停按钮、安全触板开关）是否正常工作。方向运行指示灯及厅外召唤指示灯和命令记载执行是否正确。

3. 垂直电梯投入运行前安全检查事项

(1) 先将无机房电梯空载上下行驶数次。

(2) 检查无机房电梯是否有异响或异味等不正常的情况。

(3) 做好上述工作后，无机房电梯方可投入使用。

(4) 垂直电梯开启后测试垂直电梯运行是否正常，以及求助按钮通话是否正常。

（5）停止运行时应将无机房梯轿箱返回最底层。

4. 垂直电梯使用注意事项

（1）无机房电梯严禁运载易燃易爆及超长物件。

（2）严禁使用身体或杂物代替手操作开关。

（3）老、幼、病、残乘客乘坐无机房梯需有人陪同。

（4）轿箱内严禁吸烟。

（5）发生火灾时可根据现在消防官兵指引开启消防运行模式。

（6）垂直梯故障及停运后直梯应设好防护措施。

5. 垂直电梯停止运行时安全操作注意事项

（1）检查轿箱内外情况，做好清洁工作后，将轿箱照明、风扇关闭。

（2）在轿箱外将钥匙插入开关，旋转至关的位置，30s后无机房梯门自动关闭。

**二、自动扶梯使用安全**

1. 自动扶梯安全装置

自动扶梯安全装置包括工作制动器、超速限速器、电动机过热保护装置、急停按钮、扶手带入口保护装置、梳齿板保护装置、防逆转保护装置、供电系统断相错相保护装置、梯阶和梯阶轮断裂保护装置、梯阶轮上提保护装置、裙板保护装置、驱动链断裂保护装置、扶手带断裂保护装置、扶手带同步监控装置等。

2. 自动扶梯开梯前安全检查

（1）检查扶梯踏板、扶手带、梳齿或保护裙板、毛刷部分，有无脱落，除去夹在里面的碎纸、小石子、口香糖等。

（2）检查自动扶梯周围的安全设施（如三角区的护板、防止进入的栅栏、隔板及防护网）有无破损等情况。

（3）检查自动扶梯的合格证是否在合格日期、完好。

（4）检查“紧急停止”按钮及钥匙孔有无脱落。

（5）检查语音播报功能是否清晰。

3. 自动扶梯现场开启操作安全管理

不同厂家生产的自动扶梯操作略有不同，为保证开启操作的安全，开启时应注意以下事项：

（1）把钥匙插入报警开关鸣响警笛三次，发出信号告诉附近的人们将开始运转。

（2）确认自动扶梯周围或踏板上没人时，把钥匙插入启动开关后，向想要使用的运行方向（上或下）运转，自动扶梯开始工作后；放开手则钥匙回到中立位置，把钥匙拔出来。

（3）启动后请确认扶梯踏板和扶手是否正常工作。有无异常声响或振动，若有要立即按压紧急停止按钮，停止扶梯运行。

（4）确认正常运转之后，再试运转2～5min后离开。

4. 自动扶梯正常关停操作安全管理

不同厂家生产的自动扶梯操作略有不同，为保证关停操作的安全，关停时应注意以下事项：

（1）在停止自动扶梯之前，请确认有无发生异常声响或振动。如有则立即关停自动扶梯。

(2) 停止之前，不要使人进入自动扶梯的乘梯口。

(3) 将钥匙插入，打至报警位，鸣响警笛3s以上，告诉附近的乘客扶梯将停止运行。

(4) 确认自动扶梯附近或扶梯踏板上无人后再把钥匙插入停止开关（停止）进行操作，关停电扶梯，并将钥匙回到中立位置，将钥匙拔出。

(5) 一天的运转结束后，要认真检查扶梯踏板、扶手、梳齿或保护裙板并清扫。

(6) 为防止停止中的自动扶梯当楼梯使用，应采取措施，用栅栏（铁马、伸缩围栏等）挡住以防进入。

5. 自动扶梯紧急停止操作安全管理

当自动扶梯紧停时由于乘梯乘客准备不足，极易发生摔伤或挤伤。因此，自动扶梯紧停操作仅在发生扶梯客伤等紧急情况下，为减轻乘客伤害程度而采用。紧停时乘客或作业人员可通过按下电扶梯中间手带旁设置的紧停按钮或用脚用力上顶电梯上下入口扶手带下方设置的紧停按钮，电扶梯会立即停止。IBP盘上扶梯区域设有紧急停止按钮，按下后扶梯立即停止。

(1) 现场发现突发情况，需停止运行时的操作程序。

1) 发生客伤等紧急情况时，快速跑至紧急停止按钮处。

2) 按压前大声呼喊“扶梯紧急停止，请握好扶手带”。

3) 快速按压紧停按钮。

(2) 自动扶梯紧急停止后的处置程序。

1) 电扶梯故障停止后或按压急停后，应在扶梯上下两端设好防护并摆放“暂停服务”牌，待扶梯维修人员恢复后方可撤除防护。

2) 及时报告设备异常或故障的具体情况，并按照调度的要求进行现场确认，并保持与维修调度联系，上报事情发展的最新情况。

3) 若发现乘客受伤或伤亡，则通知车控室联系救护车，以便第一时间抢救伤员。

4) 对受困的人员进行紧急的救援，并对受困人员提供尽可能的安抚。

5) 对无法投入使用的乘客服务设备，应及时设置安全护栏和停用标识牌。

6) 对事件过程如实进行记录，并积极协助事件调查人员调查事件原因。

7) 当维修人员维修需打开扶梯机室盖板时，需在盖板周围设置“U形”铁马围挡，并设专人防护，防止乘客掉落机室造成客伤。

6. 自动扶梯日常巡检

车站负责自动扶梯跟垂直电梯的日常巡检工作，自动扶梯的巡检内容为：盖板是否平整，合格证是否张贴正确，扶手带有无划损，外表的清洁是否干净，紧停按钮是否损坏，梯级有无损坏，梳齿板有无破损（梳齿板破损一个以上报维调、环调、厂家，两个梳齿板连续破损的停止自动扶梯运行，上报，修复后才能开梯），毛刷是否损坏。语音播报功能是否正常。

运营中，请车站人员注意穿软底鞋，高跟鞋，长裙子的乘客，请注意提醒乘客注意安全，衣物鞋子可能会出现卡在梯级之间的缝隙处，或夹在毛刷处造成危险。注意老年人、儿童、孕妇、乘梯看手机等特殊人群。

**三、电梯维修作业安全要求**

(1) 电梯维修作业人员应严格按照国家有关行业规程，持有效《特种作业人员操作证》

上岗作业。

（2）进行电梯维修时，要设置标志明显的围栏。

（3）在梯井内作业时，要保证有足够的照明，并做好相应的安全措施。

（4）作业时，应设专人监护，禁止单独作业。

（5）进行设备检查和维修前，应先确认设备已断电，机械部分完全停止，才可进行设备检查和维修。

（6）扶梯维修人员进行设备吊装时，吊装物下方1m范围内不准站人。

（7）拆卸的物品要堆放好，禁止乱堆乱放。

（8）作业结束后，作业人员应清扫、整理现场。工作负责人应进行周密检查，确认后方可离开。

## 知识点 5 屏蔽门（安全门）安全管理

### 一、屏蔽门使用注意事项

（1）工作人员如需打开滑动门使其处于开门状态，必须隔离该门单元并加强监控，以免影响行车安全。

（2）除非因列车停车位置超出误差范围而使用应急门，任何正常行车状态下，严禁打开应急门；一经应急使用后，必须确认关闭并锁紧，严禁使用异物阻挡应急门关闭。

（3）任何工作人员使用端门后，都必须确认关闭并锁紧，严禁打开后无人守护，严禁使用异物阻挡端门关闭。

（4）严禁放置任何物品在滑动门槛上，严禁靠放任何物品在门体上。

（5）严禁乘客倚靠在滑动门体上。

（6）清洁门体、地板、隧道时，不得使底座绝缘套受潮。

（7）严禁距离屏蔽门门体边沿2.1m范围内的绝缘套受潮。

（8）打开应急门及滑动门时必须使用屏蔽门菱形头三角钥匙，拔出钥匙时必须逆时针复回原位退出；严禁使用圆头三角钥匙开启应急门及滑动门，以防止关门时锁芯错位致使关门不紧。

（9）严禁任何人员在正常运营列车进出站产生活塞风时，打开端门或应急门。

（10）为防止在站台边缘装卸重物时使门槛变形，勿使屏蔽门门槛承受超过150kg的设计载荷。

### 二、维修保养注意事项

（1）在系统级控制模式运营时，如需对屏蔽门单元进行维修，必须在隔离或测试模式下进行，确保门关闭与锁紧信号形成，以免影响列车进出车站。

（2）由于屏蔽门主控制器断电后其时钟信息不能保持，系统重新上电后必须重设时间。

（3）人工关闭滑动门时，禁止快速拉动或冲击滑动门。

（4）需要反复人工开动滑动门或人工推动滑动门的行程较大时，需要依次先做以下安全操作：隔离屏蔽门；断开该门机电源；松开门控制单元（DCU）与电动机的连接。完成以上安全操作后，可进行人工开关门操作。恢复正常时，需要依次做以下操作：恢复DCU与电动机的连接；恢复门机电源；恢复自动工作模式。

## 知识点 6　接触轨区域作业安全

### 一、接触轨区域安全的一般规定

（1）在接触轨区域内的作业，必须先向 OCC 或 DCC 请点，经批准后方可进入；作业完毕后，作业人员要认真检查，出清线路后方可销点。未请点并办理书面许可手续，禁止任何人进入接触轨区域。

（2）进入接触轨区域作业时，作业负责人应向作业人员进行安全交底，交底内容主要有作业安全区域、携带工器具的安全注意事项等；同时指定安全监护人，监护人员应全程监护作业人员行为，对可能出现超出安全区域的作业行为应及时予以制止。

（3）进入接触轨区域必须严格按照《接触轨区域安全行走线路图》行走。

（4）进入接触轨区域人员必须经接触轨安全教育专门培训并取得合格证书。

（5）所有进入接触轨区域的人员（包含客车及工程车司机）必须穿绝缘鞋（或绝缘靴）。

（6）任何人员及（或）所持物件（经检测合格的绝缘工具除外）与带电接触轨的距离不得小于 700mm；若小于 700mm，接触轨必须停电并验电接地，同时分段隔离器隔离并采取上锁保护。

（7）运营期间特殊情况下需要接触轨停电时，由当事人向控制中心提出申请，控制中心立即向公司领导请示，如情况紧急，可先停电后再行汇报。

（8）在未确认接触轨是否断电的情况下，视接触轨为带电设备；严禁擅自接触、碰摸或踩踏接触轨及其附件。

（9）在接触轨设备上挂设地线前必须先验电。

（10）在接触轨区域不停电情况下走行时，工具应尽可能放在工具包内；在疏散平台或轨道上走行时，禁止同向并排行走，前后之间应保持 500mm 以上间隔。

（11）工程车（包括打磨车、检测车）司机在接触轨不停电情况下，需下到轨行区时，必须锁闭接触轨侧司机室门，从非接触轨侧下线路，且保证与集电靴、接触轨保持 700mm 以上距离。

（12）工程车调车作业现场需要停电挂设接地线时，先停电，将工程车调到作业区域，待做好安全措施后方可挂设接地线；作业完毕后，工程车调出作业区域前，必须先拆除所有挂设的接地线。

（13）雷电天气停止在地面段及高架段接触轨区域的作业；禁止在线路露天段接触轨设备或与露天段接触轨设备有电气相连的设备上进行作业。

### 二、作业人员安全防护用品

（1）所有进入接触轨区域的作业人员都必须戴安全帽（检修帽）、穿绝缘鞋和荧光衣；上线的客车、工程车司机必须穿绝缘鞋。

（2）入轨作业人员的个人防护用品与使用的工器具必须符合国家和行业标准，必须按规定检验，同时确保在有效期内使用。

（3）验电、挂拆接地线、距离接触轨 700mm 范围内处理异物作业时，必须穿绝缘靴，戴专用绝缘手套。

（4）绝缘手套、绝缘鞋、绝缘靴使用前应检查有无破裂、漏气和潮湿等不良现象，穿戴绝缘手套时应将外衣袖口放入手套的伸长部分。

**三、接触轨区域内的作业分类**

（1）接触轨不停电作业，如人工手摇道岔、开行工程车、登乘电客车或工程车通过疏散平台进入泵房、在接触轨区域使用绝缘杆或绝缘夹处理异物（大雨天气除外）等。

（2）接触轨停电但不挂设接地线作业，如处理区间进人或人车冲突、通过疏散平台巡视等。

（3）接触轨停电并挂设接地线作业，如区间线路维修施工作业等。

**四、配合区间疏散乘客的原则**

（1）组织区间乘客疏散时，客车司机在行调通知接触轨已停电后，方可组织乘客疏散；同时电调和相应变电所值班人员采取必要的防止向疏散区间送电的安全措施。若采用来车接驳方式疏散乘客，则接触轨不停电。

（2）在正线遇有火灾、爆炸、毒气等危及乘客安全的紧急情况时，客车司机立即报告行调，同时组织乘客疏散，行调应要求电调组织相应上、下行接触轨停电。

（3）遇雷电、大雨与台风等恶劣天气时，高架段原则上不组织乘客步行疏散，火灾、爆炸、毒气等危及乘客安全的紧急情况除外。

## 知识点 7 高处作业安全

**一、概念**

（1）高处作业：《高处作业分级》（GB/T 3608—2008）中规定："凡在坠落高度基准面2m以上（含2m）有可能坠落的高处进行作业，都称为高处作业。"

（2）坠落高度基准面：通过最低坠落着落点的水平面，称为坠落高度基准面。

（3）最低坠落着落点：在作业位置可能坠落到的最低点，称为该作业位置的最低坠落着落点。

（4）高处作业高度：作业区各作业位置至相应坠落高度基准面之间垂直距离中的最大值，称为该作业区的高处作业高度。

其可能坠落范围半径 $R$，根据高度 $h$（此高度为基础高度）不同分别是：当高度 $h$ 为2～5m时，半径 $R$ 为2m；当高度 $h$ 为5m以上至15m时，半径 $R$ 为3m；当高度 $h$ 为15m以上至30m时，半径 $R$ 为4m；当高度 $h$ 为30m以上时，半径 $R$ 为5m。高度 $h$ 为作业位置至其底部的垂直距离。

**二、高处作业的级别**

（1）高处作业高度在2～5m时，称为一级高处作业。

（2）高处作业高度在5m以上至15m时，称为二级高处作业。

（3）高处作业高度在15m以上至30m时，称为三级高处作业。

（4）高处作业高度在30m以上时，称为特级高处作业。

**三、高处作业的种类和特殊高处作业的类别**

高处作业的种类分为一般高处作业和特殊高处作业两种。一般高处作业是指除特殊高处作业以外的高处作业。特殊高处作业包括以下几个类别：

(1) 在阵风风力六级（风速 10.8m/s）以上的情况下进行的高处作业，称为强风高处作业。

(2) 在高温或低温环境下进行的高处作业，称为异温高处作业。

(3) 降雪时进行的高处作业，称为雪天高处作业。

(4) 降雨时进行的高处作业，称为雨天高处作业。

(5) 室外完全采用人工照明时进行的高处作业，称为夜间高处作业。

(6) 在接近或接触带电体条件下进行的高处作业，统称为带电高处作业。

(7) 在无立足点或无牢靠立足点的条件下进行的高处作业，统称为悬空高处作业。

(8) 对突然发生的各种灾害事故进行抢救的高处作业，称为抢救高处作业。

**四、城市轨道交通高处作业安全要求**

(1) 高处作业前，应系好安全带，穿好防滑软底鞋，扎紧袖口，衣着灵便；凡从事 2m 以上高处作业人员，须定期进行体检，凡不适合高处作业者，均不得从事高处作业。

(2) 高处作业前，应检查作业点行走和站立处的脚手板、临空处的栏杆或安全网，上、下梯子，确认符合安全规定后，方可进行作业。

(3) 作业过程中，当遇需搭设脚手板时，应搭设好后再作业。如工作需要临时拆除已搭好的脚手板或安全网，完工后应及时恢复。

(4) 高处作业所用的料具，应用绳索捆扎牢靠，小型料具应装在工具袋内吊运，并摆放在牢靠处，以防坠落伤人，严禁抛掷。

(5) 安放移动式的梯子，梯子与地面宜成 60°～70°，梯子底部应设防滑装置。使用移动式的人字梯中间应设有防止张开的装置。

(6) 搭设悬挂的梯子，其悬挂点和捆扎应牢固可靠，使用时应有人定期检查，发现异常及时处理。

(7) 如必须站在移动的梯子上操作时，应离梯子顶端不少于 1m，禁止站在梯子最高一层上作业，站立位置距离基准面应在 2m 以下。

(8) 严禁在尚未固定牢靠的脚手架和不稳定的结构上行走和作业，特殊情况下必须通过时，应以骑马式的方式向前通行。

(9) 安全带应挂在作业人员上方的牢靠处，流动作业时随摘随挂。

(10) 作业区域的风力达到六级（包括六级）以上时，应停止高处和起重作业。

(11) 在易断裂的工作面作业时，应先搭好脚手板，站在脚手板上作业，严禁直接踩在作业面上操作。

**应知应会**

1. 简述城市轨道交通电气化线路电气安全要求。
2. 安全电压分哪些等级？如何选用？
3. 电梯维修时如何保证作业安全？
4. 屏蔽门使用应注意哪些问题？
5. 简述接触轨区域作业安全要求。
6. 高处作业如何分级？
7. 高处作业有哪些安全要求？

# 项目十二

扫一扫

项目十二拓展资源

# 乘客携带物品安全事故预防

客运安全是城市轨道交通服务质量的核心，为保证客运安全，在做好行车安全管理的同时，需加强对乘客行为与携带品的管理。本项目围绕危险学品与违禁物品的基础知识，阐述了乘客禁止携带物品辨识要求与依据，客运安全管理等相关内容。

## 学习目标

| 知识目标 | 技能目标 | 思政目标 |
| --- | --- | --- |
| 1. 掌握危险化学的分类；<br>2. 了解常见危险品与违禁品基本知识；<br>3. 掌握乘客禁止携带物品辨识的先行条件；<br>4. 熟悉运营企业客运安全管理的内容 | 会判断乘客携带物品是否构成违禁物品 | 1. 培养学生处理问题时的法治思维、系统思维；<br>2. 培养学生的风险意识、责任意识、人本精神；<br>3. 培养学生敬畏规则、心中有民、细致认真的工作作风 |

## 理论模块

### 知识点 1 危险化学品的分类及相关定义

#### 一、危险化学品的分类

《常用危险化学品的分类及标志》（GB 13690—92）对常用危险化学品按其主要危险特性将常用危险化学品分为 8 类：爆炸品、压缩气体和液化气体、易燃液体、易燃固体、自燃物品和遇湿易燃物品、氧化剂和有机过氧化物、有毒品、放射性物品、腐蚀品，并规定了各类危险品的包装标志。为与联合国《化学品分类及标记全球协调制度》（GHS）第二修订版有关技术内容相一致，我国于 2009 年 6 月 1 日发布了《化学品分类和危险性公示　通则》（GB 13690—2009），代替《常用危险化学品的分类及标志》（GB 13690—1992）。

《化学品分类和危险性公示　通则》将化学品的危害性分为 3 类：理化危险、健康危险、环境危险。理化危险细分为 16 小项：爆炸物、易燃气体、易燃气溶胶、氧化性气体、压力下气体、易燃液体、易燃固体、自反应物质和混合物、自燃液体、自燃固体、自燃物质和混合物、遇水放出易燃气体的物质或混合物、氧化性液体、氧化性固体、有机过氧化物、金属腐蚀剂。健康危险细分为10小项：急性毒性、皮肤腐蚀/刺激、严重眼锻伤/眼刺激、呼吸或皮肤过敏、生殖细胞致突变性、致癌性、生殖毒性、特异性靶器官系统毒性（一次接触）、特异性其中靶器官系统毒性（反复接触）、吸入危险。环境危险主要对危害水生环境进行了说明。标准同时规定了化学品危险公示标志，适用于化学品生产场所和消费品的标志。危险货物包装标识请读者自行阅读本项目拓展资料。

**二、相关细分小项的定义**

（1）爆炸物：一种固态或液态物质（或物质的混合物）。其本身能够通过化学反应产生气体，而产生气体的温度、压力和速度能对周围环境造成破坏。其中也包括发火物质，即使它们不放出气体。

（2）易燃气体：在20℃和101.3kPa标准压力下，与空气有易燃范围的气体。

（3）氧化性气体：通过提供氧气，比空气更能导致或促使其他物质燃烧的任何气体。

（4）易燃液体：闪点不高于93℃的液体。

（5）易燃固体：容易燃烧或通过摩擦可能引燃或助燃的固体。

（6）自反应物质或混合物：即使没有氧（空气）也容易发生激烈放热分解的热不稳定液态或固态物质或者混合物。

（7）自燃液体：即使数量小也能在与空气接触后5min之内引燃的液体。

（8）自燃固体：即使数量小也能在与空气接触后5min之内引燃的固体。

（9）金属腐蚀剂：通过化学作用显著损坏或毁坏金属的物质或混合物。

## 知识点2　常见危险品与违禁品

城市轨道交通安检工作主要是对乘坐列车的乘客及其行李物品进行安全检查，将一切危险品、违禁品拦截在站外、车下。因此城市轨道交通运营管理人员必须掌握常见危险品与违禁品基本知识，以便快速辨认出危险品与违禁品，从而更好地为乘客安全出行保驾护航。

**一、常见危险品基本知识**

1. 爆炸品

（1）烟花爆竹：以烟火药为主要原料制成的，引燃后会发生爆炸产生光、声、色、烟雾等效果。

（2）雷管：爆破工程的主要起爆材料，它的作用是产生起爆能，引爆各种炸药，其受到磕碰、摩擦时容易发生早爆。

（3）炸药：在外界一定作用下，能在短时间内剧烈燃烧，发生爆炸。

2. 易燃品

（1）易燃气体：氢气、甲烷、丁烷、乙烯、丙烯、乙炔、液化石油气、氧气、一氧化碳。

（2）易燃液体：油类、苯、酒精（乙醇）、香蕉水、油漆、松香油。

（3）易燃固体：自然固体：白磷、硝化棉、油纸。

（4）遇湿易燃固体：钾、钠、电石。

（5）其他易燃固体：硫黄、固体酒精、赛璐珞、发泡剂。

3. 毒害品

毒害品指进入人体后，能与人体组织发生作用，从而破坏人体正常生理功能，造成病变或死亡的物品。如：氰化物、剧毒农药、砒霜。

4. 腐蚀品

腐蚀品指能够灼伤人体组织并对金属等物品造成损坏的液体或固体。如：

（1）硫酸：无色无味液体，具有较强的腐蚀性、氧化性。

（2）氢氧化钠：俗称烧碱、火碱、苛性钠，一种强腐蚀性的碱，白色的片状或块状固体，易溶于水。有潮性，易吸取水蒸气和二氧化碳。

（3）盐酸：氯化氢的水溶液，无色透明液体，具有强烈的刺鼻气味和较强的腐蚀性。

（4）氢氧化钾：一种强腐蚀性的碱，一般为白色粉末或片状固体。

（5）硝酸：无色透明液体，具有窒息性刺激气味和较强的腐蚀性和氧化性。

（6）蓄电池：化学能直接转化为电能的一种装置，采用稀硫酸作电解质，具有一定腐蚀性。

5. 放射品

含有放射性核素的物品，其能不断地、自发地放出肉眼看不见的射线。人体受到大量射线照射会产生不良反应（如头晕、食欲减退、恶心、呕吐），严重时会发生病变，甚至死亡。

**二、常见违禁品基本知识**

1. 管制刀具

（1）匕首：指带有刀柄、刀格和血槽，刀尖角度小于60°的单刃、双刃和多刃刀具。

（2）三棱刮刀：是指具有三个刀刃的机械加工专用刀具。

（3）带有自锁装置的弹簧刀（跳刀）：指刀身展开后，可被刀柄内的弹簧或卡锁固定自锁的折叠刀具。

（4）其他刀尖角度小于60°，刀身长度超过150mm的各类单刃、踱双刃和多刃刀具。

（5）其他刀尖角度大于60°，刀身长度超过220mm的各类单刃、双刃或多刃尖刀。

2. 枪支

（1）军用枪支。

1）手枪：单手射击武器，外形小巧，结构简单，便于携带。

2）步枪：单兵肩射的长管枪械，射程远，威力大。

3）机枪：带有两脚架、枪架或枪座，能实施连发射击的自动枪械。

4）冲锋枪：双手握持，能连续发射手枪子弹的单兵枪械，手枪和机枪的融合体。

5）防暴枪：特殊单人用武器，主用来杀伤近距离目标，制服暴徒或驱散暴乱人群。

（2）其他枪支。

1）仿真枪。所发射金属弹丸或其他物质的枪口比动能小于1.8J/cm$^2$（不含本数）、大于0.16J/cm$^2$（不含本数）的。具备枪支外形特征，并且具有与制式枪支材质和功能相似的枪管、枪机、机匣或者击发等机构之一的。外形、颜色与制式枪支相同或者近似，并且外形长度尺寸介于相应制式枪支全枪长度尺寸的二分之一与一倍之间的。

2）道具枪。枪管被堵死的，没有任何杀伤力，是根据世界上各种名枪仿制出来的，一般被枪械爱好者收藏。影视道具枪是仿制真枪制造的，外形与真枪非常逼真，采用仿真子弹，射击时会有响声和烟雾，但没有杀伤力，主要用作影视道具。

3）发令枪。一种能发声的枪械，在体育竞技运动中，发令枪发出的声音可作为起跑信号。

3. 弹药

（1）炸弹：一种填充爆炸性物质的弹药，爆炸时能产生巨大的冲击波、热辐射与破片，会对攻击目标造成破坏。

（2）手榴弹：指用手投掷的爆炸弹药。

（3）照明弹：指弹体内装有照明剂的弹药，点燃时照明剂可以发出强光，照亮目标区域。

（4）烟幕弹：指爆炸后能放出浓密烟雾，用以迷惑敌人或指示目标的弹药。

（5）催泪弹：指能放出催泪气体的弹药，可以通过喷射或手榴弹形式发射，主要用在暴乱场合，以驱散示威者。

（6）信号弹：指传递战斗状态信息（如冲锋）的弹药。

4. 军（警）械

（1）军械。一些军用器材，包括各种武器、弹药、战车等。

（2）警械。

1）驱逐性警械：警棍、电击器、高压水枪。

2）约束性警械：手铐、脚镣、警绳。

3）自卫性警械：防弹衣、头盔、防暴盾牌。

4）震慑性警械：警笛、警报器、红色回转警灯等。

## 知识点 3　乘客禁止携带物品辨识

为方便乘客出行，准许乘客将工作生活中所需要的物品如提包、背包、行李袋等在乘坐轨道交通时随身携带，但为了维护站车的良好秩序，确保运输安全，方便旅客进出站、上下车，必须对旅客携带品的范围有所限制，以免乘客将违禁物品带进站，带上车。

### 一、随身带入车内物品先决条件

乘客随身带入车内的物品应不会造成运营安全、公共安全、消防安全，符合反恐防恐要求的前提下方可带入站内上车，因此应符合以下先决条件：

（1）随身携带物品不影响正常的乘车秩序。即不影响乘客上下、乘坐，不堵塞通行。

（2）随身携带物品不会对运输设备造成损坏风险。

（3）不影响站车公共卫生。

（4）不违反法令。主要是反恐防恐方面的要求。

（5）不易引起旅客恐慌情绪的物品。

（6）不影响列车运行安全。如可能干扰列车信号的强磁化物禁止携带。

### 二、辨识依据

对违禁物品的认定，极易造成乘客与运营人员的矛盾，因此运营人员应加强对乘客禁止携带物品相关业务知识的学习，严格按以下相关法规及规章办理。

（1）《危险化学品安全管理条例》。

（2）《××市轨道交通管理条例》。

（3）《××市轨道交通禁止携带物品目录》。

（4）《××市城市轨道交通乘客守则》。

上述文件明确了禁止携带物品与限制携带物品的具体要求。

## 知识点 4 客运安全管理

车站是客运安全事故预防的主战场，客运业务部门与安全相关部门应做好客运相关人员的业务培训，明确各相关人员的职责，制定各类客运突发事件的应急预案，并及时组织各种培养演练，做到有备无患。客运安全管理应做好以下工作：

（1）车站工作人员应履行下列安全管理职责：

1）维护车站内秩序，引导乘客有序乘车，发生险情时，及时引导乘客疏散；

2）做好乘客咨询服务、维护站内秩序、提醒乘客注意乘车安全事项；

3）经常巡视检查，及时劝阻、制止可能导致危险发生的行为，对劝阻、制止无效的，报告公安机关处置；

4）发现事隐患和风险，应及时采取措施并报告。

（2）运营单位应制定车站运作手册和现场处置方案，遇大客流、火灾、洪灾、暴恐袭击、停电、急性传染病等事件时，及时采取限流、疏散乘客、封站等措施。

（3）客流高峰时段，在客流较大的车站电梯或楼梯口处宜设置专人进行疏导。

（4）运营单位应在车站站台、站厅、疏散通道、出入口、列车车厢及其他运营场所、电扶梯、无障碍设施、站台门、紧急设施等醒目位置设置安全标志标识，保证疏散通道畅通，并定期进行检查和维护。

（5）车站、列车车厢内应设置报警、消防、应急照明、应急通信、视频监控等安全设备设施，并保证齐全有效。

（6）突发事件时，车站应及时通过广播、乘客信息系统、通告、微博、微信公众号、媒体等方式告知乘客，做好乘客的疏导和疏散工作。

（7）车站站台公共区的楼梯、自动扶梯、出入口通道应满足当发生事故或灾难时在6min内将一列进站列车的预测最大载客量以及站台上的候车乘客全部撤离到安全区的要求。

（8）运营单位在车站内设置的广告设施和商业网点不得影响轨道交通运营安全和乘客通行与疏散。

（9）与商业开发结合的车站，运营单位应制定商业区域火灾时保障车站运营及人员安全的措施或应急预案。

### 应知应会

1.《化学品分类和危险性公示　通则》（GB 13690—2009）将常用危险化学品分为哪几类，分别含有多少个小项？

2. 什么是易燃液体，食用花生油能否带上车？

3. 允许乘客携带的物品进站需符合哪些先行条件？

4. 车站工作人员需履行哪些安全管理职责？

# 项目十三

# 全自动运行（FAO）线路安全事故预防

新兴信息技术的发展及在城轨交通行业中的快速应用，使城市轨道交通列车全自动运行（FAO）成为可能。当前大部分新建线路均采用FAO模式。FAO线路自动化程度进一步提升，极大提升了作业效率、作业安全及服务质量，但新技术的应用同时也带来了新的作业安全风险。本项目重点介绍人机功能分配原则、FAO运行组织的特点、FAO运行安全风险与突发情景下的应急处置方法。

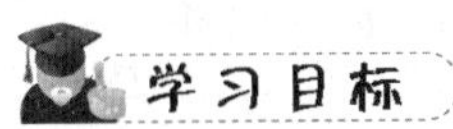


| 知识目标 | 技能目标 | 思政目标 |
|---|---|---|
| 1. 了解人机功能分配原则；<br>2. 熟悉FAO线路特点；<br>3. 掌握FAO线路作业风险 | 1. 会辨识FAO线路列车出厂组织作业风险；<br>2. 会辨识FAO线路列车正线运行作业风险；<br>3. 会辨识FAO线路列车回厂组织作业风险 | 1. 培养学生处理问题时的系统思维、辩证思维方法；<br>2. 培养学生风险意识、责任意识、安全意识 |

## 理论模块

### 知识点1 人机功能分配合理性辨识

城市轨道交通系统智能化智慧化发展后，机电设备代替了城轨运营人员相当部分的体力与部分脑力劳动。如智慧乘客服务的生物识别、无感支付、语音购票、自动开关站、语音问询、信息服务、动态引导、环境调控、紧急情况下智能管理、紧急情况下引导与应急疏散等功能的建设，可以有效提升乘客服务质量，减少安检与车站客运人员的劳动强度。基于设备全息感知、系统集成联控、终端移动操控、高度自运转的全时全景智慧车站管理系统，能实时提供车站全场景动态信息服务、自主服务及其与周边商业、公共服务设施的一体化信息共享及联动，城轨运营人员作业多变为监控与应急处置作业。由于人与设备功能的优缺点不同，对智能系统进行风险辨识时，应认真分析设备功能与人的功能是否匹配。

## 一、人与机特性的比较

在进行人机系统的设计时，首先必须考虑人和机器各自的特性，根据两者的长处和弱点确定最优的人机功能分配，以便从设计开始就尽量防止产生人的不安全行为和机器的不安全状态，使整个人机系统保持安全可靠、效果最佳。表 13-1 给出了人与机器特性的比较，显然，表中的比较仅仅是从工程技术方面进行的，并不是全部。

**表 13-1　　人与机器的特性比较**

| 能力种类 | 人的特性 | 机器的特性 |
| --- | --- | --- |
| 物理方面的功能 | 10s 内输出 1.5kW，以 0.15kW 的输出能工作 1 天，并能做精细的调整 | 能输出极大极小的功率，便不能像人手那样进行精细调整 |
| 计算能力 | 计算能力弱，常出差错，但能巧妙地修正错误 | 计算速度快，能够正确地进行计算，但不会修正错误 |
| 记忆容量 | 能够实现大容量的、长期的记忆，并能实现同时和几个对象联系 | 能进行大容量的数据记忆和取出 |
| 反应时间 | 最小值为 200ms | 反应时间可达毫秒级 |
| 通道 | 只能单通道 | 能够进行多通道的复杂动作 |
| 监控 | 难以监控偶然发生的事件 | 监控能力很强 |
| 操作内容 | 超精密重复操作时易出差错，可靠性较低 | 能够连续进行超精密的重复操作和按程序常规操作，可靠性较高 |
| 手指的能力 | 能够进行非常细致而灵活快速的动作 | 只能进行特定的工作 |
| 图形识别 | 图形识别能力强 | 图形识别能力弱 |
| 预测能力 | 对事物的发展能作出相应的预测 | 预测能力有很大的局限性 |
| 经验性 | 能够从经验中发现规律性的东西，并能根据经验进行修正总结 | 不能自动归纳经验 |

## 二、静态人、机功能匹配的原则

根据人和机的特性进行权衡分析，将系统的不同功能以固定的方式恰当地分配给人或机，而且系统在运行中并不随时加以调整，称其为静态人、机功能分配。人机匹配的内容很多，例如显示器（如车控室监控设备终端）与人的信息感觉通道特性的匹配；控制器与人体运动反应特性的匹配；环境条件与人的生理、心理及生物力学特性的匹配等。

在长期的实践中，人们总结出以下系统人机功能分配的一般原则。

1. 比较分配原则

详细地比较人与机的特性，然后再确定各个功能的分配。例如在信息处理方面，机器的特性是按预定的程序进行的，可以高度准确地处理数据，并且记忆可靠、易于提取，不会“遗忘”信息；人的特性是高度的综合、归纳、联想创造的思维能力。因此在设计信息处理系统时，要根据人和机器的各自处理信息的特性进行合理的功能分配。如作业人员办理进路时，若出现敌对进路，则信号系统不允许办理。

2. 剩余分配原则

首先考虑机器所能承担的系统功能，然后将剩余部分的功能分配给人。在实施这一原则时，必须充分掌握机器本身的可靠度，不可盲目从事。

3. 经济分配原则

以经济效益为原则，合理恰当地进行人机功能分配。

4. 宜人分配原则

功能分配要适合人生理和心理的多种需要，有意识地发挥人的技能。

5. 弹性分配原则

将系统的某些功能同时分配给人或者机器，使人可以自由地选择参与系统行为的程度。如 ATS 系统的进路排列功能。

总之，人机功能分配的要求是：笨重的、快速的、精细的、规律性的、单调的、高阶运算的、支付大功率的、操作复杂的、环境条件恶劣的作业，以及检测人不能识别的物理信号的作业，应该分配给机器去承担；而指令和程序的安排，图形的辨认或多种信息的输入，机器系统的监控、维修、设计、制造、故障处理及应对突发事件等工作，则应分配给人去承担。

**三、人优于机器的特点**

（1）在感觉与知觉方面，人的某些感官的感受能力比机器优越。例如人的视觉器官可以发现仅有几个光量子的微光，听觉器官对声音的分辨力，以及嗅觉器官对某些化学物质的感受性等，都优于机器。人对图像的识别能力远胜过机器。

（2）人能运用多种通道接受信息，当一种信息通道有障碍时可用其他通道补偿。而机器只能按设计的固定结构和方法输入信息。

（3）人具有高度的灵活性和可塑性，能随机应变，能应付意外事故和排除故障。而机器应付偶然事件的程序往往是非常复杂的。

（4）人能长期大量储存信息，并且能随时综合与利用记忆信息进行分析与判断。

（5）人具有总结和学习功能，而机器无论多么复杂，都只能按照人预先编好的程序工作。

（6）人能进行归纳推理，在获得实际观察资料的基础上归纳出一般结论形成概念并能创造发明。

（7）人是有感情、意识和个性的，人具有能动性，人在社会活动中具有明显的社会性。

**四、机器优于人的特点**

（1）机器能平稳而准确地运用巨大动力，其功率、强度和负荷的大小可以随需要而定。而人要受到人体结构和生理特性的限制。

（2）机器动作速度快、信息传递、加工和反应的速度快。对于人的操作活动来讲，较快的反应频率最快也只能每秒 1～2 次，显然远不及机械与计算机。

（3）在感受外界的作用方面，机器的精度高。而人的操作精度不如机器。

（4）机器的稳定性好，可终日不停地重复工作而不会降低效率，而人就存在疲劳问题。

（5）机器的感受和反应能力一般比人的高。

（6）机器可同时完成多种操作，而人一般只能同时完成 1～2 项操作，并且难以持久。

（7）机器能在恶劣环境下工作，而人则无法耐受。

总之，自动化智能化设备在城轨交通中的广泛应用，有很大一部分工作被智能化设备所替代，在降低人们作业强度与提高运营组织质量的同时，必然也带来了一些新的风险。因此要求人们及时分析智能化智慧化后带的新风险，如监控人员监控设备的数量、信息是否符合人的功能特点，应急情况下的作业功能如何分配，大客流情形下FAO驾驶列车站台作业车站站台人员、行调与自动化驾驶作业功能如何分配等，均需要进行风险分析。

## 知识点 2 FAO运行特点及运行风险分析

城市轨道交通FAO（全自动运行）系统是基于现代计算机、网络通信及自动控制等技术的具备较高集成度的列车行车自动化综合系统。采用FAO模式时，列车出厂前可自动唤醒，自动检查，自动运行出厂、自动正线运行、自动回库、自动休眠。

### 一、FAO线路的运营范围

FAO线路的运营范围包括列车、运行控制中心（简称OCC)、车站、车辆基地FAO区域与有人驾驶区域、车辆基地转换区、车辆基地试车线、变电站等。FAO线路在全区域（正线、车辆基地FAO区域）具备列车激活和待命、综合自检、自动出入车库、自动清洗、自动调车、区间自动运行、自动开关车门、自动折返等功能。

FAO线路的所有控制和监视功能均通过OCC来保证，OCC应具有掌握全线运行状态的功能。GOA3（无人驾驶列车运行）级FAO系统的所有控制和监视功能均通过OCC或OCC与列车控制员、正线与车辆基地多职能队伍一同实现。

### 二、FAO线路特点

相较有人驾驶线路，FAO线路关键行车设施设备功能有较大变化的是信号、通信和车辆系统。设备功能的变化带来行车组织的变化，包括作业组织流程、应急处置方法及岗位职能的转变等。新增关键行车设备功能及主要行车组织变化见表13-2。

从表13-2可以看出，FAO线路中传统司机职能大部分由FAO系统或中央调度员代替，中央调度员职能变化最大，新增了远程故障处置、乘客服务及车辆状态监控职能。某些城市轨道交通运营单位将行车调度和停车场调度进行岗位复合后，针对中央调度员还增加了停车场、车辆段的管理职能。发生突发事件时，中央调度员需处理的信息更多，面临的决策压力更大。若对设备和现场出现认知失误，将对列车运行及运营安全造成更为直接的影响。

**表13-2　　FAO线路新增关键行车设备功能和主要行车组织变化**

| 设备类别 | 新增关键行车设备功能 | 主要行车组织变化 |
|---|---|---|
| 信号系统 | 列车休眠、唤醒、跳跃、全自动洗车等 | 传统的司机检车、驾驶和收车作业由FAO系统功能自动完成，中央调度员确认作业条件及下发控制系统执行指令 |
| | 蠕动模式、远程RM（限制人工模式）、远程重启VOBC（车载控制器）、远程开/关门等 | 中央调度员新增对列车远程控制职能，部分故障可由中央调度员确认条件满足后先进行远程处置，如处置不成功或无法处置再组织司机处置 |
| | 对位隔离、站台再开/关门、站台发车 | 车站站台岗位人员可进行车门、站台门操作，控制列车发车，站台岗位人员新增了对车门控制及列车发车职能 |
| | SPKS（人员防护开关）防护 | SPKS用于线路防护，组织人员进入FAO区域需激活SPKS |

续表

| 设备类别 | 新增关键行车设备功能 | 主要行车组织变化 |
| --- | --- | --- |
| 信号系统 | 火灾触发信号系统联动功能 | 信号系统接收到 FAS（火灾报警系统）发送的火灾信息后，联动 CCTV（闭路电视）至中央监控设备，并向中央调度员请求执行扣车跳停等操作，中央调度员需快速确认现场信息并进行决策处置 |
| | 停车场配置 FAO 信号设备 | 停车场内配置 FAO 信号设备的线路能实现列车 FAO，需对停车场 FAO 区域制定严格的进出管理流程，降低人车冲突风险 |
| 通信系统 | 列车 FAS、乘客紧急手柄触发其与 IPH（应急对讲电话）联动功能，IPH 与中央调度通话功能及 IPH 触发调用 CCTV 车载图像功能 | 列车发生火灾或乘客紧急手柄被激活后，自动联动 IPH 和 CCTV 至中央监控设备，中央调度员可通过 IPH 和 CCTV 了解现场情况并进行下一步处置；中央调度员可通过 IPH 直接与乘客通话，新增了远程客服职能 |
| 车辆系统 | 中央调度对列车的远程控制（设置停放制动、升降弓等）及远程旁路功能 | 中央调度员新增对列车远程控制职能，部分故障可由中央调度员确认执行条件满足后先进行远程处置，如处置不成功或无法处置再组织司机处置 |
| | 障碍物及脱轨检测与信号系统的联动防护功能 | 列车检测到障碍物或脱轨后会实施紧急制动，同时联动信号防护，中央调度员需确认事件处置完毕并具备安全条件后恢复信号防护 |

### 三、FAO 线路运行风险分析及对策

1. 运营前准备作业及风险分析

运营前准备作业主要包括施工销点检查、设备检查、加载运行图、上传出车计划。每日运营前车厂及各车站运营有关值班人员须按时到岗，检查、确认施工及设备情况。车厂应确保运用车状态良好。检修调度应于规定时间按运营时刻表计划向车辆行调（OCC 新设调度岗位）提供当日合格上线运行的电客车车组号（包括备用车）。正线行调授权后，车站才能进行站台门、道岔功能测试等运营前检查。首列车出厂前 30min，正线行调检查各车站和车厂运营前的准备工作，并听取相关人员汇报。

运营前准备作业应按照风险分析表的要求，对销点检查、设备检查、加载运行图、上传出车计划等每一项作业开展分析，与有人驾驶作业风险基本相同。

2. 列车出厂组织作业及风险分析

列车出厂组织作业主要包括列车唤醒、司机上车［采用 DTO 模式（有驾驶员值守的全自动运行模式）时］、按计划出库、匹配正线计划。

列车唤醒包含全列车低压上电、各系统自检、ATP 确认系统满足列车静态测试和动态测试条件、静态测试、动态测试、进入 FAM 模式待命工况。运营前由系统自动、行调远程人工或司机就地人工对休眠列车实施唤醒。由于动态测试时列车会进前后蠕动，因此列车唤醒过程中不得有人员上下车。非全自动和 DTO 模式下，司机与行调（车辆）办理电客车接车手续，并按规定进行整备作业。司机需登乘列车时，应与行调（车辆）做好联控，按相关登乘规定执行。当一个防护分区内有全自动列车动车时，严禁组织司机登乘该区域列车。非全自动运行模式列车出厂，司机与行调（车厂）进行联控后，方可出厂，司机在出厂信号机

前停车与行调（正线）联系后方可凭信号进入正线。若库内列车无定位。行调（车辆）与司机进行联控后，司机根据地面信号显示，以RM模式（限制人工驾驶模式）运行建立CBTC模式（基于无线通信的列车控制）；若列车至转换轨仍无法建立CBTC模式，行调（正线）安排列车退出运营。列车出厂组织作业风险见表13-3。

表13-3　　列车出厂作业风险分析表

| 序号 | 风险事件 | 致险原因 | 对策措施 |
| --- | --- | --- | --- |
| 1 | 采用DTO模式时，车厂发生人车冲突 | 车厂无人区或过渡区的同一防护分区内有列车动车/唤醒时，人员进出相应防护分区或进入错误股道等 | 1. 组织人员进入无人区或上车前，需确保人员所进入区域来车方向已扣车，且已采取措施确保相应防护分区内列车不会动车；<br>2. 司机与行调按流程联控，司机按规定走行线路登车 |
| 2 | 人员坠落股道或夹伤 | 列车唤醒过程中人员倚靠车门 | 列车唤配成功后方安排人员登乘列车 |

3. 电客车正线运行作业及风险分析

（1）FAO线路列车驾驶模式。全自动驾驶模式（FAM模式）、蠕动模式（CAM模式）、远程限制驾驶模式（FRM模式）、列车自动驾驶模式（AM模式）、列车自动防护下的人工驾驶模式（CM模式）、限制人工驾驶模式（RM模式）、非限制人工驾驶模式（EUM模式）。FAM、CAM、FRM、AM、CM、RM为信号提供的驾驶模式，信号模式与驾驶模式相互制约，共同决定列车的运行状态；EUM为车辆提供的驾驶模式；FAM、CAM、FRM模式为全自动运行模式下可采用的驾驶模式，AM、CM、RM、EUM为非全自动运行模式下可采用的驾驶模式。

（2）FAO线路车门操作。车门模式分为“全自动”模式、“半自动”模式和“手动”模式。“全自动”车门模式下，FAM和AM-CBTC/ITC模式列车能根据计划停站时间自动打开、自动关闭车门，CAM模式下车门能自动打开，需人工关闭车门。“半自动”车门模式下，AM-CBTC/ITC模式列车根据计划到站停车后自动打开车门，需由司机手动关闭车门；“手动”车门模式下，无论列车处于何种驾驶模式，都需司机手动打开、手动关闭车门；CM-CBTC/ITC、RM、EUM和FRM模式下，无论车门模式处于何种模式下，都需由司机手动打开、手动关闭车门；若系统因故障未能自动打开/关闭车门，需人工打开/关闭车门。

（3）FAO线路站台门操作。FAM、CAM、AM/CM-CBTC、AM/CM-ITC（无线通信良好）模式下，车门与站台门具备联动功能；FRM、RM、EUM、AM/CM-ITC（无线通信故障）模式下，车门与站台门不具备联动功能，需由车站人员操作PSL开关站台门，由司机操作车门开关。

（4）全自动运行模式下列车站台作业。正线载客列车正常驾驶模式为FAM模式，列车车门“开关门模式”应设置在“全自动”挡。特殊情况采用DTO模式时，司机视情况选择“半自动”或“手动”挡；正常载客运营列车PA系统应设置在“自动”位。特殊情况下，司机视情况选择“半自动”或“手动”位；正常情况下车站不显示接车信号，不办理接发列车作业，遇特殊情况须接发列车时，车站接发列车人员应严格执行接发列车作业程序，及时在TIAS（列车综合自动化控制系统）工作站上排列列车进路，按照运营时刻表及行调命令做好接车工作。特殊情况下接发列车时，车站使用400M手持台与司机进行呼唤应答并发布接发车作业指令；当通信设备故障时，车站按手信号显示要求接发列车。列车进出车站，司机发现站台或站台门异常，应及时采取措施并通知车站人员、行调；车站人员发现站台或站台门异常，应及时处理并通知司机、行调。遇有危及行车与人身安全事件时，立即采取按压站台紧急关闭按钮等安全措施。

正常情况下，由系统按计划控制列车自动停站，自动打开/关闭车门、站台门，自动发车；若载客列车在站对位停车后，车门或站台门未能自动打开，车站人员及时报行调并按压站台联动开门按钮开门；若车门或站台门未自动关闭，由车站人员按压站台联动关门按钮关门；若车门和站台门均未自动关闭，在非计划清客站，车站与行调确认无扣车后再操作站台联动关门；若车门正常打开/关闭、站台门无法正常打开/关闭，则车站人员按照站台门故障处置并报行调；若站台门正常打开/关闭、车门无法正常打开/关闭时，车站报行调，行调组织司机介入进行车门处置；若车门和站台门均无法正常打开/关闭时，车站报行调，车站人员按照站台门故障处置站台门，行调组织司机介入进行车门处置。

（5）非全自动运行模式下列车站台作业。乘客上下车完毕，需司机手动关门时，司机按运营时刻表规定停站时分提前12s关闭车门、站台门，确认发车条件满足后，凭信号显示动车；如站台门与车门不能实现联动，司机应确认列车在车站指定位置停稳后与车站人员联控进行开关门作业，并按先开站台门，后开车门，先关站台门，后关车门顺序操作。

（6）FAO模式下站台作业风险分析。FAO模式下，列车自动停站，自动关门，自动发车，当乘客抢上抢下时，极易发生夹人夹物事件；或防夹系统检测夹人夹物多次开关门后处于常开位置，需人工进行干预从而造成列车晚点事件，站台作业风险见表13-4。

**表13-4　　FAO线路作业风险分析表**

| 序号 | 风险事件 | 致险原因 | 对策措施 |
|---|---|---|---|
| 1 | 抢上抢下造成站台门不能正常关闭，导致列车晚点 | 1. FAO线路无司机把控关闭车门、站台门的时机，列车不会延缓关门时间或迅速重新开关门；<br>2. 大客流时乘客上下车时间超过系统设置时间造成上下车时间不足 | 1. 加强站台人员对上下车作业的监控；<br>2. 加强安全宣传教育，减少乘客的不安全行为；<br>3. 客流高峰时采用UDTO模式，由司机控制开关门时机 |
| 2 | 列车夹人夹物动车 | 1. 防夹设备未检测出；<br>2. 夹人夹物后站台人员错误操作LCB盒 | 1. 提升间隙探测器设备、车门和站台门防夹设备对障碍物的有效检测，提升设备的可靠性；<br>2. 加强对城轨员工规章制度与应急预案的培训 |

4. 电客车回厂作业组织及风险分析

电客车回厂作业组织共包括上传收车计划、按计划回库、列车休眠、司机下车（DTO模式）等作业。正线计划列车以FAM驾驶模式回厂，行调（车辆）应在列车回厂前编制回厂计划，并录入TIAS系统，系统将根据回厂计划的股道信息自动排列回厂进路，列车运行至库内停车股道停稳后，自动执行列车休眠，行调（车辆）应确认列车成功休眠。正线非计划列车回厂由行调（车辆）设置列车停车股道头码或手动排列进路，运行至库内停车股道后人工对列车进行休眠。非全自动运行模式列车回厂，列车至转换轨停车，司机与行调（车辆）进行联控后，方可凭信号显示回厂。DTO模式和非全自动运行模式下，电客车回厂后，司机向行调（车辆）汇报电客车运行情况和技术状态，行调（车辆）与检修调度进行交接。原则上当一个防护分区的所有列车均已入库休眠后，行调（车辆）方可同意办理该防护分区内的日检作业。保洁人员跟随日检人员上车打扫，同进同出防护分区，由日检人员最后负责该防护分区内车上及车外工完场清。电客车回厂作业风险见表 13 - 5。

**表 13 - 5　　电客车回厂作业风险分析表**

| 序号 | 风险事件 | 致险原因 | 对策措施 |
| --- | --- | --- | --- |
| 1 | 回厂作业人车冲突 | 1. 同一防护分区内有列车动车/回厂时，人员进出相应防护分区；<br>2. 列车进入有人作业库线 | 1. 组织人员进出无人区或下车前，需确保人员所走行区域来车方向已扣车，且已采取措施确保相应防护分区内列车不会动车；<br>2. 加强对列车自动运行区域的确认 |

## 知识点 3　FAO 非正常情形下作业安全规定

### 一、登乘全自动行车区域内列车的规定

1. 登乘列车原则

行调组织人员上下车之前，应采取扣车/取消全自动授权/激活 SPKS/设置远程停车/设置列车紧急制动等措施确保相应区域内列车无法移动，避免发生人车冲突等安全事件。人员需进/出轨行区上/下列车时，须经得行调同意方能进入轨行区登车，下车之前必须经得行调同意，登车人员应与行调做好联控。人员登车前需确认 FAM 动车指示灯状态，常亮（绿灯）为允许登车，灭灯时禁止登车。

2. 运营期间登乘正线电客车规定

（1）登乘停站列车。若车门和站台门正常打开，登乘人员从客室车门进入列车；若车门和站台门不能正常打开，行调扣车后，登乘人员在车站人员协助下人工打开对应乘务门的站台门，再打开列车乘务门登乘；若列车对位不准无法登车，行调通知车站值班员激活相应区域 SPKS 后，登乘人员在车站人员协助下，通过前四档或后四档站台门打开车门登乘。

（2）登乘区间列车规定。登乘人员按行调指令到指定端门处待令，行调通知车站值班员激活列车所在区域 SPKS 后通知登乘人员按指定路线登车，车站人员协助打开隔离门；登车后，登乘人员汇报行调，行调通知车站值班员恢复 SPKS 并恢复相应区域正常行车。

（3）退出折返线/存车线列车规定。需退出列车时，车上人员向行调申请，行调指令车站值班员激活列车所在区域 SPKS；SPKS 激活后，行调指令车上人员按指定路线返回站台；返回站台后，出清人员汇报行调，行调通知车站值班员恢复 SPKS 并恢复该区域正常行车。

（4）检修人员登乘折返线/存车线列车进行检修作业规定。检修人员向行调申请并按行调指令执行，检修人员在司机陪同下登乘列车；检修作业结束，若故障修复，则需将列车恢复为 FAM 模式，并向行调汇报维修情况及列车状态，离开列车时需关闭车门。

（5）SPKS 开关操作规定。SPKS 开关按照“谁操作，谁取消”的原则操作；SPKS 开关操作前行调应确认受影响列车均已停稳；原则上经行调同意后，车站人员方能激活 SPKS。

**二、电客车故障处理规定**

（1）非全自动运行模式下，司机负责电客车故障判断和故障处置；DTO 模式下，行调组织司机接管列车处置或行调远程处置无效后再组织司机接管列车处置；UTO 模式下，若行调远程处置无效，应及时安排司机接管列车处置。

（2）司机接管列车后，应按照《电客车故障应急处理指南》进行故障处置，司机离开驾驶室需报行调；司机在故障处置中需尝试动车时，未经行调同意，严禁越过禁止信号。

（3）电客车故障处置时间规定。

1）非全自动运行模式下，前 3min 由司机负责应急处置，3min 后由检修调度指导司机进行应急处置；全自动运行模式下，前 2min 由行调负责远程应急处置，组织司机接管列车，2min 后由司机进行应急处置；列车故障处置时间原则上为 8min，若到达时间 8min，仍不能动车时，由主任调度决定救援；故障处置过程中，若司机申请救援，行调立即组织救援。

2）行调（行车）接报故障后，第一时间通知司机、轮值，并在 3min 内建立三方通话组，轮值通过三方通话组指导司机。

3）列车在全自动运行模式下发生故障，列车在 CAM 模式可以动车的情况下，行调应优先采用蠕动功能，使列车尽可能运行至下一站后安排司机登乘列车进行处置；若远程功能无法处置或需由司机处置时，应及时安排司机接管列车，现场进行处置。

4）电客车故障 5min 无法动车时（单个车门或司机已报告可排除的故障除外），行调通知救援列车、在站台区域故障列车清客，通知车站配合清客。

5）电客车在隧道内停车若超过 4min，行调通知设备调度（环控）开启隧道风机。

**三、车门故障处理规定**

（1）列车在站停稳时，整侧车门无法正常打开/关闭。非全自动运行模式下，司机按《电客车故障应急处理指南》处理；全自动运行模式下，若车门无法正常打开，由车站人员操作站台联动开门按钮开门；若车门无法正常关闭，由车站人员操作站台联动关门按钮关门（若车门进入防夹状态，行调应通知车站先确认无夹人夹物后，再操作站台联动关门）；若操作站台联动开门/站台联动关门无效，行调及时组织司机接管列车，按《电客车故障应急处理指南》处理。

（2）单个或多个车门故障。非全自动运行模式下，发生单个或多个车门故障时，司机按《电客车故障应急处理指南》处理；全自动运行模式下，发生车门故障时，列车在当前站或运行至下一站后，自动执行停车开门，不自动发车指令，行调组织司机登车切除故障车门成功后，通知车站操作站台联动关门和站台发车按钮发车。

（3）司机需前往故障车门处处理时，应携带好相关处置备品；司机在站处置车门故障期间，行调应通知车站做好配合。

（4）列车运行中车门锁闭状态丢失。若在有效区内车门锁闭状态丢失会造成列车紧制，行调组织司机接管列车进行处置；全自动运行模式下，在有效区外车门锁闭状态丢失，列车运行至下一站后，自动执行停车开门，不自动发车指令，行调需组织司机接管列车进行处置（有效区：站台区段与离去区段）。

（5）列车运行中车门/逃生门关闭状态丢失。车门/逃生门关闭状态丢失会造成列车紧制，需由司机接管列车进行处置；非全自动及 DTO 模式下，由司机确认车门/逃生门状态，前往对应车门/逃生门确认无乘客通过车门/逃生门进入轨行区，排除故障后，人工驾驶列车运行；UTO模式下，行调组织司机接管列车，司机确认车门/逃生门状态后前往对应车门/逃生门确认无乘客通过车门/逃生门进入轨行区，排除故障后，人工驾驶列车运行；调度员通过CCTV确认车门/逃生门状态；若发现有人离车，在未寻获前不得动车，且确保邻线防护；全自动运行模式下，车门/逃生门关闭状态丢失会联动该车门/逃生门处CCTV至中央。

（6）逃生门紧急解锁手柄被拉下。全自动运行模式下，逃生门紧急解锁手柄被拉下后会联动该逃生门处CCTV及IPH至中央，行调通过CCTV及IPH了解现场情况；全自动运行模式下，列车在停车状态下，逃生门紧急解锁手柄被拉下时，中央收到逃生门解锁请求：若需开启逃生门紧急疏散，行调远程授权逃生门解锁，DTO模式下由司机打开逃生门组织现场疏散，UTO模式下，行调广播指导乘客开启逃生门，疏散完毕，组织司机恢复逃生门，线路具备行车条件后，行调在TIAS上操作“取消区间疏散”，恢复行车；若非紧急情况，行调拒绝逃生门解锁请求，通过IPH或人工广播劝阻乘客；若在一定时间内行调未作出选择，超时被视为接受逃生门紧急解锁。

（7）车门紧急解锁手柄被拉下。车门紧急解锁装置具备自复位功能，无需人员现场复位；全自动运行模式下，列车在有效区外紧急解锁手柄被拉下，将继续运行到下一站，自动执行停车开门，不自动发车指令，运行过程中司机、行调应密切关注车门状态，出现紧急情况时立即采取紧急措施；列车到站后，行调通知司机、车站进行现场处置，车站处置完毕及时操作站台联动关门按钮发车并报行调；若在有效区内紧急解锁手柄被拉下，会造成列车紧制，行调组织司机接管列车，通知车站配合处置；车门紧急解锁触发后会联动CCTV及就近IPH至中央。

**四、站台门故障处理规定**

发生站台门故障时，按“先通后复”原则处理，在保证安全前提下，确保列车正点运行。需互锁解除接发列车时，车站需经行调同意并做好现场安全防护，确认间隙探测装置无报警，站台安全后，方能使用互锁解除接发列车。发生站台门故障时，车站人员按《站台门设备故障应急处理指南》规定处理并报行调。站台门故障处置时间长、处置无效时，行调可根据线路运营情况，安排司机确认行车安全条件后以RM模式运行。车站要及时广播做好乘客解释工作、做好现场安全防护措施、引导乘客上下车；非全自动运行模式下，由司机进行列车广播；全自动运行模式下，列车自动广播或行调对受影响列车进行远程广播。

（1）单个或多个站台门故障时，车站人员须及时将故障门置于手动位，并做好现场防护；若站台门无法关闭，车站人员需先手动推合，若无法手动推合，车站人员需先做好现场防护，方能将站台门置于手动位。

（2）车站发现整侧车门或整侧站台门无法打开时，若列车未动车，应及时采取措施扣停列车，若列车已动车，车站及时报行调；车站人员按以下优先顺序尝试打开整侧站台门：站台联动开门按钮（非全自动运行模式下不需要尝试站台联动开门按钮）、PSL、IBP盘，若仍无效则由车站人员操作LCB尝试打开单档滑动门，若仍无效，则使用手动解锁，需保证每节车厢对应的滑动门有一个及以上打开；若使用手动解锁方式开启站台门，如不能及时关闭站台门，车站可向行调申请使用互锁解除使事发停站列车发车，车站后续视情况申请采用互锁解除接发列车，行调需提前组织司机接管列车退出全自动运行模式，列车需限速25km/h进出该站；非全自动运行模式下，司机协助操作车门开关，全自动运行模式下，车站利用站台联动开关门按钮操作车门开关；若车站无法确保每节车厢开启一个站台门，车站应及时报行调，行调可组织第一列载客列车在该站办理越站作业。

（3）整侧站台门故障不能联动关闭。由车站人员按以下优先顺序尝试关闭站台门：站台联动关门按钮（非全自动运行模式下不需要尝试站台联动关门按钮）、PSL、IBP 盘，若仍无法关门，车站向行调申请使用互锁解除使事发停站列车发车，车站后续手动关闭全部或部分站台门，视情况申请采用互锁解除接发后续列车；部分及整侧站台门无法关闭需使用互锁解除接发列车时，行调需提前组织司机接管列车退出全自动运行模式，限速 25km/h 进出该站。

（4）车站值班员与站台人员确认站台安全后，方可使用 IBP 盘开关站台门；原则上只能第一趟车采用 IBP 盘开关站台门，后续列车不再使用 IBP 盘开关站台门。站台门故障无法关闭或站台门玻璃破碎时，列车在该站故障侧限速 25km/h 进出站，车站人员做好站台安全监控，发现危及行车安全及时按压紧急停车按钮。故障站台门修复后，维修单位负责开关门试验。

**五、乘客事件处理规定**

（1）乘客紧急对讲。非全自动运行模式下，由司机接听乘客紧急对讲，全自动运行模式下，由行调接听乘客紧急对讲；全自动运行模式下，乘客紧急对讲触发后，控制中心 CCTV 画面将联动切换至乘客紧急对讲区域；车载或中心 CCTV、乘客紧急对讲、TIAS 车辆界面、车辆专家系统等实时监控设备故障时，需及时安排司机接管列车处置。

（2）列车广播。出现异常情况如需人工广播时，全自动运行模式下，则由行调对列车进行远程人工广播；非全自动运行模式下，由司机对列车进行人工广播。

（3）车厢内乘客异动。行调接报列车车厢内发生乘客异动事件时，行调通过 CCTV 监控现场情况，应尽量组织列车维持运行至车站进行处置。全自动运行模式下：行调安排司机做好接管列车准备，列车停站后，进行扣车，车站人员上车处置；有司机值乘列车时，司机应到现场确认情况进行处置；现场人员处置完毕向行调汇报，行调取消扣车，视情况采用 FAM 模式或非全自动运行模式运行。

**实作模块**

## 任务　某 FAO 线路列车延误事件统计分析及对策

1. 实训任务描述

行车间隔相同和客流量相仿的某两条线路，一条为 FAO 线路，一条为有人驾驶线路，开通相同时段进行列车延误事件统计，某年连续 6 个月内发生 2min 及以上延误事件数量见表 13－6。

**表 13－6　不同信号制式线路列车延误事件统计表**　　单位：件

| 名称 | 信号故障 | 车辆故障 | 供电故障 | 站台门故障 | 操作失误 | 夹人夹物 | 其他事件 | 合计 |
|---|---|---|---|---|---|---|---|---|
| FAO 线路 | 2 | 2 | 0 | 7 | 2 | 36 | 1 | 50 |
| 有人驾驶线 | 4 | 4 | 2 | 4 | 2 | 1 | 1 | 18 |

分析 FAO 线路夹人夹物事件造成列车晚点事件多发的原因及对策措施。

2. 相关资料及资源

（1）教材。

（2）教学课件。

3. 任务实施说明

（1）学生分组，每 5～8 人为一小组。

（2）小组模拟 FAO 站台作业过程。

（3）小组成员共同编制 FAO 线路夹人夹物事件多发原因及对策措施分析报告。

（4）展示成果，进行讲解演练。

4. 效果评价

扫一扫

实训成果参考答案

《FAO 线路夹人夹物事件多发原因及对策措施分析报告》实训成果参考答案扫码查看。

## 应知应会

1. 简述人优于设备（机器）的特点。
2. 简述设备（机器）优于人的特点。
3. 哪些工作适宜机器完成，哪些工作适宜人员完成？
4. 传统的有人驾驶线路与 FAO 线路，行车设备上有哪些不同点？
5. 简述 FAO 模式下列车出厂作业风险有哪些，如何预防。
6. 简述 FAO 模式下列车回厂作业风险有哪些，如何预防。
7. 简述 FAO 模式下列车站台作业风险有哪些，如何预防。
8. 简述 FAO 模式下运营期间登乘正线电客车的相关规定。
9. 简述 FAO 模式下电客车故障处理规定。
10. 简述 FAO 模式下车门故障处理规定。
11. 简述 FAO 模式下站台门故障处理规定。

# 项目十四

# 城市轨道交通运营突发事件现场应急处置

城市轨道交通受各种外界条件、设备因素及人员作业因素的影响，不可能不发生突发事件或事故，发生突发事件后，正确地进行应急，往往能最大限度地减少人员伤亡与财产损失，本项目介绍了城市轨道交通应急设备的种类及其使用方法、应急急救的知识以及常发事故的应急处置措施。

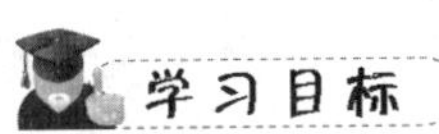


| 知识目标 | 技能目标 | 思政目标 |
|---|---|---|
| 1. 熟悉列车与车站应急设备；<br>2. 掌握城轨运营事故与突发事件处置原则 | 1. 会正确使用梯子、绝缘杆；<br>2. 会正确使用自动体外除颤仪操作；<br>3. 会正确进行心肺复苏操作；<br>4. 会正确进行止血包扎 | 1. 培养学生处理问题时的系统思维；<br>2. 培养学生风险意识、责任意识；<br>3. 培养学生心中有民、细致认真的工作作风 |

## 知识点 1 城市轨道交通应急设备及其操作

城市轨道交通系统的地铁列车是在封闭状态下运营的大型载客交通工具，因设备故障、技术行为、人为破坏、不可抗力等原因，均可能会发生突发事故。为能保证紧急情况下乘客的人身安全，在列车和车站都安装有相应设备，当出现紧急情况时，乘客可以通过应急设备进行报警或自救。

### 一、列车应急设备

一般情况下，地铁列车上应配备的应急设备有紧急报警装置、紧急开门装置、灭火器、逃生装置。

紧急报警装置安装于列车的车厢内。一般情况下，列车的每节车厢至少安装有两个紧急报警装置，包括报警按钮和紧急对讲器（见图 14 - 1），当车厢发生乘客冲突、有人昏厥、火灾等紧急状况时，乘客可以立即使用此装置通知驾驶员，以便驾驶员根据现场情况采取相应措施进行处理。

在列车的每个车门上都安装有紧急开门装置（见图 14 - 2），其主要作用是列车在故障或紧急情况下，需要人工开门时使用。

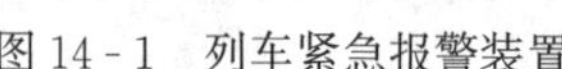

图 14 - 1　列车紧急报警装置

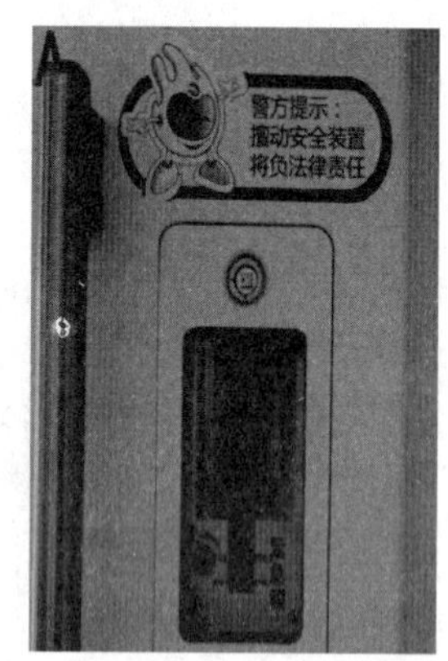


图 14 - 2　列车紧急开门装置

灭火器（见图 14 - 3）是为预防列车发生火灾情况配备的应急设备。每节车厢均配备有灭火器，一般灭火器型号均为 6kg，放置于车厢乘客底座下或车辆前后两端的专门设备内。当列车发生火灾初期或较小火灾时，乘客除通过车厢内的紧急报警按钮或紧急对讲器通知列车司机外，还可以用列车配备的灭火器灭火自救，尽量将火势控制、扑灭。

逃生装置（见图 14 - 4）一般安装在列车两端的司机室内，它经手动解锁后通过气簧执行机构机械动作，可推下专门的接近轨道的紧急梯。当在运营区间发生故障时，驾驶员可以通过前后的应急疏散门疏散乘客，通过该门，乘客可以快速、有序通过隧道逃生。如果该城市的轨道交通系统采取疏散平台方式进行疏散，列车的逃生装置则为客室门。当发生紧急情况时，若区间线路无疏散平台，则要求必须接触轨停电后，相邻站人员进行故障地点引导，收到行车调度员人工疏散的调度命令，才能打开应急疏散门进行人工疏散。

图 14 - 3　列车配置的灭火器

图 14 - 4　列车逃生装置

## 二、车站应急设备

车站的应急设备分为火灾紧急报警器、自动扶梯紧停装置、紧急停车按钮、屏蔽门紧急开关、屏蔽门应急门五类（见图 14-5）。其安装位置和数量均根据不同的城市轨道交通系统建设的要求而有所不同，但各类应急设备的启用时机相同，就是必须在发生危及列车行车安全或危及人身安全的紧急情况下使用。

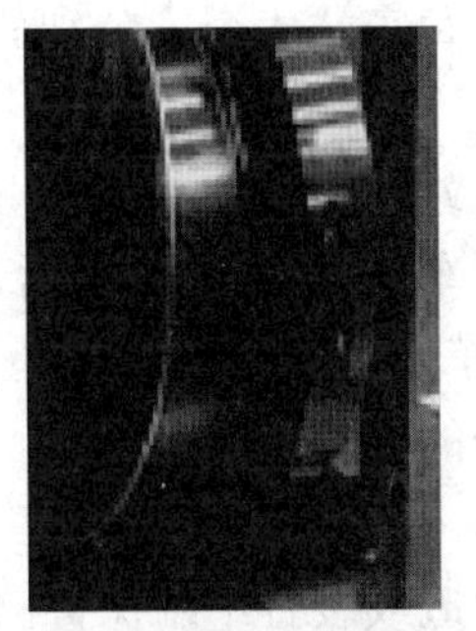

图 14-5 火灾紧急报警器、自动扶梯紧停装置、紧急停车按钮、屏蔽门紧急开关

另外，每个车站的车控室配备一个紧急用品箱，箱面印有“紧急用品”字样。箱内应至少配备表 14-1 中的工具和用品。

**表 14-1** 车站应急工具和用品

| 名称 | 数量 | 名称 | 数量 |
|---|---|---|---|
| 防护帽 | 2 顶 | 测量用皮尺（15m） | 1 把（盒式） |
| 防护荧光背心 | 2 件 | 大型标贴——事件工程师用 | 2 张（1m×0.5m） |
| 手电筒 | 2 个（充电式） | 恢复行车服务证明表格 | 6 张 |
| 写字夹板连纸 | 2 套 | 告示贴（不同尺寸） | 1 本 |
| 剪刀 | 1 把 | 反光带 | 1 卷 |
| 车站（岔区）线路平面图 | 1 份 | 胶带 | 6 个 |
| 原子笔、铅笔及白色粉笔 | 各 2 支 | | |

车站还需要配备急救箱和担架、床，以备发生事件或意外时使用。需配备工具箱，方便站内简单的维修工作及发生事件时供事件处理人员使用。其他工具和用品的配备：

（1）发放通告的告示杆；

（2）手提扬声器；

（3）可移动的围栏；

（4）在地面车站，配备防水板和沙包以防止水淹/水浸；

（5）在有道岔车站，配备1号撬棍和200、300号活扳手；

（6）呼吸器；

（7）逃生面具；

（8）便携式扶梯，每车站4个，分别放置于车站行车值班室和行车副室各2个，指定专人保管；

（9）湿毛巾，每车站150条，当车站发生火灾、生化恐怖袭击时，用于分发给乘客使用。湿毛巾分别存放于车站两个售票室和行车值班室各50条；

（10）抢险锤，每车站一只，统一放置于车站行车值班室，指定专人保管。

**三、常用应急设备的使用方法**

1. 梯子的使用

（1）以绝缘物料制造或装有绝缘保护。

（2）在使用前应进行认真检查，确保梯子完整牢固、状况良好。

（3）使用梯子时，不允许垫高或驳接使用，梯子与地面之间的夹角以60°为宜。

（4）在水泥或光滑的地面上，应使用梯脚装有防滑胶套或胶垫的梯子，使用人字梯时应挂好安全链钩；在泥土地面上，应使用梯脚带有铁尖的梯子。

（5）禁止把梯子放在不稳固的支持物或带电设备上使用。

（6）为了防止梯子倒落，不能两人同时站立在同一梯子上作业，登梯作业时应有人监护并扶梯。

（7）在梯子上工作时，一只脚踩在梯阶上，另一只脚跨过梯阶踩在或用脚面钩住比站立梯阶高出一阶的梯阶上，距梯顶不应小于1m，以保持人体的稳定。

（8）使用中的梯子禁止移动，以防造成高处坠落。

（9）靠在管道上使用梯子时，梯顶需有挂钩，或用绳索将梯子与管道捆绑牢靠。

（10）在门前使用梯子，应派人看守或者采取防止门突然开启的措施。

（11）使用人字梯前，应检查梯子的铰链和限制开度的拉链应完好，在人字梯上工作（含有限制开度的拉链或铰链的人字梯除外）时，不能采取骑马或站立，以防梯脚自动展开造成事故。

（12）每6个月检查一次，并将检查日期及下次到期检查的日期标于梯子上。

（13）在完工后存放在指定位置并上锁。

（14）在配电房内搬运梯子应与带电部分保持足够的安全距离。

2. 绝缘杆的使用及保管事项

（1）使用方法：绝缘杆由针、钩、刀三部分组成。使用时要先将第一节伸出、扣紧，再进行其他安装。使用时手抓杆中橙色部分（此处较粗，有防滑作用）。

1）刀主要用于塑料薄膜缠绕在接触网上的处理，也可以用于处理气球（割断绳、线）。用刀割接触网上的物品时，要注意不能割伤接触网表面。

2）钩主要用于从接触轨附近钩取掉物，也可以用于接触网上钩取缠绕的物品。

3）针一般用于处理气球（指用刀、钩都不能将气球从网上拿下来），可以用它将气球刺破后再处理，也可以用在接触轨附近有掉物时，将异物戳上来。

（2）保管事项：

1）绝缘杆存放在车站监察亭，绝缘靴、绝缘手套存放在车站的变电所控制室工具箱内，使用时要迅速到变电所拿取。

2）绝缘杆的各个部分均是绝缘的，使用时人的身体离接触网要有 0.7m 的安全距离，且绝缘杆应与绝缘防护用品（绝缘靴、绝缘手套）配套使用。

3）绝缘杆的刀、钩、针较锋利，日常不使用时要将刀、钩、针的锋利部分用笔套或其他物品覆盖，小心刮伤身体。

3. IBP 盘的操作（紧急停车、扣车）

车站均设置有紧急停车信号系统设备，包括在站台上设置的站台紧急停车按钮（PEP）、站台监察亭的紧急停车按钮和车控室 IBP 盘上的紧急停车按钮，同时在 IBP 盘上设置紧急停车复原装置。紧急停车按钮用于紧急情况下，通过按压紧急停车按钮，RATP 将站台轨道区段采用安全零速限制，联锁系统将关闭相关信号机。对于站台区域内的 CBTC 列车，以及安全制动距离已在站台区域内的 CBTC 接近列车，将立即采用紧急制动。

（1）站台操作。当站台上的任一紧急停车按钮被破封按压后，对应的站台侧 PEP 按钮表示灯、站台监察亭内的紧急停车按钮表示灯和 IBP 盘上的表示灯也同时点亮，本站和联锁站上的蜂鸣器鸣响，ATP 授权相应站台区域列车前进信号立即被解除，在车站控制室和控制中心的 ATS 工作站上紧急停车表示灯点亮。

（2）车站站台监察亭操作。将站台监察亭内对应的站台侧紧急停车按钮破封，并按压紧急停车按钮，对应的站台侧监察亭内的紧急停车按钮表示灯、站台 PEP 按钮表示灯和 IBP 盘上的表示灯也同时点亮，本站和联锁站上的蜂鸣器鸣响。

（3）车站控制室操作。当紧急情况发生，需要对站台区域进行防护时，首先必须确认线路方向，破封按下对应线路的紧急停车按钮，此时该线路对应的 IBP 盘紧急停车表示灯将点亮、蜂鸣器鸣响；相对应的站台 PEP 按钮表示灯、站台监察亭内的紧急停车按钮表示灯也同时点亮。紧急情况处理完毕后，检查危及行车、人身、设备安全的情况消失后，可破封按压紧急停车复原按钮，此时，对应的 IBP 盘紧急停车表示灯、蜂鸣器、相对应的站台 PEP 按钮表示灯、站台监察亭内的表示灯将恢复常态。对于蜂鸣器的切除，也可以单独通过按压切断警铃按钮，将蜂鸣器鸣响切除。

4. 消防防烟面具的作用及使用方法

消防应急面具用于火灾中个人逃生。它可防护热气流、热辐射、毒烟、毒气、一氧化碳对头面部及呼吸系统的伤害。使用时间一般为 30～40min，使用前要注意使用时间。

使用方法：打开包装盒，从缺口处撕开包装袋；拿出面具并拔去内、外罐塞，将面套套入头部；调正眼窗，扣正口鼻罩；用手拉紧头带，扣上尼龙搭扣，尝试可正常呼吸时即可。

## 知识点 2 城市轨道交通事故与突发事件应急处置原则

地铁运营事故与突发事件的处理一般应遵循以下原则：

（1）坚持高度集中、统一指挥、逐级负责的原则。

（2）坚持“先救人，后救物；先全面，后局部”的原则，优先组织人员疏散、伤员抢救，同时兼顾重点设备和环境的保护，将损失降至最小。

（3）坚持就近处理的原则。突发公共事件发生时，在上一级应急处理负责人到达现场前，员工按表 14 - 2 的规定担任现场临时应急处理负责人，在上一级应急处理负责人到达现场后，则由上一级应急处理负责人担任现场指挥。

**表 14 - 2　　现场临时应急负责人**

| 序号 | 发生处所 | 现场临时负责人 |
|---|---|---|
| 1 | 列车上（列车在区间） | 本列车驾驶员 |
| 2 | 列车上（列车在车站） | 所在站值班站长 |
| 3 | 车站 | 所在站值班站长 |
| 4 | 区间线路上 | 行调指定的值班站长 |
| 5 | 车场 | 车场调度 |
| 6 | 其他场所 | 现场职务最高的职工 |

（4）员工要反应迅速，做到早发现、早报告、早控制。

（5）员工在突发公共事件应急处理过程中应兼顾现场保护工作，以利于公安、消防和事件调查部门的现场取证。

（6）坚持对外宣传归口管理原则，不得擅自发布相关信息。

## 知识点 3 伤害急救常识

在任何生产活动过程中，都可能会发生一些人身伤害事故。城市轨道交通系统也不例外，而发生事故后的现场急救对抢救作业非常关键，如果现场急救正确、及时，不仅可以减轻伤者的痛苦，降低事故的严重程度，而且可以争取抢救时间，挽救人的生命。

### 一、人员伤害的现场急救技术

扫一扫

AED操作

1. 自动体外除颤仪（AED）操作

当乘客在车站发生室颤或无脉性心动过速所伴发的心脏骤停时，采用电击除颤仪第一时间对患者进行除颤，往往能够有效帮助患者心肺复苏，抢夺病发后的“黄金 4 分钟”。当前我国在火车站、汽车站、机场、地铁站、学校等公共场所，正在逐步配置自动体外除颤仪（AED）。作为一名地铁运营人员，要求必须学会 AED 正确的操作方法。

当地铁车站发现有乘客突发心脏骤停时，发现人员或站务员应第一时间报告车控室，车控室人员立即拨打 120 急救电话，同时报告值班站长前往现场处理，车站进行急救的人员应经过 AED 的培养，并持有红十字会救护员证书，做好现场人员的疏散并第一时间组织抢救。急救人员在救治病人前，应首先评估现场安全状况并做好个人防护。

（1）AED 操作方法。

1）解除患者上衣，露出其胸部。

2）打开电源开关，按语音提示操作。

3）放置电极片。心尖部电极应安放在左腋前线之后第五肋间处，另一片电极放置在胸骨右缘，锁骨之下。婴儿及儿童使用 AED 时应采用具有特殊电极片的 AED，安放电极片的部位可在左腋前线之后第五肋间处，及胸骨右缘锁骨之下，也可在胸前正中及背后左肩胛处。

4）救护员应示意周边人员不要接触伤病员，等候 AED 分析心律是否需要电除颤。

5）救护员得到除颤信息后，等待充电，确定所有人员未接触伤病员，准备除颤。

6）按键钮进行电击除颤。

7）继续实施心肺复苏 2min 后，AED 将再自动分析心律。

8）如果 AED 提示不需要电击除颤，应立即实施 CPR。

9）如此反复操作，直至患者恢复心搏和自主呼吸，或者专业急救人员到达。

（2）AED 的选择。

1）成人和 8 岁以上的儿童应使用标准 AED。

2）8 岁以下的儿童应使用儿童电极片或者使用 AED 的儿童模式，如果两者都没有，可以使用标准 AED。

3）对于婴儿应优先使用手动除颤仪而不是 AED 进行除颤。如果没有手动除颤仪，应使用儿童电极片。或者使用 AED 的儿童模式，如果都没有，可以使用标准 AED。

（3）AED 使用注意事项。

1）在贴放电极片前，应先清除患者过多的胸毛，确保电极片与皮肤贴合紧密。

2）要迅速擦干患者胸部过多的水分和汗液，然后再贴放电极片。

3）不能在水中或金属等导电物体表面使用 AED。如果患者躺在水中，要先将患者抬出，并擦干胸部再使用 AED。

4）避免两电极片贴在患者植入式除颤器，起搏器和药物贴片上。

5）在分析心律和充电时，请不要碰触患者。

2. 人工呼吸

口对口（鼻）吹气法是现场急救中采用最多的一种人工呼吸方法，其具体操作方法是：

（1）对伤员进行初步处理。将需要进行人工呼吸的伤员放在通风良好、空气新鲜、气温适宜的地方，解开伤员的衣领、裤带、内衣（包括文胸），清除口鼻分泌物、呕吐物及其他杂物，保证呼吸道畅通。

（2）使伤员仰卧，施救人员位于其头部一侧，捏住伤员的鼻孔，深吸气后，将自己的嘴紧贴伤员的嘴吹入气体。如此有节律地反复进行，每分钟进行 14～16 次。吹气时不要用力过度，以免造成伤员肺泡破裂。

（3）吹气时，应配合对伤员进行胸外心脏按压。一般地，吹一次气后，做四次心脏按压。

3. 心肺复苏

胸外心脏按压是心肺复苏的主要方法，它是通过压迫胸骨，对心脏进行间接按压，使心脏排出血液，参与血液循环，以恢复心脏的自主跳动。

（1）具体操作方法。

1）让需要进行心脏按压的伤员仰卧在平整的地面或木板上。

2）施救人员位于伤员一侧，双手重叠放在伤员胸部两乳正中间处，用力向下挤压胸骨，使胸骨下陷 3～4cm，然后迅速放松，放松时手不离开胸部。如此反复有节律地进行，其按压速度为每分钟60～80次。

（2）胸外心脏按压时的注意事项：

1）胸部严重损伤、肋骨骨折、气胸或心包填塞的伤员，不应采用此法。

2）胸外心脏按压应与人工呼吸配合进行。

3）按压时，用力要均匀，力量大小根据伤员的身体及胸部情况而定；手臂不要弯曲，用力不要过猛，以免使伤员肋骨骨折。

4）随时观察伤员情况，做出相应的处理。

4. 止血

当伤员身体有外伤出血时，应及时采取止血措施。常用的止血方法有以下几种：

（1）手压止血法。手压止血法是指临时用手指或手掌压迫伤口靠近心端的动脉，将动脉压向深部的骨头上，阻断血液的流通，从而达到临时止血的目的。这种方法通常在急救中与其他方法配合使用，其关键是要掌握身体各部位血管止血的压迫点。

手压止血法仅限于无法止住伤口出血或准备敷料包扎伤口的情况，施压时间切勿超过15min。如施压过久，肢体组织可能因缺氧而损坏，以致不能康复，继而还可能需要截肢。

（2）伤口加压法。这种方法主要适用于出血量不太大的一般伤口。通过对伤口的加压和包扎，减少出血，让血液凝固。其具体做法是如果伤口处没有异物，用干净的纱布、布块、手绢、绷带等物或直接用手紧压伤口止血；如果出血较多时，可以用纱布、毛巾等柔软特垫在伤口上，再用绷带包扎以增加压力，达到止血的目的。

（3）止血带法。这种方法适用于四肢伤口大量出血时使用，主要有布止血带绞紧止血、布止血带加垫止血、橡皮止血带止血三种。使用止血带法止血时，绑扎松紧要适宜，以出血停止、远端不能摸到脉搏为好。使用止血带的时间越短越好，最长不宜超过3h，并在期间内每隔0.5h（冷天）或1h慢慢解开、放松一次。每次放松1～2min，放松时可用指压法暂时止血。不到万不得已时不要轻易使用止血带，因为上好的止血带能把远端肢体的全部血流阻断，造成组织缺血，时间过长会引起肢体坏死。

5. 搬运转送

转送是危重病人经过现场急救后由救护人员安全送往医院的过程，是现场急救过程中的重要环节。因此，必须寻找合适的担架，准备必要的途中急救力量和器材，尽可能调度速度快、振动小的运输工具。同时，应注意掌握各种伤病员不同的搬运方式。

上肢骨折的伤员托住固定伤肢后，可让其自行行走。

（1）下肢骨折用担架抬送。

（2）脊柱骨折伤员，用硬板或其他宽布带将伤员绑在担架上。

（3）昏迷病人，头部可稍垫高并转向一侧，以免呕吐物吸入气管。

**二、机械伤害急救方法**

发生机械伤害事故后，现场人员不要害怕和惊慌，要保持冷静，迅速对受伤人员进行检查。急救检查应先看神志、呼吸，接着摸脉搏、听心跳，再查瞳孔，有条件时测血压。检查局部有无创伤、出血、骨折、畸形等变化，根据伤者的情况，有针对性地采取人工呼吸、心脏按压、止血、包扎、固定等临时应急措施。

（1）迅速拨打急救电话，向医疗救护单位求援。记住报警电话很重要，我国通用的医疗急救电话为120，但除了120以外，各地还有一些其他的急救电话，也要留意。在发生伤害事故后，要迅速及时拨打急救电话。拨打急救电话时，要注意以下问题：

1）在电话中应向医生讲清伤员的确切地点、联系方法（如电话号码）、行驶路线。

2）简要说明伤员的受伤情况、症状等，并询问清楚在救护车到来之前，应该做些什么。

3）派人到路口迎候救护人员。

（2）遵循“先救命，后救人”的原则。优先处理颅脑伤、胸伤、肝或脾破裂等危及生命的内脏伤，然后处理肢体出血、骨折等伤。

（3）检查伤者呼吸道是否被舌头、分泌物或其他异物堵塞。

（4）如果呼吸已经停止，立即实施人工呼吸。

（5）如果脉搏不存在，心脏停止跳动，立即进行心肺复苏。

（6）如果伤者出血，要进行必要的止血及包扎。

（7）大多数伤员可以毫无顾忌地抬送医院，但对颈部、背部严重受损者要慎重，以防止其进一步受伤。

（8）让患者平卧并保持安静，如有呕吐，同时无颈部骨折时，应将其头部侧向一边以防止噎塞。

（9）动作平缓地检查患者，必要时剪开其衣服，避免突然挪动增加患者痛苦。

（10）救护人员要安慰患者，自己也应保持镇静，以消除的恐惧。

（11）不要给昏迷或半昏迷者喝水，以防液体进入呼吸道而导致窒息，也不要用拍击或摇动的方式试图唤醒昏迷者。

**三、触电伤害的急救方法**

1. 脱离电源

触电发生后，必须迅速使触电者脱离电源。如果触电者触及低压带电设备，应立即切断电源，拉开电源开关或闸刀，使用绝缘工具、绝缘手套和干燥的木棒、竹竿等不导电物体使触电者脱离电源。抢救者要避免碰到金属物体和触电者裸露的身躯，切忌直接用手去接触触电者或用无绝缘的东西接触触电者，抢救者也可以站在绝缘垫或干木板上进行抢救。

如果触电者触及断落在地上的带电高压导线时，在尚未确定线路是否带电、救护人员尚未做好安全措施前，不得接近断线点8～10m范围内，以防止跨步电压触电。触电者脱离电导线后，也应迅速离开断线点8～10m以外处进行急救，如已确定线路无电，可在触电者脱离触电导线后，立即就地进行抢救。

进行触电者的急救时，应考虑触电者所在的环境，防止引起二次伤害。

2. 现场急救

迅速将脱离电源的触电者移至通风、凉爽处，平卧并解松衣裤，保持呼吸道畅通，检查触电者有无呼吸、心跳。若发现呼吸停止，应立即实施心肺复苏术。及时、正确地施行心肺复苏术，不但能够挽救触电者的生命，而且能减少和减轻并发症和后遗症的发生。

人工呼吸和胸处按压要坚持不懈地进行，在医务人员未到达接替抢救之前，现场的抢救人员不应放弃现场抢救，直到触电者复苏或出现尸僵、尸斑为止。触电者复苏后应密切注意心跳情况，千万不要随意搬动，以防心室颤动再次发生而导致心跳停止，应该等医务人员到达或触电者完全清醒后再搬动。切忌在未弄清触电者情况时做长途搬运而错过抢救时机。

在现场争救的同时，应请其他人协助拨打120急救电话，并通知附近的医疗单位。

**四、其他伤害的急救方法**

1. 中暑

中暑是指在高温的作用下，机体发生体温调节功能障碍，水电解质平衡失调，以心血管和中枢神经系统功能紊乱等为主要症状的一组综合症状。

根据我国《职业性中暑诊断标准》（GBZ 41—2002）的规定，中暑可分为先兆中暑、轻症中暑和重症中暑三级。

中暑的急救方法如下：

（1）对于先兆中暑、轻症中暑的患者，就迅速脱离高温环境，转移至阴凉通风处休息或平卧，给予口服凉盐水、糖盐水、各种含盐的清凉饮料、藿香正气水，涂擦清凉油、万金油，掐捏合谷穴、风池穴、太阳穴等穴位。

（2）对于重症中暑的患者，除积极采取以上措施外，还应采取以下的急救措施：

1）将患者移至空调室内，没有空调设备时，可在室内放置冰块、电风扇，尽快使室温降至25℃以下。

2）用凉水淋浴，用冰水或酒精擦浴，也可在头部、腋窝、腹沟等处放置冰袋。

3）保持呼吸道畅通，改善缺氧。

4）在采取以上各种措施的同时，请其他人协助拨打120急救电话，尽快将患者送往就近医院治疗。

2. 高空坠落

高空坠落伤是指人们日常工作或生活中，从高处坠落，受到高速的冲击力，使人体组织和器官遭到一定程度破坏而引起的损伤。高空坠落伤除有直接或间接受伤器官表现外，还可有昏迷、呼吸窘迫、面色苍白和表情淡漠等症状，可导致胸、腹腔内脏组织器官发生损伤。

高空坠落时，足或臀部先着地，外力可沿脊柱传导至颅脑而致伤；由高处仰面跌下时，背或腰部受冲击可引起腰椎前纵韧带撕裂，椎体裂开或椎弓根骨折引起脊髓损伤。脑干损伤时常有较重的意识障碍、光反射消失等症状，也可有严重合并症状的出现。

高空坠落的急救方法如下：

（1）去除伤员身上的用具和口袋中的硬物。

（2）在搬运和转送过程中，颈部和躯干不能前屈或扭转，应使脊柱伸直，绝对禁止一个抬肩、一个抬腿的搬法，以免发生或加重截瘫。

（3）创伤局部妥善包扎，但对疑颅底骨折和脑脊液漏患者切忌做填塞，以免导致颅内感染。

（4）对于颌、面部受伤伤员首先应保持呼吸道畅通，撤除假牙，清除移位的组织碎片、血凝块、口腔分泌物等，同时松解伤员的颈、胸部纽扣。

（5）复合伤要求平仰卧位，保持呼吸道畅通，解开衣领扣。

（6）对于周围血管伤，压迫伤部以上动脉干至骨骼。直接在伤口上放置厚敷料，绷带加压包扎，以不出血和不影响肢体血液循环为宜。当上述方法无效时可用止血带，原则上尽量缩短使用时间，一般以不超过1h为宜，做好标记，注明上止血带时间。

（7）快速、平稳地送医院救治。

3. 有害气体中毒的基本急救原则

（1）清除毒气，将患者立即转移离开毒气污染的区域。

（2）患者应安静休息，保持呼吸道通畅。必要时清除鼻腔、口腔内分泌物，并给予充分的氧气吸入。

（3）如果呼吸心跳停止，要立即做人工呼吸和胸外按压。

（4）污染眼睛者，迅速用清水冲洗。

（5）使用特效解毒药物。

（6）经抢救处理后应尽快送医院治疗。

（7）凡进入有毒有害气体污染区域内的急救人员，必须戴防毒面具、预防眼睛、口罩等防护用品，避免自身受伤。

**实作模块**

## 任务 1 屏蔽门或车门夹人/物的现场应急处置

1. 巡视岗

（1）巡视岗在站台时，马上向司机显示紧急停车手信号，并通知司机及车控室；巡视岗不在站台时，接到通知后，及时到达现场协助司机处理。

（2）赶到事发屏蔽门处，用屏蔽门专用钥匙手动打开屏蔽门。

（3）乘客安全回到站台并关闭屏蔽门后，向司机显示“好了”信号，报车控室。

（4）做好乘客安抚工作。

（5）若列车已越过乘客且掉落轨道，迅速按乘客坠轨程序进行处理，寻找 2 名以上目击证人。

2. 客运值班员

（1）接到通知后，及时到现场协助处理。

（2）维持站台秩序。

（3）若列车已越过乘客且掉落轨道，迅速按乘客坠轨程序进行处理，协助寻找 2 名以上目击证人。

3. 行车值班员

（1）通知巡视岗，由巡视岗通知司机报告行车调度。

（2）通知值班站长到现场处理，并安排站厅岗位到站台协助。

（3）加强与现场的信息沟通，及时反馈。

（4）播放站台广播维持站台秩序。

（5）若接到值班站长通知列车已越过乘客且掉落轨道后，马上报告行车调度，同时按乘客坠轨程序进行处理。

4. 值班站长

（1）接到通知后，及时到达现场指挥处理。

（2）做好乘客安抚工作。

（3）若列车已越过乘客且掉落轨道，迅速通知车控室，同时按乘客坠轨程序组织进行处理。

（4）列车停下后，如列车头部已离开站台，用对讲机指挥司机进行处理。

5. 行车调度

（1）向现场确认车门与屏蔽滞留旅客的具体地点、是否有伤亡情况，汇报控制主任。

（2）若列车已越过乘客且掉落轨道，报告给供电调度，迅速按乘客坠轨程序进行处理。

## 任务2 乘客从端墙进入隧道时的现场应急处置

1. 值班站长

（1）持对讲机、电筒及穿荧光衣和公安到隧道寻找下轨的乘客。

（2）要特别注意渡线、存车线、污水泵房等藏身地方。

（3）找到乘客后通知站控室，线路出清，恢复正常运行。

（4）报告行调：事故处理完毕；如未找到进入隧道的乘客，出清线路后报告行调，按行调的指示执行。

2. 行车值班员

（1）在LCP控制盘上按压紧急停车按钮或扣车按钮。

（2）报告行调，通知公安、邻站。

（3）安排人员守护两边端墙门。

（4）得到行调同意下轨道找人后打开隧道照明灯，做好站台防护。

（5）通知站内各岗位的员工，控制进站的客流。

（6）接到线路出清在LCP控制盘上取消紧急停车或取消扣车。

（7）通知邻站取消扣车。

（8）通知各岗位恢复正常。

3. 站台岗（站务员或保安）

（1）持对讲机、电筒及穿荧光衣与值班站长到隧道寻找下轨的乘客。

（2）发现乘客后与其返回就近的车站站台。

（3）把进入隧道的乘客交公安处理。

## 任务3 站厅发生火灾的现场应急处置

1. 值班站长

（1）接到火警通知后，立即到现场确认。

（2）确认发生火灾后通知车控室，宣布执行火灾应急处理程序，组织疏散乘客和灭火。

（3）报告行调站厅发生火灾，要求停止本站的客车服务，并请求支援。

（4）消防队到现场后，将有关信息通报给消防负责人后，视情况组织员工灭火或撤退；当撤退时负责确认所有站内人员的疏散完毕。

（5）安排人员在出口拦截乘客进站。

2. 行车值班员

(1) 接收到火警信息后，将情况报告值班站长。

(2) 确认发生火灾后，报行调、环调、119、地铁公安、120。

(3) 广播宣布执行站厅火灾应急处理程序，并反复广播引导乘客疏散。

(4) 按压 AFC 和扶梯紧急按钮，将闸机设为紧急模式，关闭广告照明，确认相应的火灾模式已启动。

(5) 及时将乘客疏散和灭火情况报告行调，并与行调、值班站长保持联系。

3. 客运值班员

(1) 接到执行火灾应急处理程序的通知后，收好钱和票，关闭票亭电源，赶到车控室，确认所有闸机已设为紧急模式，相应的通风排烟模式开启，广告照明已关闭，扶梯已关停。

(2) 完成 (1) 后，拿对讲机、手提广播到站厅组织乘客疏散。

(3) 接收到站台乘客疏散完的信息后，最后确认站厅乘客全部疏散出站后报车控室。

(4) 听从值班站长安排。

4. 站厅站务员

(1) 确认并报告车控室火灾位置、大小、性质等，进行第一时间的灭火。

(2) 确认火灾不可扑救后，立即疏散乘客出站。

(3) 确认站厅乘客疏散完毕后报车控室。

(4) 听从值班站长安排。

5. 售票员

(1) 接到执行火灾应急处理程序的通知后，收好钱和票，关闭票亭电源，将闸机和边门打开，关停站厅扶梯，疏散乘客出站。

(2) 确认站厅乘客全部疏散出站后，报车控室。

(3) 听从值班站长安排。

6. 站台站务员

(1) 接到执行火灾应急处理程序的通知后，立即从远离火灾的一端疏散站台乘客，关停站台扶梯。

(2) 当站台停有列车时，立即通知司机火灾信息，可将站台乘客疏散到列车上，通知司机立即关门动车。

(3) 确认站台乘客疏散完后报车控室。

(4) 听从值班站长安排。

## 任务 4　站台发生火灾的现场应急处置

1. 值班站长

(1) 接到火警通知后，立即到站台确认。

(2) 确认发生火灾后通知车控室，宣布执行火灾应急处理程序，组织疏散乘客和灭火。

(3) 负责最后确认站台所有乘客已疏散完，及时将现场情况报车控室。

(4) 消防队到现场后，将有关信息通报给消防负责人后，视情况组织员工灭火或撤退；当撤退时负责确认所有站内人员的疏散完毕。

（5）站厅安全时，到车控室指挥。

（6）安排人员在出口拦截乘客进站。

2. 行车值班员

（1）接收到火警信息后，命令站台岗到报警点确认火警，并将情况报告值班站长。

（2）确认发生火灾后，报行调、环调、119、地铁公安、120。

（3）广播宣布执行站台火灾应急处理程序，并反复广播引导乘客疏散。

（4）按压 AFC 和扶梯紧急按钮，将闸机设为紧急模式，关闭广告照明，确认相应的火灾模式已启动。

（5）及时将乘客疏散和灭火情况报告行调，并与行调、值班站长保持联系。

3. 客运值班员

（1）接到执行火灾应急处理程序的通知后，赶到车控室，确认所有闸机已设为紧急模式，相应的通风排烟模式开启，广告照明已关闭，扶梯已关停。

（2）完成（1）后，拿对讲机、手提广播到站厅组织乘客疏散。

（3）接收到站台乘客疏散完的信息后，最后确认站厅乘客全部疏散出站后报车控室。

（4）听从值班站长安排。

4. 售票员

（1）接到执行火灾应急处理程序的通知后，收好钱和票，关闭票亭电源，将闸机和边门打开，利用手提广播疏散乘客出站。

（2）确认站厅乘客全部疏散出站后报车控室。

（3）听从值班站长安排。

5. 站厅站务员

（1）关停站台扶梯，到站台协助灭火。

（2）灭火工作交给消防队员后，到出口拦截乘客进站。

6. 站台站务员

（1）确认并报告车控室火灾位置、大小、性质等，进行第一时间的灭火。

（2）确认火灾不可扑救后，立即向站厅疏散乘客，并关停站台扶梯。

（3）确认站台乘客疏散完毕后报车控室。

（4）听从值班站长安排。

## 任务 5　列车在区间（隧道）发生火灾时的现场应急处置

（1）司机保持列车运行至前方车站后，开门疏散乘客。在运行途中通过列车广播安抚乘客，引导乘客使用车厢内的灭火器进行灭火自救，并确认火灾位置以及向车站和控制中心报告。

（2）如列车在区间（隧道）不能运行，则应打开列车的逃生装置，引导乘客有序地往就近车站方向疏散。

（3）车站接报后，立即广播通知乘客，引导乘客进行紧急疏散，并安排人员前往事故列车接应司机，组织乘客进行疏散。

（4）控制中心接报后，立即执行列车火灾应急程序，控制好列车间的距离，保持与司机和车站的联系，并视情况拨打 119、120。

## 任务 6　乘客坠落轨行区被压伤或压死时的现场应急处置

（1）发生事故时，立即报告行调，请求封锁该站受影响的线路。

（2）值班站长担任“事故处理负责人”，行车值班员通知公安人员、保险公司及 120 急救中心。

（3）与司机沟通达成共识，拔下司机室主控钥匙，立即组织人员抢救。

（4）站台岗寻找目击证人（2 名以上）交给客运值班员带至站长室或站控室待公安到场后移交公安，了解坠落轨道的位置及原因、涉及的人员情况等。

（5）找到伤亡者已被压在车轮底下时，如人已压死，请司机移动客车到可将死者抬出来为止；如人未压死，事故处理负责人和司机应了解现场伤者的具体位置，再由事故处理负责人指挥客车司机往前或往后稍微移动客车到能将伤者抬到站台为止，伤者送医院抢救。

（6）处理完毕出清线路后，报告行调，请求发布取消前发封锁线路命令。

（7）如客车还未全部进站，站务员显示客车向前移动的信号，将客车拉进站内，恢复正常运行。

## 任务 7　收到炸弹的现场应急处置

当接到炸弹恐吓通知时，值班站长立即报告行调，通知公安寻找“炸弹”放置的位置，按该处发生火灾处理程序，组织全站实施紧急疏散计划。在公安人员未到现场排除隐患时，终止车站服务，利用广播做好解释，不允许乘客进站，不允许任何人靠近“炸弹”现场。行调可根据情况，组织客车不停站通过有炸弹的车站。

## 任务 8　发生毒气事件的现场应急处置

（1）报告行调和警务站公安。

（2）把扶梯运行方向全部改为向上运行，指引和疏散乘客出站，并广播发生毒气事件，需紧急疏散乘客，并通知所有驻站的人员撤到安全的地点。

（3）通知邻站扣车。

（4）站务员工戴上防护面具，寻找未撤离和中毒人员，把他们抬出车站送往医院。

（5）是否开启排烟模式，抽走毒气，由公安或防化部队确定。

## 任务 9　接触网（轨）有异物时车站的现场应急处置

（1）事故处理负责人根据列车停车位置，对列车运行分以下情况采取措施：若列车已在站台停车，且异物不影响列车运行的，待本列车出清站台后再处理；若列车已在站台停车，且异物影响列车运行的（在前方进路上或列车顶上等），通知司机停车待令，处理异物；若在列车顶上无法处理的，通知司机限速 5km/h 动车，再处理；若列车尚未进站的，立即按压紧急停车按钮，阻止列车进入站台。

（2）事故处理负责人到达现场后，根据异物是否缠绕接触网的状态，分需要停电及不需要停电两种情况进行处理。

1）若发现异物与接触网（轨）没有缠绕在一起的，按以下程序处理：报告行调，申请不停电处理。确认已按压紧急停车按钮，阻止后续列车进入站台。穿戴防护用品（绝缘靴、绝缘手套、荧光衣等）后，使用绝缘工具将异物取走。若供电或机电专业人员在现场的，在事故处理负责人的指挥下，由供电或机电专业人员将异物取下。取走异物，确认线路出清、恢复紧急停车按钮后，报告行调，恢复运营。

2）若发现异物与接触网（轨）缠绕在一起的，按以下程序处理：报告行调，申请接触网（轨）停电（不挂地线）。停电后，穿戴防护用品（绝缘靴、绝缘手套、荧光衣等），使用绝缘工具将异物取走。若供电或机电专业人员在现场的，在事故处理负责人的指挥下，由供电或机电专业人员将异物取下。取走异物，确认线路出清、恢复紧急停车按钮后，报告行调，恢复运营。

## 任务 10　车站设备房保护气体喷放时的现场应急处置

（1）发现设备房保护气体喷放报警时，立即安排人员到现场确认，同时报环调。

（2）车站人员确认气体喷放时（可通过以下方法来判断气体是否已喷放：气体保护房间门上方的长方形气体释放指示灯亮；气瓶间内的气瓶压力表的指针低于绿色区域），不得打开设备房门，守护现场，禁止人员操作现场设施，等部门或总部调查人员调查处理。

（3）设备房保护气体误喷放报警时，车站须做好有关记录。

## 任务 11　大面积停电的现场应急处置

（1）地铁线路发生停电事故时，应沉着镇静，稳定乘客情绪、维持秩序，尽力保证乘客安全。控制中心根据停电影响情况，组织抢修抢险，发布列车停运、急救和车站关闭命令，并及时将灾情向上级报告。

（2）车站工作人员应加强检查紧急照明的启动情况，巡查各部位如升降电梯中是否有人员被困等，根据控制中心命令清站和关闭车站。

列车司机负责维持列车进站停车后，组织车上乘客向车站疏散。如果列车在区间停车，则利用列车广播安抚乘客，要求乘客不擅自操作车上设备，并立即报告行车调度，按行车调度指令操作。

## 任务 12　特殊气象的现场应急处置

（1）特殊气象应急预案分类。根据特殊气象对城市轨道交通运营的影响，应急预案包含以下六个类别：

1）台风、雷雨大风（含龙卷风）应急预案；

2）暴雨应急预案；

3）高温应急预案；

4）大雾、灰霾应急预案；

5）冰雹、道路结冰应急预案；

6）寒冷应急预案。

（2）特殊气象应急预案启动原则。以当地气象台发布的气象预警信号为准。在当地某区域气象台发布相应的台风和雷雨大风、暴雨、高温、大雾和灰霾、冰雹和道路结冰及寒冷气象预警信号后，由责任控制中心在受影响的线路范围内启动相应的特殊气象应急预案。

（3）相应的特殊气象应急预案的解除原则。满足以下两个条件，责任控制中心可解除相应的特殊气象灾害应急预案，并向下令启动预案的领导汇报：

1）当地某区域气象台解除相应的台风和雷雨大风、暴雨、高温、大雾、冰雹和道路结冰及寒冷气象等预警信号。

2）控制中心确认受相应的特殊气象影响的设备已全部恢复正常。

（4）停止某线路段运营的启动及解除程序。

1）启动程序。当需要停止某线路段运营时，控制中心向运营总部总经理汇报，总经理下令启动。因特殊情况联系不上时，分别依次由运营总部分管安全、行车组织的副总经理下令启动。

2）解除程序。当达到恢复某线路段运营条件时，控制中心 OCC 向运营总部总经理汇报，总经理下令恢复。因特殊情况联系不上时，分别依次由运营总部分管安全、行车组织的副总经理下令解除。

3）恢复因台风、雷雨大风（含龙卷风）造成高架或地面路段停运的行车条件是：接获气象台取消橙色信号及在过去 1h 监测到的最高风速低于 74km/h（8 级）。

恢复高架段行车的程序是：首先，组织客车或工程车限速 25km/h 进行线路检查；然后，安排专业维修人员跟车检查相关设备设施；确认具备条件后，恢复正常运营服务。

（5）特殊气象发生险情的应急处理原则。

1）抓住主要矛盾，先全面、后局部，先救人、后救物，先抢救通信、供电等要害部位，后抢救一般设施。

2）根据需要，各部门积极合理地调动人力、物力投入抢险，在确保安全的情况下，尽快开通线路，恢复运营（含局部线路）。

3）发生灾害时，应迅速、准确地报告事故情况，确保信息渠道畅通。

4）各部门、员工均应采取有效措施控制事态、减少损失，防止次生灾害的发生。

5）贯彻抢险与运营并重、地铁运输与公交运输系统统筹兼顾的工作方针，在积极稳妥地处理事故的同时，按照总部相关规定最大限度地维持地铁运营或尽快恢复地铁运营。

## 实作要求

（1）学生分组，每 5～8 人为一小组。

（2）小组进行任务分析，编制演练计划。

（3）组织成员分别代表行调、电调、车站值班员、站务员、司机进行停电应急处置措施的演练。每组分别进行成果汇报，展示演练效果。

（4）实施注意事项。严格按作业标准进行作业，注意课堂纪律。

（5）效果评价。采用学生自评50%＋组内互评20%＋组间评价30%的形式。

## 应知应会

1. 简述列车上的应急设备。
2. 车站应急设备有哪些？
3. 如何使用直梯与人字梯？
4. 如何使用绝缘杆？
5. 如何进行IBP盘的应急操作？
6. 特殊气象的应急处理原则是什么？
7. 如何进行屏蔽门或车门夹人/物的应急处理？
8. 如何进行站厅火灾的应急处理？
9. 如何进行站台火灾的应急处理？
10. 如何进行列车在区间（隧道）发生火灾时的应急处理？
11. 如何进行乘客坠落轨行区的应急处理？
12. 如何进行接触网（轨）发现异物的应急处理？
13. 如何进行大面积停电的应急处理？

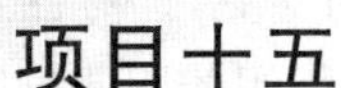

# 项目十五

# 职业健康安全管理体系

职业健康安全管理体系是20世纪80年代兴起的现代安全生产管理模式，它与ISO 9000、ISO 14000等标准化管理体系一样被称为后工业化时代的管理办法。本项目对职业健康安全管理体系做简要介绍。

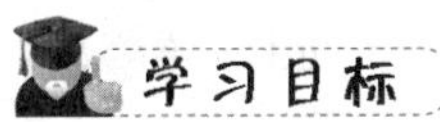


| 知识目标 | 技能目标 | 思政目标 |
| --- | --- | --- |
| 1. 掌握职业健康安全管理体系基本运行模式与要素；<br>2. 了解职业健康安全管理体系建立的方法与步骤；<br>3. 了解职业健康安全管理体系的审核与认证 | 会运用PDCA模型提升工作质量 | 1. 培养学生处理问题时的系统思维；<br>2. 培养学生的持续学习能力 |

## 知识点1 职业健康安全管理体系基本运行模式与要素

职业健康安全管理体系旨在使企业能够提供健康安全的工作场所，防止与工作相关的伤害和健康损害，并持续改进其职业健康安全绩效。为推行职业健康安全管理体系，我国先后发布了国家标准《职业健康安全管理体系规范》（GB/T 28001—2001）、《职业健康安全管理体系指南》（GB/T 28002—2002），2011年发布了第二版，即《职业健康安全管理体系要求》（GB/T 28001—2011）和《职业健康安全管理体系实施指南》（GB/T 28002—2011），2020年发布了第三版，即《职业健康安全管理体系要求及使用指南》（GB/T 45001—2020/ISO 45001：2018）

### 一、职业健康安全管理体系的运行模式

职业健康安全管理体系是一套系统化、程序化，同时具有高度自我约束、自我完善机制的科学管理体系。实施职业健康安全管理体系，不仅可以强化企业的安全管理，完善企业安

全生产的自我约束机制和激励机制，达到保护职工安全与健康的目的，也有利于增强企业的凝聚力和竞争力。

职业健康安全管理体系以戴明管理思想，即“戴明模式”或称为PDCA模型为基础。一个组织的活动可分计划（plan）、行动（do）、检查（check）、改进（act）四个相互联系的环节来实现，通过此类方式可有效改善组织的职业健康安全管理绩效。

（1）计划环节。计划环节是对管理体系的总体规划，包括：确定组织的方针、目标；配备必要的资源，包括人力、物力资源等；建立组织机构，规定相应的职责、权限及其相关关系；识别管理体系运行的相关活动或过程，并规定活动或过程的实施程序和作业方法等。

（2）行动环节。按照计划所规定的程序（如组织机构、程序和作业方法等）实施。实施过程与计划的符合性及实施的结果决定了能否达到预期目标，所以保证所有活动在受控状态下进行是实施的关键。

（3）检查环节。检查环节是为了确保计划行动的有效实施，需要对计划实施效果进行检查衡量，并采取措施修正可能产生的行为偏差。

（4）改进环节。管理过程不可能是一个封闭的系统，需要随着管理的进程，针对管理活动中发现的缺陷或根据变化的内外部条件，不断进行管理活动的调整、完善。

**二、职业健康安全管理体系要素**

《职业健康安全管理体系　规范》所规定的职业健康安全管理体系依据PDCA管理模式，提出了由职业健康安全方针、策划、实施与运行、检查与纠正措施、管理评审所组成的五大基本运行过程。其要素包括：

（1）总要求。组织应建立并保持职业健康安全管理体系。

（2）职业健康安全方针。组织应有一个经最高管理者批准的职业健康安全方针，该方针应阐明职业健康安全总目标和改进职业健康安全绩效的承诺。职业健康安全方针应：

1）适合于组织的职业健康安全风险的性质和规模。

2）包括持续改进的承诺。

3）包括组织遵守的现行职业健康安全法规和组织接受的其他要求的承诺。

4）形成文件，实施并保持。

5）传达到全体员工，使其认识各自的职业健康安全义务。

6）可为相关方所获取。

7）定期评审，以确保其与组织保持相关和适宜。

（3）策划。策划是组织建立与运行职业健康安全管理体系的启动阶段，目的是对如何实现职业健康安全方针做出明确的规划，包括对危险源辨识、风险评价和风险控制的策划，法规和其他要求，目标，职业健康安全管理方案共四个要素。

（4）实施与运行。实施与运行的目的是开发实现组织的方针、目标和指标所需要的能力和支持机制，以确保体系的有效运行和计划内容的有效实施，包括机构和职责，培训、意识的能力，协商与沟通，文件，文件和资料的控制，运行控制，应急准备和响应共七个要素。

（5）检查与纠正措施。组织应通过检查与纠正措施这一基本过程来经常和定期地监督、测量和评价管理体系的运行情况，对发生偏离职业健康安全方针、目标和指标的情况及时加以纠正，并防止事故、事件和不符合事项的再次发生，包括绩效测量和监视，事故、事件、不符合、纠正和预防措施，记录和记录管理，审核共四个要素。

（6）管理评审。组织的最高管理者应按规定的时间间隔对职业健康安全管理体系进行评审，以确保体系的持续适宜性、充分性和有效性。管理评审过程应确保收集到必需的信息，供管理者进行评价。

管理评审应根据职业健康安全管理体系审核的结果、环境的变化和对持续改进的承诺，指出方针、目标以及职业健康安全管理体系其他要素可能需要进行的修改。

评审工作应形成文件，并将有关结果向负责职业健康安全管理体系相关要素的人员、职业健康安全委员会、员工及其代表通报，以便他们能采取适当措施。

## 知识点 2　职业健康安全管理体系建立的方法与步骤

建立职业健康安全管理体系是指企业将原有的职业健康安全管理按照体系管理的方法予以补充、完善以及实施的过程。不同的组织在建立、完善职业健康安全管理体系时，可根据自己的特点和具体情况，采取不同的步骤和方法。但总体来说，建立职业健康安全管理体系可参考如下 6 个步骤。

### 一、学习与培训

培养的对象主要分 3 个层次，即管理层培训、内审员培训和全体员工的培训。

管理层培训的内容主要是职业健康安全管理体系的基本要求、主要内容和特点，以及建立与实施职业健康安全管理体系的重要意义与作用。培训的目的是统一思想，在推进体系工作中给予有力的支持和配合。

内审员培训是建立和实施职业健康安全管理体系的关键。应该根据专业的需要，通过培训确保他们具备开展初始评审、编写体系文件和进行审核等工作的能力。

全体员工培训的目的是使他们了解职业健康安全管理体系，并在今后的工作中能够积极主动地参与职业健康安全管理体系的各项实践。

### 二、初始评审

初始评审的目的是为职业健康安全管理体系的建立和实施提供基础，为职业健康安全管理体系的持续改进建立绩效基准。初始评审主要包括以下内容：

（1）相关的职业健康安全法律、法规和其他要求，对其适用性及需遵守的内容进行确认，并对遵守情况进行调查和评价；

（2）对现有的或计划的作业活动进行危险辨识和风险评价；

（3）确定现有措施和计划采取的措施是否能够消除危害或控制风险；

（4）对所有现行职业健康安全管理的规定、过程和程序进行检查，并评价其对管理体系要求的有效性和适用性；

（5）分析以往企业安全事故情况以及员工健康监护数据等相关资料，包括人员伤亡、职业病、财产损失的统计、防护记录和趋势分析；

（6）对现行组织机构、资源配备和职责分工等情况进行评价。

初始评审的结果应形成文件，并作为建立职业健康安全管理体系的基础。为实现职业健康安全管理体系绩效的持续改进，企业还应参照基本要素是初始评审的要求定期进行复评。

### 三、体系策划

体系策划包括：制定职业健康安全方针、目标和管理方案；进行职能分析和机构确定；

进行职能分配；确定职业健康安全管理体系文件的结构和各层次文件清单、为建立和实施职业健康安全管理体系准备必要的资源等。

**四、文件编写**

文件是职业健康安全管理体系的主要特点之一。按照职业健康安全管理体系的要求，根据企业自身的特点，对企业职业健康安全管理方针和目标、职业健康安全管理的关键岗位与职责、主要的职业健康安全风险及其预防和控制措施，以及职业健康安全管理体系框架内的管理方案、程序、作业指导书和其他内部文件予以文件化的规定，以确保所建立的职业健康安全管理体系在任何情况下均能得到充分理解和有效运行。职业健康安全管理文件的结构多数情况下是采用手册、程序文件以及作业指导书的方式。

**五、体系试运行**

各个部门和所有人员都应按照职业健康安全管理体系的要求开展相关的健康安全管理和活动，对职业健康安全管理体系进行试运行，以检验体系策划与文件化规定的充分性、有效性和适宜性。

**六、评审完善**

通过职业健康安全管理体系的试运行，特别是依据绩效监测和测量、审核以及管理评审的结果，检查与确认职业健康安全管理体系各要素是否按照计划安排有效运行，是否达到了预期的目标，并采取相应的改进措施，使所建立的职业健康安全管理体系得到进一步完善。

## 知识点 3 职业健康安全管理体系的审核与认证

职业健康安全管理体系认证是依据审核准则，由获得认可资格的认证机构，对受审核方的职业健康安全管理体系实施认证及认证评定，确认受审核方的职业健康安全管理体系的符合性，并颁发认证证书与标志的过程。认证的对象是组织的职业健康安全管理体系；认证的依据是职业健康安全管理体系规范。

职业健康安全管理体系认证是第三方从事的活动，第三方是独立于第一方（供方）和第二方（需方）之外的一方，强调这一点是为了确保认证活动的公正性。

职业健康安全管理体系认证审核通常分为两个阶段，即第一阶段审核和第二阶段现场审核。第一阶段审核又由文件审核和第一阶段现场审核两部分组成。

1. 文件审核

文件审核的目的是了解受审核方的职业健康安全管理体系文件（主要是管理手册和程序文件）是否符合职业健康安全管理体系审核标准的要求，从而确定是否进行现场审核，同时通过文件审查，了解受审核方的职业健康安全管理体系运行情况，以便为现场审核做准备。

2. 第一阶段现场审核

第一阶段现场审核的目的主要有三个：一是在文件审核的基础上，通过了解现场情况收集充分的信息，确认体系实施和运行的基本情况和存在的问题，并确定第二阶段现场审核的重点；二是确定进行第二阶段现场审核的可行性和条件，即通过第一阶段审核，审核组提出体系存在的问题，受审核方应按期进行整改，只有在整改完成以后，方可进行第二阶段现场审核；三是现场对用人单位的管理权限、活动领域和限产区域等各个方面加以明确，以便确认前期双方商定的审核范围是否合理。

3. 第二阶段现场审核

职业健康安全管理体系认证审核的主要内容是进行第二阶段现场审核，其主要目的是：证实受审核方实施了其职业健康安全管理方针、目标，并遵守了体系的各项相应程序；证实受审核方的职业健康安全管理体系符合相应审核标准的要求，并能够实现其方针和目标。通过第二阶段现场审核，审核组要对受审核方的职业健康安全管理体系能否通过现场审核做出结论。

## 应知应会

1. 简述职业健康安全管理体系的运行模式。
2. 简述建立职业健康安全管理体系的 6 个步骤。

# 参 考 文 献

[1] 劳动和社会保障部教材办公室，广州市地下铁道总公司．城市轨道交通运营安全［M］．北京：中国劳动社会保障出版社，2008.

[2] 肖贵平，朱晓宁．交通安全工程［M］．北京：中国铁道出版社，2011.

[3] 连义平．城市轨道交通安全管理［M］．成都：西南交通大学出版社，2011.

[4] 交通运输部运输司．国内外城市轨道交通事故案例评析［M］．北京：人民交通出版社，2011.

[5] 张新宇，王富饶．城市轨道交通安全管理［M］．北京：人民交通出版社，2012.

[6] 王艳辉，祝凌曦．城市轨道交通运营安全管理方法与技术［M］．北京：人民交通大学出版社，2011.

[7] 徐新玉．城市轨道交通运营管理规章［M］．北京：人民交通出版社，2011.

[8] 刘志刚，谭复兴．城市轨道交通安全工程概论［M］．北京：中国铁道出版社，2010.

[9] 李宇辉．城市轨道交通应急处理［M］．北京：人民交通出版社，2011.